컴퓨터 활용과 실무

- 정보화자격증 완벽대비 -

신 윤 권 저

오성 미디어

머 리 말

컴퓨터의 발전은 해가 거듭할수록 편리한 기능과 새로운 기술이 추가되어 사용자 편의 위주로 계속 발표되고 있다. 이로 인한 사무자동화용 패키지는 일반적인 필수 사무자동화용 도구로 자리잡는 척도의 역할을 하고 있다.

사무실의 업무 흐름도 복잡하고 내용도 다변화하여 복잡해져서 이제 컴퓨터의 힘을 빌리지 않으면 너무나 많은 비용이 들어가고 필요한 시기에 정확한 정보를 얻을 수 없으므로 경쟁력이 뒤떨어진다. 따라서 경쟁력을 얻기 위한 가장 기본적인 것이 사무자동화에 활용되고 있는 내용으로서 컴퓨터를 처음 사용하는 사람에게 문서를 작성하고 편집하여 상호 자료교환을 위해 이용되는 워드프로세서, 웹브라우저에서 자신의 홈페이지를 만들 수 있는 HTML, 업무보고용으로 많이 사용되는 프레젠테이션, 마지막으로 도표나 회계에 사용되는 엑셀 등이 컴퓨터의 기본적인 프로그램이다.

본 저서에서는 보건업무 및 사무자동화에 가장 많이 활용되고 있는 한글, 파워포인트와 엑셀 대해서 다루고자 한다.

한글 워드프로세서는 남녀노소 할 것 없이 다양한 계층을 확보하고 있으며, 그동안 지속적인 판올림을 통하여 사용자 편의 위주로 발전해왔다. 워드프로세서 및 ITQ 한글 자격증 취득에 가장 많이 사용되고 있는 한글 2005 버전을 중심으로 기술하였다.

파워포인트는 기업, 학교, 공공기관 등에서 자신의 의사를 상대방에게 발표하는데 쓰이는 프로그램으로 문서의 재구성, 도형 만들기, 애니메이션 만들기 등으로 발표에 대한 시각적 효과와 내용 전달에 효과적이다. 또한 파워포인트 2003은 네트워크 연결과 웹 연결 기능이 더욱 강력해지고 간단한 자기 자신의 홈페이지 제작도 가능하다.

엑셀은 Microsoft에서 개발된 프로그램으로 가정, 사무실 등에서 가계부 관리, 실적 관리 및 회계 예산 관리에 이용되는 프로그램으로, 데이터 편집, 문서 편집, 차트 만들기 등으로 어려운 예산이나 물품 관리를 보다 쉽고, 체계적으로 관리하는데 사용된다. 또한 웹 연결 기능과 데이터베이스 구축을 통한 쿼리 기능 및 Visual Basic이라는 프로그래밍 언어를 이용한 매크로 기능들을 갖추고 있다.

이 책에서는 컴퓨터를 처음 접하는 모든 사람에게 필요한 컴퓨터의 실무 이론 및 활용 분야를 소개하였고, 저자가 대학에서 강의를 하면서 나름대로의 생각을 기본으로 하여 컴퓨터를 공부하고자 하는 학생들이 반드시 알아야할 내용과 급변하는 컴퓨터 환경에서 갖추어야 할 내용을 중심으로 집필하였다. 또한 각 장의 연습문제와 실습문제, 부록을 통하여 ITQ 및 컴퓨터활용능력 실기 시험에 대비하도록 하였다.

끝으로 본 저서를 출판하기까지 여러 가지 도움을 주고 배려해 준 오성미디어 사장님 이하 모든 임직원들에게 감사를 드린다.

저 자

차 례

Part 1
한글 2005

Part 2
엑 셀

Part 3
파워포인트

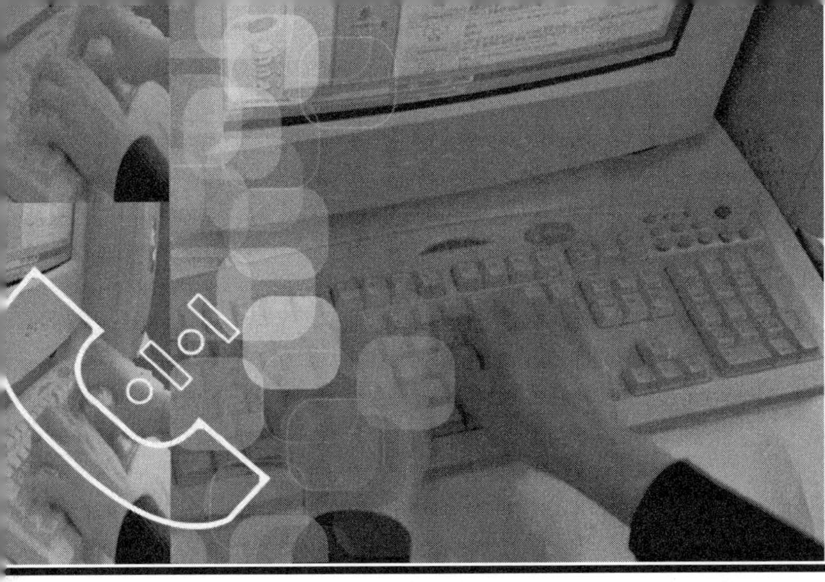

PART 1

한글 2005

1. 한글2005의 시작과 종료

■ 한글 시작

- [시작] 메뉴로 시작 : ① 작업표시줄의 [시작] 단추를 클릭한다.
  ② [프로그램] → [한글과 컴퓨터] → [한글2005] → [한글2005]를 선택한다.
- 단축아이콘으로 시작 : ① 바탕화면에 단축아이콘 ( )이 만들어 졌으면, 더블 클릭한다.
- 탐색기로 시작 : ① Windows 탐색기를 더블 클릭한다.
  ② "C:\HNC\Hwp65\" 폴더의 "HWP" 파일을 더블 클릭한다.

실습

① 작업표시줄의 [시작] → [프로그램] → [Microsoft Excel]을 차례로 선택한다.

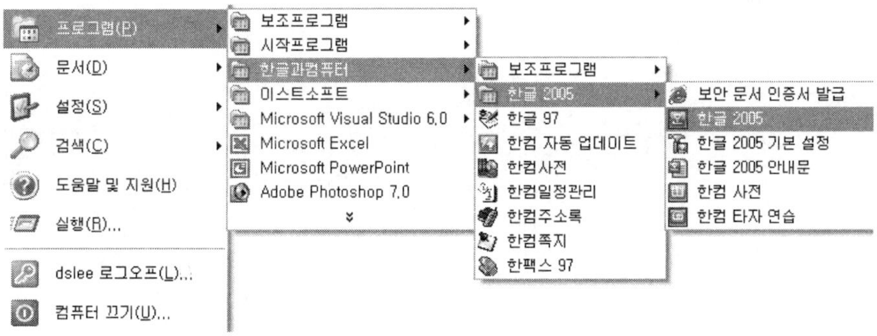

② 엑셀 로고 화면이 나타나고 잠시 후에 한글 초기 화면이 나온다.

■ 한글 종료

- [파일] 메뉴로 종료 : [파일] → [끝] 메뉴를 클릭한다.
- [닫기] 단추로 종료 : 한글 프로그램 창 제목 표시줄의 [닫기] 단추( )를 클릭한다.
- 단축키로 종료 : 단축키 Alt+F4를 누른다.
- 조절 메뉴로 종료 : 한글 실행 화면의 조절 메뉴 상자( )를 클릭한 후 [닫기] 메뉴를 클릭한다.

실습

① [파일]메뉴로 종료 : [파일] → [끝] 메뉴를 클릭한다.

② 다음과 같은 대화상자가 나타난다. 현재 엑셀 파일을 저장하는 방법을 배우지 않았으므로 [저장안함] 단추를 누르면 한글 프로그램이 종료된다.

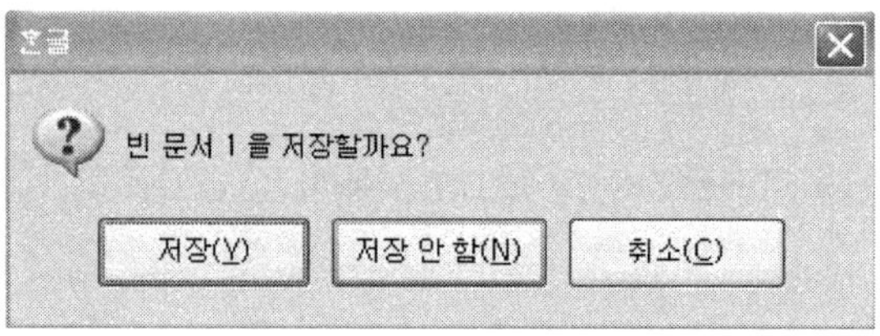

2. 한글2005 화면 구성

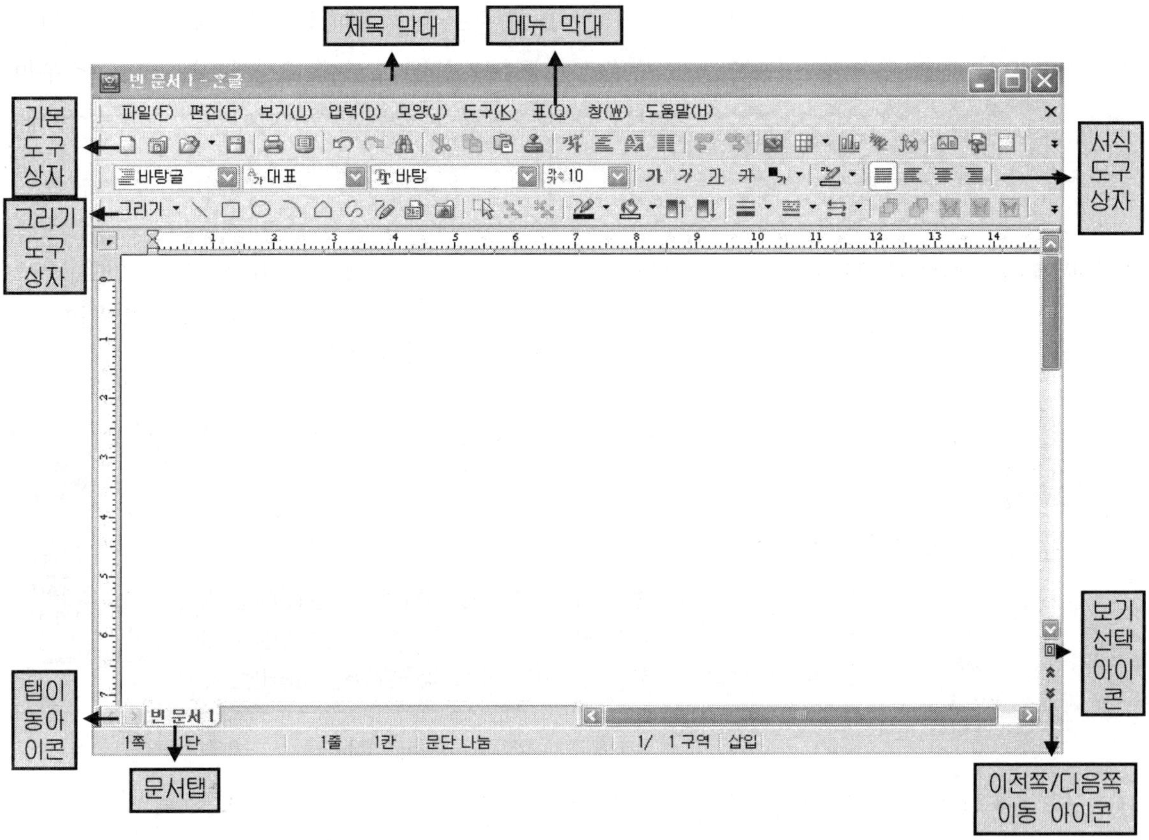

- 제목 막대 : 현재 열려 있는 문서의 제목과 문서가 저장된 경로를 보여준다.
- 메뉴 막대 : 한글의 기능을 사용하기 위한 메뉴를 선택할 수 있다.
- 기본 도구 상자
- 서식 도구 상자 : 작성한 문서의 글자 모양이나 문단 모양을 바꿀 때 사용하는 도구 모음이다.
- 그리기 도구 상자 : 문서에 그림을 그리거나 그리기 조각, 클립아트를 넣을 때 사용할 수 있다.
- 탭 이동 아이콘 : 여러 개의 탭이 열려 있을때 문서 탭에 보이지 않는 탭을 보이게 한다.
- 문서 탭 : 작성 중인 문서의 파일명을 표시합니다. 저장하지 않은 문서는 파일 이름이 빨간색

으로 표시되고, 자동 저장된 문서는 파란색, 저장 완료된 문서는 검은색으로 표시된다.

- 보기 선택 아이콘
- 이전 쪽/다음 쪽 이동 아이콘 : 작성 중인 문서가 여러 장일 때 쪽 단위로 이동하기 위해 사용한다.

3. 한글 문서 입력

1) 웹브라우저에서 복사

워드프로세서 문제는 대부분은 웹에서 찾은 정보를 복사하여 편집하는 것이다.

실습

① 웹브라우저에서 내용을 범위로 지정한다.

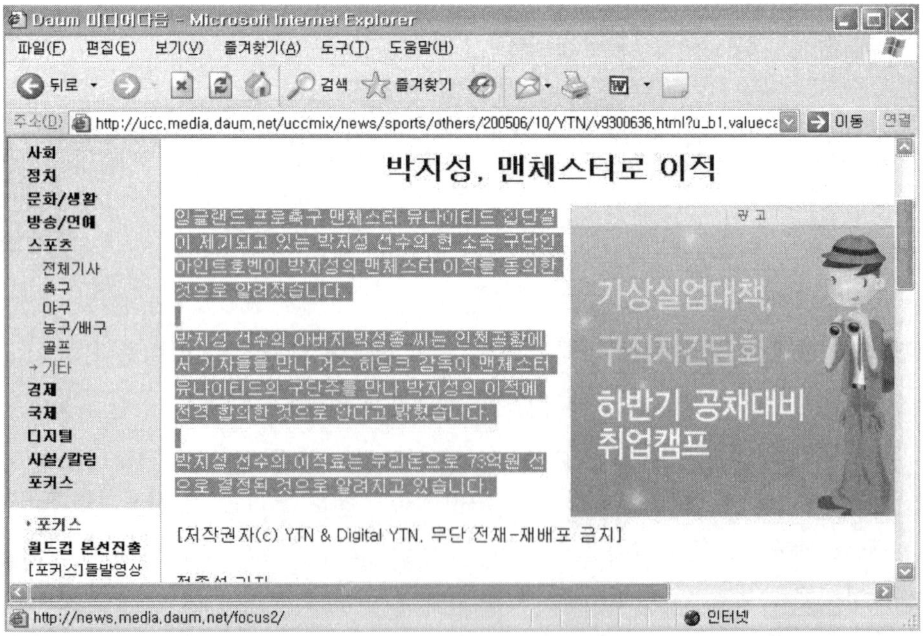

② 브라우저에서 단축 메뉴의 [복사]를 선택한다.

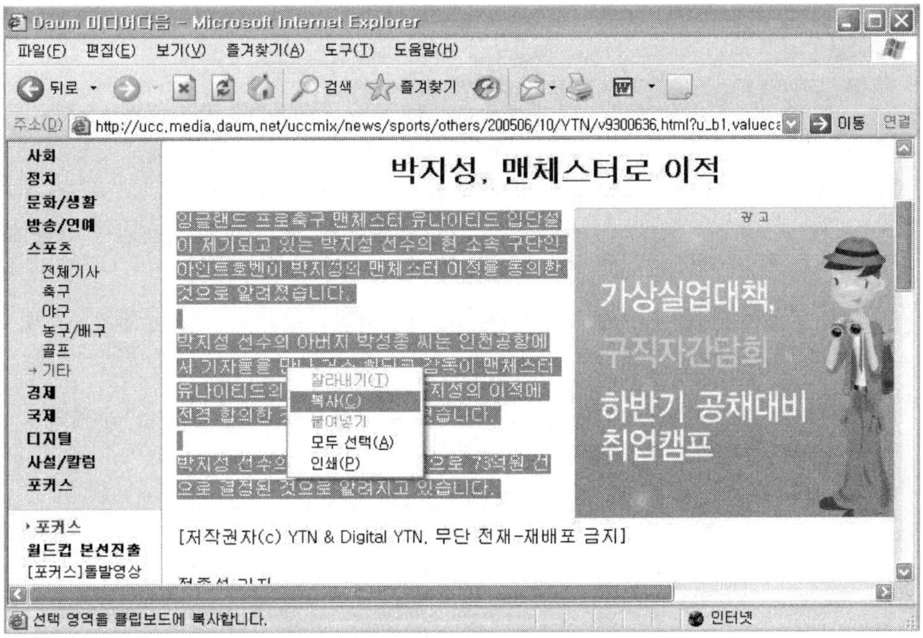

③ 한글 2005를 실행하고 [편집] → [붙이기]를 선택한다.

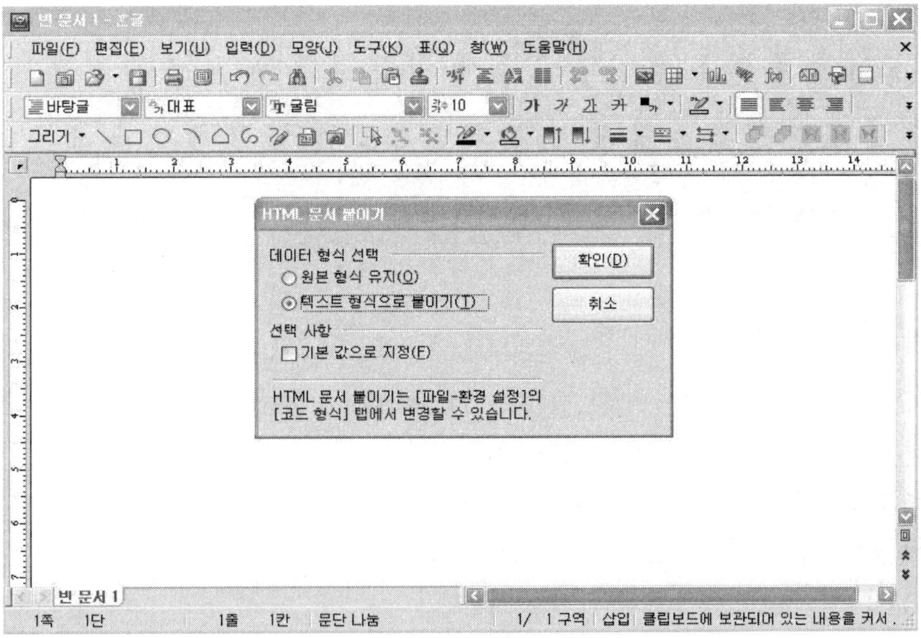

④ 복사한 내용이 붙여진다.

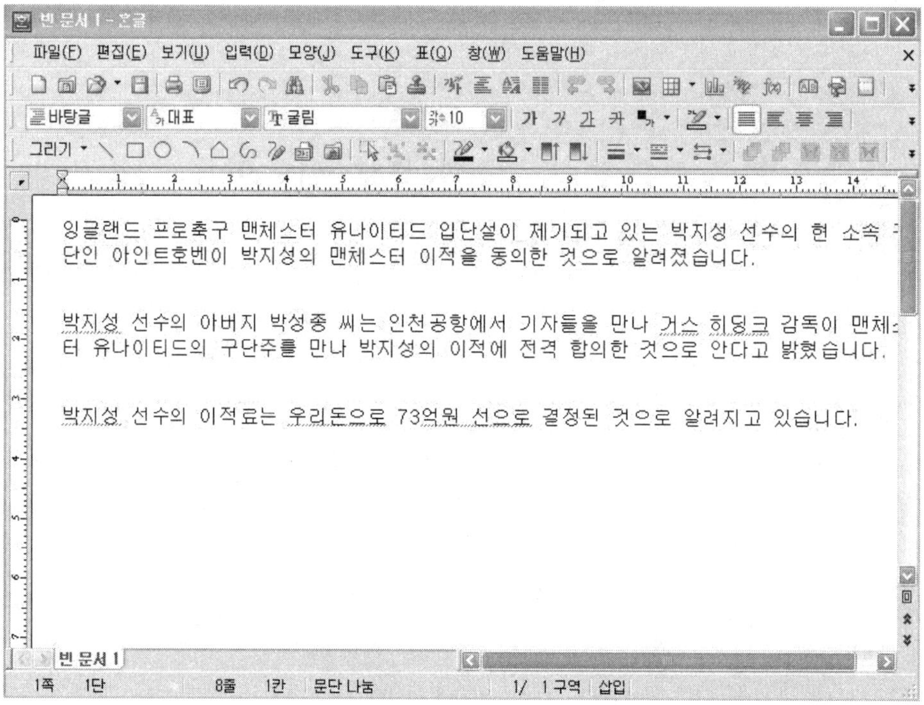

[참고사항] 브라우저 내용 단축키로 지정방법

① 웹 브라우저에서 범위를 지정한다.

② 단축키 Ctrl + C를 누른다.

③ 한글 2005를 실행하여 복사할 위치에 커서를 놓는다.

④ 단축키 Ctrl + V로 복사한다.

2) 키보드로 입력하기

① [한/영] or Shift+Space : 키보드의 한글 영문상태로 전환한다.

② Enter↵ : 커서가 있는 위치의 줄을 바꾼다.

③ Shift+Enter↵ : 문단의 속성을 유지한 상태에서 강제로 줄을 바꾼다.

④ Back Space : 커서를 기준으로 왼쪽 글자를 지운다.

⑤ Delete : 커서를 기준으로 오른쪽 글자를 지운다.

3) 블록 지정

블록 지정은 편집할 때 많이 쓰는 기능으로 사용자가 블록으로 선택한 부분의 글자 모양을 바꿀 수 있다. 문서에서 블록을 설정하는 방법은 글자판을 이용한 방법과 마우스를 이용한 방법이 있다.

① 마우스로 블록 설정

마우스로 블록을 설정할 때는 마우스를 누르는 위치에 따라 블록을 지정하는 방법이 달라진다. 마우스 포인터를 단어 위에 놓고 왼쪽 단추를 두 번 누르면 그 단어가 블록 잡히고, 왼쪽 단추를 세 번 누르면 그 단어가 속한 문단이 블록으로 설정된다.

② 키보드로 블록 설정

- [Shift + 방향키] or [F3 + 방향키] : Shift는 블록을 설정하는 동안 계속 누르고 있어야 하며, F3은 한 번만 누르면 된다.

[참고사항] 글자판을 이용해 블록 설정을 할 때는 〈Shift〉, 〈F3〉와 함께 〈Home〉, 〈End〉, 〈PageUp〉, 〈PageDown〉을 사용할 수 있다.

① Shift+Home : 커서가 있는 곳에서부터 그 줄의 제일 앞까지 블록으로 설정.
② Shift+End : 커서가 있는 곳에서부터 그 줄의 제일 끝까지 블록으로 설정.
③ Shift+PgUp : 커서가 있는 곳에서부터 한 페이지 위까지 블록으로 설정.
④ Shift+PgDn : 커서가 있는 곳에서부터 한 페이지 아래까지 블록으로 설정.
⑤ Ctrl+PgUp : 커서가 있는 곳에서부터 문서의 제일 처음까지 블록으로 설정.

4) 문자표 입력

[입력]-[문자표]를 실행하거나 Ctrl+F10을 사용하면 글자판으로 직접 입력할 수 없는 기호나 입력하기 어려운 문자들을 사용자가 쉽게 선택하여 입력할 수 있다.

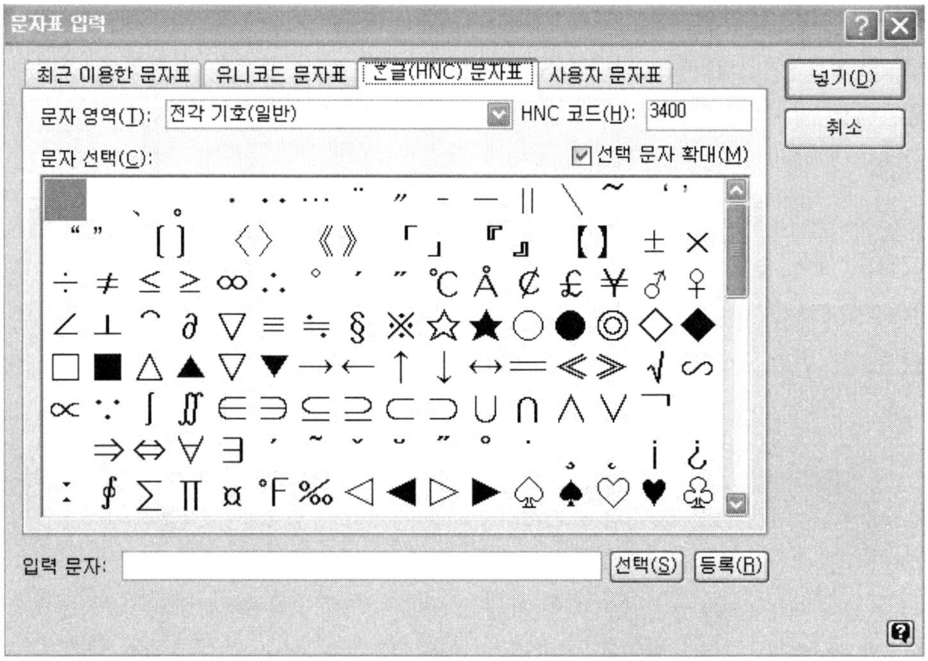

① 한글 문자표 : 문자표에서 지원하는 문자영역이 들어있다.

② 유니코드 문자표 : 자주 사용되는 특수문자의 문자 코드를 입력하면 원하는 특수문자를 쉽게 찾을 수 있다.

③ 입력 문자 : [선택] 버튼을 사용하면 여러 개의 특수문자를 한꺼번에 문서를 넣을수 있다.

[참고사항] 원하는 문자가 없을 경우 PageUp, PageDown을 눌러 새로운 문자를 선택한다.

5) 한자 입력

한글로 입력된 글자 중 변환하고자 하는 글자를 범위로 지정하고 [입력] - [한자로 변환] 또는 단축키 F9를 선택한다. Shift+F9를 누르면 "한자 자전" 대화상자가 나타나서 커서가 위치해 있는 한자의 뜻과 음, 부수, 총획 등을 보여준다.

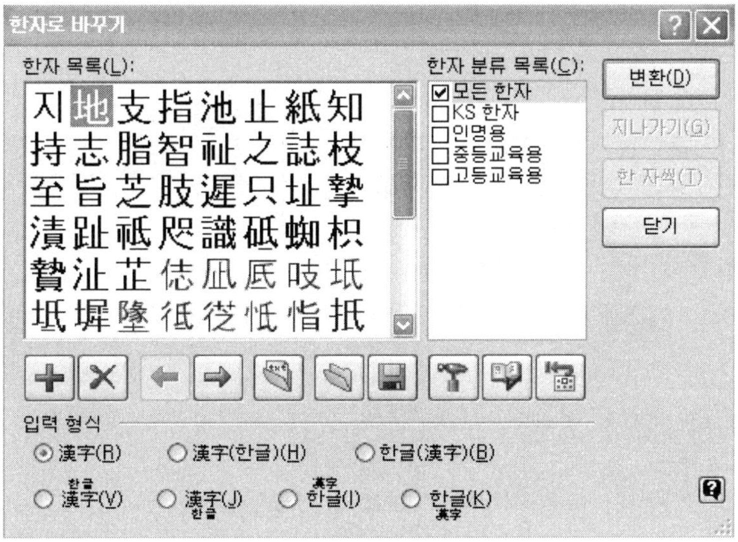

① 입력 형식 : 한글을 한자로 나타내는 형식을 지정한다.

② 한자 단어 등록 : 한자 사전에 필요한 한자어가 없을 경우 새로 등록 시킬수 있다.

③ 한자 삭제 : 등록되어 있는 한자를 삭제한다.

④ 텍스트 파일 등록하기

⑤ 사용한 한자 사전 불러오기

⑥ 사용한 한자 사전 저장하기

[참고사항] 한자 변환 방법

① 한 글자를 변환 : 한자로 변경할 글자 바로 뒤에 커서를 놓거나 한글 한 글자를 범위 지정한 후 F9를 누른다.

② 단어를 변환 : 한자로 변경할 한글 단어 바로 뒤에 커서를 놓거나 범위를 지정한 후 F9를 누른다.

③ 범위 지정된 문자를 변환 : 문장 전체를 범위지정(Ctrl+Alt+A)을 한 후 F9를 누른다.

4. 문서 편집

1) 서식 도구상자

글자의 모양과 색상, 정렬 방식을 지정한다.

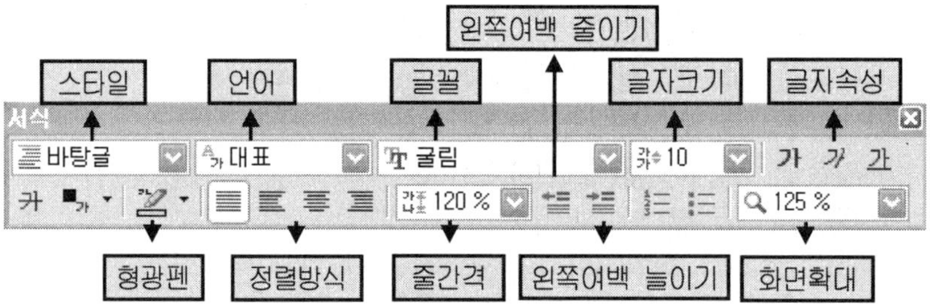

2) [모양] 메뉴의 [글자 모양]

글꼴의 종류와 크기, 속성 등을 지정한다.(단축키 : Alt + L)

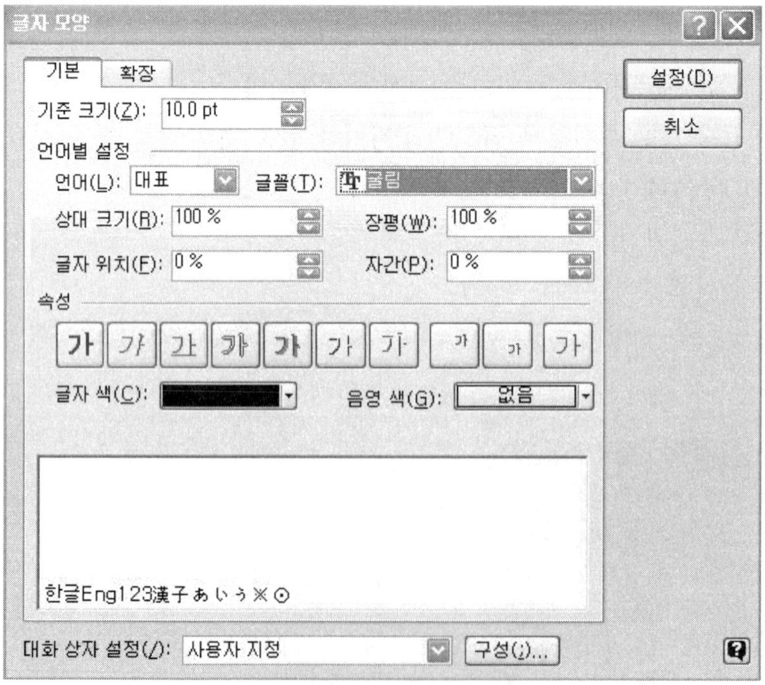

3) [모양] 메뉴의 [문단 모양]

여러 문장이 문맥에 따라 줄이 바뀌는 부분이 있는데 이렇게 줄 바꿈으로 나누어지는 단위를 문단이라 한다. 사용자가 글을 입력하는 도중에 <Enter>를 누르면 문단이 나누어진다. 문단의 정렬 방식과 여백 간격을 지정한다(단축키 : Alt + T)

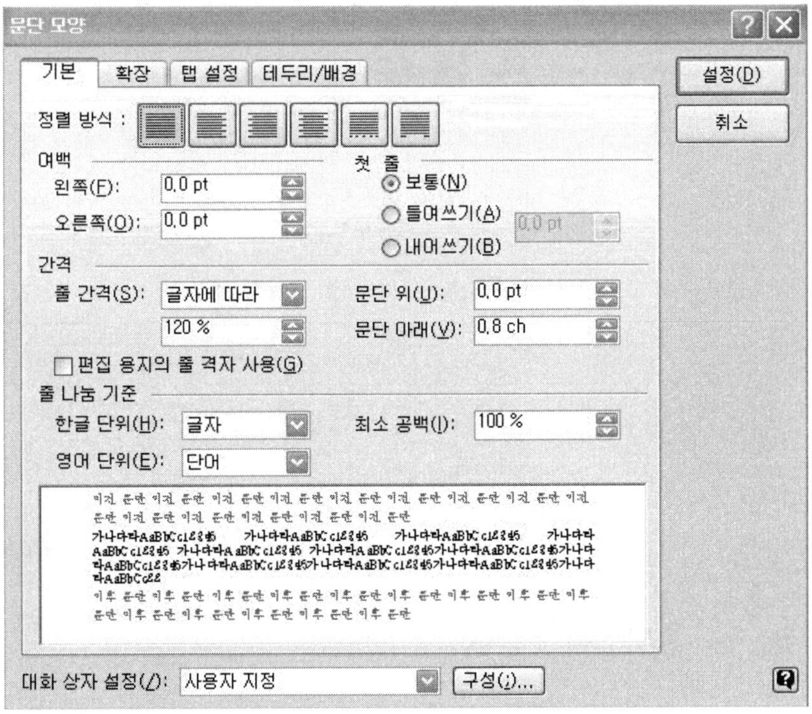

① 들여쓰기 : 단락의 첫줄을 왼쪽 여백으로부터 떨어져 표시하고자 할 때 사용되며, 단위는 mm(밀리미터), pt(포인터), ch(글자수), in(인치)가 있다.

② 내어쓰기 : 왼쪽 여백과 함께 사용되며 단위는 들여쓰기와 같다.

실습

한 문단에 3글자 들여쓰기를 해야 하는 경우 한글은 1글자당 10pt이므로 "30"을 입력한다.

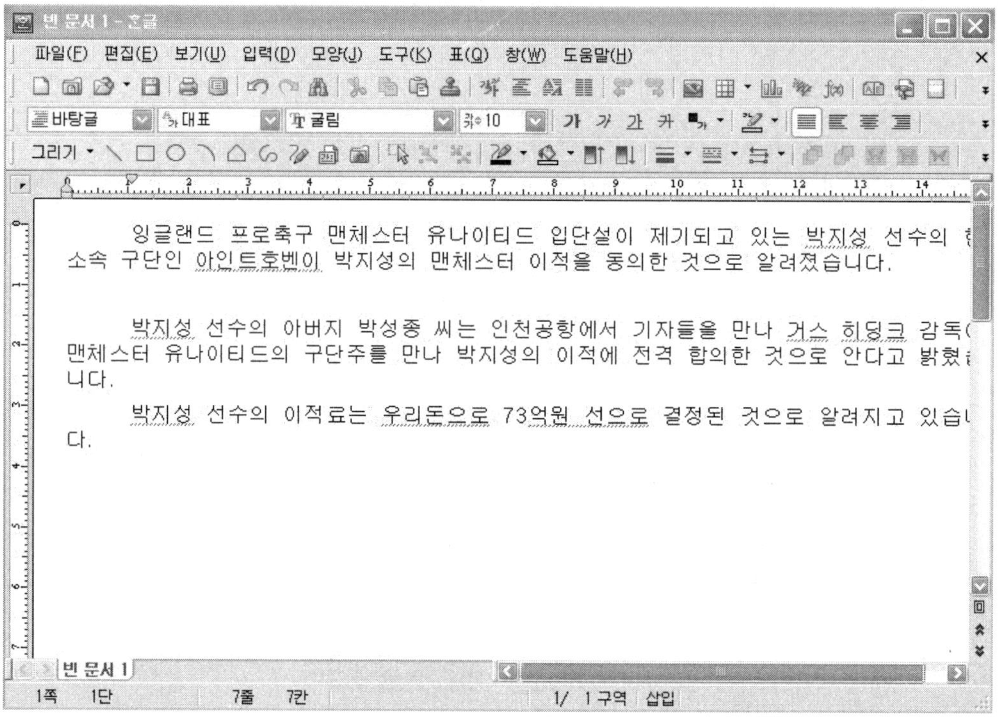

5. 파일관리

1) 문서 저장

문서 저장은 입력한 내용을 파일로 저장하기 위한 기능으로 저장한 파일은 나중에 불러와서 내용을 보거나 편집할 수 있다.

① [파일]-[저장하기]를 실행하거나 <Alt+S>를 누릅니다.

② 다른 이름으로 저장하기 대화 상자가 나타나면 찾는 위치는 바탕 화면으로 지정하고 파일 이름은 회사소개서로 입력한 후 저장 단추를 누른다.

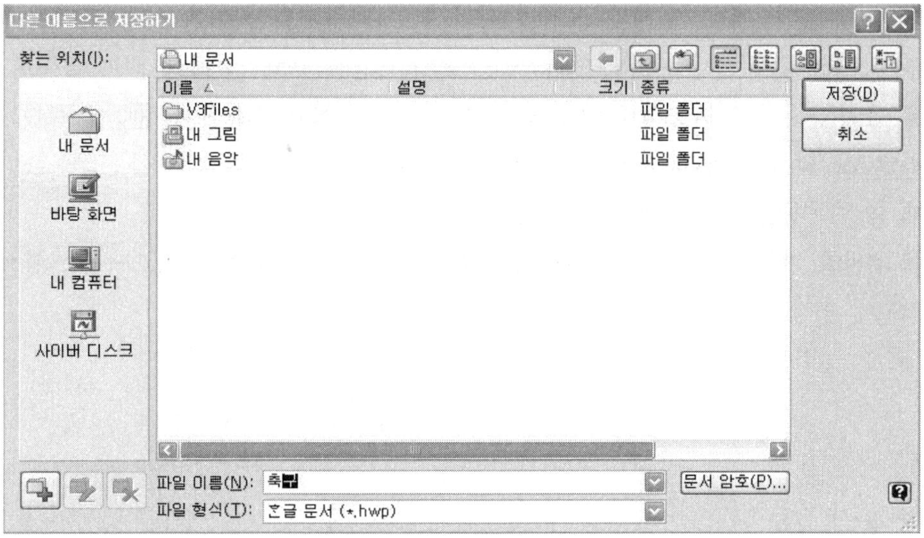

③ 파일-끝을 실행하여 프로그램을 마친다.

2) 불러오기

저장되어 있는 흔글 문서를 편집 화면으로 불러옵니다. 불러온 파일은 내용을 보거나 편집, 인쇄 등을 할 수 있다.

3) 인쇄

현재 편집 화면에 있는 문서를 프린터로 인쇄한다. 문서 전체나 일부를 여러 매 인쇄할 수 있고, 인쇄물의 용도에 따라 확대/축소하는 등 다양한 인쇄 조건을 지정할 수 있다.

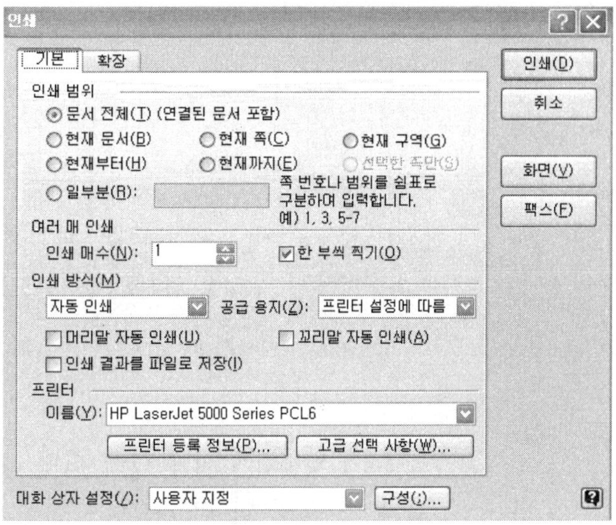

① 인쇄 범위 : 인쇄 범위를 쪽 단위로 지정.

② 여러 매 인쇄 : 같은 문서를 여러 부 인쇄할 때 매수와 방법을 지정.

③ 인쇄 방식 : 문서를 편집할 때 쓰인 편집 용지의 크기와 인쇄할 때 프린

터에서 공급되는 공급 용지의 크기에 따라 편집된 문서를 종이에 어떻게 배치하여 인쇄할 것인지 지정.

④ 공급 용지 : 실제 인쇄를 위하여 프린터에 공급할 종이의 종류를 지정

⑤ 머리말/꼬리말 자동 인쇄 : 인쇄 출력물의 쪽 위/아래 부분에 파일 이름, 날짜, 전체 쪽 수와 현재 쪽 수 등을 넣어 인쇄.

⑥ 인쇄 결과를 파일로 저장 : 프린터로 인쇄되는 결과를 종이에 찍지 않고 *.prn 형식의 파일로 디스크에 저장.

6. 편집/모양 메뉴의 기능

1) 복사/붙이기

한 번 입력한 내용을 반복해서 입력하고자 할 때 사용한다.

2) 찾아 바꾸기

[편집]-[찾아 바꾸기]나 단축키 Ctrl+F2를 선택하여 현재 편집하고 있는 문서에서 특정한 내용을 찾아 사용자가 지정하는 다른 내용으로 바꾼다.

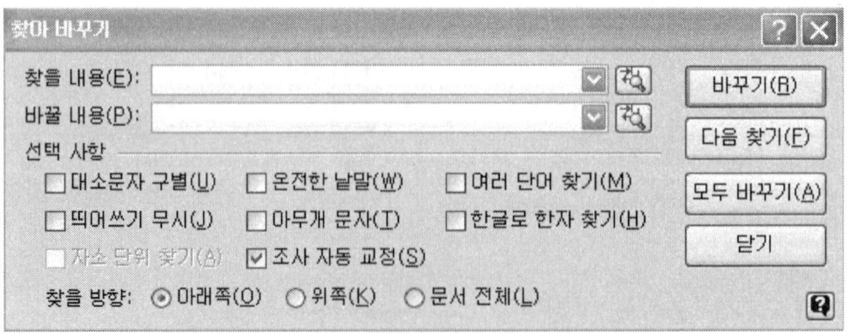

① 조사 자동 교정 : 맞춤법에 맞게 단어 뒤에 붙은 조사를 바꾸어 준다.

② 바꾸기 : 문자열을 찾아 한 번 바꾼다.

③ 다음 찾기 : 바꾸기 한 다음의 문자열을 찾아 다시 바꾸어 준다.

④ 모두 바꾸기 : 문서 전체에서 문자열을 찾아 한꺼번에 바꾸어 준다.

[참고사항]

찾아 바꾸기는 단순히 문자열을 다른 문자열로 바꾸는 것뿐만아니라 특수문자나 공백문자(Space Bar)를 찾아 다른 문자로도 바꿀수 있다.

3) 쪽번호 매기기

쪽 번호 매기기는 복잡한 절차 없이 문서에 쪽 번호를 자동으로 매겨 주는 기능으로 [모양]-[쪽번호 매기기]나 단축키 Ctrl+N+P를 선택하여 문서에 쪽 번호를 넣을 수 있다.

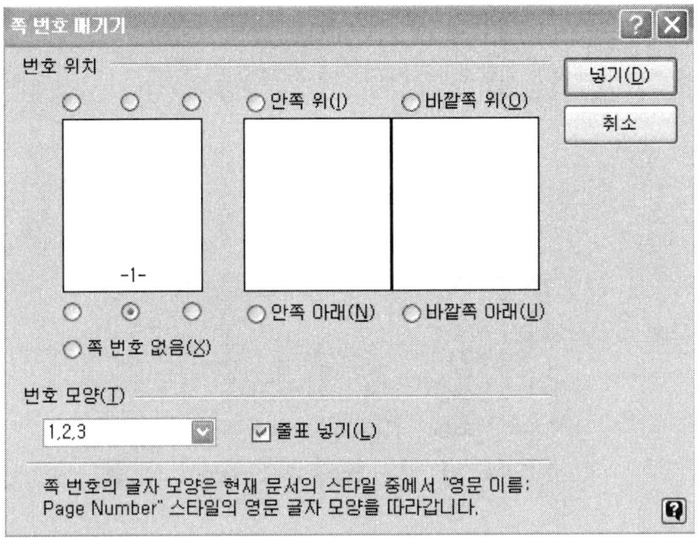

[참고사항]

[쪽번호 매기기] 대화상자에서는 기본으로 [줄표 넣기]가 선택되어 있다. 그러므로 문제에서 쪽번호의 양 끝에 줄표가 있는지 없는지 보고 선택한다.

실습

▶ 모든 쪽의 상단 가운데에 페이지 시작번호가 "ii"부터 시작되는 쪽번호 삽입

① [모양]-[쪽 번호 매기기]를 선택하여 번호 위치와 번호 모양, 줄표 넣기를 선택한다.

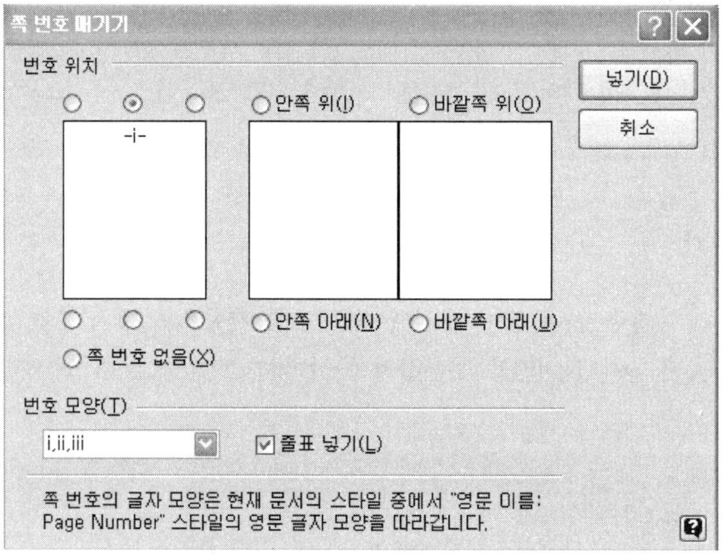

② 쪽 번호가 "2"부터 시작해야 하므로 [모양]-[새 번호로 시작]을 선택하여 시작번호를 "2"로 입력한다.

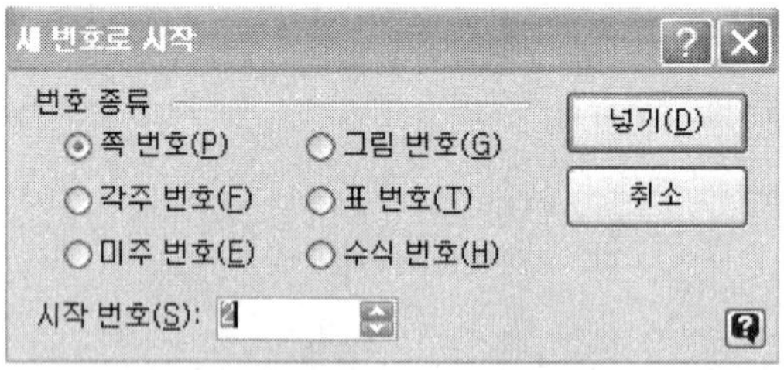

4) 머리말/꼬리말

한 쪽의 맨 위와 맨 아래에 한두 줄의 내용이 쪽마다 고정적으로 반복되는 영역의 내용을 머리말, 꼬리말 이라고 한다. 머리말이나 꼬리말은 한 줄 이상을 넣을 수 있다. 편집 용지에서 설정한 머리말/꼬리말 영역을 넘치도록 내용을 입력하면, 넘친 머리말 내용은 본문 위에 겹쳐 나타나고 넘친 꼬리말 내용은 본문에 나타나지 않는다.

머리말과 꼬리말 내용이 본문과 겹치지 않게 하려면 [모양]-[편집 용지]를 실행해 용지 여백의 머리말과 꼬리말 여백 값을 더 크게 지정한다. 또한 머리말/꼬리말을 지정하려면 [모양]-[머리말/꼬리말]이나 단축키 Ctrl+N+H를 선택한다.

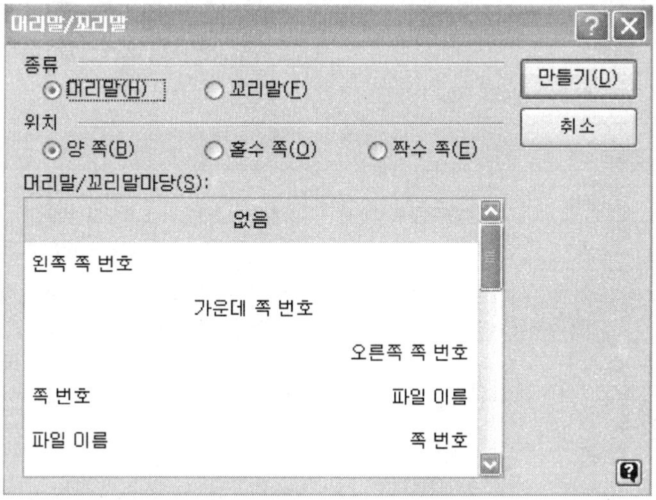

[참고사항] 브라우저 내용 단축키로 지정방법

- 이미 작성된 머리말이나 꼬리말을 수정해야 한다면 [보기]-[쪽윤곽]에서 머리말/꼬리말을 더블 클릭하여 수정한다.

실습

▶ 머리말의 모든 상단 중앙에 "박지성"을 입력

① [모양]-[머리말/꼬리말]을 선택하여 "박지성"을 입력한 후 [서식도구상자]에서 [가운데 정렬]을 선택하여 머리말의 중앙에 올 수 있도록 지정한다.

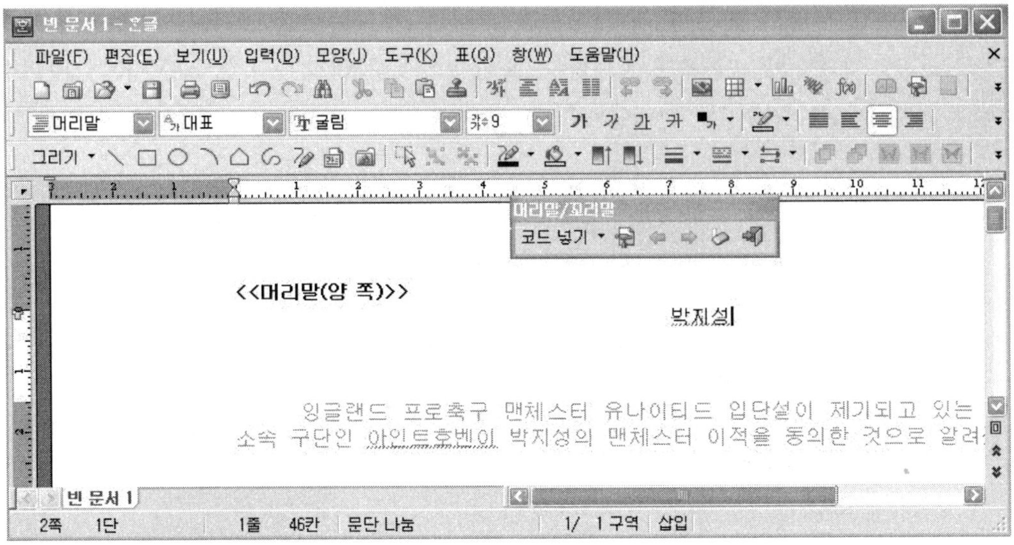

5) 편집용지 설정

용지의 종류와 여백, 방향을 지정하려면 [모양]-[편집용지]나 단축키 F7을 선택한다. 만약 환경설정을 변경하여 새문서에 대한 용지설정을 변경하려면 [파일]-[환경설정] 메뉴의 새문서 탭에서 변경한다.

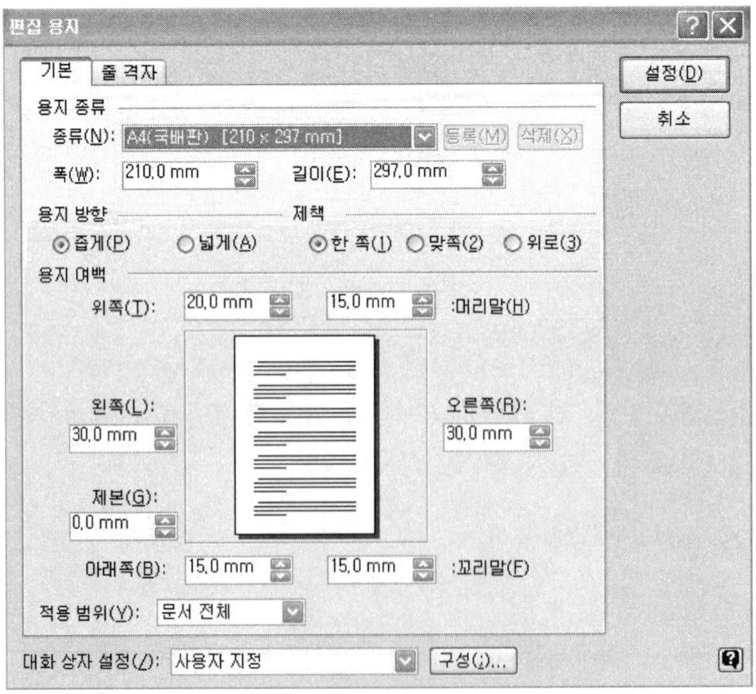

6) 다단 기능

다단 나누기는 신문이나 회보, 찾아보기 등을 만들 때 읽기 쉽도록 한 쪽을 여러 개의 단으로 나누는 기능이다. 다단을 사용하면 문서가 정돈되어 보이는 효과가 있고, 보다 많은 내용을 한눈에 볼 수 있다. [모양]-[다단]을 실행하면 각 단의 너비가 서로 다른 단을 만들 수도 있고, 한 쪽 안에서 단 수가 다른 단을 만들 수도 있다.

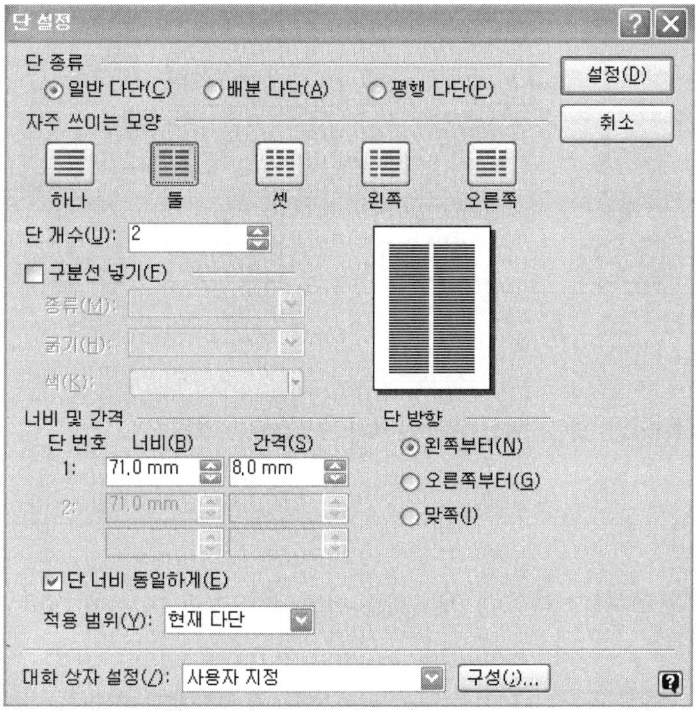

7. 도형 그리기/편집하기

[보기]-[도구상자]-[그리기 도구상자]를 선택하면 여러 가지 도형을 직접 그리고 편집할 수 있다. 또한 정원, 정사각형, 수평선을 그리려면 Shift를 누르고 드래그 한다.

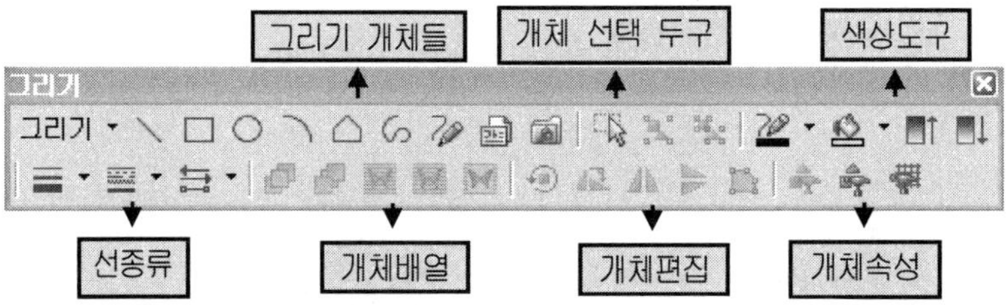

1) 그림 입력

[입력]-[개체]-[그림]이나 Ctrl+N+I를 선택하여 그림을 입력한다.

2) 그림 편집

삽입된 그림을 더블클릭하거나 Ctrl+N+K를 선택하여 [그림 고치기] 대화상자에서 크기와 위치를 지정한다.

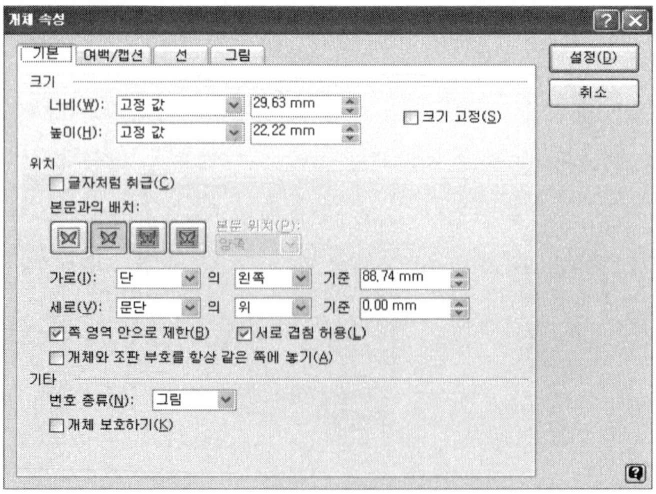

· [기본] 탭

① 크기 : 입력된 그림의 크기를 조정한다.

② 글자처럼 취급 : 일반글자로 취급되어 글자와 같이 편집할 수 있다.

③ 본문과의 배치 : 그림과 글자가 함께 있는 문서에서 그림과 글자의 배치를 필요에 맞게 정해 준다.

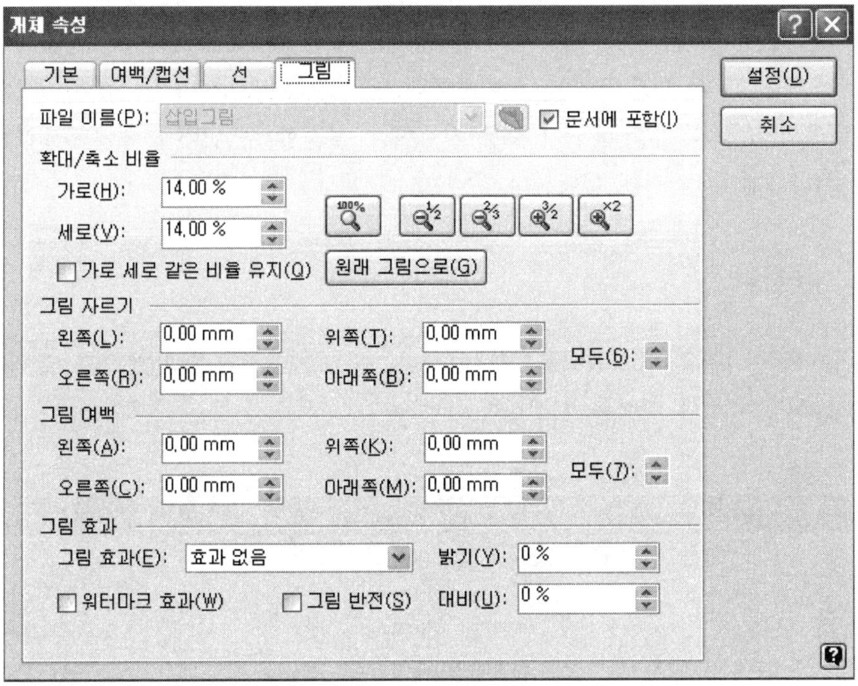

· [그림] 탭

① 문서에 포함 : 그림 파일을 문서에 포함시킨다.

② 확대/축소 비율 : 그림의 확대/축소 비율을 지정한다.

③ 그림효과 : 그림에 흑백, 그레이 스케일, 원래그림에서 효과를 부여할 수 있고 밝기와 명암도 조절할 수 있다.

8. 글상자

1) 글상자 작성

다단 편집에서 단의 경계를 넘어서는 커다란 제목을 넣을 때, 본문 중간에 상자 형 요약 글을 넣을 때와 세로쓰기를 할 때 주로 글상자를 이용한다. 글상자는 위치와 크기 조절, 글상자 안의 채우기 효과, 테두리의 모양과 색깔 바꾸기 등을 자유롭게 설정할 수 있어 쓰임새가 다양하며, [입력]-[개체]-[글상자]나 Ctrl+N+B를 선택한다.

2) 글상자 꾸미기

글상자를 클릭하여 [편집]-[고치기]를 선택하거나, 마우스의 오른쪽 버튼으로 클릭하여 단축 메뉴 [개체 속성]에서 위치와 여백을 지정한다.

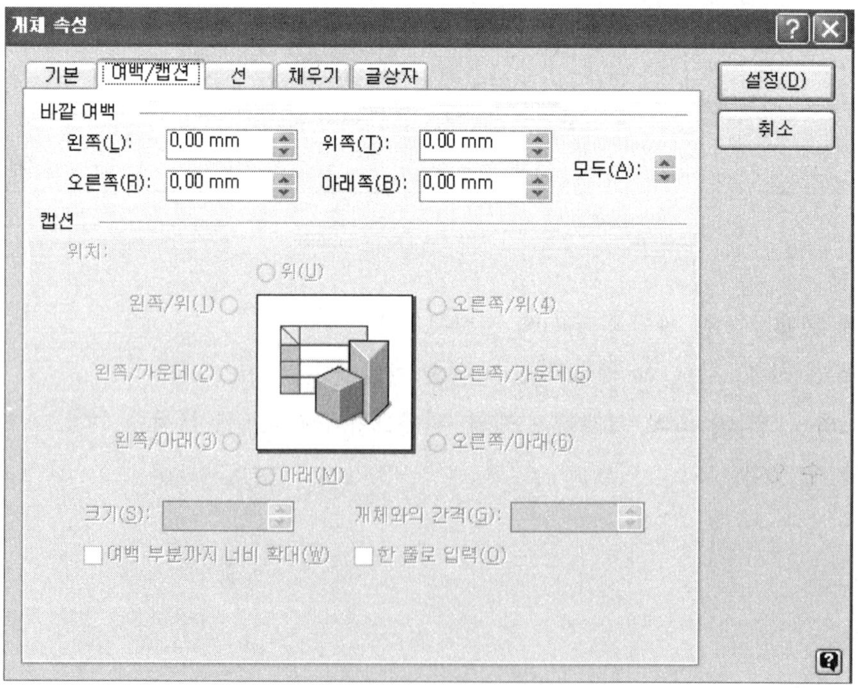

- [기본] 탭 : 그림의 크기와 본문과의 배치, 그림을 일반문자로 취급할 것인가를 지정한다.
- [여백/캡션] 탭 : 그림의 안쪽, 바깥쪽의 여백과 캡션을 지정한다.

3) 글상자 문자 꾸미기

글상자의 문자를 범위로 지정하고 [모양]-[글자모양]이나 [문단모양]을 이용하여 지정한다.

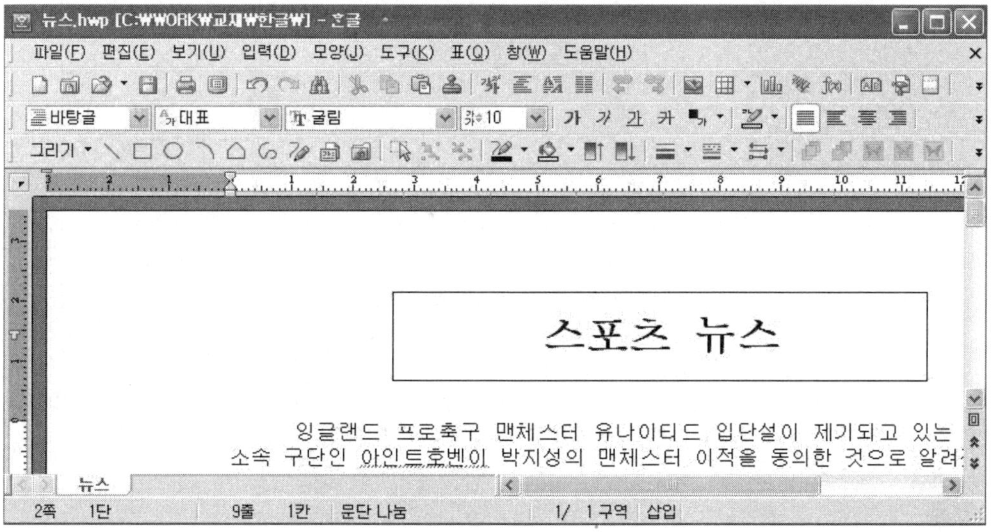

실습

▶ 글상자 내부색은 파랑, 글꼴은 빨강, 글자체는 돋움체, 글자크기는 20으로 지정.

① [입력]-[개체]-[글상자]를 선택하여 글상자를 그린후 내용을 입력한다.
② [문단모양]과 [글자모양]을 이용하여 문자를 꾸민다.
③ 글상자 안에 커서를 위치한 후 단축 메뉴 [개체속성]-[채우기]-[색]-[면색]을 지정한다.

9. 글맵시

1) 글맵시

글맵시는 글자를 구부리거나 외곽선, 채움 효과, 그림자, 회전 등의 효과를 사용하여 문자를 꾸미는 기능이다. 글맵시는 한글의 그리기 기능으로 구현되어 있으며, 문서에 포함된 글맵시 결과는 자유롭게 편집할 수 있으며, [입력]-[개체]-[글맵시]를 선택하여 지정한다.

실습

▶ 글맵시를 이용하여 제목 작성

① [입력]-[개체]-[글맵시]를 선택하여 내용을 입력한 후 글꼴, 글자색, 글맵시 모양을 선택한다.

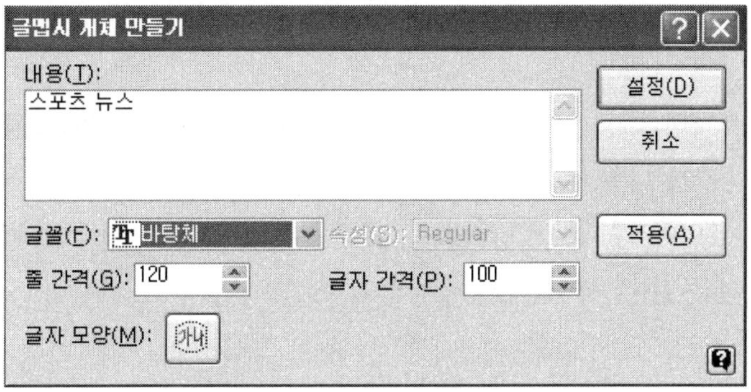

② 문서에 포함된 글맵시를 클릭한 후 [편집]-[고치기]를 선택하여 가로 70mm, 세로 50mm를 입력하여 크기를 조절한다.

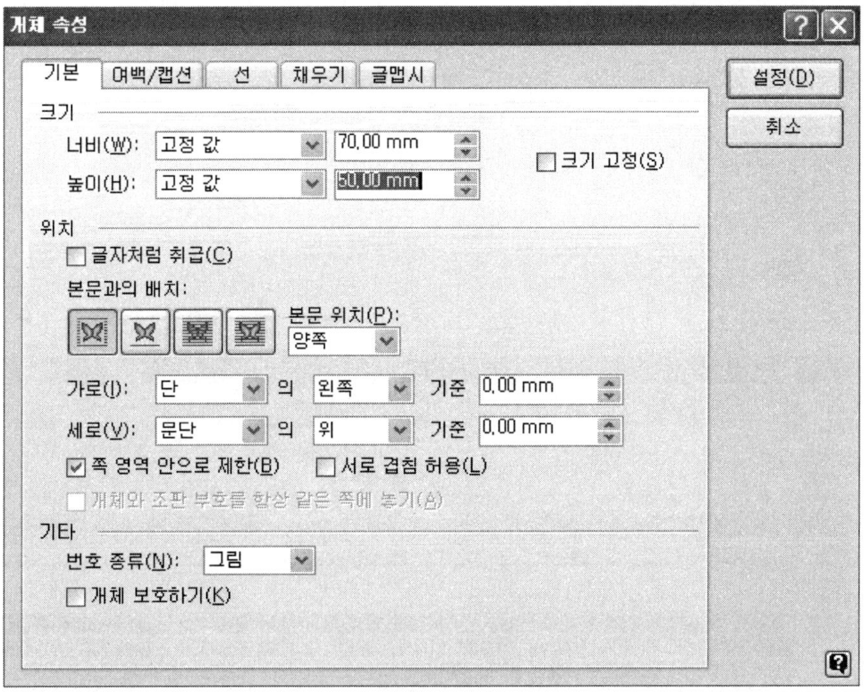

10. 표

1) 표 작성

문서를 만들면서 복잡한 내용이나 수치 자료를 정리하고자 할 때에는 표를 이용한다. 한글2005의 표 만들기는 표 만들기 대화 상자에서 직접 표 속성까지 지정할 수 있다. 또한 표 안에 다른 표를 만들어 넣을 수 있으며 한 쪽을 넘어가는 표를 자동으로 나누어주기 때문에 매우 편리하다. [표]-[표 만들기]나 Ctrl+N+T를 선택하여 작성한다.

2) 표 편집

표를 범위로 지정하고 단축메뉴를 이용해서 셀 합치기, 셀 나누기, 셀 크기 조절, 선 모양과 색상 등을 지정한다.

① 셀의 블록지정 방법

- F5 : 단일셀 지정
- F5+F5 : 블록셀 지정

② 셀 크기 조절

- 줄수 5, 칸수 3인 표를 그린후 마우스로 드래그하여 범위를 지정한다.

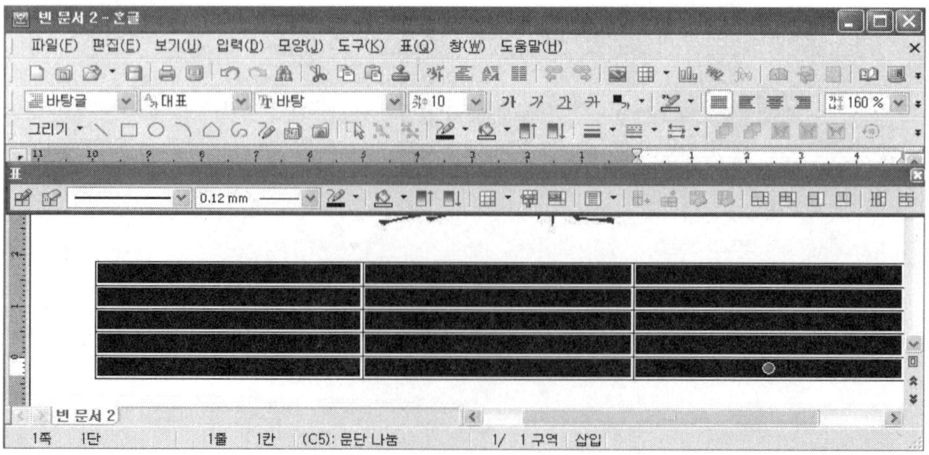

- 블럭 지정후 Ctrl + 방향키 : 표의 폭 지정
- 블럭 지정후 Alt + 방향키 : 선택한 열이나 행의 크기 조정
- 블럭 지정후 Shift + 방향키 : 선택한 셀의 크기 조정

③ 셀모양 편집

- 1행 1열과 2열을 범위로 지정한 후 [표]에서 [셀 배경색]과 [셀 음영]을 조정한다.

④ 셀나누기/셀합치기

- 셀을 나눌 곳을 범위를 지정한 후 [표]-[셀 나누기]를 선택하여 칸 수나 줄 수를 입력하여 셀을 나는다.
- 셀을 합칠 부분을 범위 지정 후 [표]-[셀 합치기]를 선택한다.

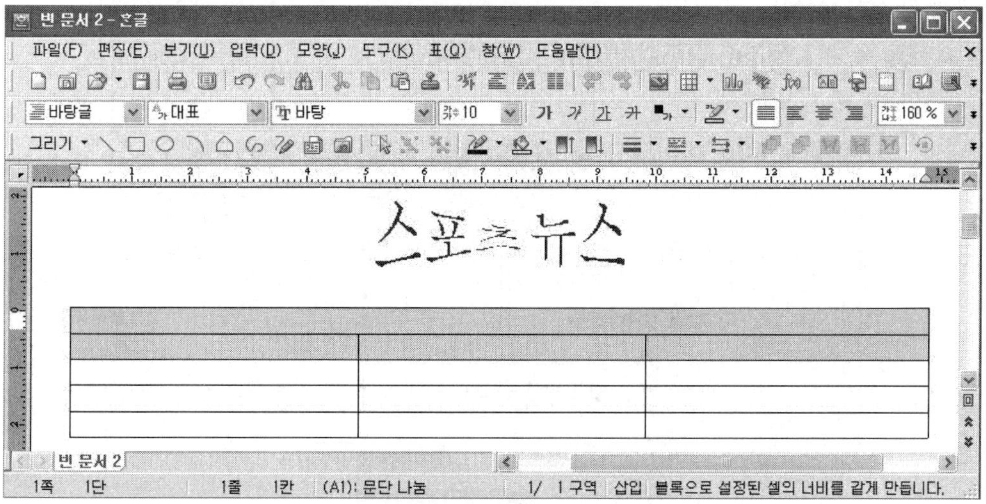

⑤ 선모양 변경

범위를 지정한 후 [표]-[셀 테두리/배경]을 선택한다.

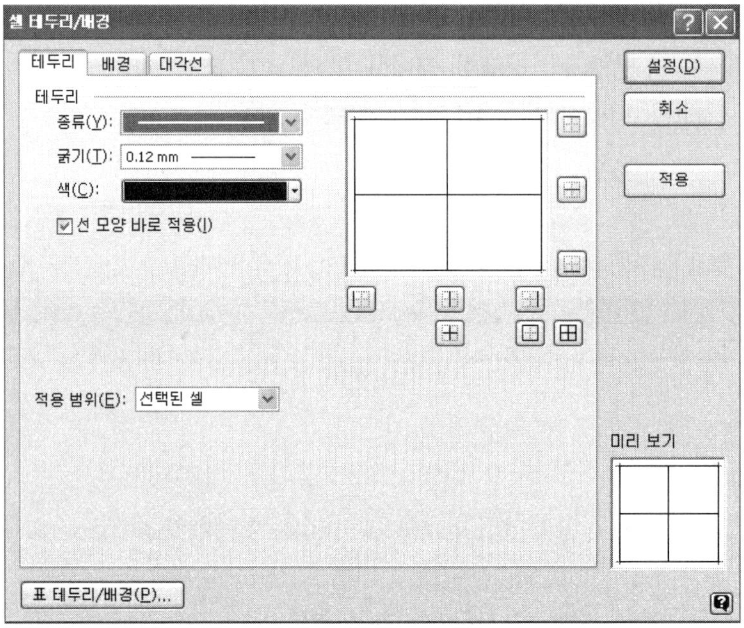

⑥ 셀에 대각선 지정

셀에 커서를 두고 [표]-[셀 테두리/배경]을 선택한다.

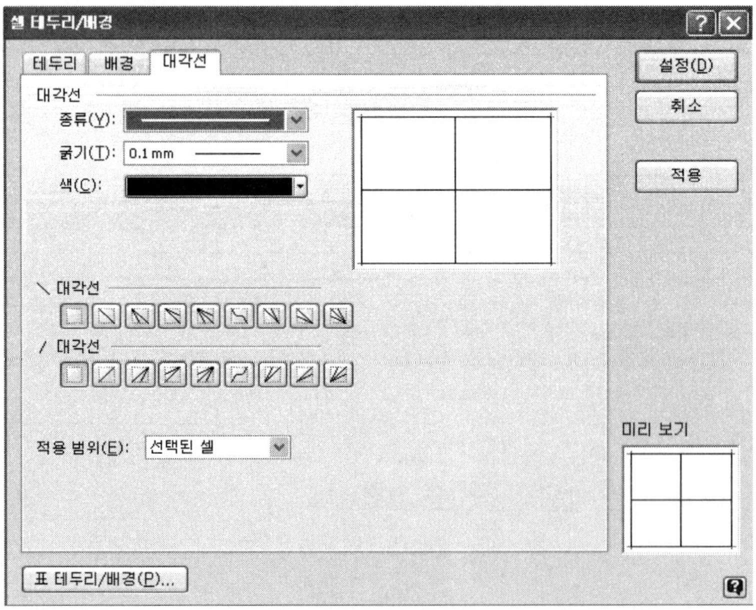

11. 각주/미주

1) 각주/미주 넣기

글의 전개 순서로 보아 본문의 내용 중에 넣기는 부담스러우나 본문에서 인용한 자료의 출처를 밝히거나 본문에서 언급한 내용에 대한 보충 자료를 구체적으로 제시할 필요가 있을 때에는 각주나 미주를 사용한다. 문서에서 특정 항목에 대한 보충 설명을 넣는 기능으로 각 페이지의 아래쪽에 넣는 것을 각주, 마지막 페이지에 넣는 것을 미주라고 한다. [입력]-[주석]-[각주] 또는 [미주]를 선택한다.

2) 각주/미주 편집

이미 입력한 미주 또는 각주의 번호를 더블클릭한다.

12. 하이퍼링크

하이퍼링크는 문서의 특정한 위치에 현재 문서나 다른 문서, 웹 페이지, 전자 우편 주소 등을 연결하여 쉽게 참조하거나 이동할 수 있게 해 주는 기능으로 단축키는 Ctrl+K+H이다.

1) 하이퍼링크 작성

① [입력]-[하이퍼링크]를 클릭한다.

② [하이퍼링크] 대화상자에서 "연결 종류 : 웹주소"의 옵션을 선택하고 "연결 대상 : URL"을 입력하고, 모양은 글자를 선택한다.

③ 하이퍼링크의 표식할 문자열이 표시되면 표식 안에 글자를 입력한다.

실습

▶ “스포츠 뉴스” 텍스트의 하이퍼링크

① “스포츠 뉴스”를 입력하고 범위를 지정한 후 [입력]-[하이퍼링크]를 선택한다.

② “연결 종류 : 웹 주소”, “연결 대상 : http://news.media.daum.net”을 입력한다.

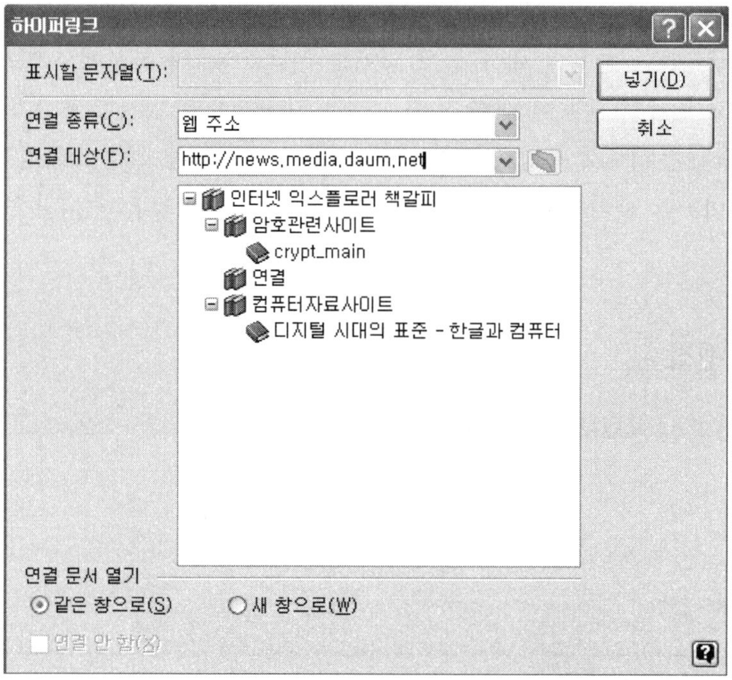

ITQ 기출문제

워드프로세서 필기 기출문제

정보기술자격(ITQ) 시험

과 목	코드	문제유형	시험시간	수험번호	성 명
아래한글	1111	A	60분		

수험자 유의사항

- 파일명은 본인의 "수험번호-성명"으로 입력하여 답안폴더(내문서₩ITQ₩)에 하나의 파일로 저장해야 하며, 답안문서 파일명이 "수험번호-성명"과 일치하지 않거나, 답안파일을 전송하지 않아 미제출로 처리될 경우 실격입니다(예 : 내문서₩ITQ₩12345678-홍길동.hwp).
- 답안 작성을 마치면 파일을 저장(크기:1.44Mb 이내)하고, '답안 전송' 버튼을 선택하여 감독위원 PC로 답안을 전송하십시오.
  만약, 수험생 정보와 저장한 파일명이 다를 경우 전송되지 않으므로 주의하시기 바랍니다.
- 답안 작성 중에도 주기적으로 저장하고, '답안 전송'을 이용하여 감독위원 PC로 답안을 전송하셔야 문제발생을 줄일 수 있습니다.
- 답안문서는 지정된 경로 외의 다른 보조기억장치에 저장하거나 기타 통신수단(이메일, 메신저, 네트워크 등)을 이용하여 외부 반출 시 부정 또는 실격 처리합니다.
- 시스템 조작의 미숙으로 시험이 불가능하다고 판단되는 수험자는 실격 처리합니다.
- 시험 중 부주의 또는 고의로 시스템을 파손한 경우는 수험자가 변상해야 합니다.
- 시험을 완료한 수험자는 답안파일이 전송되었는지 확인한 후 감독위원의 지시에 따라 문제지를 제출한 후 퇴실합니다.

답안 작성요령

- **온라인 답안 작성 절차**
  수험자 등록 → 시험 시작 → 답안파일 저장 → 답안 전송 → 시험 종료
- **공통 부문**
  - 글자체는 별도의 지시사항이 없는 경우는 바탕(또는 신명조), 글자크기 10포인트로 합니다.
  - 각 문항에 주어진 ≪조건≫에 따라 작성하고 언급하지 않는 조건은 출력형태와 같이 작성합니다.
  - 용지여백은 왼쪽·오른쪽 11㎜, 위쪽·아래쪽·머리말·꼬리말 10㎜, 제본 0㎜로 합니다.
  - 그림 삽입 문제의 경우 내문서₩ITQ₩Picture 폴더에서 지정된 파일을 선택하여 삽입하십시오.
  - 삽입한 그림은 반드시 문서에 포함하여 저장해야 합니다(미 포함시 감점 처리).
  - 각 항목은 지정된 페이지에 출력형태와 같이 정확히 작성하시기 바라며, 그렇지 않을 경우에 해당 항목은 0점 처리됩니다.
    ※ 페이지구분 : 1페이지 - 기능평가 I (1, 2번 문제번호 표시),
    2페이지 - 기능평가 II (3, 4번 문제번호 표시),
    3페이지 - 문서작성 능력평가
- **기능평가**
  - 문제와 ≪조건≫은 입력하지 않으며 문제번호와 답(≪출력형태≫)만 작성합니다.
  - 4번 문제는 묶기를 했을 경우 0점 처리됩니다.
- **문서작성 능력평가**
  - A4 용지(210㎜×297㎜) 1매 크기, 세로 서식 문서로 작성합니다.
  - ▭ 표시는 문서작성에 대한 지시사항이므로 작성하지 않습니다.

한국생산성본부
KOREA PRODUCTIVITY CENTER

기능평가 I (150점)

1. 다음의 ≪조건≫에 따라 스타일 기능을 적용하여 ≪출력형태≫와 같이 작성하시오. (50점)

≪조건≫ (1) 스타일 이름 - kado
(2) 문단모양 - 왼쪽여백 : 10pt, 문단 아래간격 : 10pt
(3) 글자모양 - 글꼴 : 돋움, 크기 : 10pt, 장평 : 90%, 자간 : 5%

≪출력형태≫

KADO is a specialized government subsidiary devoted to providing comprehensive support for domestic and international digital divide closure.

We provide the disabled, the elderly and farming and fishing villagers with easy access to information.

2. 다음의 ≪조건≫에 따라 ≪출력형태≫와 같이 표와 차트를 작성하시오. (100점)

≪표 조건≫ (1) 표 전체(표, 캡션) - 굴림, 10pt
(2) 정렬 - 문자 : 가운데 정렬, 숫자 : 오른쪽 정렬
(3) 셀 배경색 : 노랑
(4) 한글의 계산 기능을 이용하여 빈칸에 평균을 구하고, 캡션 기능 사용할 것
(5) 선 모양은 ≪출력형태≫와 동일하게 처리할 것

≪출력형태≫

민간공동 IT봉사활동 참여인원(단위 : 명)

구분	민간기업	공공기관	개인	참여자 수
2006년	43	86	159	288
2007년1차	238	200	150	588
2007년2차	52	41	0	93
평균				

≪차트 조건≫ (1) 차트 데이터는 표 내용에서 2006년, 2007년1차의 민간기업, 공공기관, 개인 값만 이용할 것
(2) 종류 - <2차원 가로 막대>로 작업할 것
(3) 제목 - 돋움, 굵게, 12pt, 배경 - 선 모양(두 줄로)
(4) 제목 이외의 전체 글꼴 - 궁서, 보통, 10pt
(5) 기타 나머지 사항은 ≪출력형태≫와 동일하게 처리할 것

≪출력형태≫

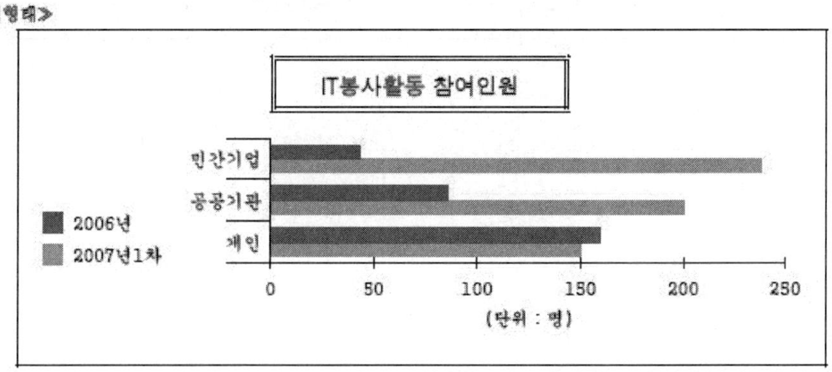

기능평가 II (150점)

3. 수식 편집기로 다음 수식 (1), (2)를 각각 입력하시오. (40점)

《출력형태》

(1) $\frac{c}{\sqrt{a} \pm \sqrt{b}} = \frac{c(\sqrt{a} \mp \sqrt{b})}{a-b}$

(2) $\frac{A}{B} \div \frac{C}{D} = \frac{A}{B} \times \frac{D}{C} = \frac{AD}{BC}$

4. 다음의 《조건》에 따라 《출력형태》와 같이 문서를 작성하시오. (110점)

《조건》

(1) 그리기 도구를 이용하여 작성을 하고, 모든 도형(글맵시, 지정된 그림 포함)을 《출력형태》와 같이 작성하시오.

(2) 도형의 면색은 지시사항이 없으면 색없음을 제외하고 서로 다르게 임의로 지정하시오.

《출력형태》

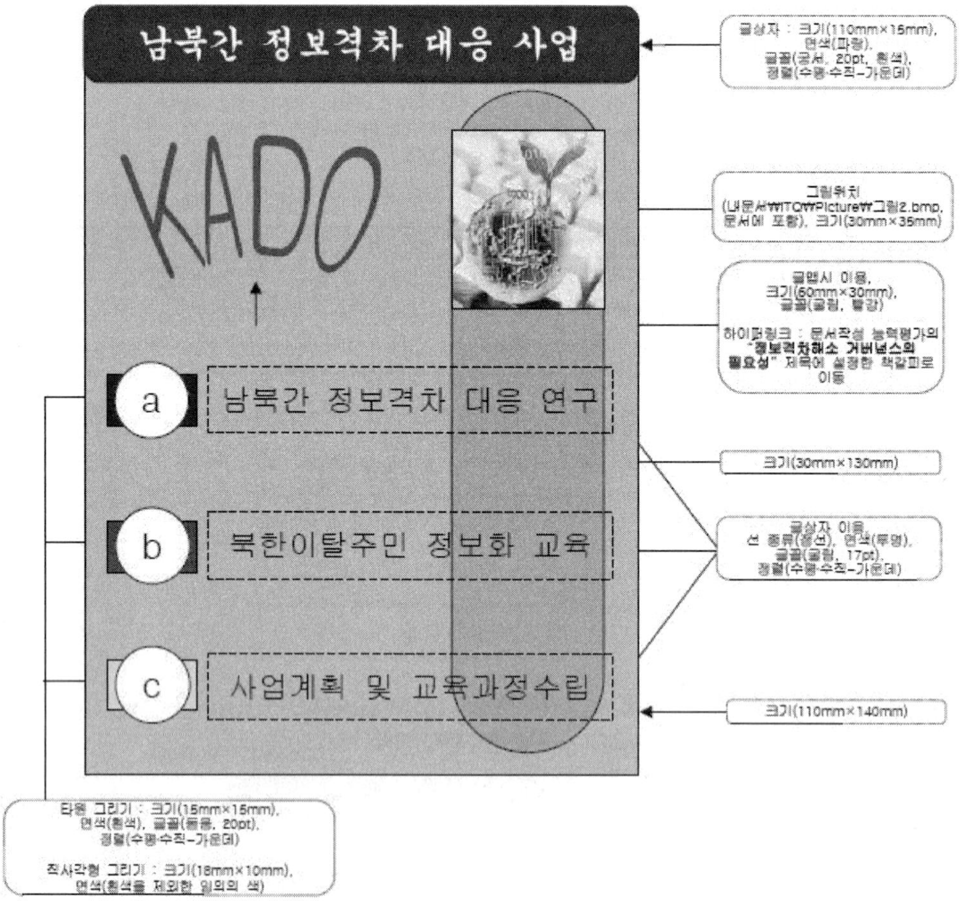

문서작성 능력평가 (200점)

머리말 기능
굴림, 10pt, 오른쪽 정렬 → 정보지식

글꼴 : 돋움, 19pt, 가운데 정렬,
책갈피 이름 : 거버넌스

정보격차해소 거버넌스의 필요성

문단 첫 글자 장식 기능
글꼴 : 굴림, 면색 : 노랑

그림위치(내문서\ITQ\Picture\그림3.gif, 문서에 포함)
크기(40mm×40mm), 바깥 여백 왼쪽 : 2mm

정보격차의 문제(問題)가 사회적 문제로 인식되어 정책의제로서의 중요성이 부각된 것은 1990년대 이후부터이다. 급속한 정보통신기술의 발전과 변화가 그 배경임은 의심의 여지가 없다. 생산수단으로서 정보기술의 광범위한 활용, 상품 및 재화로서 정보상품의 확산과 경제적 가치의 증대는 단순히 경제적 영역에서뿐만 아니라 정치, 사회, 문화 등 사회 전 영역에서 변화를 파생시켰다. 이러한 변화는 1990년대 미국, 영국, 프랑스 등 선진국을 중심으로 사회포용정책에 관심을 불러일으켰고 그 핵심이 바로 정보격차해소의 문제였다. 즉, 자본주의 국가 내에서 심화되어 온 사회구성원들 간의 불평등을 완화시키려는 의도가 정보통신기술의 정책에 반영된 것이다.

정보격차해소의 해법(解法)을 단순한 정보통신기술 개발과 보급의 차원이 아니라 사회적 문제해결의 차원에서 찾아야 함을 요구하고 있다 할 것이다. 또한 정보지식과 관련된 공급자 중심의 미시적 정책에서 정보지식을 활용하고 필요로 하는 수요자 중심의 거버넌스㉮가 필요하다.

각주

▶ 국내외 기업의 정보격차해소 노력

글꼴 : 궁서, 18pt, 흰색,
음영색 : 빨강(100%)

① 국내기업의 활동
   (ㄱ) IT 도우미(KT), 장애인 무료 IT 교육원 구축 운영(SK C&C)
   (ㄴ) IT 나눔 봉사활동(삼성SDS), 한민족 문화교실 지원(KTF) 등
② 해외기업의 활동
   (ㄱ) 인터넷과 컴퓨터 보급(AMD), 장기간 사회적 투자(시스코)
   (ㄴ) 개발도상국 어린이 지원(OLPC), UP프로그램(MS) 등

문단 번호 기능 사용,
왼쪽 여백 : 20pt(1수준),
30pt(2수준), 줄 간격 : 190%

▶ 디지털봉사단 활동실적

글꼴 : 궁서, 18pt,
강조점

봉사단명		활동인원	수혜자	활동실적	활동내용
장애인 IT 봉사단	장애인방문강사	751명	장애인	3,716명	방문교육
	정보화도우미	400명		18,248명	PC 점검/수리, 교육, 상담
강사지원단		1,033명	취약계층	55,566명	집합교육
어르신 IT 봉사단		184명	노인	3,825명	상담, 교육, PC 점검/수리

- 자료 : 한국정보문화진흥원 내부자료 중 일부

표 전체 글꼴 : 굴림, 10pt, 가운데 정렬,
셀 배경색(그러데이션) : 유형(수평),
시작색(흰색), 끝색(노랑)

따뜻한 디지털봉사단

글꼴 : 돋움, 23pt, 진하게,
장평 90%, 가운데 정렬

㉮ governance : 강제력을 배경으로 하여 사회의 질서와 안정을 도모하는 통합의 방식

쪽 번호 매기기
4로 시작 → - D -

1과목 : 워드프로세서 용어 및 기능

1. 다음 중 ROM(Read Only Memory)에 대한 설명으로 가장 옳지 않은 것은?
   ① 저장된 내용을 읽을 수 있다.
   ② 새로운 내용을 저장할 수 있다.
   ③ 전원이 차단되어도 내용이 지워지지 않는다.
   ④ 저장 내용을 수정할 수 없다.

2. 다음 중 스타일을 설정할 때 지정할 수 없는 것은?
   ① 문단번호 및 글머리표
   ② 들여쓰기 및 내어쓰기
   ③ 다단 설정
   ④ 문단 정렬 방식

3. 다음 보기의 DRAM을 개발된 순서대로 올바르게 나열한 것은?

가. EDORAM(Extended Data Output RAM)
나. DDR2(Double Data Rate Two) SDRAM
다.DRDRAM(Direct Rambus DRAM)
라. SDRAM(Synchronous DRAM)

   ① 가→다→라→나　② 가→라→다→나
   ③ 다→라→나→가　④ 다→가→라→나

4. 다음 중 문서 작성시 내용을 여러 가지 항목으로 구분할 때 넷째 항목의 구분 방법은?
   ① ㉮, ㉯, ㉰, ...　② 가, 나, 다, ...
   ③ (가), (나), (다), ...　④ 가), 나), 다), ...

5. 다음 중 워드프로세서의 용어에 대한 설명으로 옳지 않은 것은?
   ① 단어의 간격을 조절하여 일정하게 유지시키는 기능을 영문 균등(Justification)이라고 한다.
   ② 메뉴를 선택할 때 빠르게 사용할 수 있도록 2개 이상의 키로 정의된 키를 기능 키(Function Key)라고 한다.
   ③ 입력된 내용을 일정한 기준에 따라 재배열하는 기능을 소트(Sort)라고 한다.
   ④ 서로 관련된 파일들을 효율적으로 관리하기 위해 모아둔 장소를 폴더(Folder)라고 한다.

6. 다음 중 문서 작성에 사용되는 글꼴에 대한 설명으로 옳지 않은 것은?
   ① 비트맵 글꼴은 매끄럽지 못하고 확대하면 계단현상이 발생한다.
   ② 윈도에서 사용하는 글꼴들을 대부분의 워드프로세서에서 사용할 수 있다.
   ③ 벡터 방식의 글꼴은 점과 점을 연결하는 곡선과 선분으로 만들어진 것이다.
   ④ 트루타입 글꼴은 글자를 점으로 구성하기 때문에 화면에 보이는 것과 다른 형태로 출력된다.

7. 다음 중 맞춤법 검사에 대한 설명으로 옳지 않은 것은?
   ① 문서의 특정부분에 대하여 맞춤법 검사를 할 수 없다.
   ② 잘못 입력된 단어를 찾아준다.
   ③ 자주 틀리는 단어에 대해서 자동으로 수정할 수 있다.
   ④ 내장된 단어 사전과 비교하면서 맞춤법을 검사한다.

8. 다음 그림에서 음영 처리된 영역의 명칭으로 알맞은 것은?
   ① 제본　② 꼬리말
   ③ 머리말　④ 미주

9. 다음 중 결재에 대한 설명 중 틀린 것은?
   ① 결재란 당해 기관의 의사를 외부로 표시하는 단계로서, 문서의 효력을 발생하게 하는 절차이다.
   ② 결재시 결재권자란 용어는 표기하지 아니하

고 결재권자의 직위/직급을 쓰고 서명한다.

③ 전결은 자기권한에 속하는 업무의 일부를 일정한 자격자에게 위임하여 그 위임을 받은 자가 일정범위의 위임 사항에 관하여 최고 책임자를 대신하여 결제하는 것을 말한다.

④ 대결한 문서 중 내용이 중요한 문서에 대하여는 결재권자에게 사후에 보고하여야 한다.

10. 다음 중 워드프로세서에서 사용되는 키의 설명으로 잘못된 것은?

① [F1]~[F12] 키 : 기능키(Function Key)로써 미리 정의된 일련의 작업을 수행한다.

② [Alt] 키 : Alternative(또는 Alternate)의 약자로써 다른 키와 조합하여 특정 기능을 수행한다.

③ [Caps Lock] 키 : 영문의 대/소문자 변환에 사용되며 기본 값은 대문자이다.

④ [Delete] 키 : 입력된 문자를 삭제할 때 사용한다.

11. 다음 중 워드프로세서 용어의 설명으로 옳지 않은 것은?

① 마진(Margin) : 문서의 상하좌우 여백을 말한다.

② 저장(Save) : 작업한 문서를 파일의 형태로 주기억장치에 저장하는 것을 말한다.

③ 자동개행(Software Return) : 한 행에 문자가 다 채워졌을 경우 자동으로 커서를 다음 행으로 이동시키는 것을 말한다.

④ 머지(Merge) : 두 개의 파일을 하나로 합치는 것을 말한다.

12. 다음 중 용지의 종류에 대한 설명으로 가장 거리가 먼 것은?

① 낱장 용지는 한국공업규격에 따라 A판과 B판으로 나눈다.

② 연속 용지는 1줄에 출력되는 문자수에 따라 80자와 132자 용지가 있다.

③ 낱장 용지는 주로 잉크젯이나 레이저 프린터에 많이 사용한다.

④ 번호가 같을 경우에는 A형이 B형보다 큰 용지이다.

13. 다음 중 KS X 1001 완성형 한글 코드에 대한 설명으로 옳지 않은 것은?

① 완성된 각각의 문자에 코드 값을 기억시켜 한글을 표현한다.

② 국제 규격을 따랐기 때문에 정보 교환시 제어 문자와 충돌이 발생하지 않는다.

③ 자음, 모음, 받침만 기억하므로 조합형에 비해 용량을 적게 차지한다.

④ 코드 값이 부여된 완성형 글자 외에는 사용할 수 없다.

14. 다음 중 문서의 분량이 증가되는 교정부호로만 묶여진 것은?

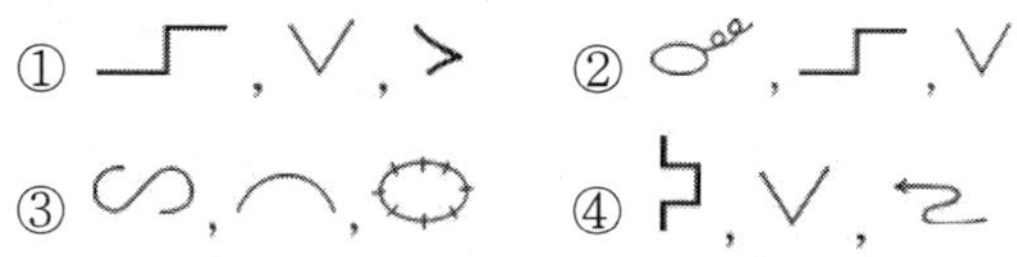

15. 다음 중 출판문화의 변화에 대해 올바르게 나열한 것은?

① 활자 인쇄→사진 식자→전자통신 출판→전자출판

② 활자 인쇄→사진 식자→전자출판→전자통신 출판

③ 사진 식자→활자 인쇄→전자출판→전자통신 출판

④ 사진 식자→활자 인쇄→전자통신 출판→전자출판

16. 다음 문장을 효과적으로 입력시키기 위한 방법이 아닌 것은?

대한민국의 장점은 대한민국내 사는 대한민국 국민이 조국인 대한민국의 발전을 위해 최선을 다한다는 것이다.

① 복사하기의 사용
② 상용구(Glossary)의 사용
③ 매크로(Macro)의 사용
④ 보일러 플레이트(Boiler Plate)의 사용

17. 다음은 전자출판의 어떤 기능을 설명한 것인가?

한글 Windows XP의 응용프로그램 간 자료 교환 방식에 사용되는 것으로, 여러 개의 응용프로그램들이 데이터를 서로 공유하면서 한쪽의 데이터 변화가 데이터 공유 프로그램 모두에 반영되도록 하는 기능

① OLE 기능 ② Merge 기능
③ Margin 기능 ④ ODBC 기능

18. 다음 중 애플사와 마이크로소프트사에서 공동으로 개발하여 Windows에서 기본적으로 사용되는 글꼴로 외곽선 정보를 사용하며, 위지윅(WYSIWYG)을 지원하는 글꼴은 어느 것인가?

① 트루타입 글꼴 ② 비트맵 글꼴
③ 벡터방식 글꼴 ④ 외곽선 타입 글꼴

19. 보고기일 후 몇 일이 경과하여도 보고가 도달되지 아니한 때에 제1차 독촉장을 발부하는가?

① 1일 ② 2일
③ 3일 ④ 5일

20. 다음과 같이 문장이 수정되었을 때 사용된 교정부호의 순서를 올바르게 나열한 것은

컴퓨터 사용은 정보화시대에 반드시 필요한 것이다.	→	정보화시대에 컴퓨터 사용은 반드시 필요한 것이다

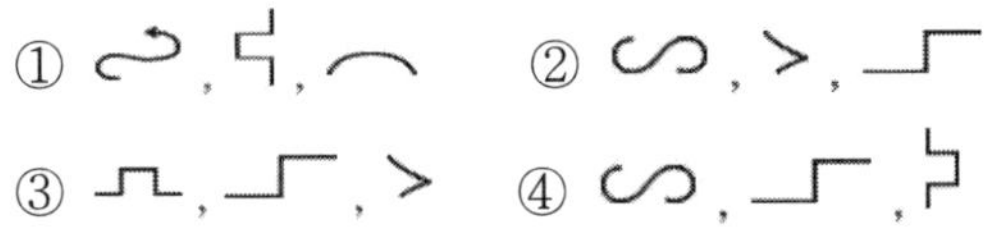

2과목 : PC 운영 체제

21. 한글 Windows XP에서 [사용자 계정]과 관련하여 [제한된 계정]을 가진 사용자가 수행할 수 있는 작업은?

① 공유 문서 폴더의 파일을 볼 수 있다.
② 새로운 계정을 만들고 변경, 삭제할 수 있다.
③ 시스템 전체 단위로 설정을 변경하도록 설정할 수 있다.
④ 다른 사용자의 암호를 변경할 수 있다.

22. 다음 중 한글 Windows XP에서 [네트워크 연결] 창의 [보기]-[자세히] 메뉴를 선택하여 표시할 수 있는 네트워크 연결의 세부 항목이 아닌 것은?

① 네트워크의 장치 이름
② 네트워크의 종류
③ 네트워크의 상태
④ 네트워크 사용자 계정의 암호

23. 한글 Windows XP에서 [시스템 도구]에 있는 [시스템 정보]에 관한 설명으로 옳지 않은 것은?

① 시스템 구성 정보를 수집하여 연관된 시스템 항목을 표시할 수 있는 메뉴를 제공한다.
② 하드웨어 리소스에는 음, IRQ, I/O 주소 및 메모리 주소를 보여준다.
③ 구성요소는 시스템 구성요소에 관련된 정보를 표시한다.
④ 소프트웨어 환경은 컴퓨터에 설치된 모든 소프트웨어의 스냅샷(Snapshot)을 표시한다.

24. 한글 Windows XP의 바탕화면에 있는 바로 가기 아이콘의 등록 정보 창에 대한 설명으로 옳은 것은?
   ① 바로 가기 아이콘의 등록정보 창에서는 [읽기 전용] 특성을 설정할 수 없다.
   ② 바로 가기 아이콘의 등록정보 창에서는 공유를 설정할 수 없다.
   ③ 바로 가기 아이콘의 등록정보 창에는 파일의 위치가 표시되지 않는다.
   ④ 바로 가기 아이콘의 등록정보 창에는 디스크 할당 크기가 표시되지 않는다.

25. 다음 중 한글 Windows XP에서 [휴지통]에 관한 설명으로 옳지 않은 것은?
   ① [휴지통]에 들어있는 파일을 선택하여 밖으로 드래그하면 복원된다.
   ② [휴지통]에 들어있는 파일은 복원하기 전에는 그 내용을 볼 수가 없다.
   ③ [휴지통]에 들어있는 파일은 이름을 변경할 수 있다.
   ④ 3.5인치 플로피 디스크에서 삭제된 파일은 [휴지통]으로 들어가지 않는다.

26. 한글 Windows XP의 문서 편집기인 [메모장]에 관한 설명으로 옳지 않은 것은?
   ① 간단한 메모나 텍스트 파일을 작성하거나 편집할 때 사용된다.
   ② 다른 문서의 개체 삽입(OLE) 기능이 가능하다.
   ③ 메모장에서 작성된 파일은 따로 정하지 않으면 확장자는 '.TXT'가 된다.
   ④ 작성하는 전체 문서의 글꼴이나 글자의 크기를 변경할 수 있다.

27. 다음 중 한글 Windows XP에서 파일 및 폴더 관리에 관한 설명으로 옳지 않은 것은?
   ① 폴더 내에서 파일이나 하위 폴더의 이름을 바꿀 때는 항목을 선택한 후에 [파일] 메뉴의 [이름 바꾸기] 항목을 선택한다.
   ② 파일이나 폴더가 복사 또는 이동할 때 잠시 기억되는 임시 기억 장소를 클립보드라고 한다.
   ③ 마우스로 드래그하여 복사할 때에는 마우스 포인터의 오른쪽 아래에 [+] 표시가 나타난다.
   ④ 파일과 폴더는 계층적 구조로서 파일은 폴더들을 포함할 수 있다.

28. 한글 Windows XP의 기능 중에서 선점형 멀티태스킹에 대한 설명으로 옳은 것은?
   ① 응용 프로그램의 오류가 발생했을 경우 오류가 발생한 응용 프로그램만 강제 종료할 수 있다.
   ② 하나의 컴퓨터 프로그램이 2개 이상의 컴퓨터에서 동작 가능한 기능이다.
   ③ 복수 개의 응용 프로그램이 함께 실행되며 각 응용 프로그램은 스스로 자원을 반납한다.
   ④ MS-DOS를 비롯한 다른 운영체제에서도 사용되는 방식이다.

29. 다음 중 한글 Windows XP의 [시스템 등록 정보] 창에 있는 [하드웨어] 탭에서 수행할 수 없는 작업은?
   ① [장치 관리자]를 이용하여 각 장치의 속성을 변경할 수 있다.
   ② [하드웨어 추가 마법사]를 이용하여 새로운 장치를 연결할 경우에 드라이버 검색을 위하여 Windows Update에 연결하는 방법을 설정할 수 있다.
   ③ [드라이버 서명]을 이용하여 특정 사용자만을 위한 장치 사용을 허용할 수 있다.
   ④ [하드웨어 프로필]을 이용하여 다른 하드웨어 구성에 대한 하드웨어 프로필을 구성할 수 있다.

30. 한글 Windows XP의 [디스크 검사]에 관한 설명으로 옳지 않은 것은?
   ① [디스크 검사]는 디스크의 물리적이거나 논리적인 오류뿐만 아니라 바이러스 검사도 포함한다.
   ② [디스크 검사]를 실행하려면 현재 볼륨의 모든 파일을 닫고 하는 것이 좋다.
   ③ 해당 디스크 드라이브의 등록정보 창의 [도구] 탭에서 [지금 검사]를 선택하여 실행된다.
   ④ [명령 프롬프트] 창에서 디스크 검사에 대한 상태 보고서를 만들고 표시하려면 'chkdsk.exe'를 실행하면 된다.

31. 한글 Windows XP에서 텍스트 파일(*.txt)을 더블 클릭할 때 이미 설치되어 있는 특정 에디터 프로그램이 실행되도록 설정하는 방법으로 가장 적절한 것은?
   ① [제어판]의 [프로그램 추가/제거]에서 설정
   ② [제어판]의 [시스템]에서 설정
   ③ [내 컴퓨터] 창에서 [도구] 메뉴의 [폴더 옵션]에서 설정
   ④ 바탕 화면의 등록정보 창에서 설정 있다.

32. 한글 Windows XP에서 [제어판]에 있는 [내게 필요한 옵션]을 이용하여 할 수 없는 작업은?
   ① 신체에 장애가 있는 사용자가 편리하게 마우스, 키보드, 프린터를 사용할 수 있도록 설정할 수 있다.
   ② 커서가 깜박이는 속도 및 커서 너비를 변경할 수 있다.
   ③ [토글키] 설정으로 [Caps Lock], [Num Lock], [Scroll Lock] 키 들이 눌릴 때 알림음을 듣게 할 수 있다.
   ④ 프로그램에서 나오는 음성 또는 소리를 화면에 자막으로 표시하도록 설정할 수 있다.

33. 한글 Windows XP의 바탕화면에 관한 설명으로 옳지 않은 것은?
   ① 바탕화면의 하단 부분의 [작업 표시줄]은 크기와 위치의 변경이 가능하다.
   ② 바탕화면의 배경 그림을 바꾸려면 [디스플레이 등록 정보] 창에서 설정할 수 있다.
   ③ 바탕화면에서 바로 가기 아이콘을 삭제하면 실제 프로그램도 같이 삭제된다.
   ④ [탐색] 창에서 바탕화면에 바로 가기 아이콘을 만들려면 해당 파일의 바로 가기 메뉴에서 [보내기]의 [바탕 화면에 바로 가기 만들기]를 클릭하면 된다.

34. 한글 Windows XP의 [보조프로그램]에 있는 [엔터테인먼트]에 관한 설명으로 옳지 않은 것은?
   ① [녹음기]를 이용하면 소리 파일(*.wav)을 재생 및 편집할 수 있다.
   ② [Windows Media Player]를 사용하면 소리를 녹음하여 파일로 저장할 수 있다.
   ③ [볼륨 조절]을 이용하면 음소거를 할 수 있다.
   ④ [볼륨 조절]을 이용하면 소리의 밸런스를 변경할 수 있다.

35. 다음 중 한글 Windows XP에서 네트워크 설정에 관한 설명으로 옳은 것은?
   ① 다양한 네트워크 프로토콜 중에서 하나만 설치해야 한다.
   ② 인터넷에 접속하기 위해서는 TCP/IP 프로토콜을 설치해야 한다.
   ③ IPX/SPX 프로토콜이 설치되어야만 파일 및 프린터 공유를 할 수 있다.
   ④ 한 번 입력한 컴퓨터 이름과 작업 그룹은 변경할 수 없다.

36. 한글 Windows XP에서 파일이나 폴더의

복사, 이동에 관한 설명으로 옳지 않은 것은?

① 동일한 드라이브에서 다른 폴더로 이동할 경우에는 해당 파일이나 폴더를 선택하고 목적하는 위치로 드래그 앤 드롭하면 된다.

② 동일한 드라이브에서 다른 폴더로 복사할 경우에는 파일이나 폴더를 선택하고 [Ctrl] 키를 누른 상태로 목적하는 위치로 드래그 앤 드롭하면 된다.

③ 다른 드라이브로 복사할 경우에나 파일이나 폴더를 선택하고 목적하는 위치로 드래그 앤 드롭하면 된다.

④ 다른 드라이브로 이동할 경우에는 파일이나 폴더를 선택하고 [Ctrl] 키를 누른 상태로 목적하는 위치로 드래그 앤 드롭하면 된다.

37. 한글 Windows XP의 네트워크 환경에서 게이트웨이(Gateway)가 하는 기능으로 옳지 않은 것은?

① 서로 다른 네트워크를 연결하는 장치이다.

② 서로 다른 메시지의 형식 변환 기능을 제공한다.

③ 서로 다른 주소 구조를 변환한다.

④ 네트워크의 데이터 전송 신호를 증폭하여 연결된 네트워크로 전송하는 역할을 한다.

38. 다음 중 한글 Windows XP에서 프린터의 설치에 관한 설명으로 옳지 않은 것은?

① 다른 컴퓨터에 연결된 프린터를 네트워크로 연결하여 사용할 경우에는 다른 컴퓨터의 프린터가 공유되어 있어야 한다.

② 새로운 프린터를 추가 설치할 경우에는 '프린터 추가 마법사'를 이용할 수 있다.

③ 여러 대의 프린터를 기본 프린터로 지정할 수 있다.

④ 프린터를 설치할 경우에는 프린터 제조업체와 기종을 지정해주거나 [디스크 있음]을 선택하여 해당 프린터의 드라이버를 설치한다.

39. 한글 Windows XP의 [Windows 탐색기]에서 명령어 처리기인 COMMAND.COM 파일이 COMMAND라고만 표시되어 있다. 파일의 확장자가 보이게 표시하려면 어떻게 해야 하는가?

① 주 메뉴 [도구]의 [폴더 옵션]-[보기] 탭에서 '알려진 파일 형식의 파일 확장명 숨기기'에 관한 옵션을 해제한다.

② 주 메뉴 [보기]의 [폴더 옵션]-[파일 형식] 탭에서 '알려진 파일형식 등록하기'를 선택한다.

③ 해당 폴더의 등록정보 창에서 파일 확장명 보이기를 체크한다.

④ COMMAND 파일을 찾아서 파일명을 COMMAND.COM으로 바꾼다.

40. 다음 중 한글 Windows XP에서 할 수 있는 작업이 아닌 것은?

① Windows Update를 사용하여 Windows를 최신 정보로 유지할 수 있다.

② 시스템 복원을 이용하여 이전에 삭제한 모든 파일을 복원할 수 있다.

③ Windows XP와 호환되는 하드웨어 및 소프트웨어를 찾을 수 있다.

④ 시스템 도구를 사용하여 컴퓨터 정보를 확인할 수 있으며 문제를 진단할 수 있다.

3과목 : PC 기본 상식

41. 실제 장면을 촬영한 후, 화면에서 등장하는 캐릭터나 물체의 윤곽선을 추적하여 애니메

이션의 기본형을 만들고, 여기에 수작업으로 컬러를 입히거나 형태를 변형시켜 사용하는 애니메이션 기법을 무엇이라고 하는가?
① 모핑(Morphing)
② 포깅(Fogging)
③ 로토스코핑(Rotoscopind)
④ 클레이메이션(Claymation)

42. 유닉스(UNIX)의 특징으로 거리가 먼 것은?
① UNIX는 다중 작업용 시스템이다.
② UNIX는 멀티 유저 시스템이다.
③ UNIX는 링크형 파일 시스템이다.
④ UNIX는 가상 메모리 운영체제이다.

43. 컴퓨터 시스템에서 운영체제의 목적은 유한한 리소스의 효율적인 관리이다. 다음 중 운영체제가 관리하는 리소스의 종류와 거리가 먼 것은?
① Main Memory ② Processor
③ BIOS ④ Hard Disk

44. 다음 중에서 중앙처리장치에 관한 설명으로 옳지 않은 것은?
① 여러 CPU를 갖는 컴퓨터는 단일 CPU를 갖는 컴퓨터보다 느리다.
② 레지스터는 중앙처리장치 내에 위치하는 고속의 기억 장소이다.
③ 중앙처리장치의 클릭 주파수가 높으면 처리속도가 빠르다.
④ 소수점이 있는 산술연산이 많은 경우 속도 증가를 위해 보조처리기가 필요하다.

45. 다음 중 속도가 가장 빠른 디지털 통신망은?
① ADSL ② ISDN
③ E1 ④ ATM

46. 다음 보기의 ( ) 안에 들어갈 내용이 순서대로 올바르게 짝지어진 것은?

CPU는 ( )에 저장된 명령어의 주소를 읽어 주기억장치로부터 해당 명령어를 명령어 레지스터로 가져오고 ( )에 의해 명령어의 해독과 실행이 이루어진다.

① MBR, 연산장치 ② 프로그램 카운터, 제어장치
③ 제어장치, 연산장치 ④ 연산장치, MBR

47. 다음 중 보안 관련 용어에 대한 설명으로 옳지 않은 것은?
① 트로이 목마(Trojan Horse)란 외부(인터넷)로부터의 침입을 막기 위하여 격리시키는 프로그램이다.
② 웜(Worm)이란 네트워크를 통해 연속적으로 자신을 복제하여 시스템의 부하를 높이는 바이러스의 일종이다.
③ 디지털 서명이란 송신자의 신분을 보증하는 암호화된 데이터로서, 메시지에 덧붙여 보내기도 한다.
④ 해킹이란 컴퓨터 시스템에 불법적으로 접근, 침투하여 시스템과 데이터를 파괴하는 행위이다.

48. 다음 중 네트워크를 통해 전송되는 데이터에 대한 위험 요소를 막기 위하여 제공되어야 할 보안 서비스가 아닌 것은?
① 기밀성 ② 무결성
③ 원격접속 ④ 인증

49. 다음 중 ROM으로부터 읽어 온 BIOS 루틴을 좀 더 빠르게 액세스하기 위하여 RAM의 특수한 영역에 넣어 놓은 일종의 복사본을 의미하는 것은?
① ROM BIOS ② CMOS
③ Virtual Memory ④ shadow RAM

50. 다음 중 데이터 전송기술에 대한 설명으로 옳지 않은 것은?
   ① 데이터 전송속도의 단위는 MIPS를 쓴다.
   ② 디지털 데이터의 감쇠현상을 방지하기 위해서 리피터를 사용한다.
   ③ 아날로그 데이터의 감쇠현상을 복원하기 위해서 증폭기를 사용한다.
   ④ 모뎀은 디지털 데이터와 아날로그 데이터를 상호 변환하는 기능을 가진다.

51. 다음 중 웹 문서 관련 표준과 거리가 먼 것은?
   ① SGML ② XML
   ③ APL ④ HTML

52. 다음 중 각각의 통신망 구조(Topology)에 대한 장점을 설명한 것으로 옳지 않은 것은?
   ① 스타(STAR)형 - 고장 발견이 쉽고 유지보수 및 확장이 용이하다.
   ② 링(RING)형 - 노드 하나에 문제가 발생하더라도 전체 네트워크에 영향을 주지 않는다.
   ③ 버스(BUS)형 - 설치가 용이하고 케이블링에 드는 비용을 최소화할 수 있어 경제적이다.
   ④ 망(MESH)형 - 응답시간이 빠르다.

53. 다음 중 인터넷네트워킹에 관련된 통신 프로토콜이 아닌 것은?
   ① TCP ② UDP
   ③ ICMP ④ OCP

54. 다음 중 프로그램 내장방식의 컴퓨터와 거리가 먼 것은?
   ① ENIAC ② EDSAC
   ③ UNIVAC-I ④ EDVAC

55. 다음 중 그래픽 파일 형식에 대한 설명으로 옳지 않은 것은?
   ① GIF 형식은 Animation을 표현할 수 있다.
   ② JPG 형식은 GIF 형식보다 다양한 색상을 나타낼 수 있다.
   ③ JPG 형식은 인터넷 상에서 그림을 전송할 때 많이 사용된다.
   ④ GIF 형식은 24bit 트루 컬러(True Color)로 표현할 수 있다.

56. 다음 중 PC 고장에 따른 응급처치로 적절하지 않은 것은?
   ① "Non-System disk or disk error" 메시지가 나타날 경우→부팅 파일이 없는 디스켓이 A 드라이버에 있는 경우 디스크를 뺀 후 다시 부팅
   ② 전원이 들어오지 않을 경우→전원 케이블을 확인하고 불량인 경우 교체
   ③ "Driver failure invalid..." 메시지가 나타날 경우→디스크 시스템 파일 손상 확인 후 복구
   ④ BIOS 업데이트한 후 부팅이 되지 않는 경우→VGA 카드 손상 여부 확인 후 수리

57. 컴퓨터는 처리방식에 의한 분류로 아날로그, 디지털, 하이브리드 컴퓨터로 나타낼 수 있다.아날로그 컴퓨터의 주요 구성 회로는?
   ① 논리회로 ② 증폭회로
   ③ 연산회로 ④ 플립플롭 회로

58. 다음 중 컴퓨터 하드디스크에 대한 설명으로 옳지 않은 것은?
   ① 트랙은 하드디스크 표면의 동심원을 말한다.
   ② 섹터는 트랙의 일부분으로 데이터가 저장

되는 기본 단위이다.

③ 클러스터는 하드디스크의 중심축으로부터 같은 거리에 있는 트랙들의 집합을 말한다.

④ 헤드는 데이터를 읽어 내거나 쓰는 장치를 말한다.

59. 다음 중 RAID(Redundant Array of Inexpensive Disks)에 대한 설명으로 옳지 않은 것은?

① 하드디스크, CD-ROM, 스캐너 등을 연결해 주는 기술

② 단순히 하드디스크의 모음뿐만 아니라 자동으로 복제해 백업 정책을 구현해 주는 기술

③ 서버(Server)에서 대용량의 하드디스크를 이용하는 경우 필요로 하는 기술

④ 여러 개의 하드디스크를 모아서 하나의 하드디스크처럼 보이게 하는 기술

60. 다음 중 JAVA의 특징과 거리가 먼 것은?

① 보안에 강하며 이식성이 높다.

② 객체 지향적이다.

③ 플랫폼에 종속적이다.

④ 분산 환경에 적합하다.

1	2	11	2	21	1	31	3	41	3	51	3
2	3	12	4	22	4	32	1	42	3	52	2
3	2	13	3	23	4	33	3	43	3	53	4
4	4	14	1	24	2	34	2	44	1	54	1
5	2	15	2	25	3	35	2	45	4	55	4
6	4	16	4	26	2	36	4	46	2	56	4
7	1	17	1	27	4	37	4	47	1	57	2
8	2	18	1	28	1	38	3	48	3	58	3
9	1	19	4	29	3	39	1	49	4	59	1
10	3	20	2	30	1	40	2	50	1	60	3

PART 2

엑 셀

- 차트 작성 기능 : 입력자료를 시각적으로 표현할 수 있는 차트 작성 기능이 있으며 2차원, 3차원 그리고 혼합차트 등 다양한 형식의 차트를 지원한다.
- 개체 삽입 기능 : 그림이나 클립아트, 워드 아트, 지도 등 개체 삽입이 가능하고, 이들 개체는 표 계산 자료와 함께 하나의 통합문서로 관리할 수 있다.
- 데이터베이스 관리 기능 : 자료 검색 및 자료 정렬 등 데이터베이스 관리 기능을 지원한다.
- 매크로 및 응용프로그램 작성 : 매크로를 이용, 반복되는 작업이나 방대한 업무를 효율적으로 처리할 수 있다.
- 인터넷과의 연결 기능 : 작업한 문서를 웹 문서로 저장하면 웹브라우저를 통해 볼 수 있으며, 전자 메일로 보내거나 파일로 첨부하여 보내는 기능이다

2. 엑셀의 시작과 종료

■ 엑셀 시작

- [시작] 메뉴로 시작 : ① 작업표시줄의 [시작] 단추를 클릭한다.
  ② [프로그램] → [Microsoft Excel]을 선택한다.
- 단축아이콘으로 시작 : ① 바탕화면에 단축아이콘 ( )이 만들어 졌으면, 더블 클릭한다.
- 탐색기로 시작 : ① Windows 탐색기를 더블 클릭한다.
  ② "C:\Program Files\Microsoft Office\Office" 폴더의 "Excel.exe" 파일을 더블 클릭한다.

실습

① 작업표시줄의 [시작] → [프로그램] → [Microsoft Excel]을 차례로 선택한다

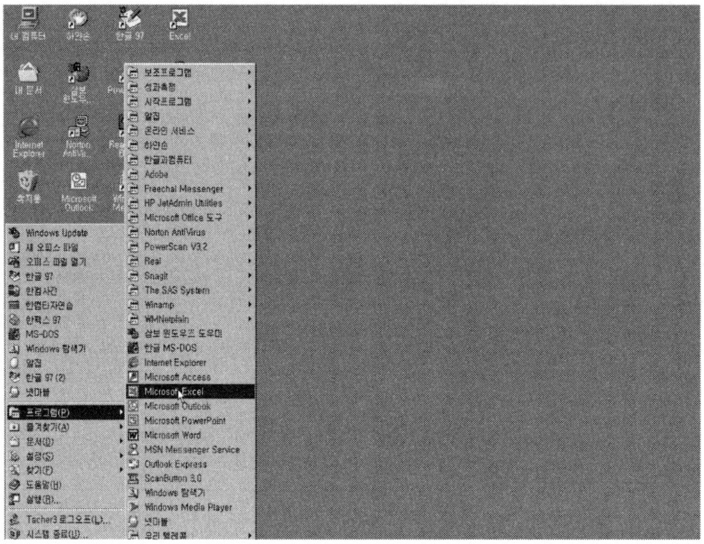

② 엑셀 로고 화면이 나타나고 잠시 후에 엑셀 초기 화면이 나온다. “한글 엑셀 2003”이라고 입력하고 Enter↵를 누르면 첫 번째 칸에 데이터가 입력된다.

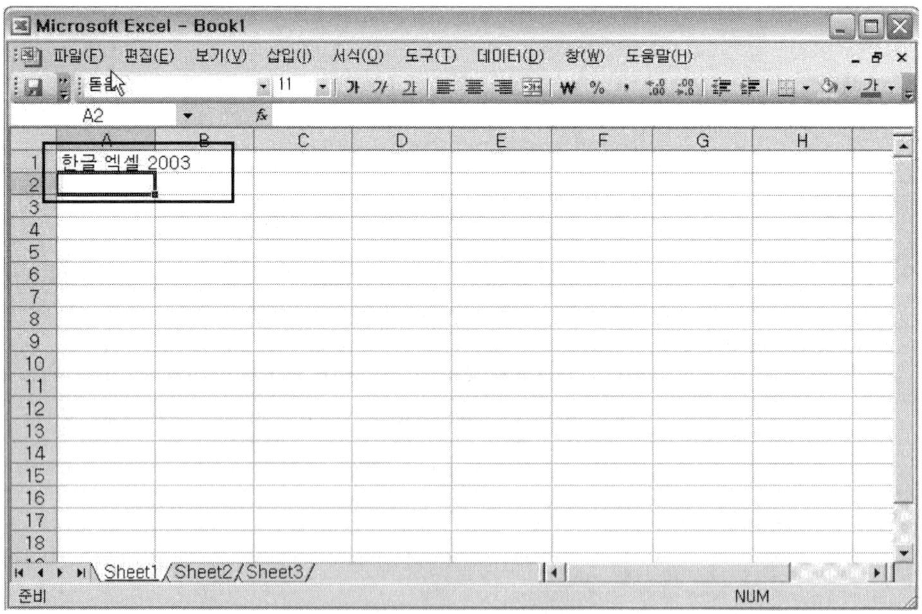

■ 엑셀 종료

• [파일] 메뉴로 종료 : [파일] → [끝내기] 메뉴를 클릭한다.

- [닫기] 단추로 종료 : 한글 엑셀 프로그램 창 제목 표시줄의 [닫기] 단추(✖)를 클릭한다.
- 단축키로 종료 : 단축키 Alt+F4를 누른다.
- 조절 메뉴로 종료 : 한글 엑셀 실행 화면의 조절 메뉴 상자(▣)를 클릭한 후 [닫기] 메뉴를 클릭한다.

실습

① [파일]메뉴로 종료 : [파일] → [끝내기] 메뉴를 클릭한다.

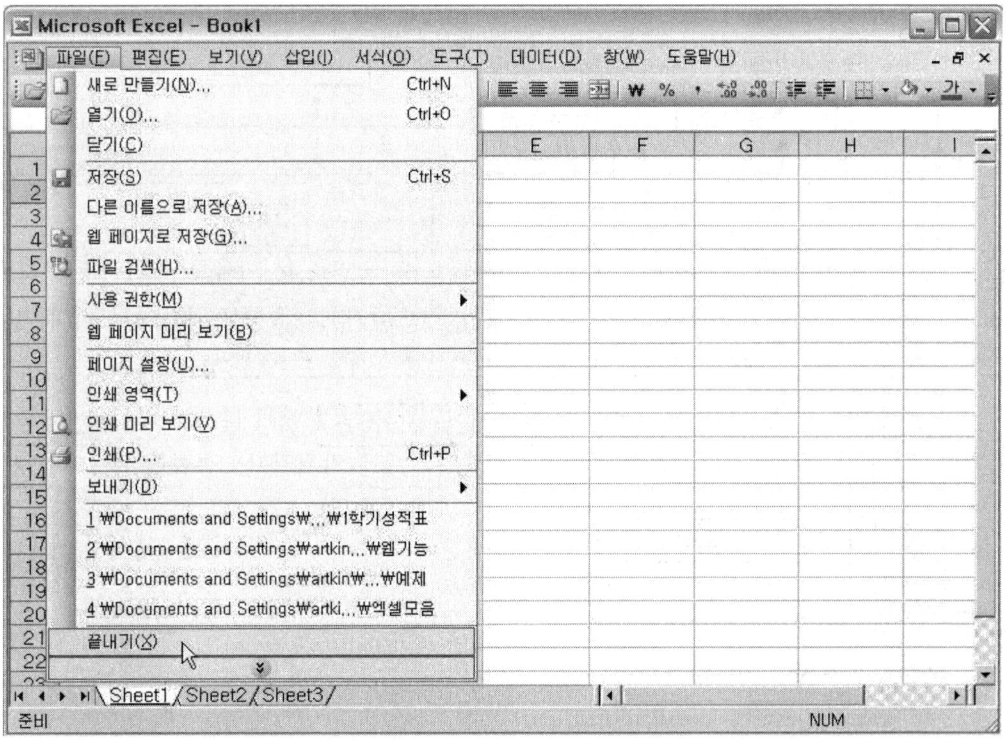

② 다음과 같은 대화상자가 나타난다. 현재 엑셀 파일을 저장하는 방법을 배우지 않았으므로 [아니오] 단추를 누르면 엑셀 프로그램이 종료된다.

3. 엑셀 화면 구성

엑셀 창의 구성은 크게 프로그램 창과 통합문서 창으로 구분할 수 있다. 통합문서 창의 (창 복원)단추를 누르면 프로그램 창과 통합문서 창이 분리된다.

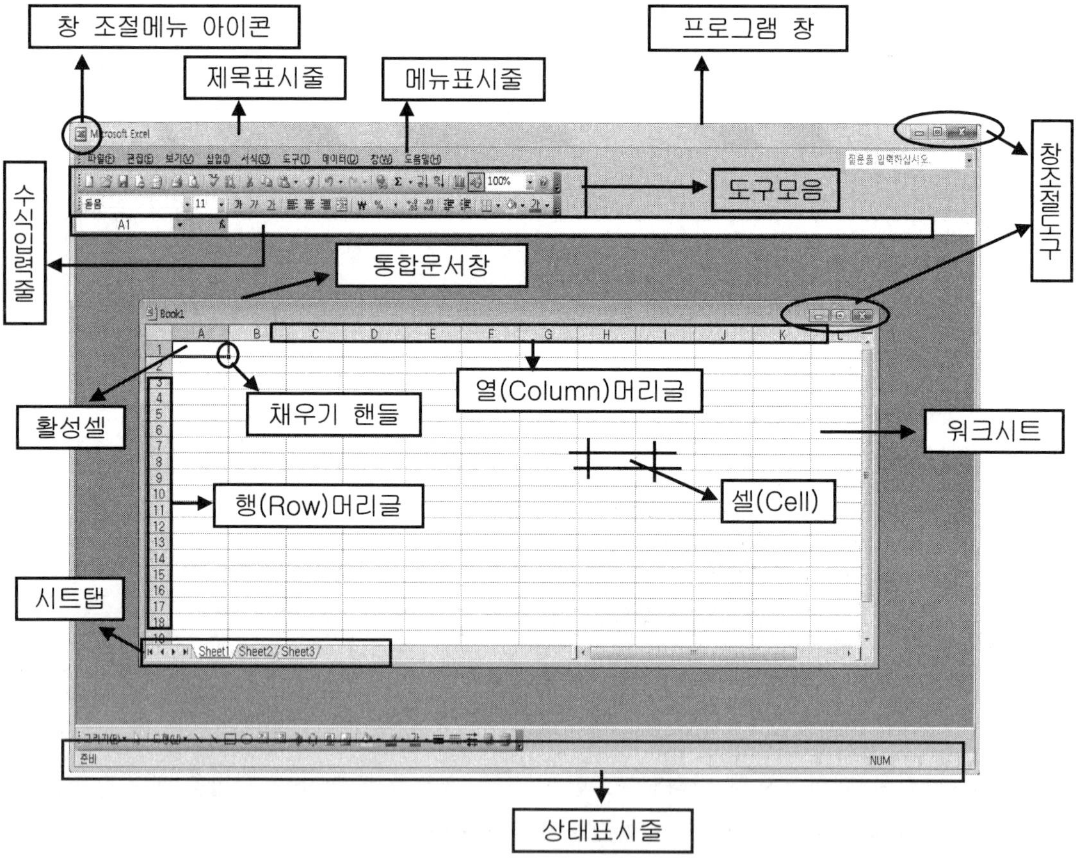

- 창 조절 메뉴 아이콘 : 조절 메뉴를 표시하여 엑셀 창의 이동, 크기, 아이콘 표시, 전체화면 표시등을 할 수 있고, 엑셀 프로그램을 종료할 수 있다.
- 제목 표시줄 : 응용 프로그램의 이름과 작업 중인 파일 이름을 표시한다.
- 메뉴 표시줄 : 셀 작업에 사용되는 메뉴를 표시한다.

- 도구모음 : 작업 중 비교적 많이 사용되는 메뉴에 관한 아이콘 모음으로 표준 도구 모음과 서식 도구모음, 그리기 도구모음 등이 있다.
- 워크시트 : 데이터를 입력하고 계산, 분석하는 데 사용하는 계산표로 여러 개의 셀로 구성되어 있다.
- 수식 입력줄 : 이름상자, 함수 마법사, 수식 입력줄 세부분으로 구성되어 있다.
- 활성 셀 : 현재 작업의 중심이 되는 셀을 나타낸다.
- 시트탭 : 시트 이름과 시트 이동 단추로 구성되어 있다.
- 상태 표시줄 : 메시지 표시영역과 키 입력 상태표시영역으로 구성되어 있다.

[참고사항] 통합문서(book)

- 보조 기억장치에 저장되는 엑셀 파일을 통합문서라고 한다.
- 여러 개의 워크시트가 모여 한 개의 통합문서를 구성하며, 파일의 확장자는 '.xls'로 지정된다.
- 동시에 여러 개의 통합문서를 열어 놓고 작업할 수 있다.
- 통합 문서 간 이동 방법

이 동 방 법	내 용
[창]메뉴 이용	이동하려는 통합문서를 선택하여 이동
Ctrl+Tab 또는 Ctrl+F6	다음 통합문서로 이동
Ctrl+Shift+Tab 또는 Ctrl+Shift+F6	이전 통합문서로 이동

[참고사항] 워크시트간 이동

시트 탭 이용	이동하려는 워크시트 이름을 마우스로 눌러 이동
Ctrl+PageDown	다음 워크시트로 이동
Ctrl+PgUp	이전 워크시트로 이동

[참고사항] WINDOWS 창에서 사용되는 단추 모음

	최 소 화	창의 크기를 최소화해서 작업 표시줄에 나타낸다.
	최 대 화	창의 크기를 최대화하여 전체화면 크기로 나타낸다.
	창 복 원	창의 크기를 최대화했을 경우 이전 크기로 복귀한다.
	닫 기	창을 닫는다.

4. 도구모음 표시 선택

도구 모음은 자주 사용하는 명령을 아이콘으로 구성한 것을 말한다. 작업 상황에 따라 해당 도구모음을 화면에 표시하거나 표시를 취소할 수 있다. 임의의 도구모음을 화면에 표시하고 다시 표시를 취소하는 방법을 따라해 보자.

실습

① [보기] → [도구모음]에서 [그리기] 도구모음을 선택해 보자.

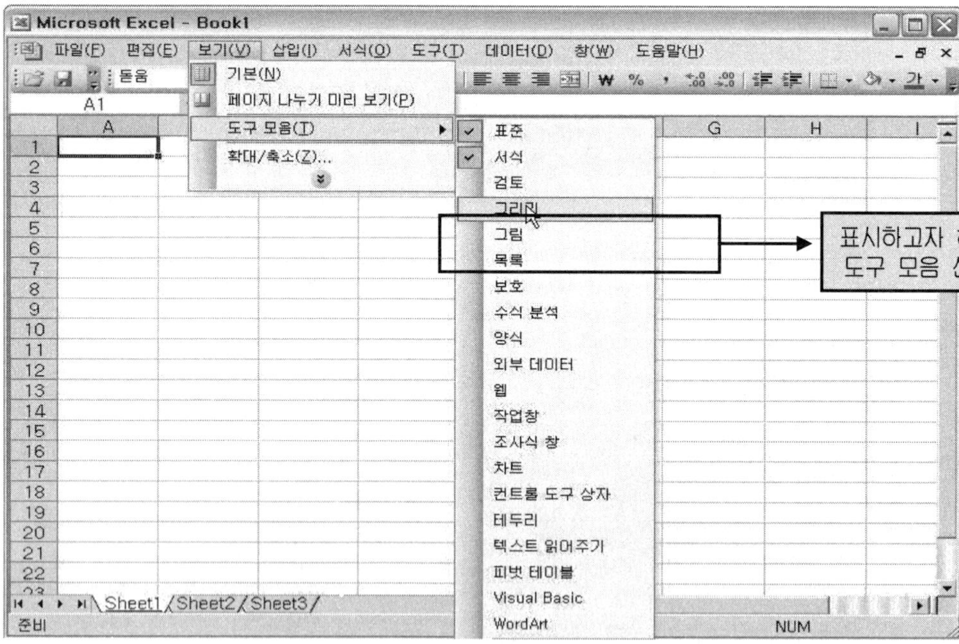

② [그리기] 도구모음이 나타난다.

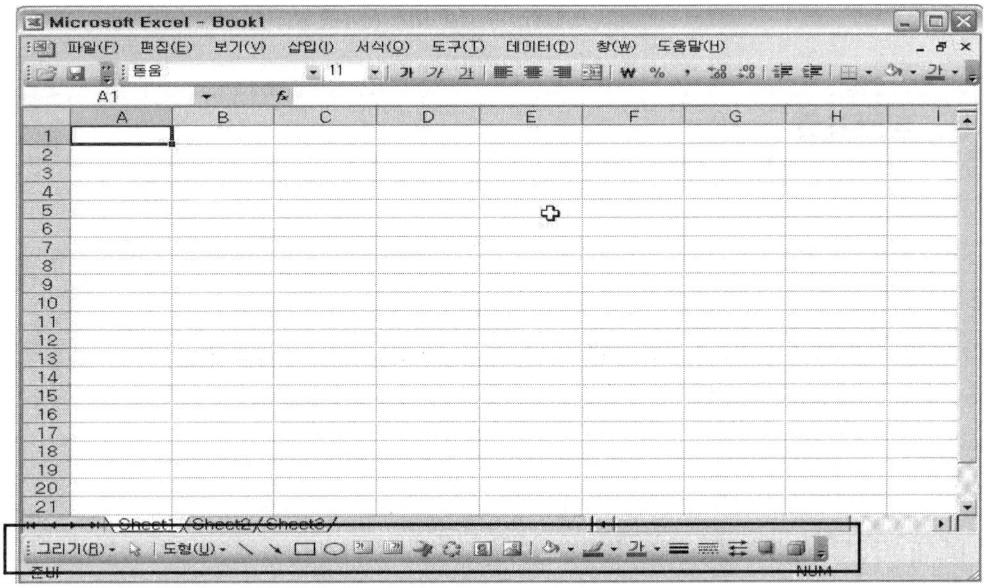

③ [보기] → [도구모음]에서 표시를 취소하려는 도구모음을 다시 선택하면 해당 도구모음이 화면에서 사라진다. 화면에 나타난 그리기 도구모음 표시를 취소해 보자.

④ [보기] → [도구모음] 메뉴에 나와 있지 않은 도구모음을 보려면 [보기] → [도구모음] → [사용자 지정] 메뉴를 선택하여 지정한다.

5. 워크시트

셀에서 데이터를 입력하고, 계산, 분석하는 기본 문서를 워크시트라고 한다. 워크시트(Worksheet)는 행과 열이 만나 만들어지는 사각형의 셀의 집합으로 구성되며, 데이터 양이나 시스템의 메모리 용량에 따라 하나의 통합문서에 여러 개의 워크시트가 포함될 수 있다.

실습

▶ 워크시트의 삽입과 삭제

① [삽입] → [워크시트] 메뉴를 선택하면 현재 선택된 시트 앞에 새로운 워크시트가 삽입된다.

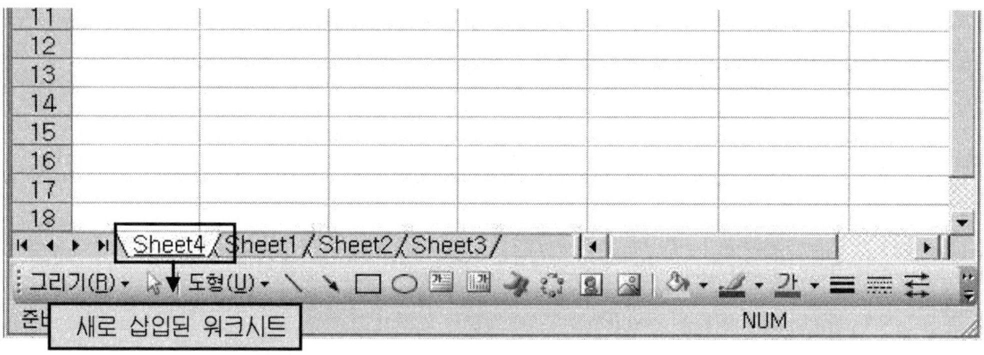

② [편집] → [시트 삭제] 메뉴를 선택하면 확인 대화상자가 나타난다. [확인]단추를 누르면 현재 워크시트가 영구히 삭제된다.

6. 시트탭 편집

엑셀 화면 하단에 현재 통합문서의 워크시트 이름이 나열되어 있는 부분을 시트탭 이라고 한다. 시트탭을 이용하여 워크시트를 이동하거나 복사하고, 삽입 또는 삭제할 수 있다.

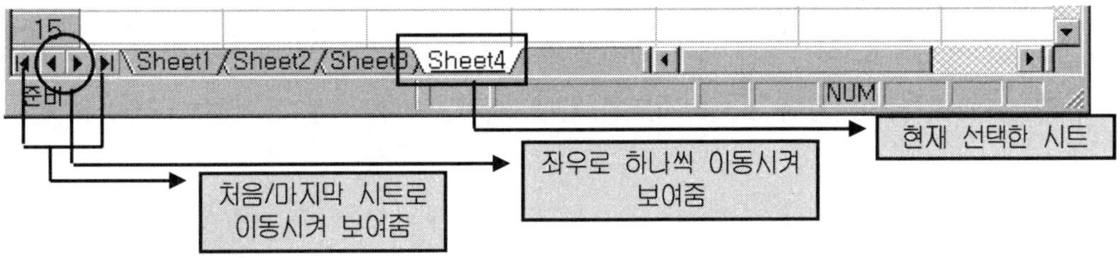

실습

▶ 마우스를 이용한 시트 편집하기

① 시트 이름을 더블 클릭하면 시트 이름의 반전되어 편집 상태가 된다. 새로운 이름을 입력하고 [Enter↵]를 누르면 시트 이름이 변경된다.

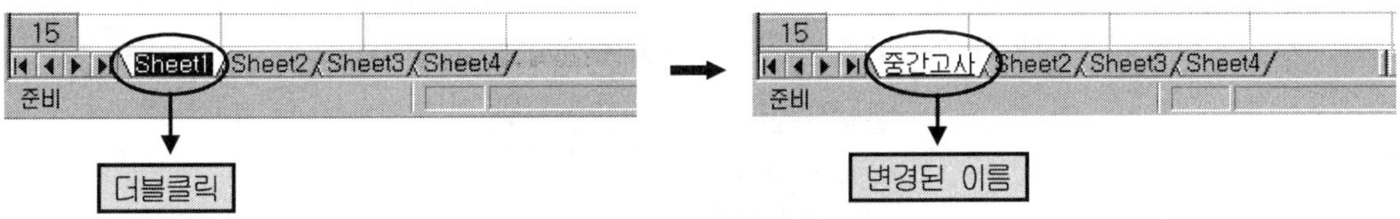

② 시트 이름 위에서 마우스 왼쪽 단추를 누른 채 원하는 위치로 끌어다 놓으면 시트가 이동된다.

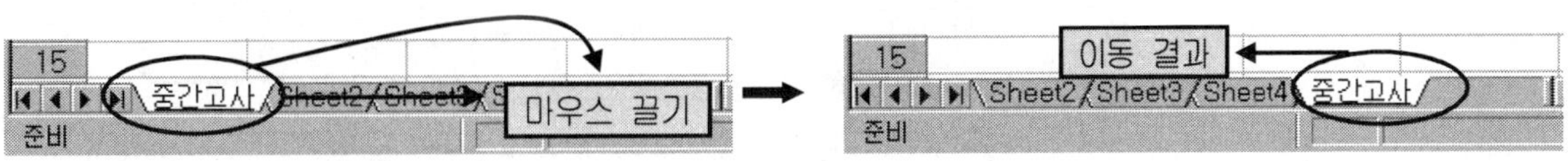

③ Ctrl을 누른 상태에서 시트 이름 위에 마우스 왼쪽 단추를 누른 채 원하는 위치로 끌어다 놓으면 시트가 복사된다. 복사된 시트 이름은 원래 시트 이름 뒤에 번호가 붙게 된다.

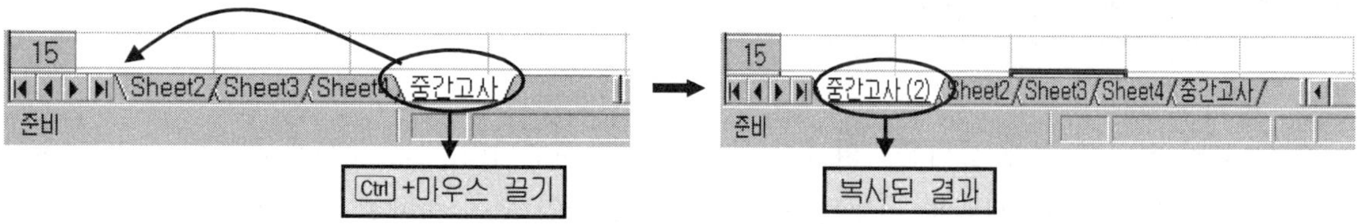

▶ 시트탭 단축 메뉴를 이용한 시트 편집

시트탭의 워크시트 이름에서 마우스 오른쪽 단추를 누르면 시트탭 단축 메뉴가 나타난다. 시트탭 단축 메뉴를 사용하여 워크시트를 삽입, 삭제, 복사, 이동 등의 편집 작업을 할 수 있다.

① 현재 워크시트 이름 위에서 마우스 오른쪽 단추를 누르고, 단축 메뉴에서 [이동/복사] 메뉴를 선택한다.

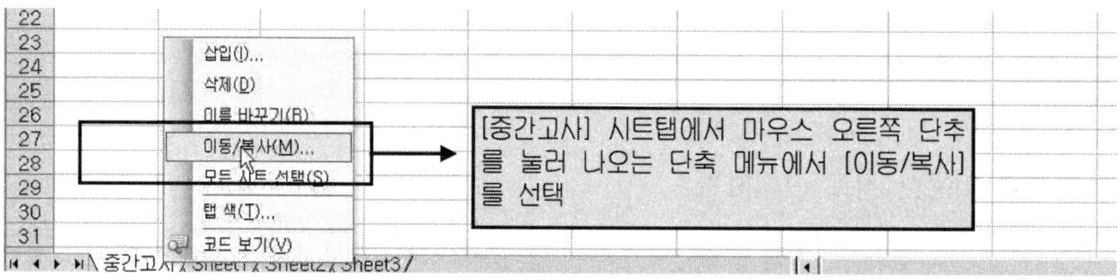

② 시트를 이동하려는 통합문서 이름과 위치를 지정하고 [확인] 단추를 누른다. '복사본 만들기' 항목을 선택하면 시트가 이동되는 것이 아니라 복사된다.

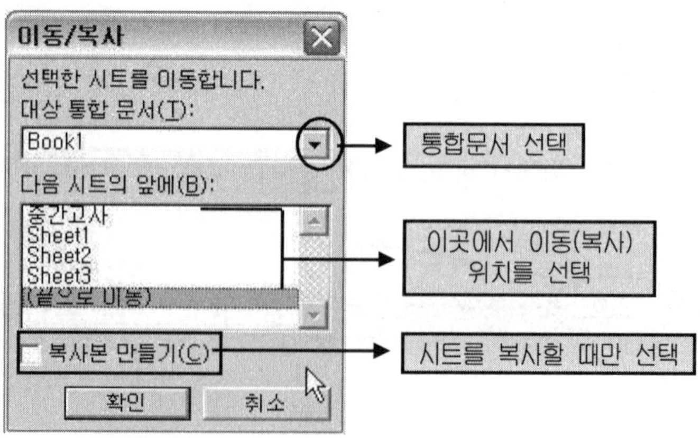

③ 다음과 같이 시트가 이동된 것을 알 수 있다.

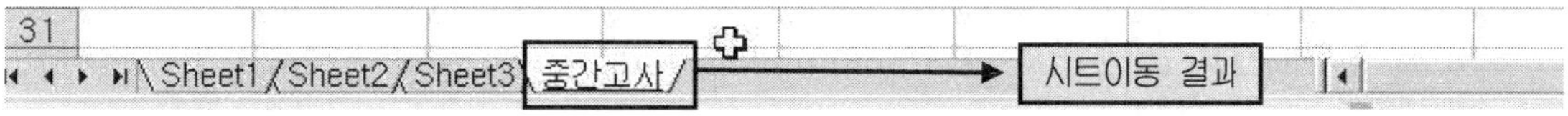

7. 셀(Cell)

- 워크시트의 행과 열이 만나 이루어지는 작은 사각형들을 셀(cell) 이라 하며, 엑셀 작업의 기본이 된다.
- 마우스로 원하는 셀을 누르거나 키보드의 방향키를 사용하여 작업 중심이 되는 셀을 선택한다.
- 키보드로 데이터를 입력하면 입력된 데이터는 셀 단위로 입력된다.
- 각 셀의 데이터는 각각 독립된 데이터로 처리된다.
- 각 셀은 셀주소(또는 셀번지)로 서로 구분한다.

■ 셀 이동 단축키

키	내　　용
Ctrl+방향키	현재 데이터 범위의 모서리로 이동
Home	행의 시작 부분으로 이동
Ctrl+Home	A1 셀로 이동
Ctrl+End	현재 데이터 범위의 마지막 셀(오른쪽 아리 모서리)로 이동
Page Down	한 화면 아래로 이동
PgUp	한 화면 위로 이동
Alt+Page Down	한 화면 오른쪽으로 이동
Ctrl+PgUp	한 화면 왼쪽으로 이동
Ctrl+Back Space	현재 셀 포인터가 있는 화면으로 이동
F5	셀 주소를 입력하여 직접 이동

■ 셀 포인터(Cell Pointer)

- 여러 셀 중에서 작업의 중심이 되는 셀을 나타내는 것으로, 현재 셀 포인터가 위치한 셀을 활성 셀(Active Cell)이라고 한다.
- 데이터를 입력하거나 셀을 편집하려면 먼저 셀 포인터를 원하는 셀로 이동해야 한다.

■ 행 머리글

- 아라비아 숫자 1, 2, 3, ...,65,536으로 표시되며, 행 주소 또는 행 번호 라고도 한다.
- 엑셀 워크시트는 65,536 개의 행으로 구성되어 있다.

■ 열 머리글

- 알파벳 A, B, C,..., Z, AA, AB, ..., AZ, ..., IV 로 표시되며, 열 주소 또는 열 번호라고 한다.
- 엑셀 워크시트는 총 256개의 열로 구성되어 있다.

■ 셀 주소

- 워크시트의 각 셀을 구분하는데 사용하는 이름으로, 셀 번지라고 한다.
- 셀 주소는 열 주소와 행 주소로 표시한다.(예 : K열 35행은 K35로 표시)
- 수식에서 셀을 참조할 때 셀 주소를 사용하며, 셀 주소의 형태에 따라 절대주소, 상대주소, 혼합주소 등으로 분류한다.

8. 엑셀 옵션 설정

■ 시트 수 지정

하나의 통합문서 안에 포함되는 시트 수를 사용자가 임의로 지정, 사용할 수 있다. 사용자가 새로 지정한 시트 수는 현재 열린 통합문서에는 적용되지 않고, 시트 수를 지정한 후 새로 열리는 통합문서부터 적용된다.

실습

① [도구] → [옵션] 메뉴를 선택하여 옵션 대화상자에서 [일반] 탭으로 이동한다.

② '새 통합문서의 시트 수' 항목에서 원하는 시트 개수를 직접 입력하거나 증감 단추로 지정하고 [확인] 단추를 누른다.

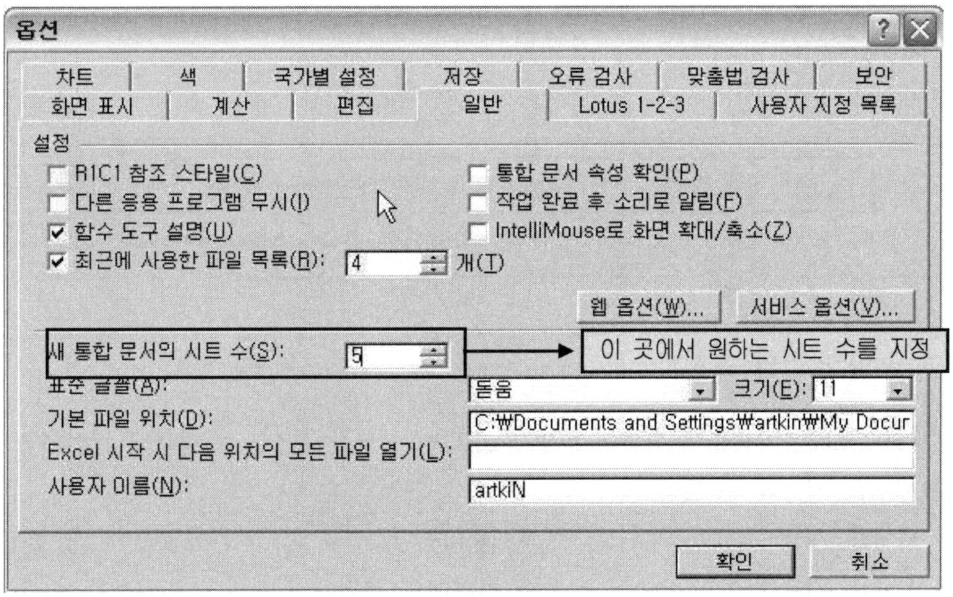

③ [파일] → [새로 만들기] 메뉴를 선택하여 새 통합문서를 열어 보면 새로 지정한 시트 수가 적용되는 것을 알 수 있다.

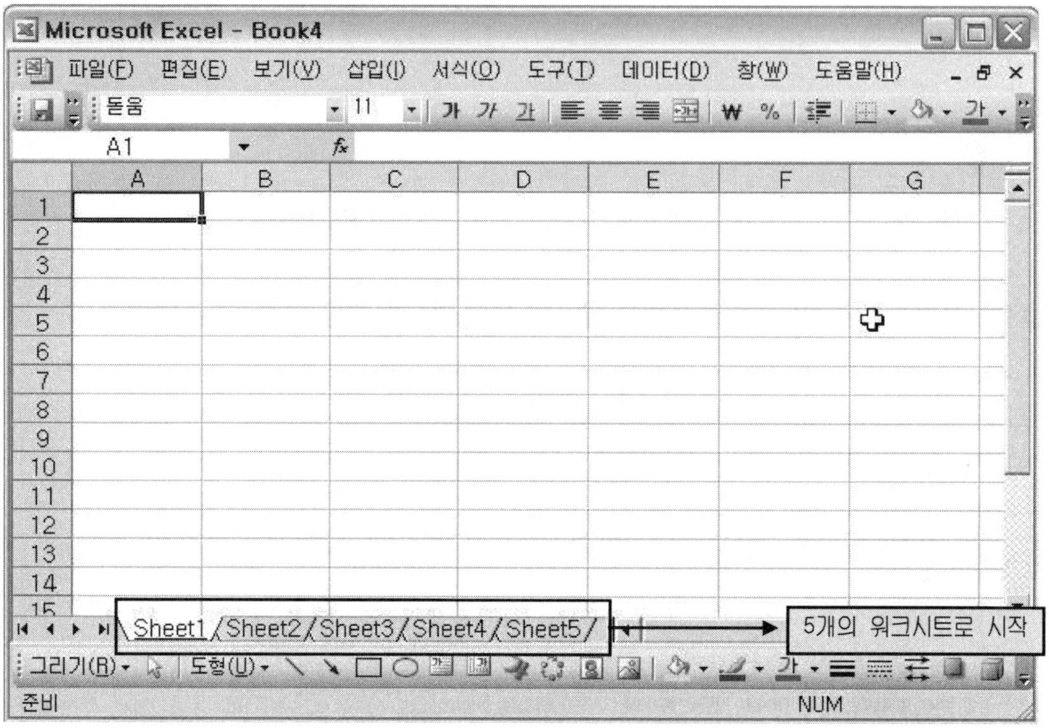

■ 화면 구성 요소의 표시

- [도구] → [옵션] 메뉴를 선택하여 화면에 표시되는 구성 요소를 선택하거나 선택을 해제하여 표시 여부를 지정할 수 있다.
- 수식 입력줄, 상태 표시줄, 쪽 구분, 행과 열 머리글, 수평 및 수직 이동줄, 수식, 윤곽기호, 셀 구분선, 0값, 시트탭 등의 요소를 사용자 임의대로 화면에 표시하거나 취소할 수 있다.

실습

① [도구] → [옵션] 메뉴를 선택하고 [화면표시] 탭으로 이동한다.

② 표시하려는 항목에는 마우스로 ☑ 표시를 하고, 취소하려는 항목에는 ☑ 표시를 해제한 다음 [확인]단추를 누른다.

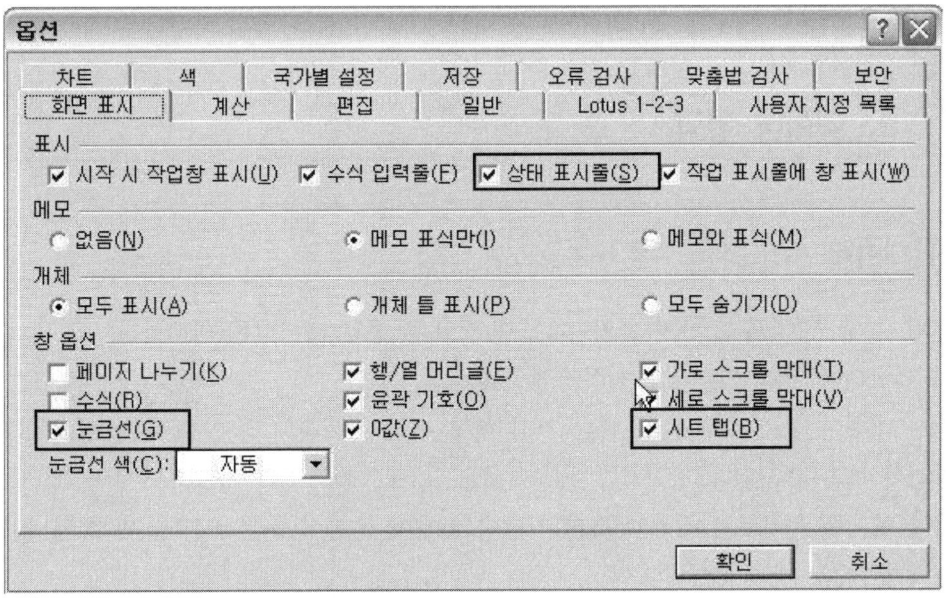

③ 화면 구성이 변경되는 것을 알 수 있다.

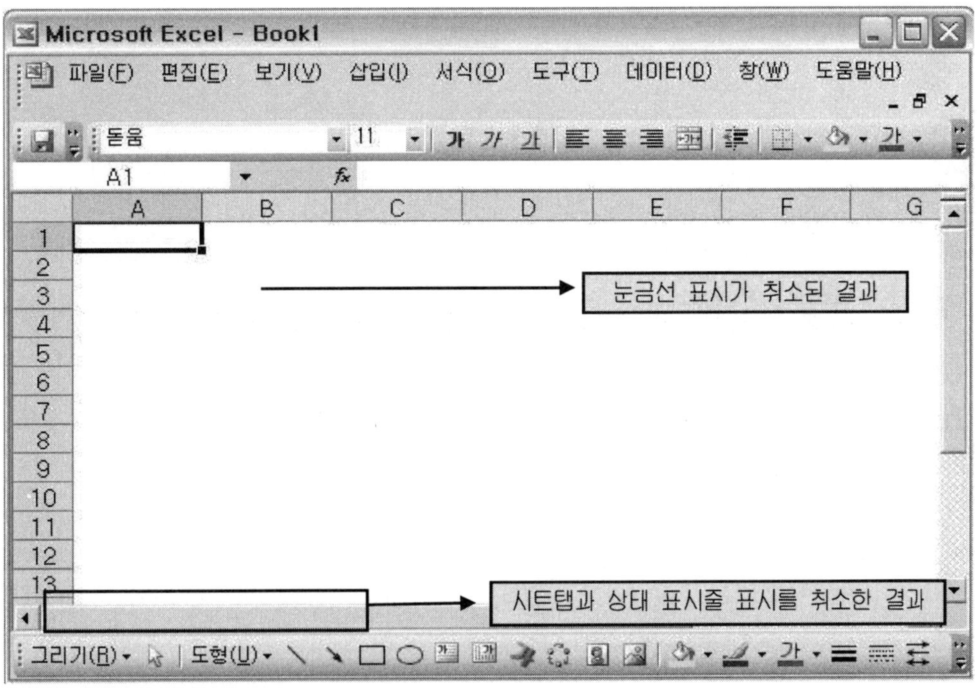

9. 데이터 입력

■ 문자 데이터

- 영문자, 한글, 숫자와 문자의 조합, 기호 등으로 구성된 데이터를 의미한다.
- 문자 데이터는 셀을 기준으로 왼쪽정렬 된다.
- 입력한 내용이 셀 너비보다 길 때는 인접 셀에 겹쳐서 표시되고, 인접 셀이 비어 있지 않으면 문자열이 잘려 표시된다.
- 숫자 데이터를 문자로 인식하게 하려면 데이터 앞에 문자 접두어인 ‘'’을 먼저 입력한 다음 입력해야 한다.

(예) KOREA, 100MHz, 100+50, Q&A
　　숫자 2000을 문자 데이터로 인식 → `2000

실습

① ‘Sheet’ 의 이름을 더블 클릭하고 ‘중간고사’로 변경해 보자.

② 그림에서 보이는 데로 해당 셀에 내용을 입력하고 [Enter↵]를 누른다.

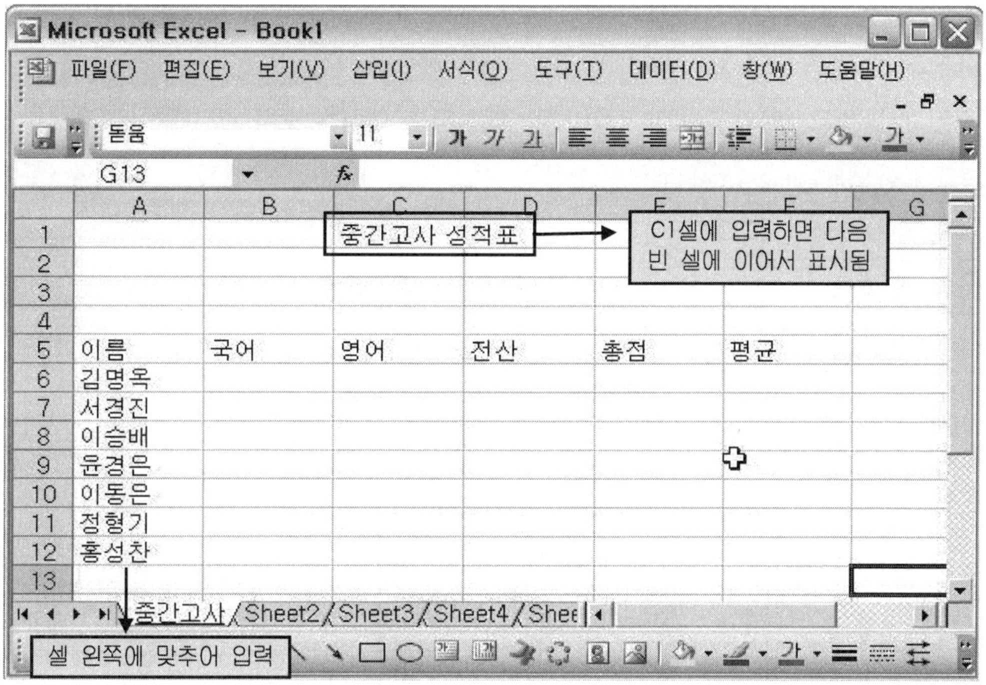

■ 숫자 데이터

- 숫자 데이터는 수식에 참조하여 계산이 가능한 데이터를 말한다.
- 0~9까지의 숫자조합, +, -, *, /, ( ) 의 연산기호, $, %, \의 서식기호로 이루어진 데이터이다.
- 수치 데이터는 셀을 기준으로 오른쪽 정렬된다.
- 문자, 공백, 특수문자는 사용할 수 없다.
- 음수를 입력하고자 할 때는 '-'를 붙이거나 수 자체를 괄호로 묶어 입력한다.

  (예) 135, 85%, -47, (34), 2.75E+02, $100

실습

▶ '중간고사' 워크시트의 다음과 같이 수치 데이터를 입력해 보자.

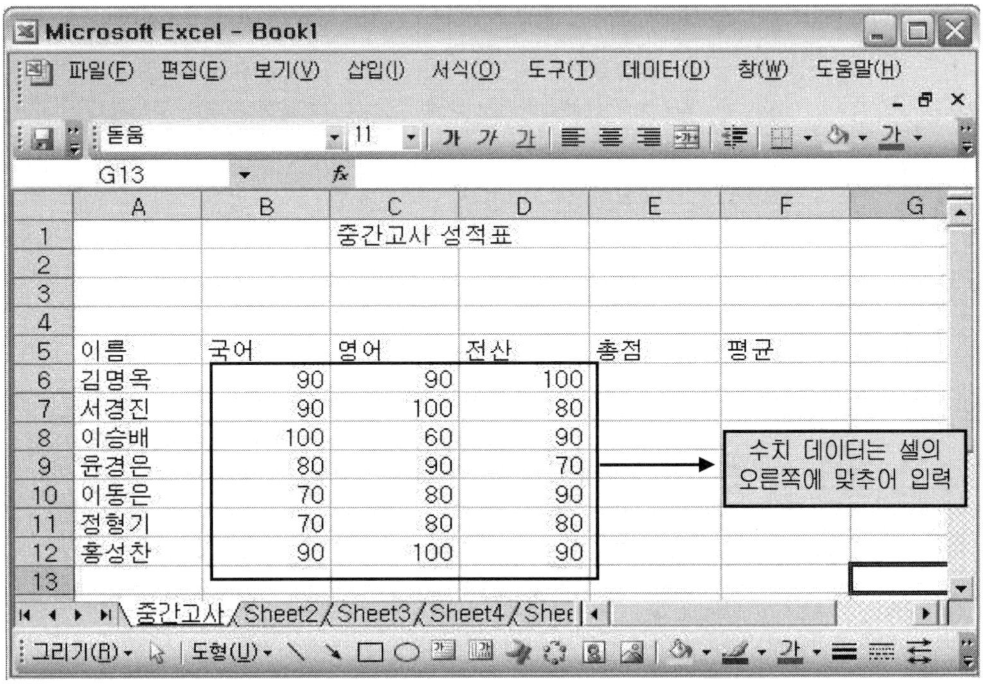

■ 날짜/시간 데이터

- 날짜는 하이픈(-)이나 슬래시(/)로 연, 월, 일을 구분하여 입력한다.
- 시간은 콜론(:)으로 시, 분, 초를 구분하여 입력해야 한다.
- 날짜 데이터는 엑셀 내부에서 숫자로 처리되며, 이때 정수 부분에 날짜를 저장하고, 소수 부분에 시간을 저장한다.
- 수치 데이터와 마찬가지로 수식 계산에서 날짜 데이터를 참조하여 연산이 가능하다.
- 시간은 24시간제로 인식되며, 12시간제(오전/오후 구분)로 입력하려면 시간 뒤에 한 칸을 띄우고 AM 또는 PM을 함께 입력한다.

  (예) 98-12-25, 3:00:00PM, 95/5/25 15:45

[참고사항] 데이터 입력과 취소와 관련된 키

- Enter↵ : 데이터 이력을 마치고 셀 포인터를 한 행 아래로 이동한다.
- 방향키 : 데이터 입력을 마치고 셀 포인터를 방향키의 방향대로 한 칸 이동한다.
- Esc : 입력중인 데이터를 취소한다.
- ☑ : 수식 입력줄의 입력 단추는 입력을 마치고 셀 포인터를 현재 셀에 그대로 둔다.
- ☒ : 수식 입력줄의 입력 취소 단추는 입력중인 데이터를 취소한다.
- 수식 입력줄의 입력 단추와 취소 단추는 데이터를 입력 또는 수정할 때만 나타낸다.

① F4셀을 마우스로 눌러 '01-08-04'를 입력하고 Enter↵를 누른다.

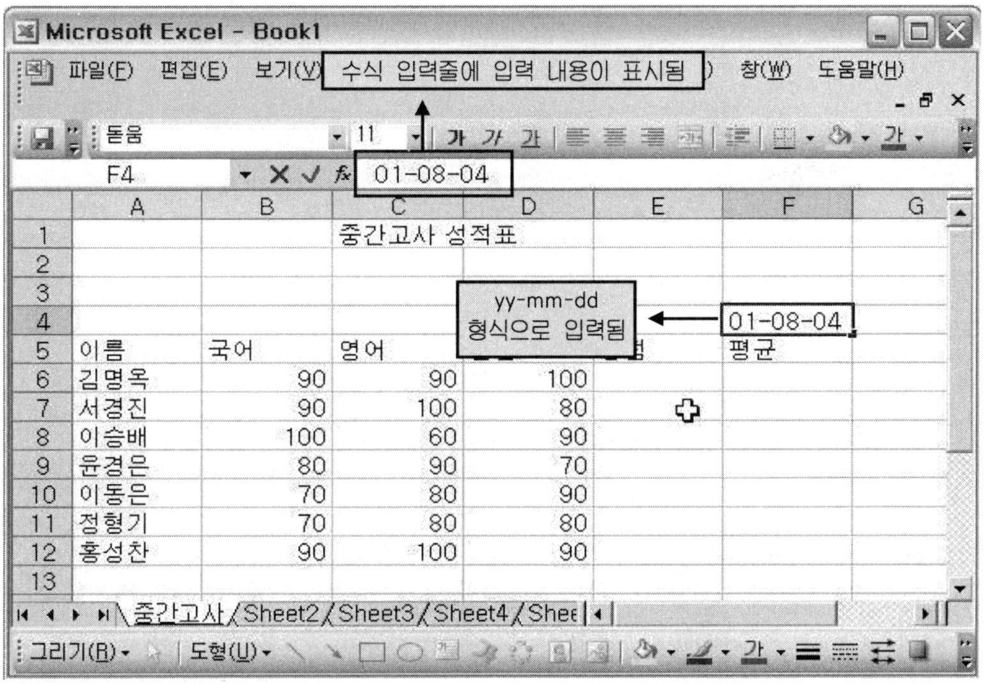

② 날짜 데이터 형식을 변경하려면 F4셀을 선택하고 [서식] → [셀] 메뉴를 선택한다.

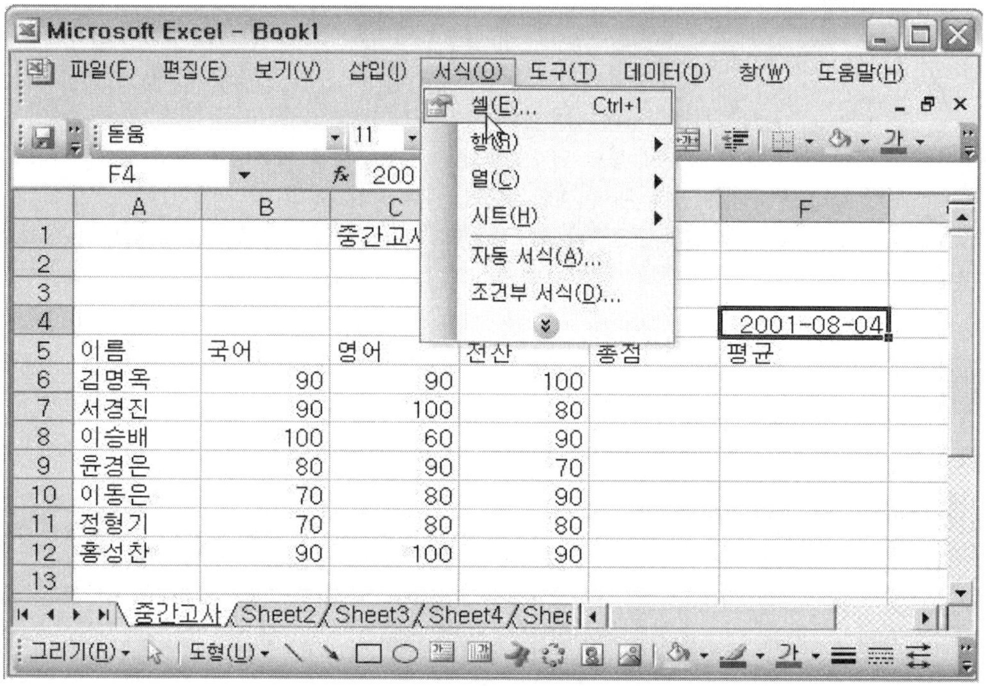

③ [표시형식] 탭의 종류 목록에서 '날짜'를 선택하고 원하는 형식을 선택한 다음 [확인]단추를 누른다.

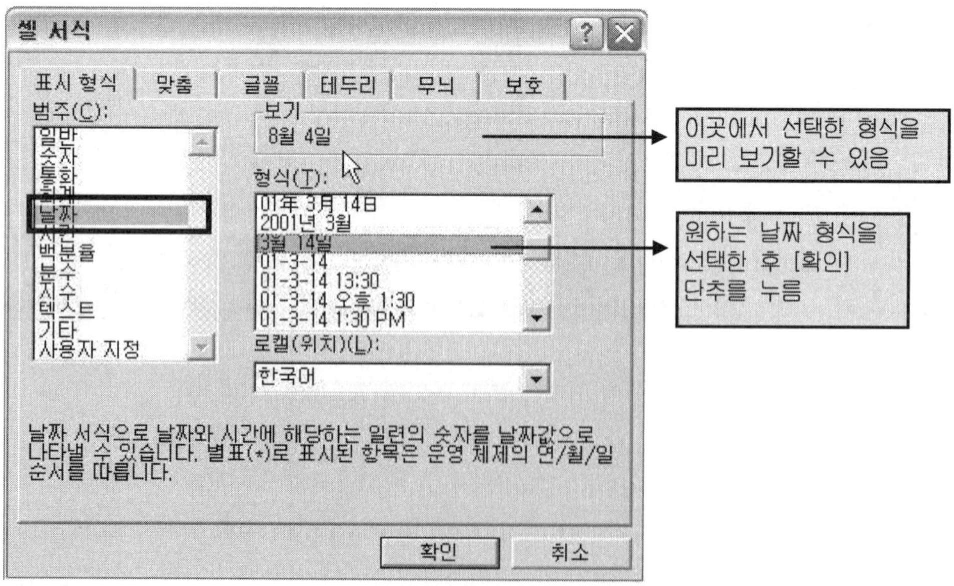

④ F4셀의 날짜 형식이 변경된다.

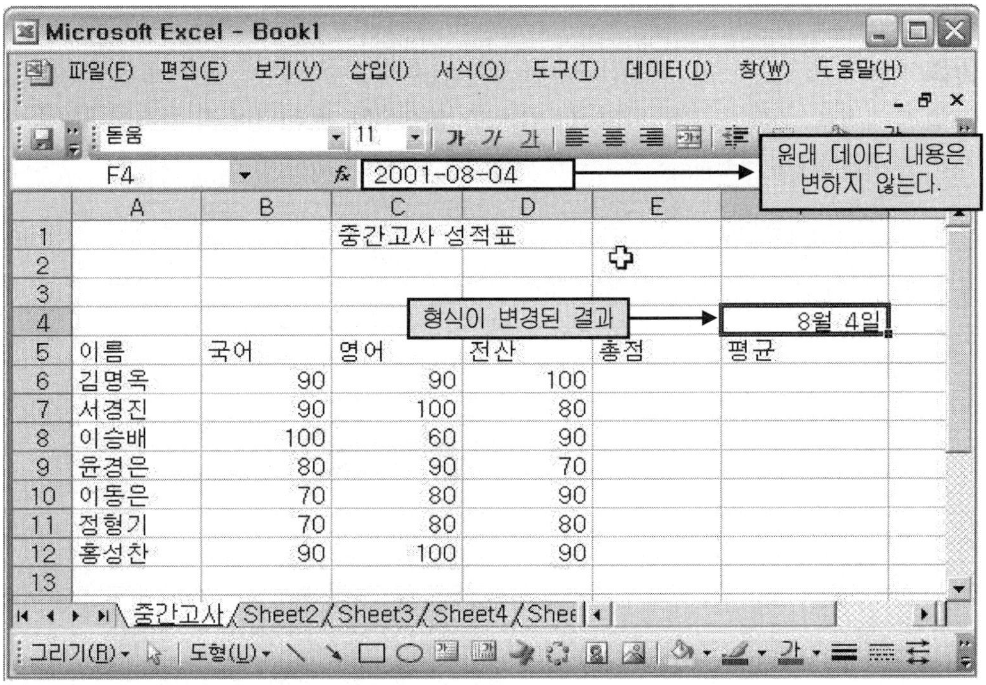

[참고사항] 현재 날짜와 시간 간단히 입력하기

- 현재 컴퓨터 시스템의 날짜와 시간을 입력하려면 다음 단축키를 누르고 Enter↵를 누른다.
- Ctrl+; : 현재 날짜 입력
- Ctrl+Shift+; : 현재 시간 입력

■ 수식데이터

- 사칙연산 기호(+, -, *, /), 관계연산 기호(=, >, >=, <, <=, <>), 문자열 연산 기호(&)를 사용하여 입력하는 데이터를 말하며, 다른 셀에 입력된 기존의 값을 이용해 새 값을 만들어 내는 계산식을 말한다. 식을 입력하면 워크시트에는 수식의 결과 값으로 표시되고, 수식 입력줄에는 원래 입력된 수식이 표시된다.
- 수식은 항상 등호(=)로 시작해야 한다.
- 셀 주소를 참조한 수식의 결과 값은 해당 셀의 내용이 변경되면 자동으로 재 계산된다.

  (예) =50+25, =K5*100, =A15/B15, =SUM(A1:A5)

실습

▶ 총점과 평균 계산

① E6셀에 총점을 구하는 수식 '=B6+C6+D6'을 입력하면 계산 결과가 나타난다.

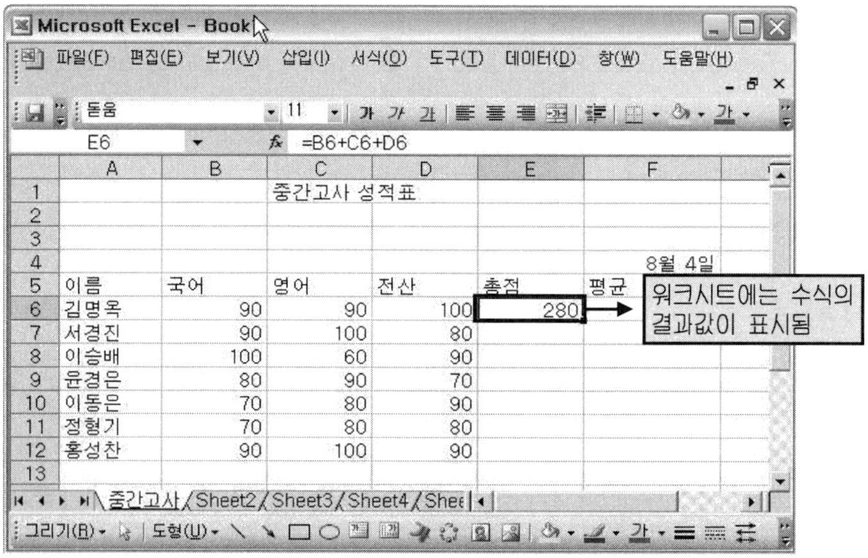

② F6셀에 평균을 구하는 수식 '=E6/3'을 입력한다.

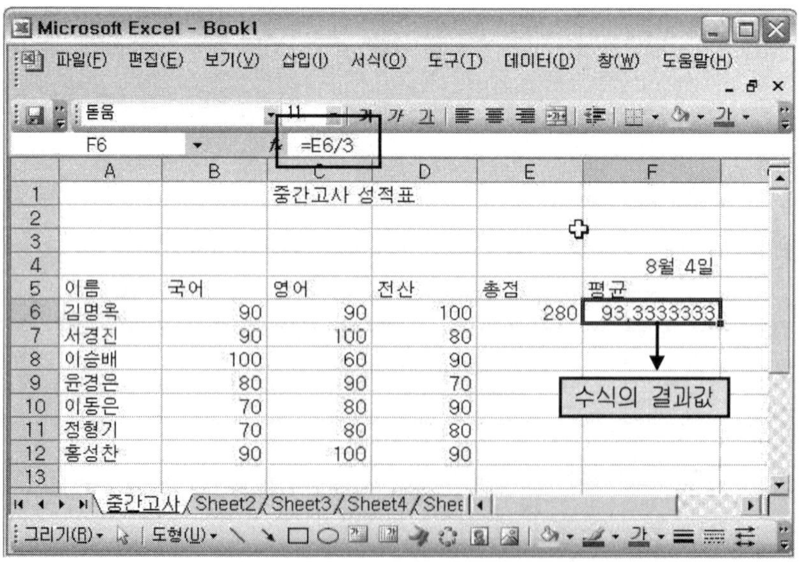

③ 소수 이하 자릿수를 지정하려면 F6셀에서 [서식] → [셀] 메뉴를 선택하여 [셀 서식] 대화 상자를 나타낸다. [표시 형식]탭에서 '숫자' 종류를 선택하고, 소수점 이하 자릿수를 2가 되도록 조정한 다음 [확인] 단추를 누른다.

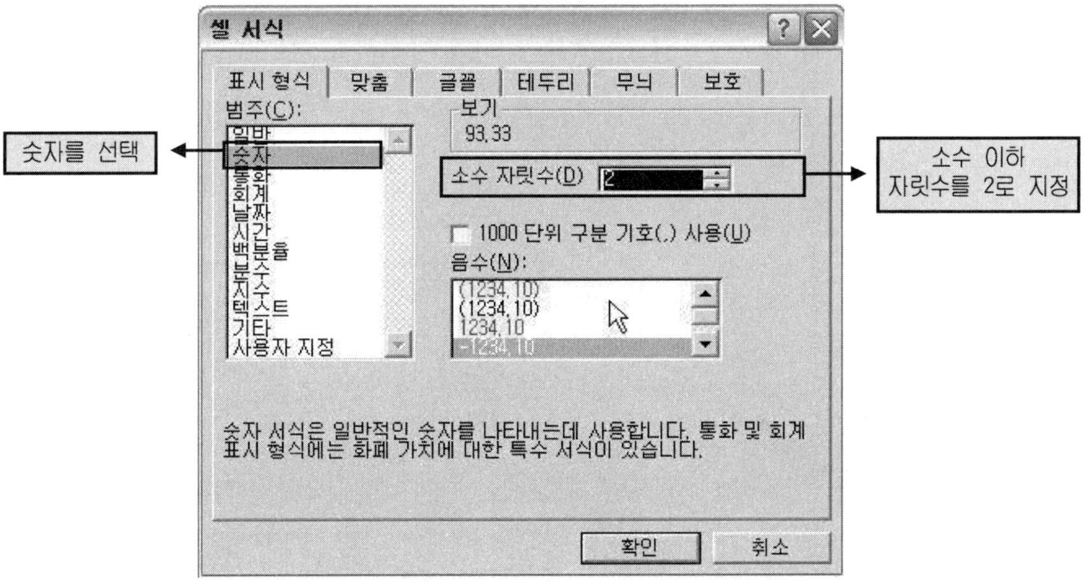

④ F6셀의 수식 결과값이 소수 이하 두 자리까지만 표시된다.

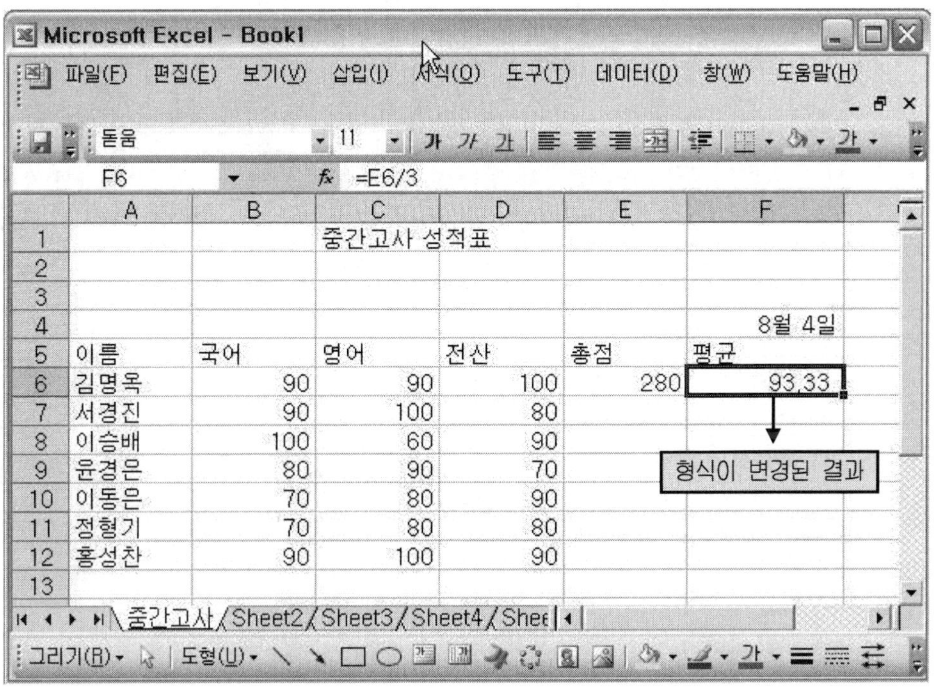

[참고사항] 연산 기호의 종류

구 분	연산기호	기능	사용 예	
사칙 연산자	+	덧셈	=50+30	사칙 연산의 결과를 표시
	-	뺄셈	=50-30	
	*	곱셈	=50*3	
	/	나눗셈	=50/10	
	^	지수	=3^2	
	%	백분율	=0.1%	
관계 연산자	=	같다	비교 연산을 수행하여 • 연산 결과가 맞으면 'TRUE' 출력 • 연산 결과가 틀리면 'FALSE'출력	
	>	크다		
	<	작다		
	>=	크거나 같다		
	<=	작거나 같다		
	<>	같지 않다		
문자열 연산자	&	문자열 및 수식 결합	=A1&B1 ←A1과 B1에 수록된 문자열을 연결하여 표시	
참조 연산자	:	두 참조를 포함하여 두 참조 사이에 있는 셀을 모두 참조로 만드는 영역 연산자	B5:B15	
	,	여러 참조를 한 참조로 만드는 결합 연산자	=SUM(B5:B15,D5:D15)	
	공백	두 참조에서 공통인 셀을 한 참조로 만드는 교점 연산자	=SUM(B5:B15 A7:D7) 여기서 셀 B7은 두 영역의 공통이다	

특수 기호와 한자입력

- 한글 자음(ㄱ, ㄴ, ㄷ 등)을 입력하고 [한자]키를 누르면 특수 기호 목록상자가 표시되며, 한글 입력 후에 [한자]키를 누르면 한자 목록상자가 표시된다. 하지만 한글 자음(ㅁ)이 가장 많이 쓰인다.
- 목록상자에서 원하는 문자를 마우스로 누르면 해당 문자가 입력된다.
- 목록상자의 '◀' 또는 '▶' 단추를 누르면 이전/다음 목록이 표시된다.

실습

① C2셀에서 한글 자음 'ㅁ'을 입력한 후 키보드의 [한자]키를 누른다. 화면 하단에 표시된 목록 상자에서 원하는 특수 기호를 마우스로 누른다.

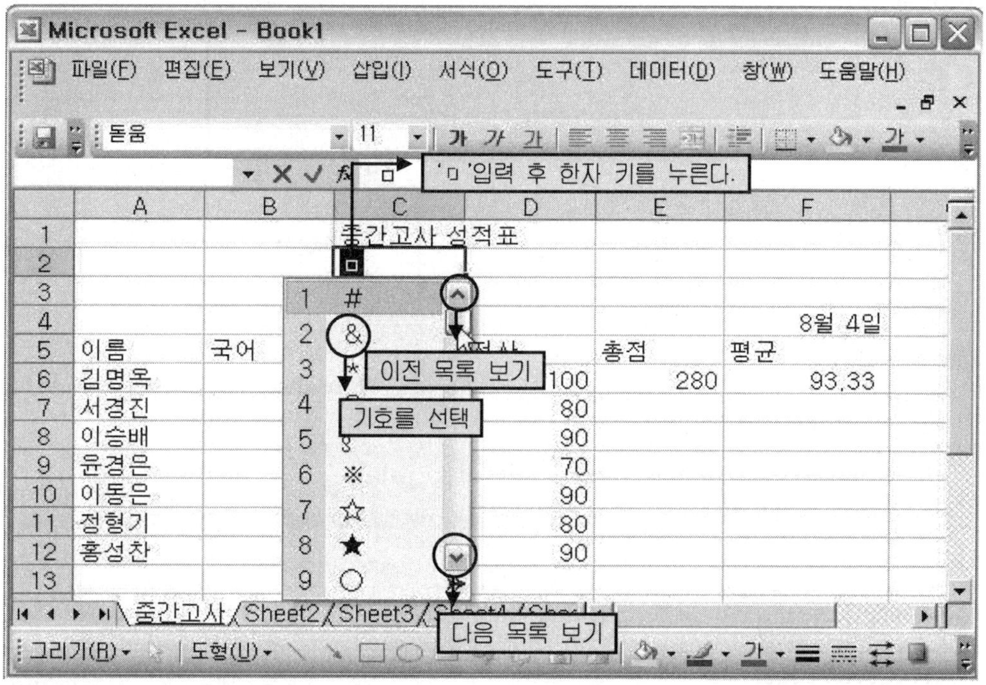

② 특수 기호를 사용하여 다음과 같이 입력한다

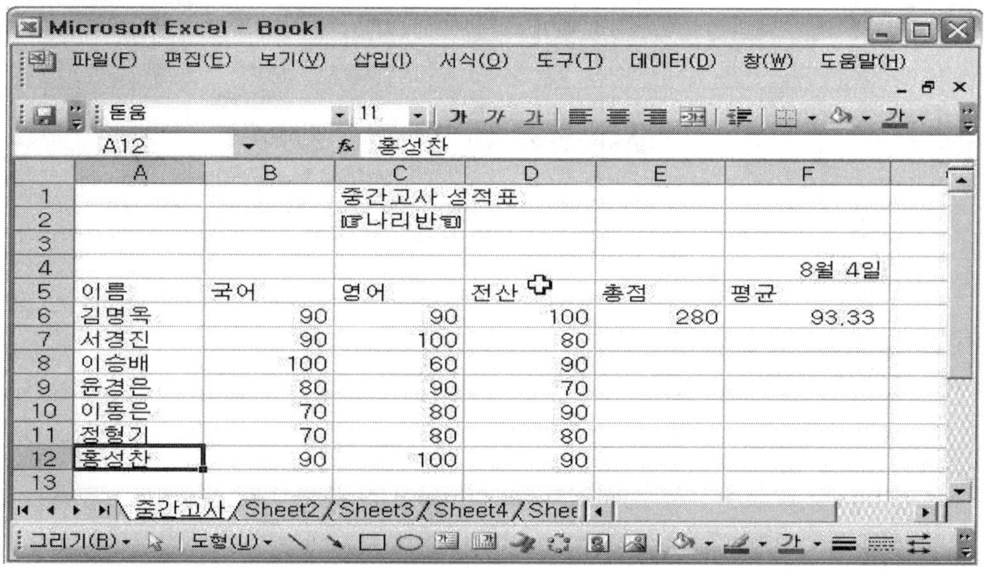

③ E4셀에서 한글 '작'을 입력하고 [한자]키를 누른 다음 해당 한자를 선택하여 입력한다.

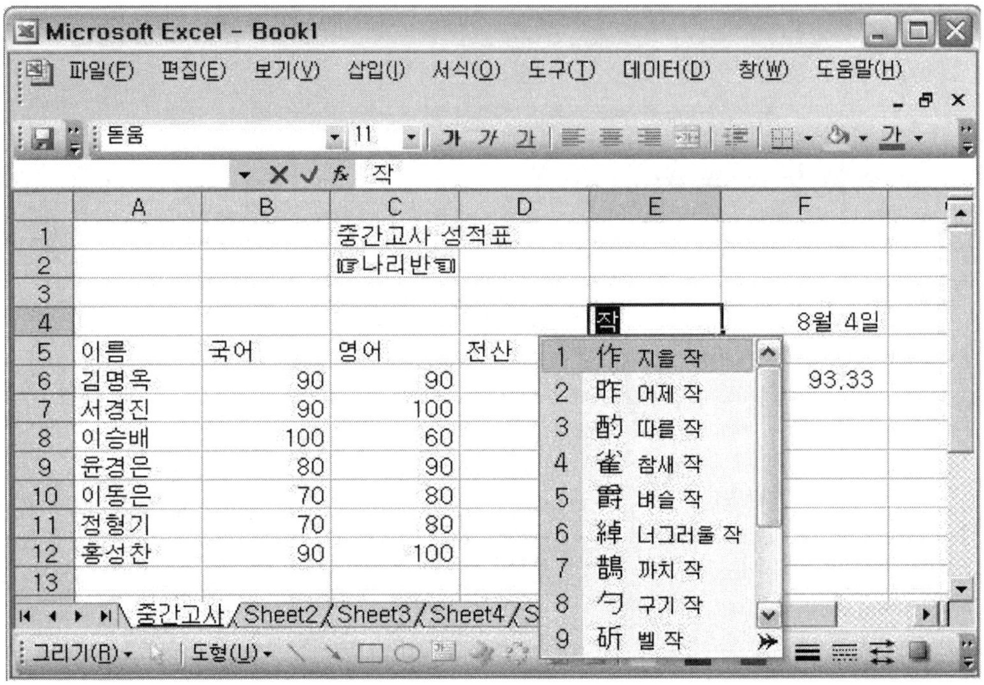

④ 다음과 같이 '作成日字'를 입력한다.

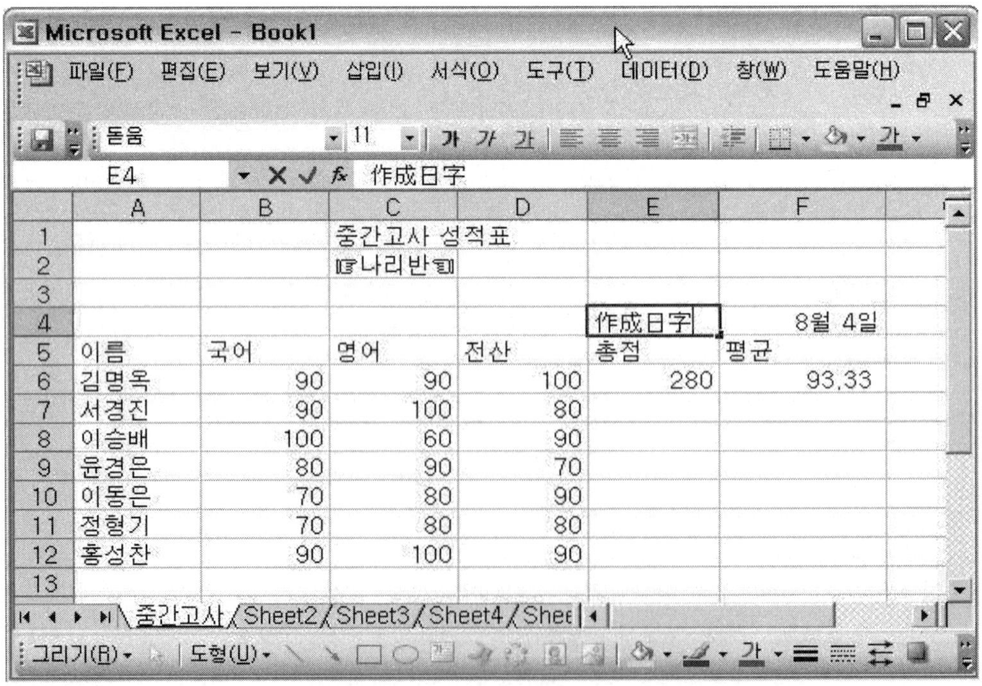

[참고사항] 셀에 여러 줄로 입력하기

- 셀에 데이터를 입력하고 Enter↵를 누르면 셀 포인터가 다음 행으로 이동하게 된다.
- 같은 셀에 여러 줄로 데이터를 입력하려면 첫 번째 줄의 데이터를 입력하고 Alt+Enter↵를 눌러 줄을 바꾼 다음 다음줄의 데이터를 입력한다.

10. 데이터 저장

입력한 데이터를 잃어버리지 않도록 디스크에 파일로 기록하는 것을 저장이라고 한다. 저장은 통합문서 단위로 이루어지며 엑셀 통합문서는 자동으로 확장자가 '.xls'로 붙여진다.

실습

① [파일] → [저장] 메뉴를 선택하거나 아이콘을 클릭한다. (단축키 : Ctrl+S)

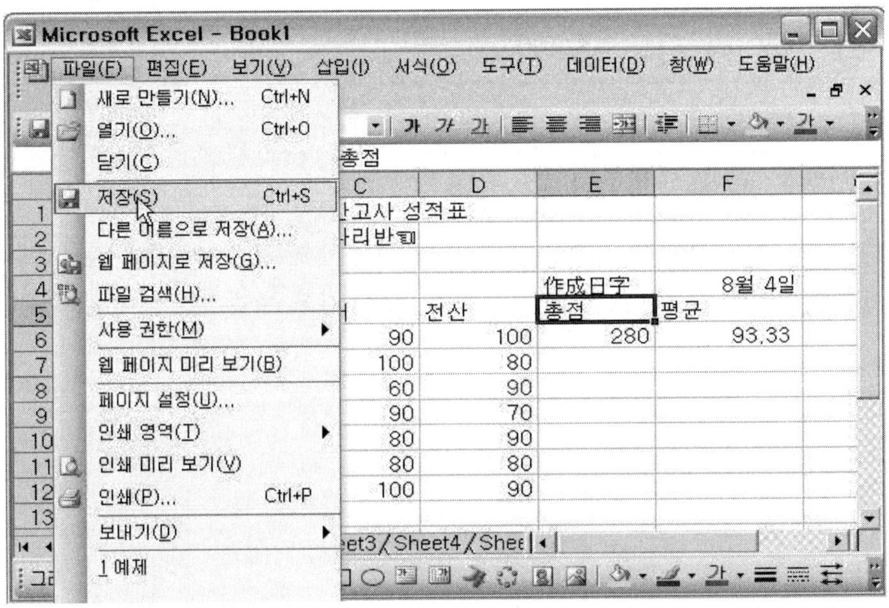

② [다른 이름으로 저장] 대화상자가 나오면 원하는 파일명을 입력하고 [저장] 단추를 누른다. 여기에서는 '1학기성적표'라고 입력한다.

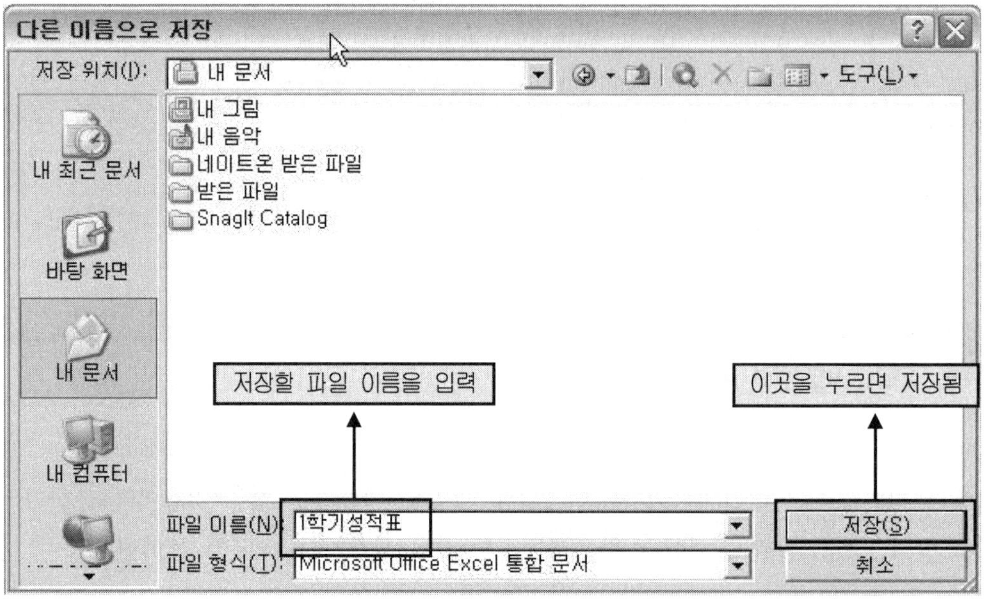

11. 데이터 자동 채우기

■ 채우기 메뉴로 일정값 채우기

[편집] 메뉴의 [채우기] 명령을 사용하면 데이터를 자동으로 채울 수 있다. 초기 데이터가 입력된 셀부터 범위를 지정하고, [채우기] 명령을 실행하면 선택한 방향대로 데이터가 채워진다.

실습

① 데이터가 입력된 첫 셀을 포함, 채우려는 셀 범위를 선택한다.

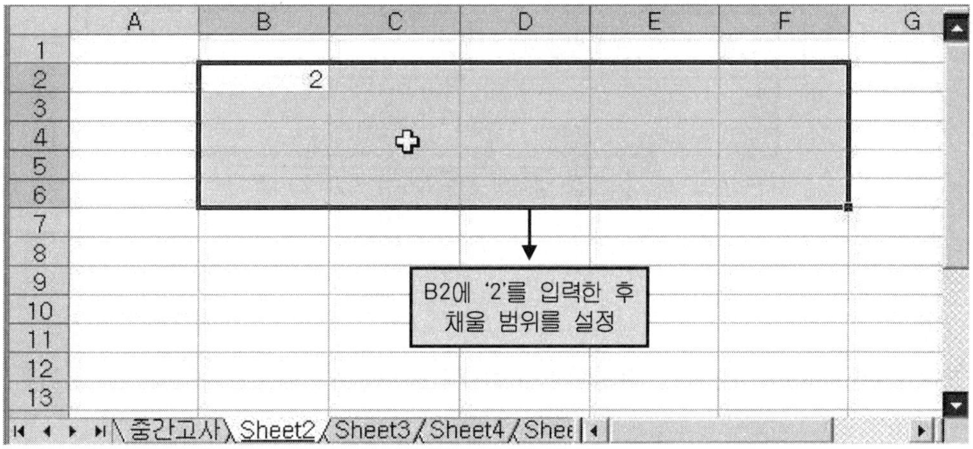

② [편집] → [채우기] 메뉴를 선택하고 채우려는 방향을 [오른쪽]으로 선택한다.

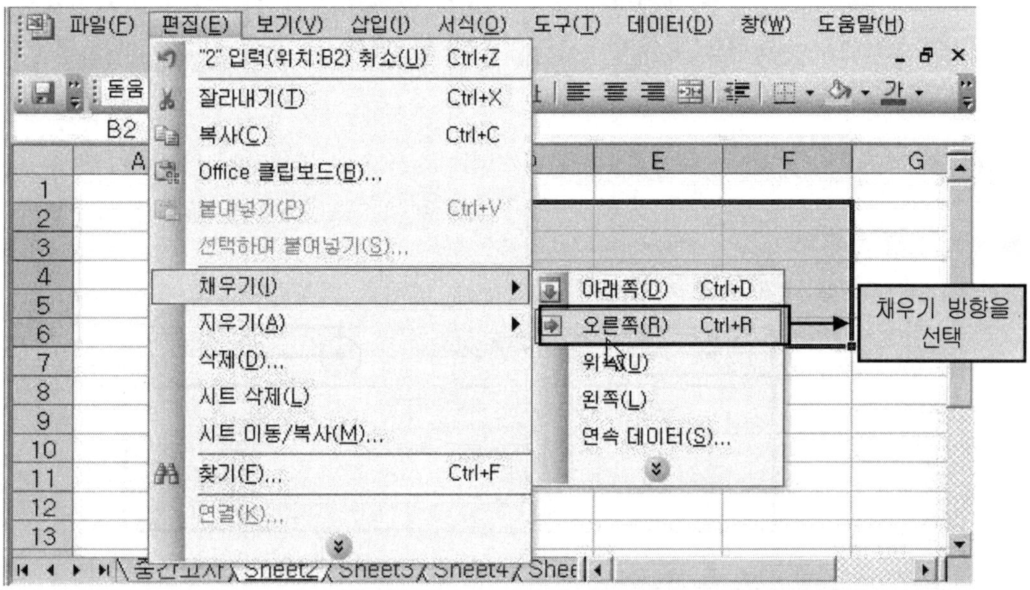

③ 지정한 범위의 오른쪽으로 데이터 '2'가 채워진다. [편집] → [채우기] 메뉴는 범위를 크게 지정해도 해당 행 또는 열로만 채워진다.

■ 연속 데이터 채우기

일정한 증가 값을 가진 수치 데이터를 자동 채우기 하려면 연속 데이터 명령을 사용한다. 연속 데이터 대화상자에서 채우려는 방향이나 종류, 단계 값, 종료 값 등을 지정할 수 있다.

실습

▶ 선형으로 채우기

① 채우려는 범위의 첫 셀에 시작 값을 입력하고, 범위를 지정한다.

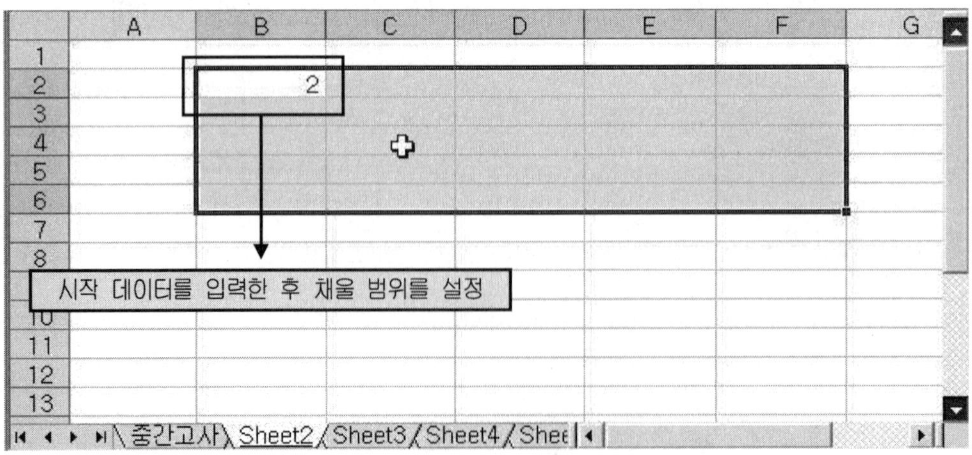

② [편집] → [채우기] → [연속데이터] 메뉴를 선택한다.

③ 연속 데이터 대화상자에서 방향, 데이터의 종류, 단계값, 종료값 등을 지정하고 [확인]단추를 누른다.

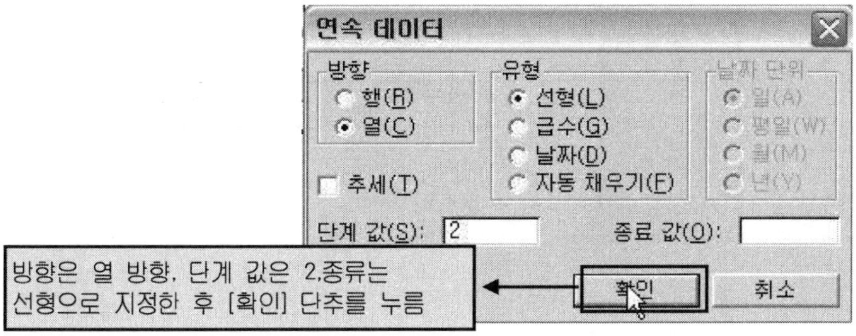

④ 종료 값을 지정하지 않으면 선택한 셀 범위만큼 채우기가 실행되고, 종료 값을 지정하면 해당 종료 값 까지만 채우기가 실행된다.

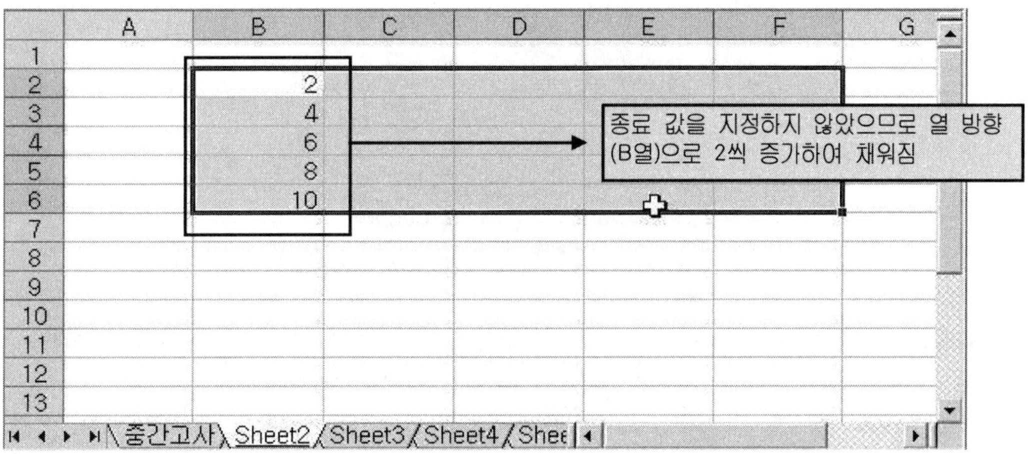

▶ 급수로 채우기

① 채우려는 범위의 첫 셀에 시작 데이터를 입력하고 범위를 지정한다.

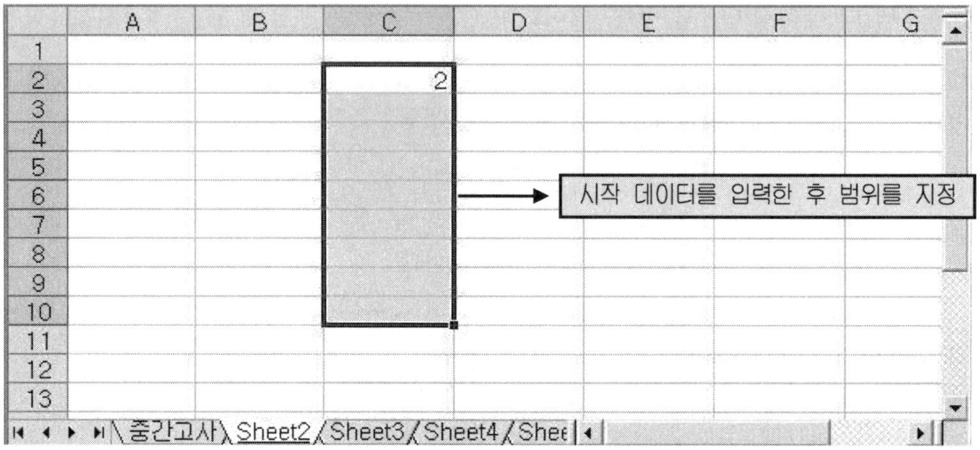

② [편집] → [채우기] → [연속 데이터] 메뉴를 선택하고 대화상자에서 방향 '열', 종류 '급수', 단계 값 '3'을 지정한 다음 [확인]단추를 누른다.

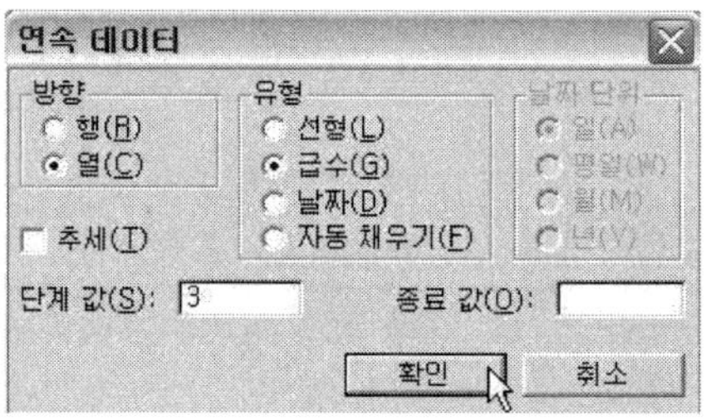

③ C열의 선택 영역에 데이터가 채워진다. E열은 단계 값을 '-3'으로 지정하여 채우기 한 결과를 나타낸 것으로 각자 연습해 보자.

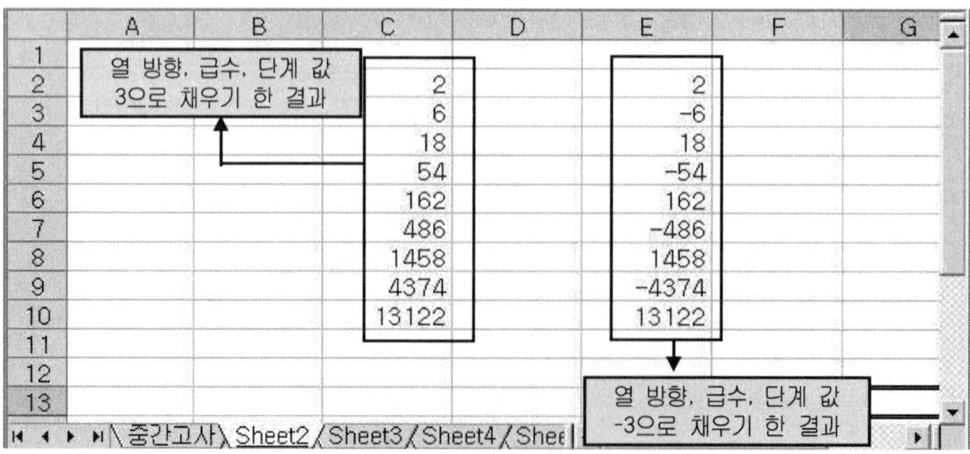

[참고사항] 날짜로 채우기 결과

[연속 데이터]대화상자에서 날짜 종류를 선택하여 다음과 같이 날짜 데이터를 일정한 단위로 자동으로 채우기가 가능하다.

	A	B	C	D	E	F
1						
2		주단위		월단위		년단위
3		01-1-1		01-1-1		02-1-1
4		01-1-2		01-1-2		03-1-1
5		01-1-3		01-1-3		04-1-1
6		01-1-4		01-1-4		05-1-1
7		01-1-5		01-1-5		06-1-1
8		01-1-8		01-1-6		07-1-1
9		01-1-9		01-1-7		08-1-1
10		01-1-10		01-1-8		09-1-1
11						
12						
13						

중간고사 / Sheet2 / Sheet3 / Sheet4 / She

■ 채우기 핸들을 이용하여 채우기

- 선택 영역의 오른쪽 아래 모서리에 있는 작은 사각형을 채우기 핸들이라고 한다.
- 채우기 핸들 부분을 마우스 왼쪽 단추를 누른 채 원하는 방향으로 끌어 데이터를 자동으로 채울 수 있다.
- 연속 데이터로 정의되어 있지 않으면 데이터가 같은 내용으로 복사되고, 연속 데이터로 정의되어 있으면 정의된 순서대로 증가하여 채워진다.

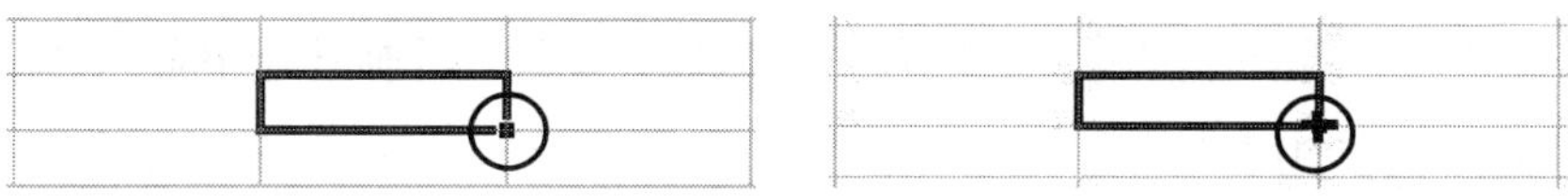

실습

▶ 정의되지 않은 데이터 채우기

① 시작 값이 미리 정의된 연속 데이터가 아닌 경우 채우기 핸들을 마우스로 끌면 동일한 내용으로 복사된다.

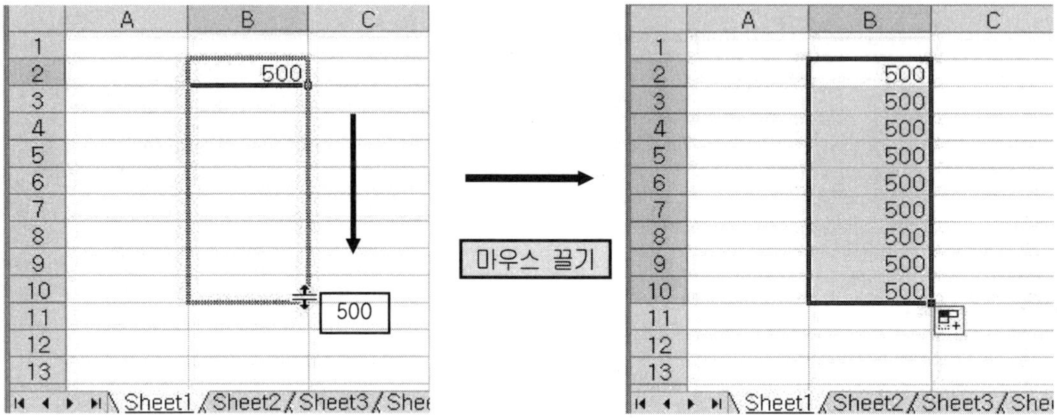

② Ctrl을 누른 상태에서 채우기 핸들을 마우스로 끌면 1씩 증가되어 채워진다.

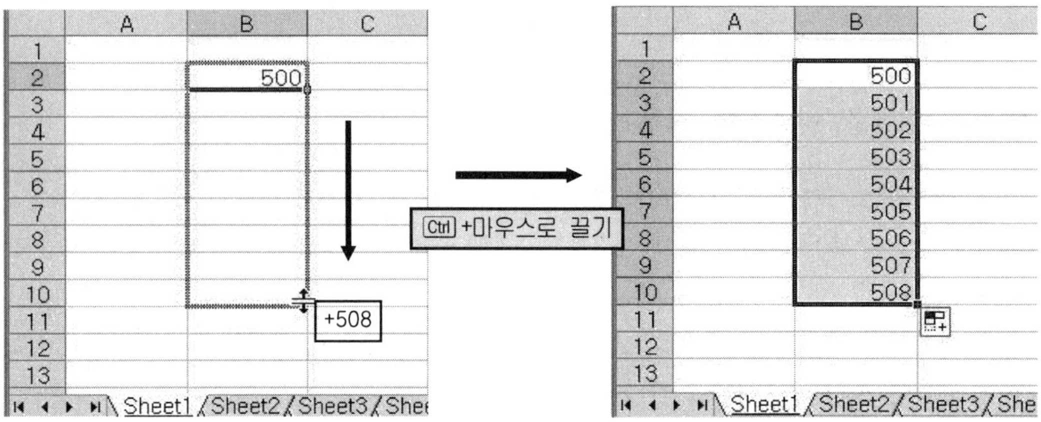

③ 숫자와 문자가 혼합되어 있는 셀의 채우기 핸들을 마우스로 끌면 문자는 복사되고, 숫자는 1씩 증가되어 채워진다.

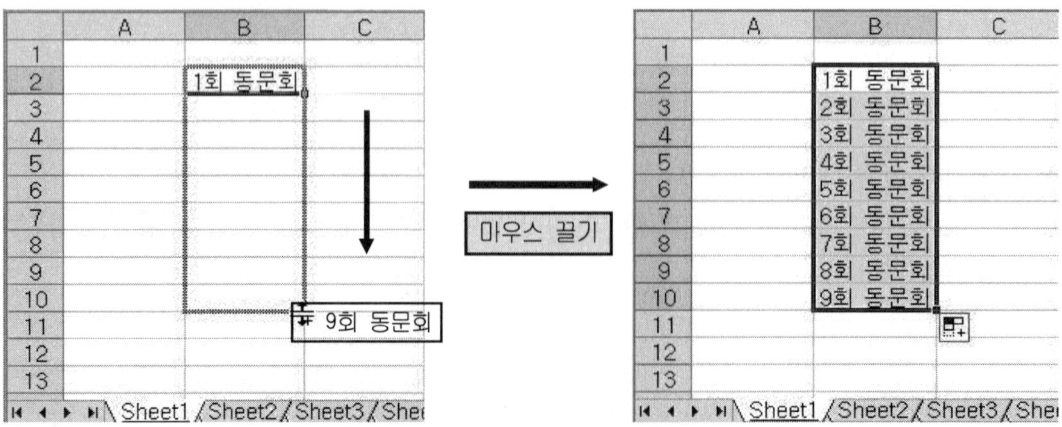

▶ 정의된 데이터 채우기

① 시작 값이 사용자 지정 목록에 미리 정의된 연속 데이터일 경우 채우기 핸들을 마우스로 끌면 미리 정의된 순서대로 증가되어 채워진다.

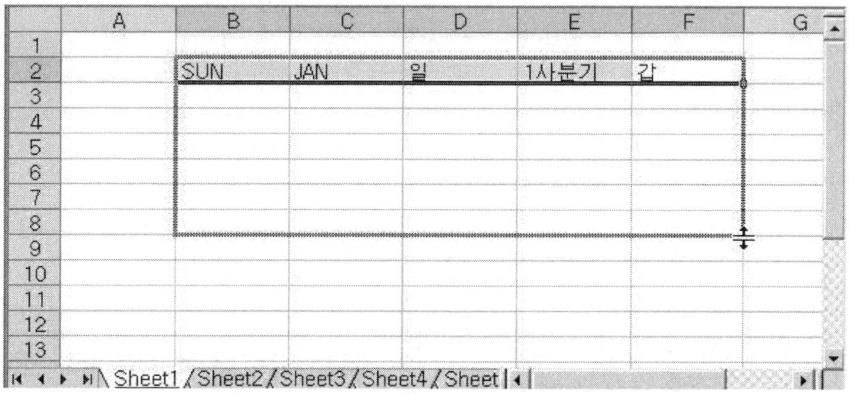

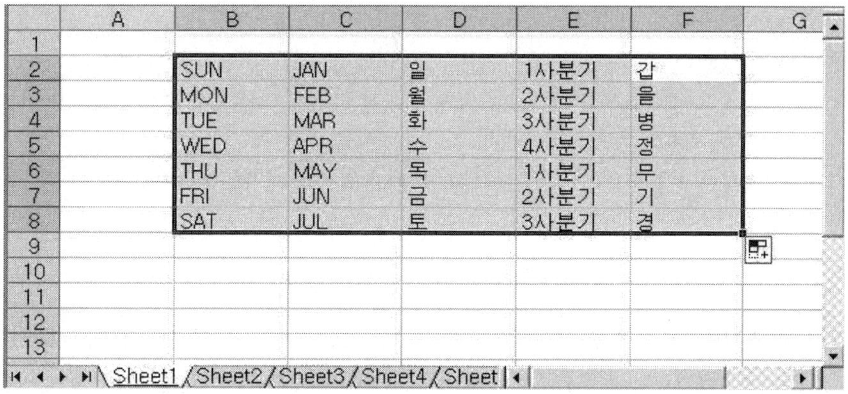

② 정의된 연속 데이터의 채우기 핸들을 Ctrl을 누른 상태에서 마우스로 끌면 연속 데이터가 무시되고, 동일한 내용으로 복사된다.

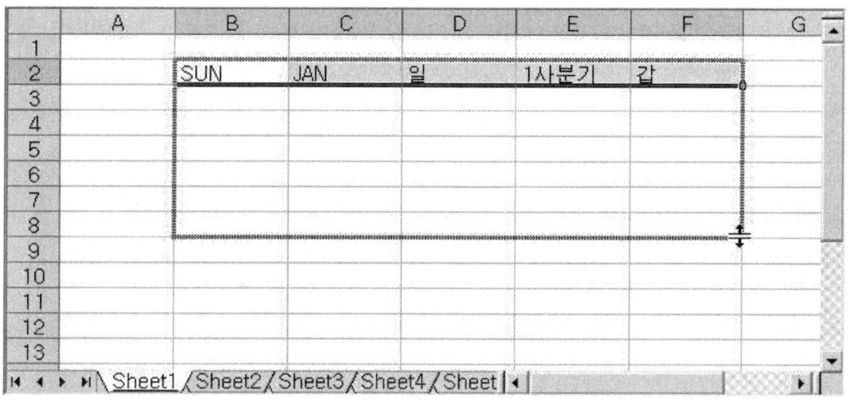

엑셀

	A	B	C	D	E	F	G
1							
2		SUN	JAN	일	1사분기	갑	
3		SUN	JAN	일	1사분기	갑	
4		SUN	JAN	일	1사분기	갑	
5		SUN	JAN	일	1사분기	갑	
6		SUN	JAN	일	1사분기	갑	
7		SUN	JAN	일	1사분기	갑	
8		SUN	JAN	일	1사분기	갑	
9							
10							
11							
12							
13							

Sheet1 / Sheet2 / Sheet3 / Sheet4 / Sheet

[참고사항] 채우기 핸들 사용 시 유의할 점

- 미리 정의된 연속 데이터를 무시하고 채우기 : 채우기 핸들을 끌 때 [Ctrl]을 누른 채 끌면 연속 데이터가 무시되고 같은 내용으로 복사된다.
- 미리 정의된 데이터가 아닌 일반 숫자 데이터의 경우 채우기 핸들은 기본적으로 복사 기능을 수행하지만 [Ctrl]을 누른 상태에서 채우기 핸들을 끌면 무조건 1씩 증가되어 채우기가 수행된다.

■ 자동 완성 기능

같은 열에서 처음 몇 자가 기존 항목과 일치하면 자동으로 완성되는 입력 기능이다.

편리하게 데이터를 입력할 수 있다는 장점과 데이터를 정확하게 입력하기 위해 매우 유용한 기능이다.

■ 사용자 지정 목록

- 엑셀이 기본적으로 제공하는 연속 데이터의 형태를 사용자 지정 목록이라고 한다.
- [도구] → [옵션] 메뉴를 선택하고 [사용자 지정 목록] 탭에서 사용자 지정 목록을 추가하거나, 수정, 삭제한다.
- 엑셀에서 제공되는 목록은 변경할 수 없으며, 사용자가 임의로 정의한 목록에 대해서만 수정하고 삭제할 수 있다.

실습

▶ 새 목록 작성

① [도구] → [옵션] 메뉴를 선택하고 [사용자 지정 목록] 탭에서 '새목록'을 누르거나 [추가]단추를 누른다.

② 목록 항목에 원하는 데이터를 입력하고 [추가] 단추를 눌러 목록에 추가한다.

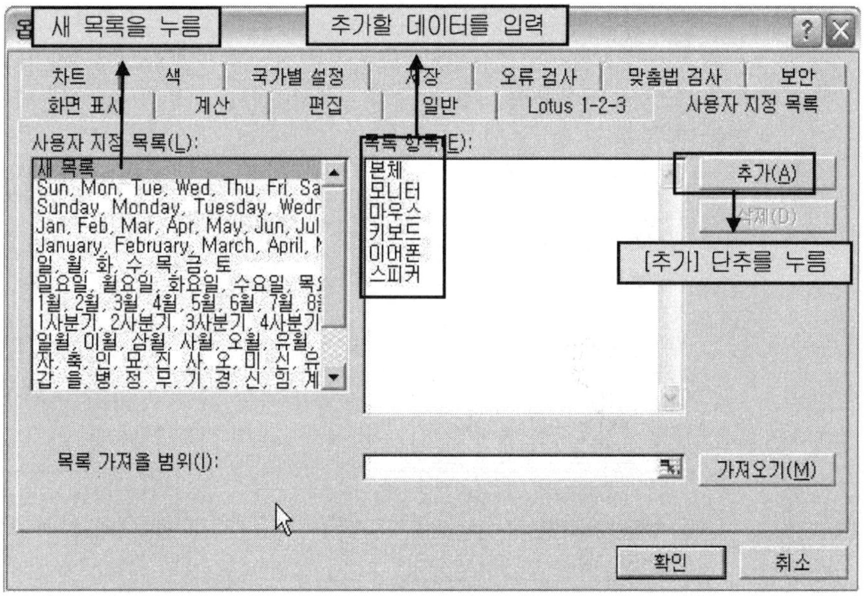

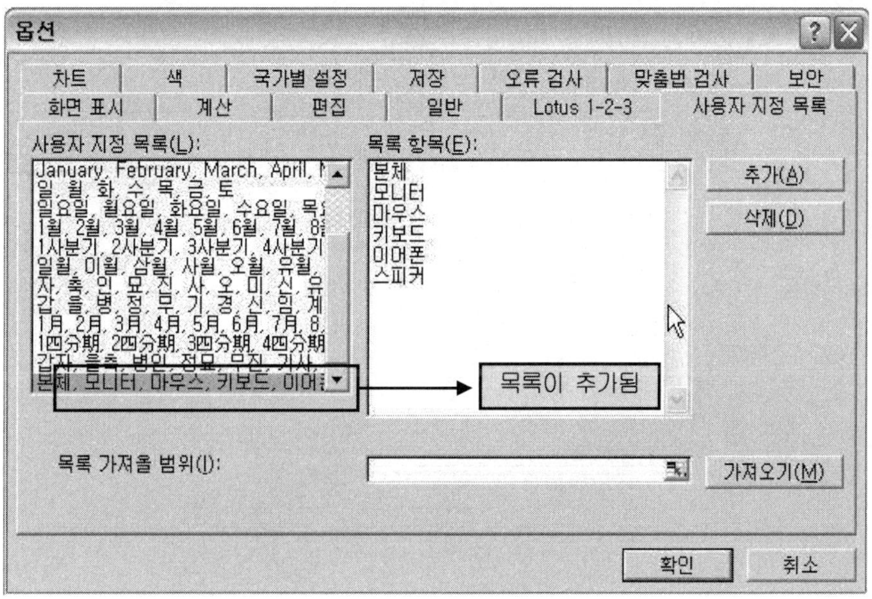

[참고사항] 사용자 지정 목록

- 새로 추가될 목록의 각 항목을 Enter↵ 또는 콤마(,)로 구분하여 입력한다.
- 사용자 지정 목록에서 사용자가 임의로 추가한 목록을 선택하고 [삭제] 단추를 누르면 목록에서 지워진다.

목록 수정 및 삭제

① [도구] → [옵션] 메뉴를 선택하고 [사용자 지정 목록] 탭으로 이동한다.

② 엑셀이 제공하는 목록을 선택한다. 목록 항목과 [삭제] 단추가 비활성화되어 수정이나 삭제가 불가능함을 알 수 있다.

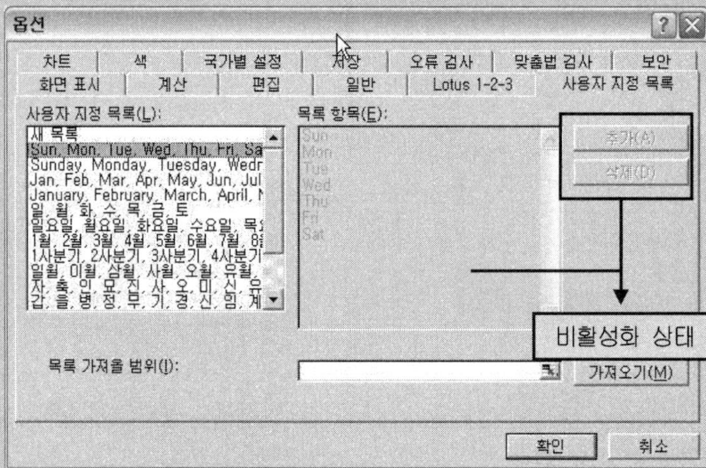

③ 사용자가 새로 작성한 목록을 선택하고, 목록 항목에서 데이터를 수정한 후 [추가] 단추를 누르면 수정된다.

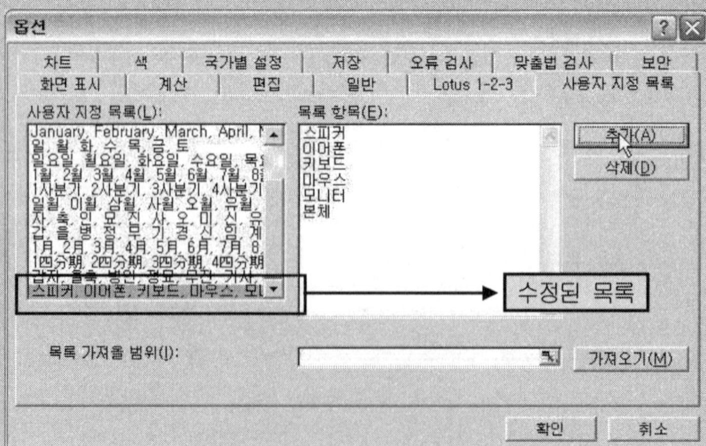

④ 사용자가 새로 작성한 목록을 선택하고 [삭제] 단추를 누른 다음, 경고 메시지 상자에서 [확인] 단추를 누르면 선택한 목록이 삭제된다.

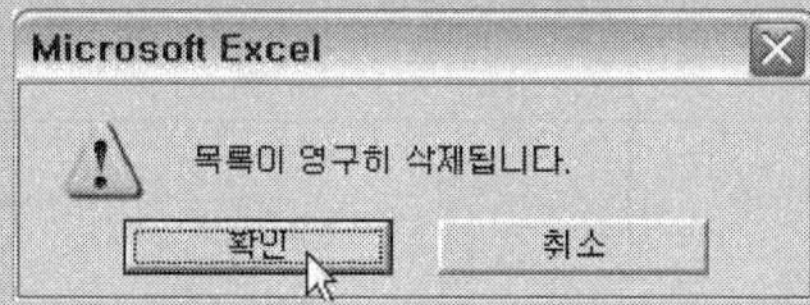

12. 데이터 수정 및 삭제

■ 데이터 수정

전체 수정	셀 포인터를 해당 셀에 위치한 후 데이터를 다시 입력하면 새로운 데이터로 변경된다.
부분 수정	• 수식 입력줄을 클릭하여 수정한다. • 해당 셀에 셀 포인터를 위치한 후 기능키 F2를 누르고 셀에서 직접 수정한다. • 해당 셀을 더블클릭한 후 셀에서 직접 수정한다.

실습

▶ 여러 개의 셀을 한번에 수정하거나 입력하기(Ctrl+Enter↵)

다음과 같이 입력한 후 '전자제품보유현황.xls'으로 저장한 다음 따라해 보자.

① 첫 번째 셀을 클릭하여 선택한 후 두 번째 셀부터 Ctrl을 누른 상태에서 클릭하여 선택한다.

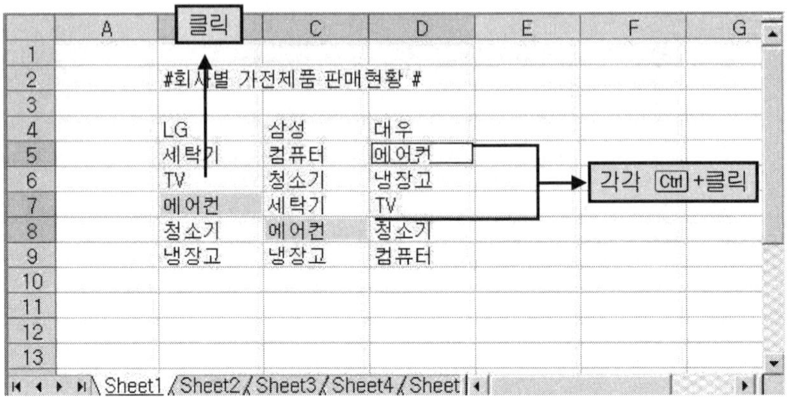

② 마지막 데이터를 선택한 후 바꿀 데이터 '김치냉장고'를 입력하고 Ctrl+Enter↵를 누른다.

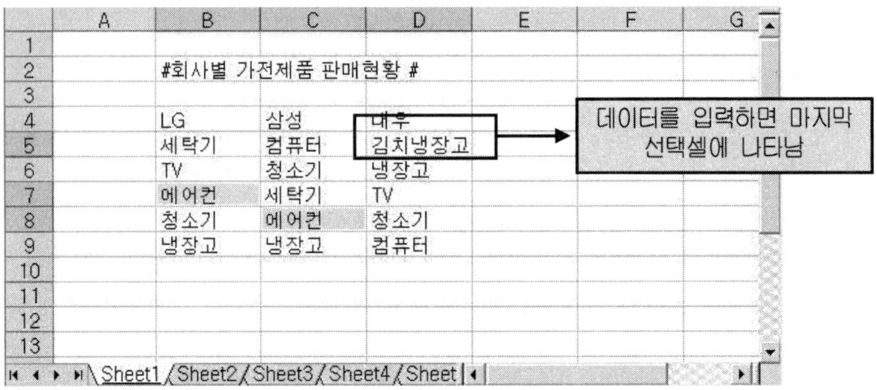

③ 선택 영역의 데이터가 모두 '김치냉장고'로 변경된다.

▶ 데이터 삭제

데이터를 삭제할 때는 내용과 서식 중에서 선택적으로 삭제하거나 내용과 서식 모두를 한꺼번에 삭제할 수 있다.

내용만 삭제	• 셀 안에 지정한 서식은 그대로 두고 데이터만 삭제할 경우 사용한다. • 데이터를 삭제한 후 다른 데이터를 입력하면 이전 서식이 그대로 적용된다. • 삭제할 데이터를 선택한 후 키보드의 Delete를 누른다. • [편집] → [지우기] → [내용] 메뉴를 선택하는 것과 동일한 결과를 얻는다.
서식만 삭제	• 데이터는 그대로 두고 데이터에 적용된 서식만 삭제할 경우 사용한다. • 서식이란 셀에 각종 성격(날짜 표시 형식, 통화 표시, 콤마, 각종 색지정 등)을 부여하는 것을 말한다. • 서식을 삭제할 셀을 선택한 후 [편집] → [지우기] → [서식] 메뉴를 선택하여 삭제한다.
서식과 내용을 한 번에 삭제	• 셀의 서식과 내용을 한번에 삭제하고자 할 경우 사용한다. • 삭제할 셀을 선택한 후 [편집] → [지우기] → [모두] 메뉴를 선택하여 삭제한다.

13. 셀의 선택과 범위 지정

- 데이터를 입력하거나 셀에 서식을 지정하려면 먼저 대상이 되는 셀이나 범위를 지정해야 한다. 마우스나 키보드를 사용하여 하나의 셀을 선택할 때는 선택한 셀을 클릭하기만 하면 되고, 연속된 셀 범위를 지정할 때는 마우스 끌기를 사용한다.
- 선택된 범위를 취소하려면 마우스로 임의의 셀을 클릭하거나 Esc 를 누른다.

범위 선택 방법

단위 셀 선택	• 마우스로 이동하려는 셀을 선택한다. • 키보드의 방향키를 이용하면 상하좌우로 한 칸씩 이동한다. • [Tab] : 같은 행에서 왼쪽으로 한 칸 이동한다. • [Shift]+[Tab] : 같은 행에서 왼쪽으로 한 칸 이동한다.
연속된 셀 범위 선택	• 셀 범위의 첫 번째 셀에서 마지막 셀까지 마우스로 끌기하여 연속적인 범위를 선택한다. • 첫 번째 셀을 선택하고 [Shift]를 누른 채 마지막 셀을 선택하면 첫 번째 셀과 마지막 셀을 대각선으로 하는 연속적인 범위가 선택된다.
떨어진 셀 범위 선택	첫 번째 셀 범위를 지정하고 두 번째 범위부터 [Ctrl]을 누른 상태에서 지정한다.
행과 열전체 선택	행 머리글이나 열 머리글을 사용하여 선택한다. [Shift], [Ctrl], 마우스 끌기 방법 등을 사용하여 여러 개의 행이나 열전체를 선택할 수 있다.
워크시트 전체 선택	• 행 머리글이나 열 머리글에 있는 모두 선택 단추를 마우스로 누르면 워크시트 전체가 선택되어 반전된다. • 선택할 시트에 셀 포인트를 위치한 후 [Ctrl]+A 한다.

실습

① 마우스 끌기를 사용하거나 시작 셀을 마우스로 클릭하고 [Shift]를 누른 상태에서 마지막 셀을 클릭하면 연속된 셀 범위를 선택할 수 있다.

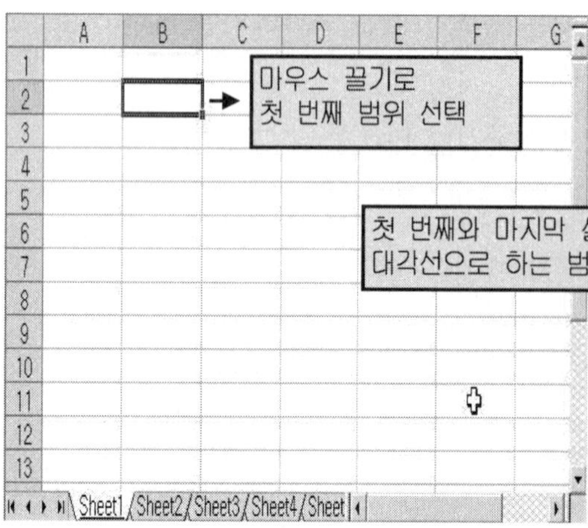

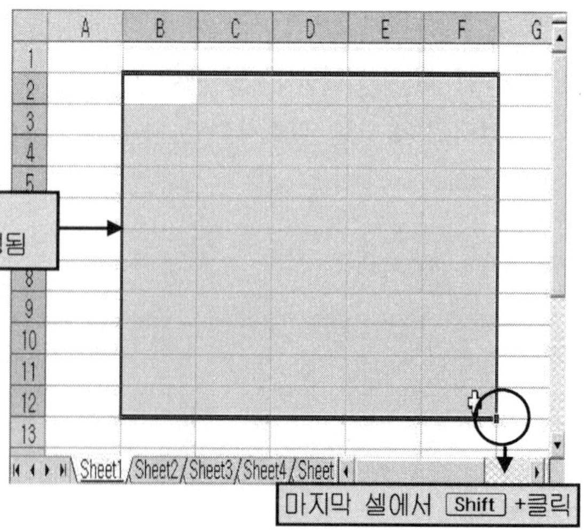

② 첫 번째 셀 범위를 마우스 끌기로 선택하고 두 번째 범위부터 [Ctrl]을 누른 상태에서 선택하면 서로 떨어진 셀을 선택할 수 있다.

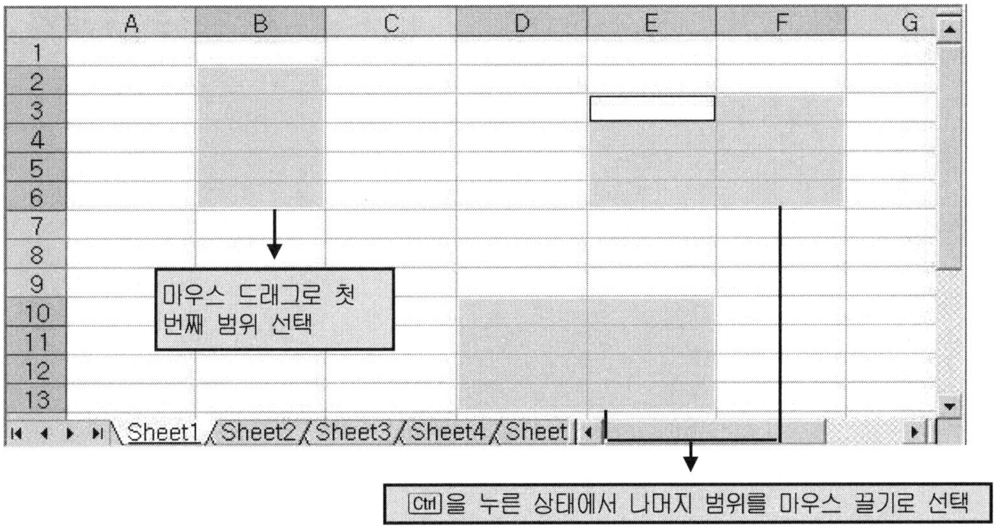

③ 행 머리글이나 열 머리글을 누르면 행/열전체가 선택된다. 마우스 끌기와 [Shift], [Ctrl]을 함께 사용하여 여러 개의 행이나 열전체를 선택한다.

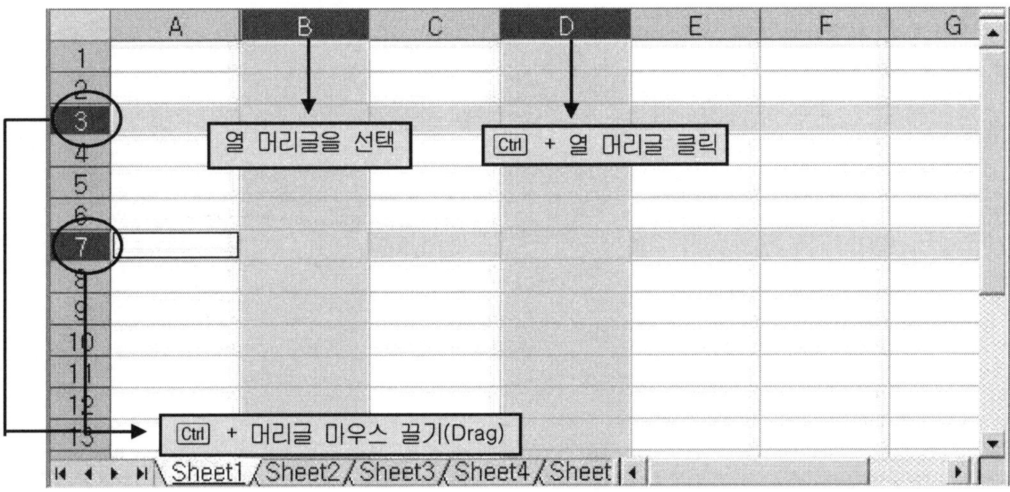

④ 전체 선택 단추를 클릭하면 워크시트 전체가 선택된다.

연습문제

① 엑셀의 시작과 종료 방법에 대해 설명해 보자.

② 다음 엑셀 화면 각 부분의 명칭과 기능을 설명해 보자.

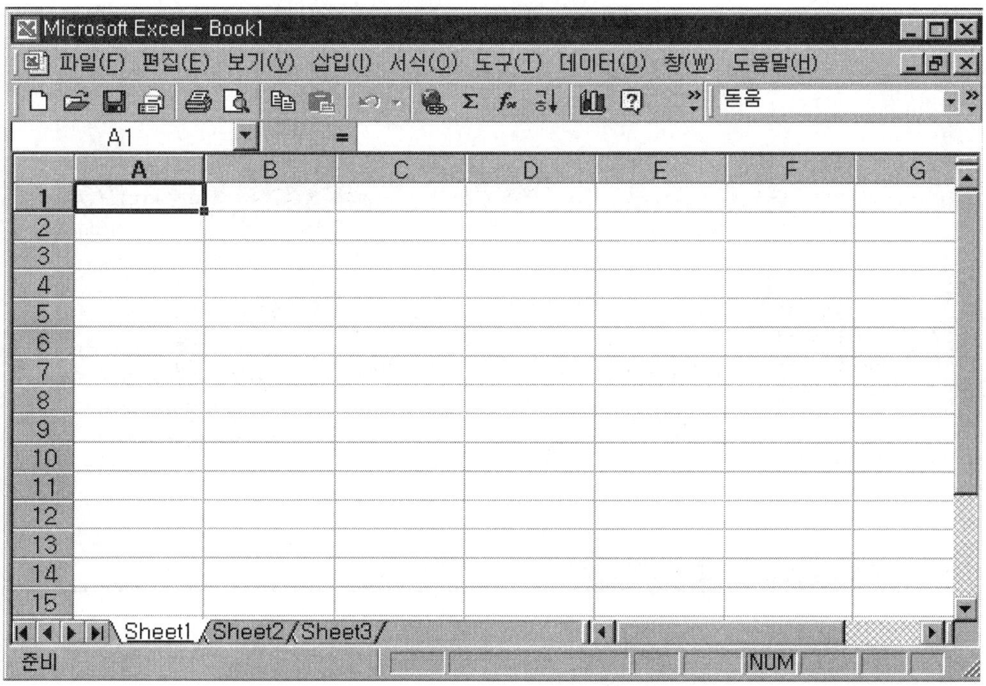

③ 다음과 같이 범위를 지정해 보자.

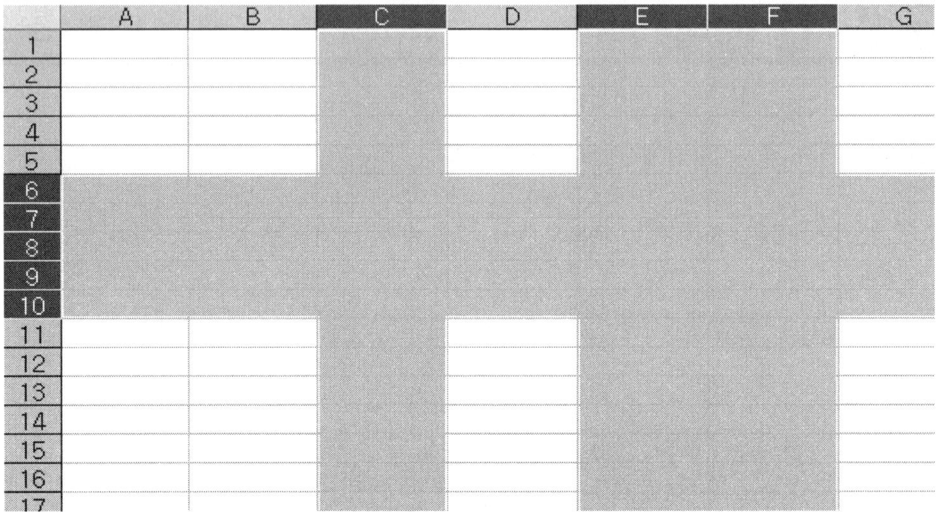

④ 다음과 같이 입력연습 시트에 데이터를 입력한 후 '데이터 연습.xls'로 저장해 보자.

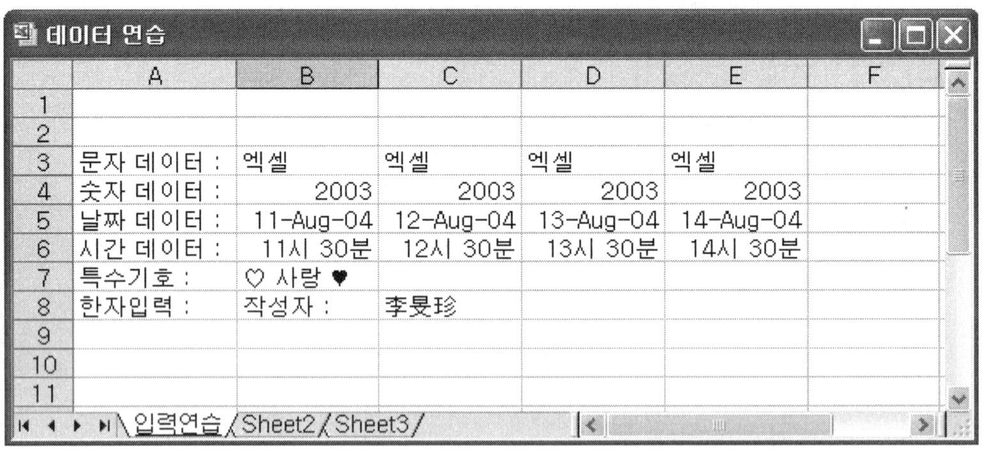

데이터 연습

	A	B	C	D	E	F
1						
2						
3	문자 데이터 :	엑셀	엑셀	엑셀	엑셀	
4	숫자 데이터 :	2003	2003	2003	2003	
5	날짜 데이터 :	11-Aug-04	12-Aug-04	13-Aug-04	14-Aug-04	
6	시간 데이터 :	11시 30분	12시 30분	13시 30분	14시 30분	
7	특수기호 :	♡ 사랑 ♥				
8	한자입력 :	작성자 :	李旻珍			
9						
10						
11						

입력연습 / Sheet2 / Sheet3

Chapter 2

수식 및 워크시트

1. 수식

- 워크시트에 입력된 값을 계산하는 식을 수식이라고 한다.
- 수식은 반드시 등호(=)를 입력하는 것으로 시작한다.
- 워크시트에 입력되어 있는 데이터를 수식에서 참조할 때는 셀주소를 사용한다.
- 셀에 입력된 데이터를 변경하면 해당 셀을 참조하는 수식의 결과 값도 자동 재계산된다.

연산자 우선 순위

- 하나의 수식에 여러 종류의 연산자가 사용될 때에는 연산자 우선 위에 따라 연산이 수행된다.
- 우선순위가 같은 연산자는 왼쪽부터 차례로 연산되며, 괄호를 사용하여 먼저 계산할 부분을 지정할 수 있다.

[참고사항] 수식과 결과 값

- 수식을 입력하면 해당 셀에는 기본적으로 결과 값이 나타난다.
- 셀 포인터를 수식이 입력된 셀로 이동하면 수식 입력줄에 원본 수식이 나타난다.
- 셀에 수식의 결과 대신 원본 수식을 보려면 [도구] → [옵션] 메뉴를 선택하여 [화면 표시] 탭에서 '수식' 항목을 선택한다.
- 단축키 Ctrl+`를 누르면 수식 결과 값과 원본 수식이 번갈아 표시된다.

2. 재계산 방법 선택

- 기본적으로 수식이 참조하는 셀의 데이터가 변경되면 해당 수식이 자동으로 재계산되어 결과값이 변경된다.
- 데이터의 양이 많아 재계산을 수행할 때 시간이 많이 소요될 때는 재계산 방식을 수동으로 지정하여 사용자가 원하는 시점에서 계산을 수행하도록 할 수 있다.
- [도구] → [옵션] 메뉴를 선택하고 [계산] 탭에서 계산 방식을 '수동'으로 설정한다.
- 계산 방식이 수동으로 설정되면 재계산 단축키 F9를 누를 때만 변경된 데이터를 적용하여 통합문서를 다시 계산한다.

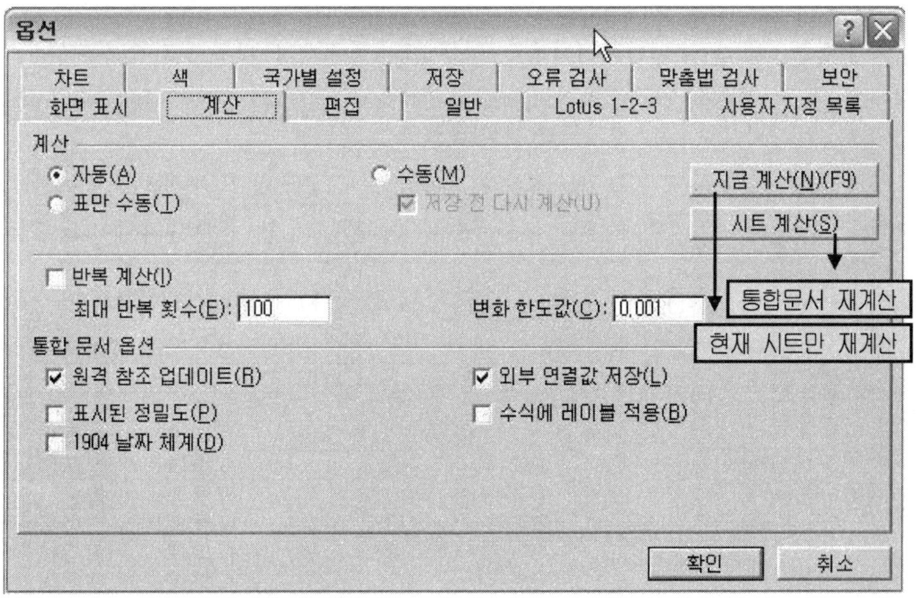

3. 합계와 평균

■ 합 계

해당 셀에 수식 전체를 직접 입력하거나 마우스나 키보드의 방향키를 이용하여 셀 주소를 자동으로 입력되도록 하면서 수식을 입력할 수 있다.

실습

① 다음과 같이 '과별성적표.xls' 파일을 저장하고 합계를 구할 G4셀에 셀 포인터를 위치시킨다.

② '='를 입력한 후 셀 포인터를 D4셀로 이동하면 셀주소가 자동으로 입력된다.

	B	C	D	E	F	G	H
1			과별 시험 성적표				
2							
3	이름	학과	인터넷	액셀	워드	합계	
4	전지영	화학과	85	95	85	=D4	
5	함승연	생물과	90	70	85		
6	김정민	생물과	50	75	60		
7	하경민	화학과	80	75	60		
8	박효진	화학과	70	65	55		
9	김성일	대기과	50	45	60		
10	윤수희	대기과	60	75	85		
11	윤종일	화학과	80	70	80		
12							
13							
14							

③ '+'연산자를 입력하고 E4셀로 이동 → '+' 연산자를 입력하고 F4셀로 이동 → '+'연산자를 입력하고 F4셀로 이동한 다음 Enter↵를 누르면 합계가 구해진다.

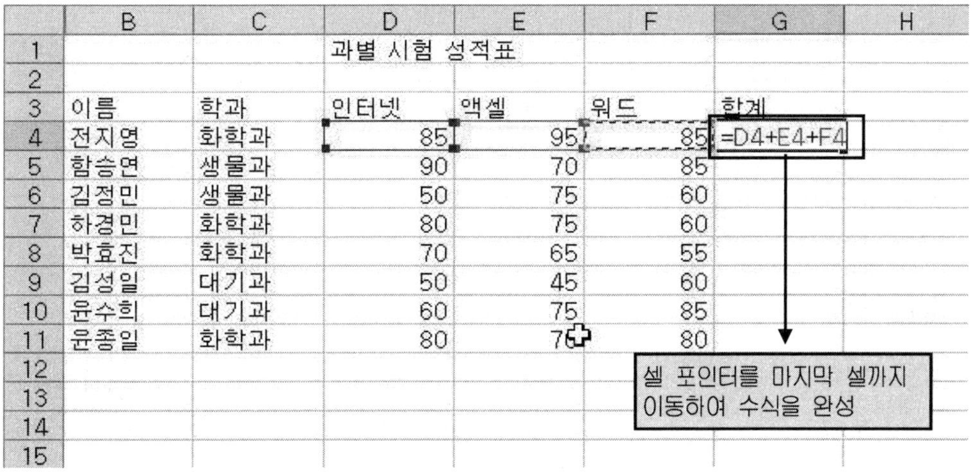

④ 합계가 구해지면 G4셀에 셀 포인터를 위치시키고, 채우기 핸들을 G11셀까지 끌어 수식을 복사한다.

⑤ 모든 학생의 합계가 나타난다.

	B	C	D	E	F	G	H
1			과별 시험 성적표				
2							
3	이름	학과	인터넷	액셀	워드	합계	
4	전지영	화학과	85	95	85	265	
5	함승연	생물과	90	70	85	245	
6	김정민	생물과	50	75	60	185	
7	하경민	화학과	80	75	60	215	
8	박효진	화학과	70	65	55	190	
9	김성일	대기과	50	45	60	155	
10	윤수희	대기과	60	75	85	220	
11	윤종일	화학과	80	70	80	230	
12							
13							
14							
15							

셀 포인터를 이동시켜 가면서 수식 입력줄을 확인해보면 수식의 셀 주소가 자동으로 변경되어 각 행의 합계가 구해짐을 알 수 있음

[참고사항] 자동 합계

표준 도구 모음의 자동 합계 아이콘을 누르면 인접한 셀 범위의 수치 데이터를 참조 영역으로 지정하여 SUM함수를 자동으로 입력하고 합계를 나타내 준다.

① 합계를 계산하여 나타낼 셀에 셀 포인터를 위치한 후 자동 합계 아이콘을 누른다.
② SUM 함수가 자동 입력되고 참조 범위가 점선으로 표시되는데 참조 범위가 맞으면 Enter↵를 눌러 입력을 마친다.
③ 나타난 참조 범위가 맞지 않으면 마우스 끌기로 합계를 구할 범위를 직접 지정한 뒤 Enter↵를 누른다.

■ 평 균

평균도 합계를 구하는 방법과 같이 구한 후 수식을 복사한다. 평균은 3과목의 합을 3으로 나누면 된다.

실습

① 평균을 구할 셀 H4에 수식 '=G4/3'를 입력하여 평균을 구한다.

② H4셀에 셀 포인터를 위치시키고 채우기 핸들을 H11까지 끌어 수식을 복사한다.

③ 모든 사원의 평균이 계산되어 나타난다.

합계와 평균을 구하는 함수

- SUM(number1, number2, ...) : 지정된 셀 범위의 합계 계산
- AVERAGE(number1, number2, ...) : 지정된 셀 범위의 평균 계산

(예)

=SUM(B4 : D4) ← B4부터 D4까지 셀에 입력된 데이터 합을 계산

=SUM(A1, C1, D1 : D5) ← A1, C1과 D1부터 D5까지 데이터 합을 계산

=AVERAGE(B4 : D4) ← B4부터 D4까지 셀에 입력된 데이터 평균을 계산

=AVERAGE(A1, C1, D1 : D5) ← A1, C1과 D1부터 D5까지 데이터 평균을 계산

실습

▶ SUM 함수와 AVERAGE 함수

'과별 성적표.xls'에서 합계와 평균 부분을 지우고 다시 작업해 보자.

① G4셀에 '=SUM('까지 입력한 다음 셀 포인터를 D4셀로 이동한다.

	B	C	D	E	F	G	H
1			과별 시험 성적표				
2							
3	이름	학과	인터넷	액셀	워드	합계	
4	전지영	화학과	85	95	85	=SUM(D4	
5	함승연	생물과	90	70	85	SUM(**number1**, [numbe	
6	김정민	생물과	50	75	60		
7	하경민	화학과	80	75	60		
8	박효진	화학과	70	65	55		
9	김성일	대기과	50	45	60		
10	윤수희	대기과	60	75	85		
11	윤종일	화학과	80	70	80		
12							
13							
14							
15							

② 참조 연산자 ':'을 입력하고 F4셀로 셀 포인터를 이동한 다음 닫는 괄호 ')'를 입력하고 Enter↵를 누른다.

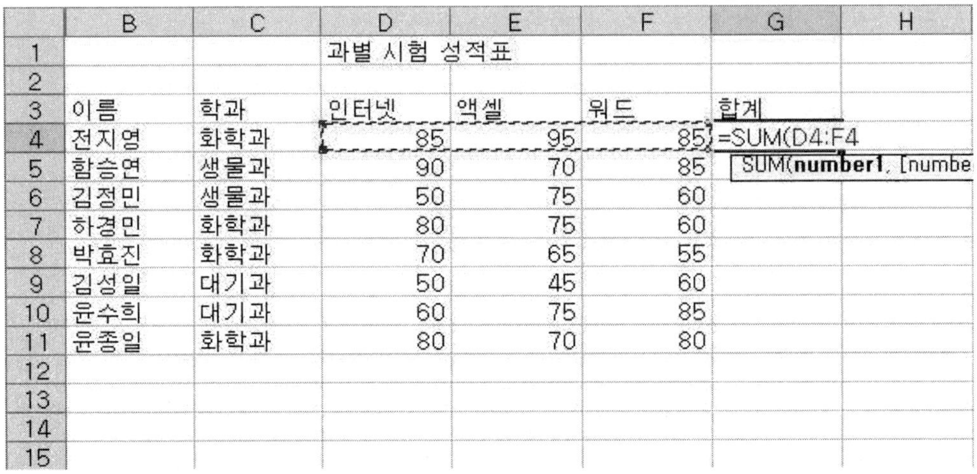

	B	C	D	E	F	G	H
1			과별 시험 성적표				
2							
3	이름	학과	인터넷	액셀	워드	합계	
4	전지영	화학과	85	95	85	=SUM(D4:F4	
5	함승연	생물과	90	70	85	SUM(**number1**, [numbe	
6	김정민	생물과	50	75	60		
7	하경민	화학과	80	75	60		
8	박효진	화학과	70	65	55		
9	김성일	대기과	50	45	60		
10	윤수희	대기과	60	75	85		
11	윤종일	화학과	80	70	80		
12							
13							
14							
15							

③ H4셀에 '=AVERAGE('까지 입력한다.

④ D4셀부터 F4셀까지 마우스 끌기를 수행하고 닫는 괄호')'를 입력한 다음 Enter↵를 누른다.

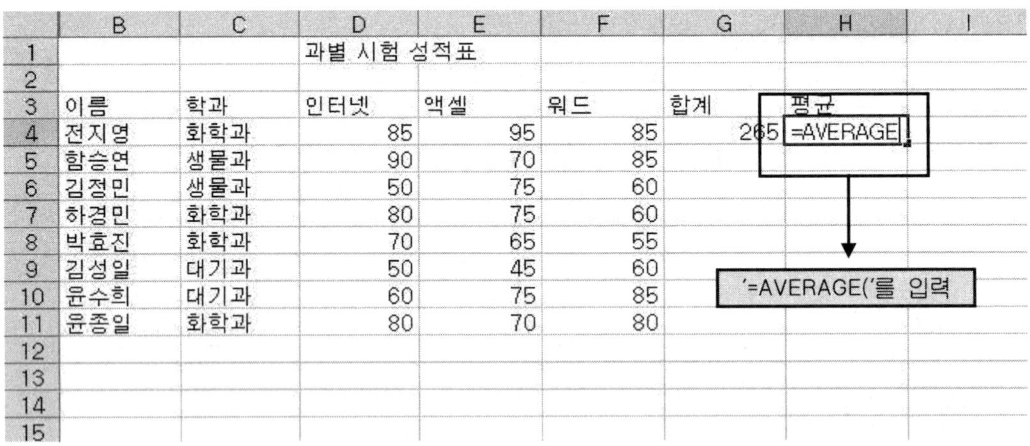

	B	C	D	E	F	G	H	I
1			과별 시험 성적표					
2								
3	이름	학과	인터넷	액셀	워드	합계	평균	
4	전지영	화학과	85	95	85	265	=AVERAGE(	
5	함승연	생물과	90	70	85			
6	김정민	생물과	50	75	60			
7	하경민	화학과	80	75	60			
8	박효진	화학과	70	65	55			
9	김성일	대기과	50	45	60			
10	윤수희	대기과	60	75	85			
11	윤종일	화학과	80	70	80			
12								
13								
14								
15								

	B	C	D	E	F	G	H	I
1			과별 시험 성적표					
2								
3	이름	학과	인터넷	액셀	워드	합계	평균	
4	전지영	화학과	85	95	85	265	=AVERAGE(D4:F4	
5	함승연	생물과	90	70	85			
6	김정민	생물과	50	75	60			
7	하경민	화학과	80	75	60			
8	박효진	화학과	70	65	55			
9	김성일	대기과	50	45	60			
10	윤수희	대기과	60	75	85			
11	윤종일	화학과	80	70	80			
12								
13								
14								
15								

1R x 3C

AVERAGE(**number1**, [nu

마우스 끌기로 범위를 설정

수식이 맞게 입력되었으면 Enter↵ 를 누름

⑤ G4셀부터 H4셀까지 범위를 지정하고 채우기 핸들을 H11셀까지 끌어 수식을 복사한다.

	B	C	D	E	F	G	H	I
1			과별 시험 성적표					
2								
3	이름	학과	인터넷	액셀	워드	합계	평균	
4	전지영	화학과	85	95	85	265	88.33333	
5	함승연	생물과	90	70	85			
6	김정민	생물과	50	75	60			
7	하경민	화학과	80	75	60			
8	박효진	화학과	70	65	55			
9	김성일	대기과	50	45	60			
10	윤수희	대기과	60	75	85			
11	윤종일	화학과	80	70	80			
12								
13								
14								
15								

채우기 핸들을 11까지 끌어 수식을 복사

	B	C	D	E	F	G	H	I
1			과별 시험 성적표					
2								
3	이름	학과	인터넷	액셀	워드	합계	평균	
4	전지영	화학과	85	95	85	265	88.33333	
5	함승연	생물과	90	70	85	245	81.66667	
6	김정민	생물과	50	75	60	185	61.66667	
7	하경민	화학과	80	75	60	215	71.66667	
8	박효진	화학과	70	65	55	190	63.33333	
9	김성일	대기과	50	45	60	155	51.66667	
10	윤수희	대기과	60	75	85	220	73.33333	
11	윤종일	화학과	80	70	80	230	76.66667	
12								
13								
14								
15								

[참고사항] 기초 통계 함수

- SUM(참조범위) : 합계 계산
- MAX(참조범위) : 최대 값 계산
- AVERAGE(참조범위) : 평균 계산
- MIN(참조범위) : 최소 값 계산

4. 참조의 종류

■ 참조의 의미

참조란 워크시트의 셀이나 셀 범위에 입력된 데이터를 수식에서 사용하는 것을 말한다.

예를 들어 C1 셀에 =A1+B1 이라는 수식을 입력하면 C1 셀에는 입력 된 숫자를 더한 값이 표시된다. 이때 A1 과 B1 셀이 각각 ‘참조영역’이며, C1 셀의 수식을 계산하기 위해 A1, B1 셀의 숫자를 이용하는 과정을 ‘참조’라고 한다.

수식이 참조한 셀의 데이터가 변경되면 수식의 결과 값도 자동으로 변경된다.

셀의 참조 방식에는 ‘상대참조’와 ‘절대참조’가 있으며, 이 두 가지 방법을 혼합한 ‘혼합 참조도 자주 사용한다.

셀 범위를 참조하려면 다음 순서대로 입력한다.

범위의 시작 셀 주소 → 콜론(:) → 범위의 마지막 셀 주소

참조 방법	참조 대상
M35	M열 35행의 셀
A5 : G2	A5셀부터 G2셀까지
P : P	P열의 모든 셀
A : K	A열부터 K열까지의 모든 셀
28 : 28	28행의 모든 셀
15 : 35	15행부터 35행까지의 모든 셀

상대 참조

- 수식을 복사할 때 기본적으로 지정되는 참조 형식이다.
- 수식이 있는 셀의 상대적 위치를 기준으로 주소가 지정된다.
- 상대 주소를 사용하는 수식을 다른 위치로 복사하여 붙여 넣으면 셀 주소가 상대 위치에 따라 자동으로 변경되어 원래 수식과는 다른 셀을 참조하게 된다.

▶ '과별 성적표.xls' 통합문서를 열고 수식 표시 단축키 Ctrl+`를 눌러보자. 합계와 평균은 셀 주소가 1행씩 증가되며 합계, 평균은 셀 주소가 1열씩 증가함을 알 수 있다. Ctrl+`를 다시 누르면 워크시트가 원래 상태로 전환되어 수식의 결과 값을 나타낸다.

	B	C	D	E	F	G	H	I
1			과별 시					
2								
3	이름	학과	인터넷	액셀	워드	합계	평균	
4	전지영	화학과	85	95	85	=SUM(D4:F4)	=AVERAGE(D4:F4)	
5	함승연	생물과	90	70	85	=SUM(D5:F5)	=AVERAGE(D5:F5)	
6	김정민	생물과	50	75	60	=SUM(D6:F6)	=AVERAGE(D6:F6)	
7	하경민	화학과	80	75	60	=SUM(D7:F7)	=AVERAGE(D7:F7)	
8	박효진	화학과	70	65	55	=SUM(D8:F8)	=AVERAGE(D8:F8)	
9	김성일	대기과	50	45	60	=SUM(D9:F9)	=AVERAGE(D9:F9)	
10	윤수희	대기과	60	75	85	=SUM(D10:F10)	=AVERAGE(D10:F10)	
11	윤종일	화학과	80	70	80	=SUM(D11:F11)	=AVERAGE(D11:F11)	
12								
13								
14								
15								

절대 참조

- 작업 도중 모든 수식에서 특정 셀을 고정시키고자 할 경우 사용하는 방식으로, 열 문자 또는 행 번호 앞에 $를 붙여 표시한다.
- 원본 수식을 다른 셀로 복사할 때 참조가 바뀌지 않는다.
  (예) $A$5 ← A열5행 참조 셀 고정

실습

다음과 같은 워크시트를 작성한 후 판매 가격을 계산한다. (단, 판매 가격은 C2에 입력 된 할인율을 참고하여 20%를 할인한 가격으로 계산한다.)

	A	B	C	D	E
1					
2		할인율	20%		
3					
4		상품명	가격	판매가격	
5		책상	340000	272000	
6		의자	100000	80000	
7		프린터	45000	36000	
8		마우스	25000	20000	
9					
10					
11					
12					
13					
14					
15					

① 판매가격을 계산한다. 할인율은 C2셀에 입력되어 있으므로 판매가격 수식에서 C2셀을 고정시켜야 한다. 셀 D5에 셀 포인터를 위치한 후 계산식 '=C5-C5*$C$2'를 입력하면 된다.

② D5셀의 채우기 핸들을 D8까지 마우스로 끌어 수식을 복사한다.

	A	B	C	D	E
1					
2		할인율	20%		
3					
4		상품명	가격	판매가격	
5		책상	340000	272000	
6		의자	100000		
7		프린터	45000		
8		마우스	25000		
9					
10					
11					
12					
13					
14					
15					

채우기 핸들을 끌어 수식을 복사

③ Ctrl+~를 눌러 수식을 확인해 보면 C2셀이 고정되어 계산됨을 확인할 수 있다.

	A	B	C	D	E
1					
2		할인율	20%		
3					
4		상품명	가격	판매가격	
5		책상	340000	272000	
6		의자	100000	80000	
7		프린터	45000	36000	
8		마우스	25000	20000	
9					
10					
11					

	A	B	C	D
1				
2		할인율	0.2	
3				
4		상품명	가격	판매가격
5		책상	340000	=C5-C5*$C$2
6		의자	100000	=C6-C6*$C$2
7		프린터	45000	=C7-C7*$C$2
8		마우스	25000	=C8-C8*$C$2
9				
10				
11				

혼합 주소

- 열주소나 행주소 중 어느 하나의 주소만 절대 참조하는 방식이다. 즉 열은 상대 참조하고, 행은 절대 참조하거나 열은 절대참조하고, 행은 상대 참조하는 것을 의미한다.
- 원본 수식을 다른 셀로 복사할 때 $가 붙은 부분은 변하지 않고, $가 붙지 않은 부분의 셀의 상대적인 위치에 따라 변하게 된다.

  (예) $A5 : A열 고정, A$5 : 5행 고정

[참고사항] 참조형식 변환키(F4)

수식을 입력하거나 편집할 때 셀 참조 앞에서 기능키 F4를 누르면 주소의 형식이 '상대주소 → 절대주소 → 혼합주소(행) → 혼합주소(열)' 순서로 자동 변경된다.

(예) K5 → F4 → $K$5 → F4 → K$5 → F4 → $K5 → F4 → K5

실습

다음과 같은 구구단 표를 작성해보자.

	A	B	C	D	E	F	G	H	I	J	K
1											
2		구구단	2	3	4	5	6	7	8	9	
3		2	4	6	8	10	12	14	16	18	
4		3	6	9	12	15	18	21	24	27	
5		4	8	12	16	20	24	28	32	36	
6		5	10	15	20	25	30	35	40	45	
7		6	12	18	24	30	36	42	48	54	
8											
9											
10											
11											
12											
13											
14											
15											

① 구구단 표를 작성하기 위해 다음과 같이 입력한 후 C3셀에 혼합 주소를 사용하여 수식 '=C$2*$B3'을 입력한다.

	A	B	C	D	E	F	G	H	I	J	K
1											
2		구구단	2	3	4	5	6	7	8	9	
3		2	4								
4		3									
5		4									
6		5									
7		6									
8											
9											
10											
11											
12											
13											
14											
15											

② C3셀의 채우기 핸들을 J3셀까지 끌어 수식을 복사한다.

③ C3셀부터 J3셀까지 범위를 지정하고 채우기 핸들을 J7셀까지 끌어 수식을 복사하면 구구단이 완성된다.

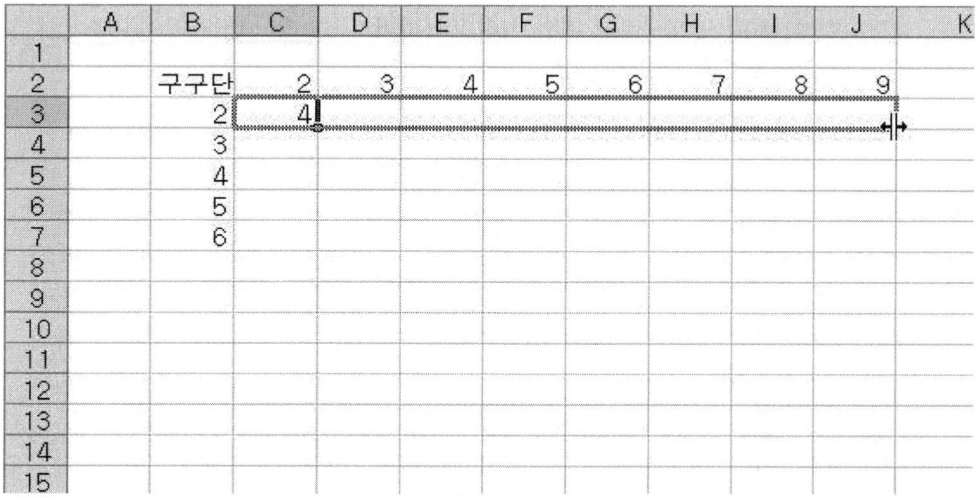

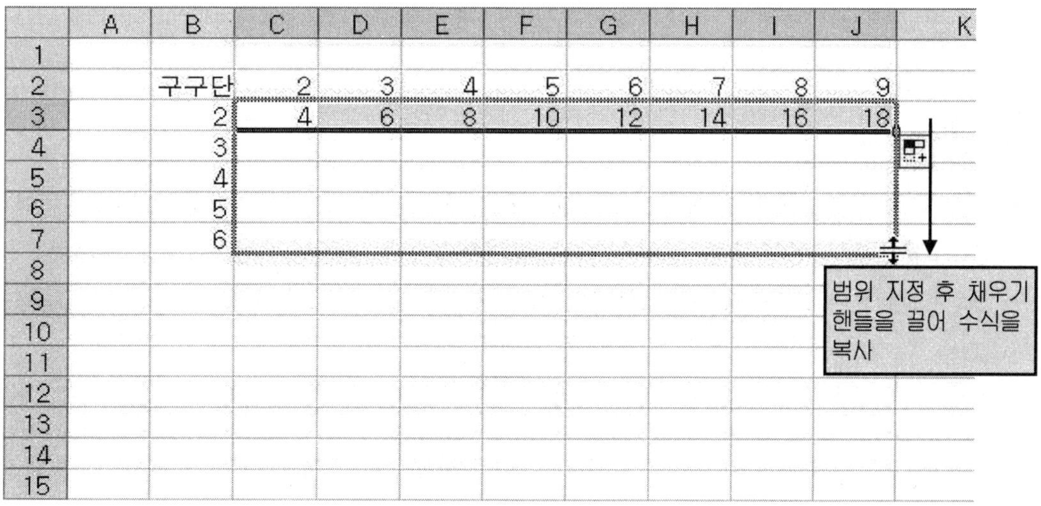

3차원 참조

- 여러 시트에 있는 같은 셀이나 셀 범위를 참조하는 것을 3차원 참조라고 한다.
- 참조하는 첫 번째 시트와 마지막 시트 사이에서 시트를 삭제하면, 삭제된 시트도 계산에 포함된다.
- 참조하는 첫 번째 시트와 마지막 시트 사이에서 시트를 삭제하면, 삭제된 시트는 계산에서 자동으로 제외된다.

수식 '=SUM(Sheet1 : Sheet3!A1 : A5)'의 의미

- Sheet1부터 Sheet3까지에서 도일한 셀 범위 A1 : A5의 총합계를 계산
- =SUM(Sheet1!A1 : A5) + SUM(Sheet2!A1 : A5) + SUM(Sheet3!A1 :A5)와 동일한 결과를 나타냄

RICI 참조 유형

- 행/열 머리글을 아라비아 숫자로만 표기하여 수식에서 셀을 참조할 때 "R" 다음에 행번호, "C" 다음에 열번호를 지정하여 셀을 참조할 수 있다.
- [도구] → [옵션] 메뉴를 선택하여 [일반] 탭의 'R1C1 참조 유형' 항목을 선택하면 행/열 머리글과 수식이 R1C1 참조로 변경된다.

실습

- 다음과 같이 통합문서 하나에 4개의 워크시트를 작성한 후 '1분기거래.xls'로 저장한 다음 '1월 거래' 워크시트의 수량 합계와 매출 합계를 3차원 참조를 사용, 작성해 보자.
- '1분기 거래' 워크시트의 수량 합계와 매출 합계는 각 시트의 수량합, 가격합으로 계산한다.

	A	B	C	D
1		<< 1월 거래 명세표 >>		
2				
3	상품명	단가	수량	가격
4	화일박스	1000	45	45000
5	디스켓	3800	40	152000
6	노트	2000	50	100000
7	샤프	600	30	18000
8				
9				
10				
11				
12				
13				

1월거래 / 2월거래 / 3월거래 / 1분기거래 / S

	A	B	C	D
1		<< 2월 거래 명세표 >>		
2				
3	상품명	단가	수량	가격
4	화일박스	1000	35	35000
5	디스켓	3800	50	190000
6	노트	2000	10	20000
7	샤프	600	40	24000
8				
9				
10				
11				
12				
13				

1월거래 / 2월거래 / 3월거래 / 1분기거래 / S

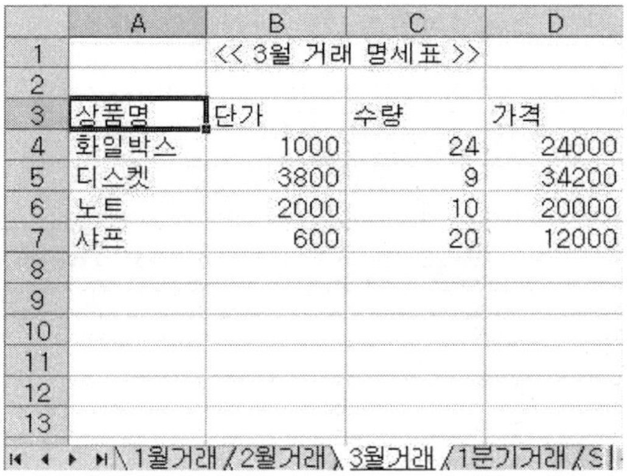

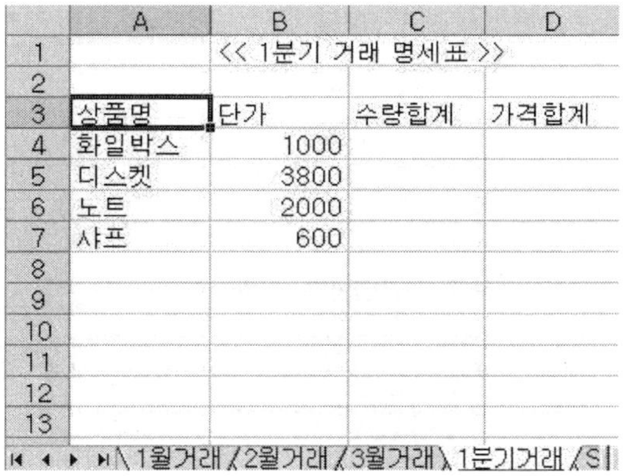

① '1분기 거래' 워크시트의 C4셀에 셀 포인터를 위치시킨 후 '=SUM('을 입력한다.

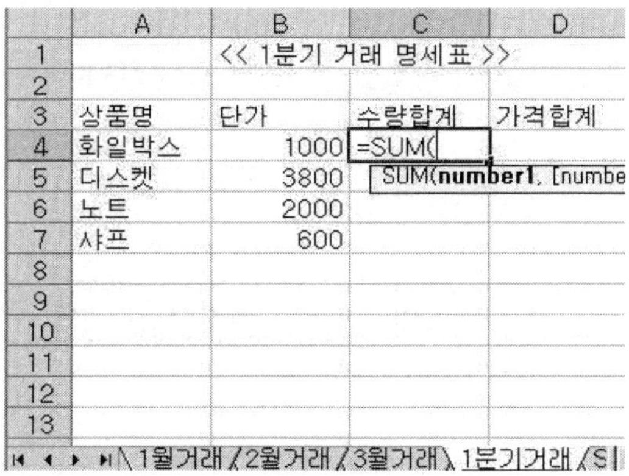

② 시트탭에서 '1월거래' 워크시트를 누른다.

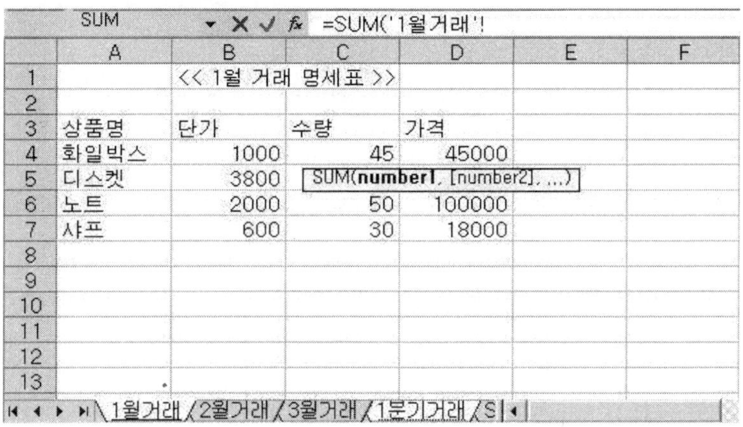

엑셀

③ Shift를 누른 상태에서 '3월거래' 워크시트를 누르고 C4셀을 선택한다.

④ 오른쪽 괄호 ')'를 입력하고 Enter↵를 누르면 수식 결과가 나타난다.

⑤ 같은 방법으로 '1분기 거래' 워크시트의 D4셀에 3차원 참조 수식 '=SUM(' '1월거래:3월거래!D4)'를 입력한다.

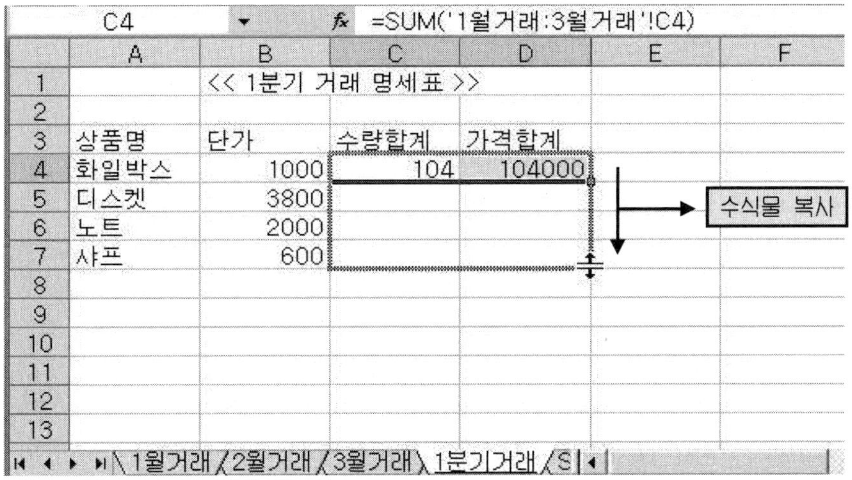

⑥ C4:D4까지 범위를 지정하고 채우기 핸들을 D7까지 끌어 수식을 복사하여 완성한다.

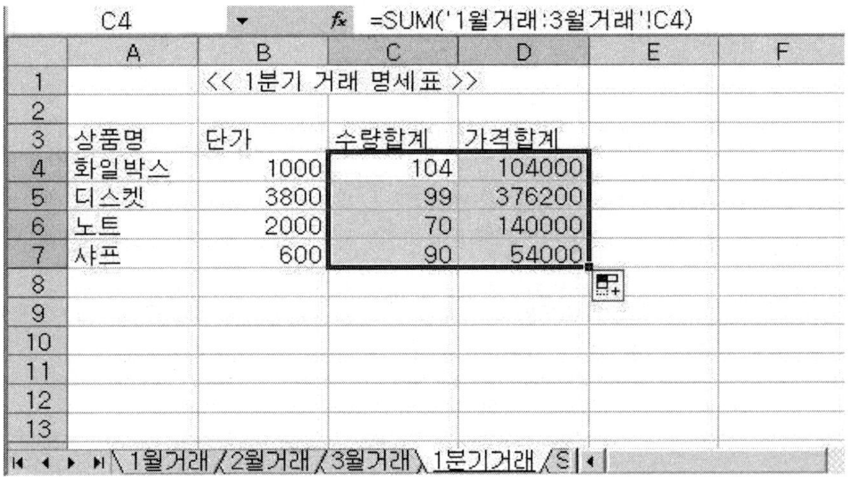

[참고사항] 수식 결과의 상수화

- 수식을 결과값으로 바꾸면 수식이 지워지고 수식 결과값이 상수로 입력된다.
- 방법1 : 수식을 복사하고 [편집] → [선택하여 붙여 넣기] 메뉴를 선택한 다음 [값] 옵션을 선택한다.
- 방법2 : 수식 입력줄 에서 기능키 F9를 누르면 값으로 자동 변경된다.

6. 수식 입력시 나타나는 오류값

수식을 입력했을 때 결과를 계산할 수 없으면 오류값으로 표시된다. 예를 들어 수치 데이터를 사용해야 하는 수식에 문자열 데이터를 사용한 경우에 오류값이 나타날 수 있다.

오류값	발생 원인
#####	• 셀에 입력된 숫자값이 너무 커서 셀 안에 나타낼 수 없을 때 발생 →해결 : 열 머리글 사이의 경계를 끌어 열 너비 조절 • 수식의 결과가 너무 길어 셀 안에 모두 표시할 수 없을 경우 발생 →해결 : 열 너비를 늘리거나 숫자 서식 변경 • 날짜와 시간의 연산 결과가 음수일 경우 발생 →해결 : 연산 결과의 서식을 날짜가 아닌 서식으로 변경
#VALUE	• 수식에서 잘못된 피연산자를 사용했을 때 • 함수의 인수에 적당하지 않은 값이나 셀 범위를 지정했을 때
#NAME?	수식에서 값을 0으로 나누려고 할 때
#DIV/0!	수식에 인식할 수 없는 문자열(정의되지 않은 이름)이나 잘못된 함수명을 사용했을 때
#N/A	함수나 수식에 잘못된 값을 지정했거나 생략할 수 없는 함수의 인수를 생략했을 때
#REF!	셀 참조가 유효하지 않을 때
#NUM!	숫자 인수가 필요한 함수에서 잘못된 인수를 사용한 경우처럼 수식이나 함수에서 숫자와 관련된 문제가 있을 때
#NULL!	교차하지 않는 두 영역에 교점 연산자(단일 공백)를 지정했을 때

[참고사항] 오류 추적

- 오류가 발생했을 경우 수식이 참조하는 셀이나 셀 범위를 추적해 오류를 해결하는 데 도움을 받을 수 있다.
- 오류가 발생한 셀에서 [도구] → [분석] → [오류 추적] 메뉴를 선택하면 현재 셀의 수식이 참조하는 셀이나 셀 범위를 연결선으로 표시한다.
- 연결선을 지우려면 [도구] → [분석] → [연결선 모두 제거] 메뉴를 선택한다.

7. 이름을 이용한 수식 작성

■ 이 름

셀이나 셀 범위를 쉽게 기억하고 수식이나 함수식에서 간단하게 참조하기 위해 이름을 지정하여 사용할 수 있는데, 수식에 셀 주소 대신 이름을 사용하면 수식이 읽기 쉬워지고 통합문서의 어느 워크시트에서든 이름을 사용, 셀이나 셀 범위를 참조할 수 있다.

■ 이름 작성 규칙

- 반드시 문자나 밑줄(_)로 시작하며 두 번째 문자부터 문자, 숫자, 밑줄을 사용할 수 있다.
- 이름에 공백을 포함할 수 없으며 255자 이내의 길이로 정의해야 한다.
- 이름은 대소문자를 구분하지 않으며 기본적으로 절대 참조로 정의한다.

실습

① 이름을 지정할 셀이나 셀 범위를 선택하고 [삽입] → [이름] → [정의] 메뉴를 선택한다.

	A	B	C	D	E
1					
2		60	55	80	
3		90	70	67	
4		100	80	77	
5		70	79	90	
6		60	90	85	
7					
8					
9					
10					
11					
12					
13					

② 정의된 이름상자에 새로운 이름을 입력하고 [확인] 단추를 누른다. 정의된 이름은 해당 셀 범위를 선택했을 때 수식 입력줄의 이름상자에 표시된다.

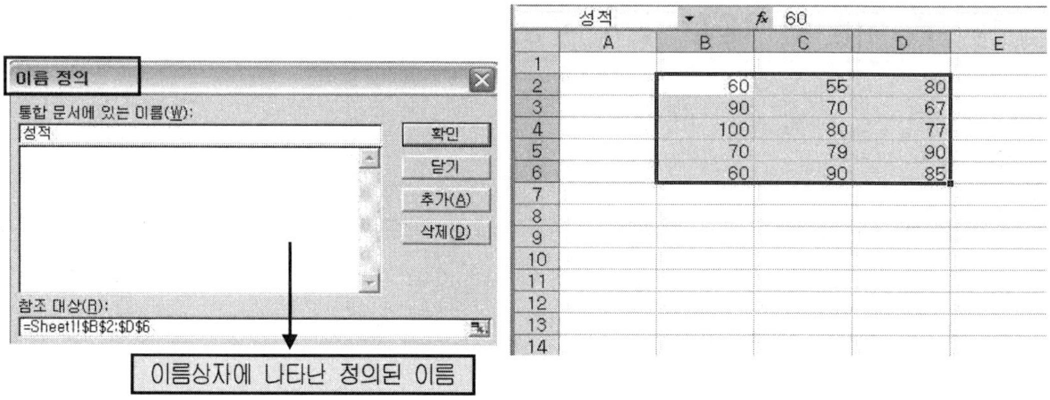

③ 이름을 사용하여 수식을 작성한다.

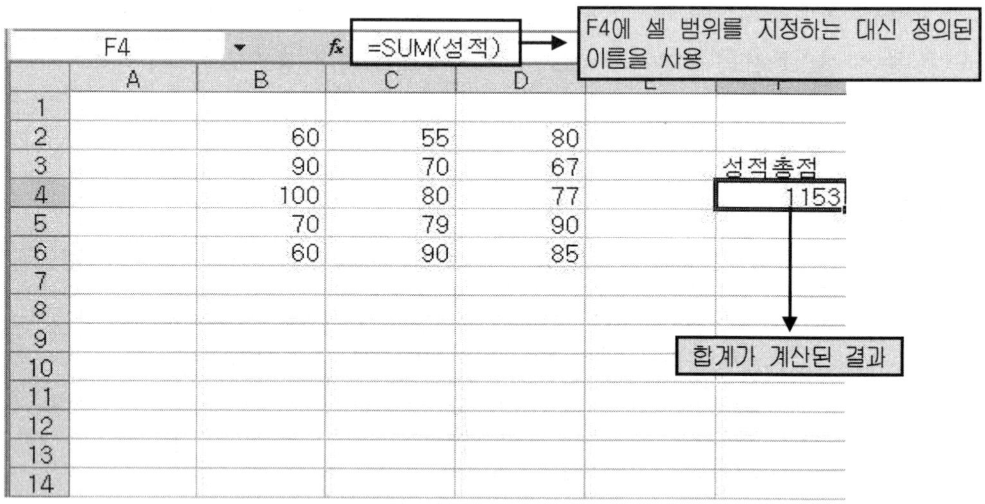

■ 계산표의 첫 행과 왼쪽 열을 이름으로 정의

계산표의 첫 행과 왼쪽 열을 이름으로 지정하여 수식에 사용할 수 있다.

실습

'과별 성적표.xls'를 열어 다음 과정을 따라한다.

① 계산표의 데이터를 이름표를 포함하여 범위로 지정한다.

② [삽입] → [이름] → [만들기] 메뉴를 선택한다.

	B	C	D	E	F	G	H
1			과별 시험 성적표				
2							
3	이름	학과	인터넷	액셀	워드	합계	평균
4	전지영	화학과	85	95	85	265	88.33
5	함승연	생물과	90	70	85	245	81.67
6	김정민	생물과	50	75	60	185	61.67
7	하경민	화학과	80	75	60	215	71.67
8	박효진	화학과	70	65	55	190	63.33
9	김성일	대기과	50	45	60	155	51.67
10	윤수희	대기과	60	75	85	220	73.33
11	윤종일	화학과	80	70	80	230	76.67
12							
13							
14							

③ 첫 행과 왼쪽 열을 선택한 다음 [확인] 단추를 누른다.

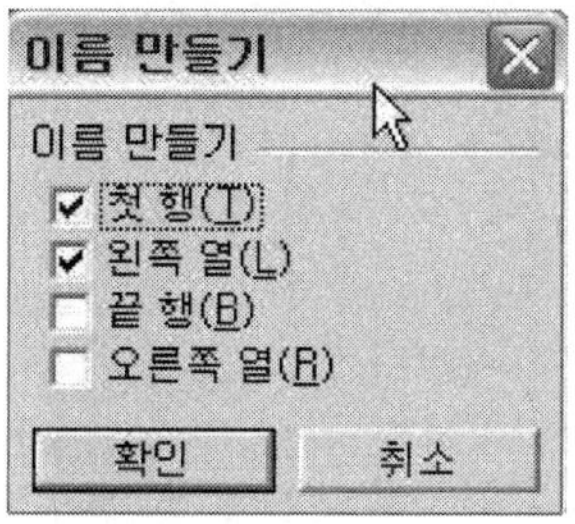

④ 계산표에서 정의된 이름을 사용하여 두 개의 이름이 교차되는 지점의 데이터를 쉽게 검색할 수 있다. 예를 들어 성적표 워크시트에서 '함승연'의 합계를 찾으려면 수식 이름사이에 공백(교점 연산자)을 입력하여 수식을 작성한다.

엑셀

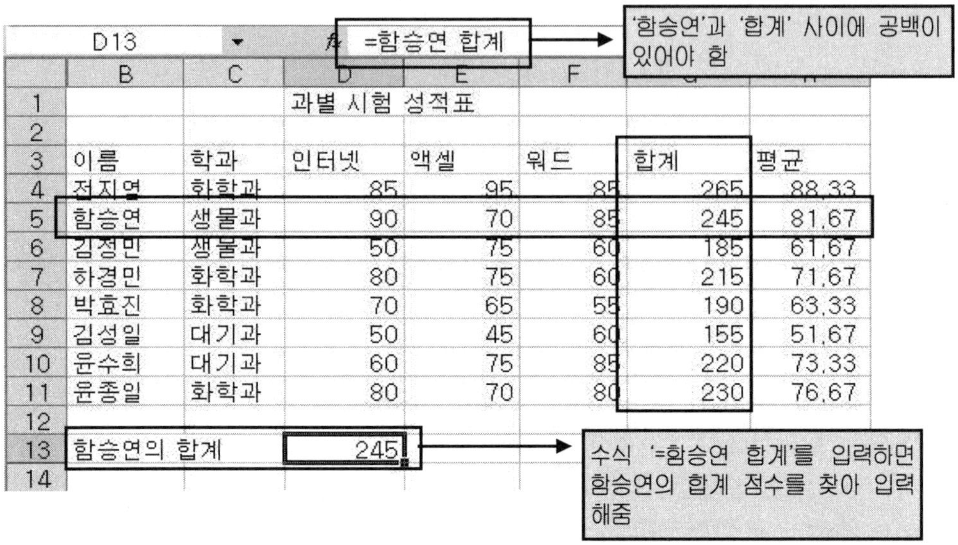

■ 정의된 이름 확인

- 현재 통합문서에 정의되어 있는 이름의 목록을 확인하거나 이름을 사용하여 원하는 부분으로 이동하려면 수식 입력줄의 이름상자를 사용하면 된다.
- 이름상자의 목록 단추를 누르면 정의된 이름 목록이 나타나고 목록 중에서 하나를 선택하면 셀 포인터가 해당 범위로 이동된다.

8. 복사와 이동

■ 데이터 복사

워크시트의 데이터를 다른 위치로 복사하려면 먼저 작업의 대상이 되는 셀 범위를 선택한 후 다음 명령을 수행한다.

마우스 이용	Ctrl을 누른 채 마우스로 원하는 곳에 끌어다 놓기
메뉴 이용	[편집] → [복사] 메뉴로 클립보드로 복사한 후 원하는 곳에서 [편집] → [붙여넣기]
단축키 이용	Ctrl+C로 클립보드로 복사한 후 원하는 곳에서 Ctrl+V
도구상자 이용	복사 아이콘으로 복사한 후 붙여넣기 아이콘으로 붙여넣기

실습

▶ 편집 메뉴를 이용한 데이터 복사

① 다음과 같은 데이터를 작성한 후 복사할 데이터 범위를 지정하고 [편집] → [복사] 메뉴를 선택한다.

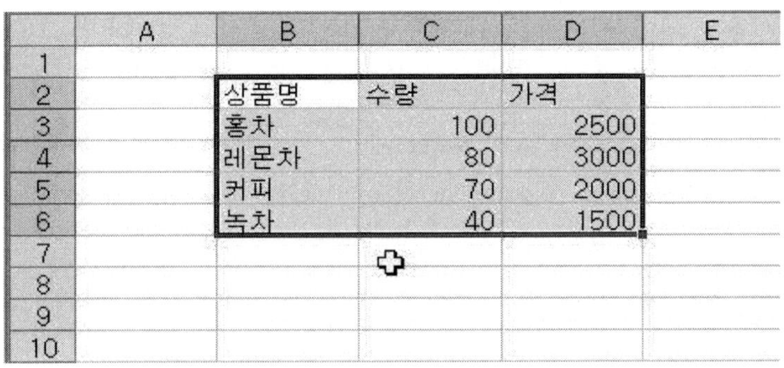

	A	B	C	D	E
1					
2		상품명	수량	가격	
3		홍차	100	2500	
4		레몬차	80	3000	
5		커피	70	2000	
6		녹차	40	1500	
7					
8					
9					
10					

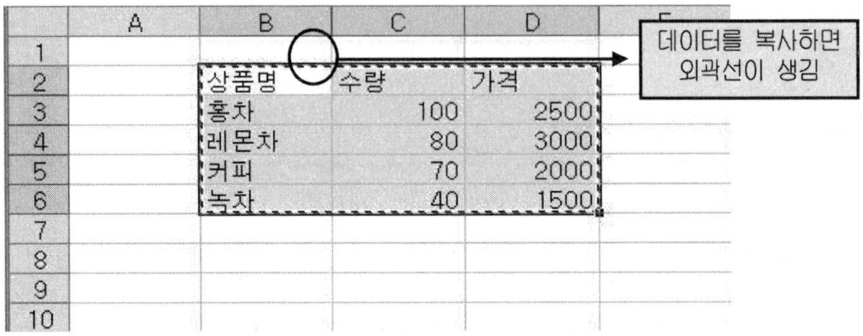

② 복사할 곳에 셀 포인터를 위치한 후 [편집] → [붙여 넣기] 메뉴를 선택한다.

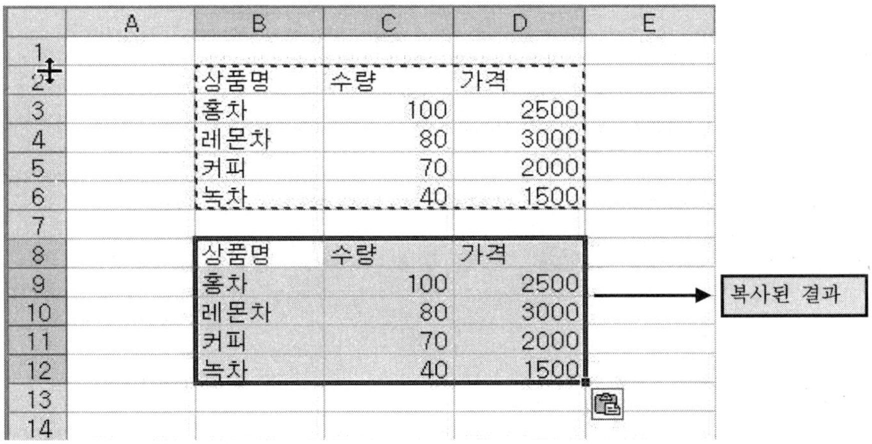

■ 데이터 이동

- 데이터를 이동할 때도 먼저 이동하려는 범위를 선택하고 명령을 수행한다.
- 데이터 이동은 원본 데이터를 다른 위치로 옮기는 것으로 원본 데이터가 사라진다.

마우스 이용	마우스로 원하는 곳에 끌어다 놓기
메뉴 이용	[편집] → [복사] 메뉴로 클립보드로 복사한 후 원하는 곳에서 [편집] → [붙여넣기]
단축키 이용	Ctrl+X로 클립보드로 복사한 후 원하는 곳에서 Ctrl+V
도구상자 이용	복사 아이콘으로 복사한 후 붙여넣기 아이콘으로 붙여넣기

실습

▸ 마우스 끌기로 데이터 복사/이동

① 복사 또는 이동할 부분을 범위로 지정한 후 경계한 후 경계선에 마우스 포인터를 놓는다.

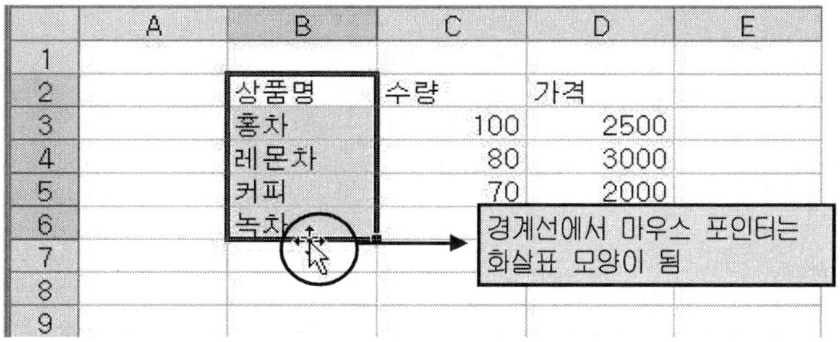

② 데이터를 이동하기 위해 마우스로 원하는 위치에 끌어다 놓는다.

③ 데이터를 복사하려면 Ctrl을 누른 채 원하는 위치로 끌어다 놓는다.

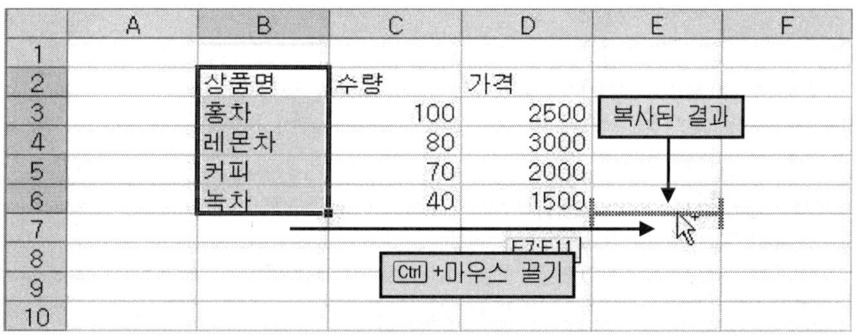

■ 마우스 오른쪽 단추 드래그로 복사/이동

범위를 지정한 후 마우스 오른쪽 단추를 눌러 워크시트내 임의의 곳으로 끌어다 놓으면 단축메뉴를 표시하여 복사 및 이동 방법을 선택할 수 있다. 단축 메뉴에 표시되는 복사 및 이동 방법은 다음과 같다.

여기로 이동	지정한 위치로 데이터 이동
여기로 복사	지정한 위치로 데이터 복사
여기에 값으로 복사	수식이나 서식을 무시하고 결과값을 상수화하여 복사
여기에 서식으로 복사	선택 범위의 서식만 지정한 위치로 복사
여기에 연결	선택 범위로 연결하는 수식 생성
여기에 하이퍼링크 작성	선택 범위로 이동할 수 있는 하이퍼링크 생성
아래쪽/오른쪽으로 이동 후 복사/옮기기	복사하거나 옮길 곳에 데이터가 존재할 경우 원래 데이터를 지정한 방향으로 이동시킨 후 복사 또는 이동

실습

▶ 원래 데이터를 밀고 이동
'인구조사.xls'를 저장해 보자.

① 이동할 부분을 범위로 지정한다.

② 선택 범위를 마우스 오른쪽 단추를 누른 채 원하는 곳으로 끌어다 놓으면 단축 메뉴가 표시된다.

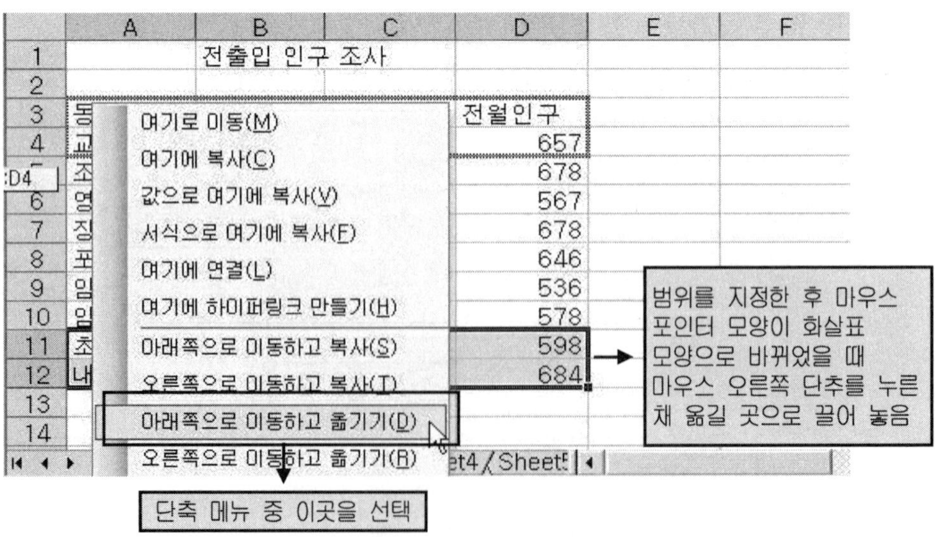

③ 기존 데이터가 아래로 이동되고, 선택 범위가 지정한 위치로 옮겨진다.

	A	B	C	D	E	F
1		전출입 인구 조사				
2						
3	동이름	전입인구	전출인구	전월인구		
4	초당동	16	19	598		
5	내곡동	17	23	684		
6	교동	35	24	657		
7	조양동	12	24	678		
8	영랑동	15	34	567		
9	장사동	23	12	678		
10	포남동	24	34	646		
11	임당동	34	23	536		
12	임압동	12	17	578		
13						
14						

■ 선택하여 붙여 넣기

클립보드에 복사한 내용을 다른 곳에 붙여 넣을 경우 셀의 특정 내용만 선택하여 붙여 넣으려면 [붙여 넣기] 명령 대신 [편집] → [선택하여 붙여 넣기] 메뉴를 선택한다.

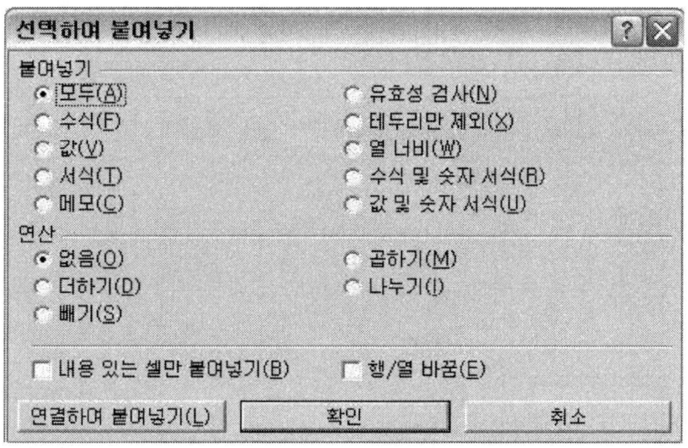

붙여 넣기 옵션	선택한 옵션에 해당하는 부분만 붙여 넣기
연산자 옵션	• 붙여 넣기 할 부분의 기존 데이터와 해당 연산자로 계산하여 붙여 넣는다. • 수치 데이터끼리 연산되고, 문자 데이터는 기존의 데이터가 그대로 유지된다.
공백 무시	원본 범위에 공백 셀이 있는 경우 붙여 넣을 부분의 기존 데이터를 그대로 유지하고자할 때 선택한다.
행/열 바꿈	행과 열을 바꾸어서 붙여 넣기 할 때 선택한다.
연결하여 붙여넣기	원본 범위가 변경되면 붙여 넣기 한 부분의 데이터가 자동으로 다시 고쳐지도록 셀을 연결할 때 [확인]단추 대신 [연결하여 붙여 넣기] 단추를 누른다.

실습

▶ 행과 열을 바꿔 복사

다음 워크시트와 같이 입력한 후 '단가×수량'으로 금액을 계산한 다음 '판매금액.xls'로 저장한다.

① 복사할 부분을 범위로 지정한 다음 Ctrl+C(복사)를 누른다.

	A	B	C	D	E	F
1						
2		상품명	단가	수량	금액	
3		오렌지	1000	10	10000	
4		복숭아	700	20	14000	
5		자두	1000	5	5000	
6		수박	5000	4	20000	
7						
8						
9						
10						

② 복사를 원하는 곳에 셀 포인터를 위치시킨 후 [편집] → [선택하여 붙여 넣기] 메뉴를 선택한다.

③ 행/열 바꿈을 선택하고 [확인] 단추를 누른다.

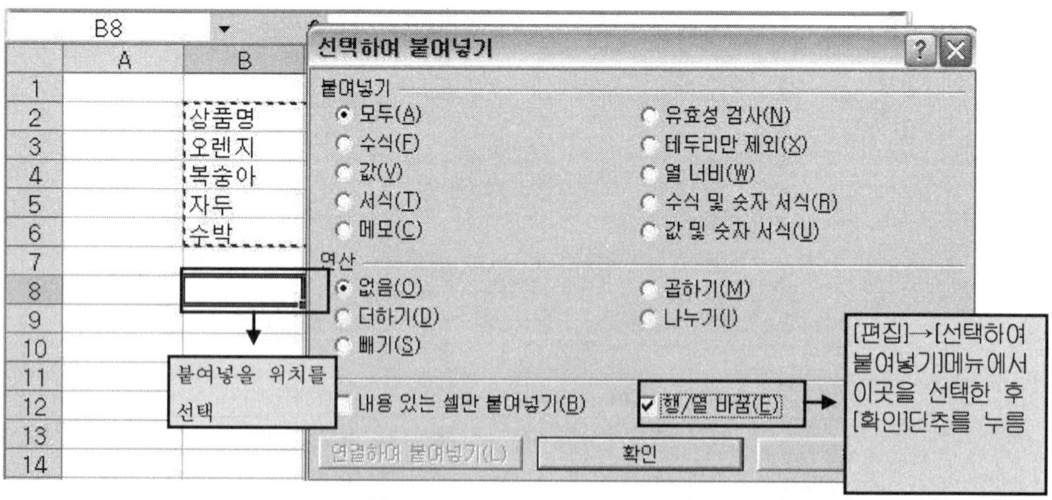

④ 행과 열이 서로 바뀌어 복사된다.

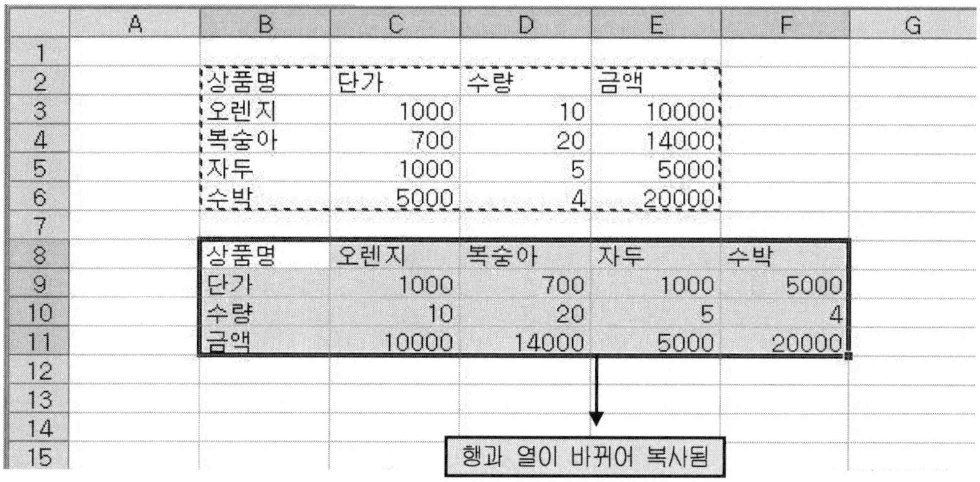

⑤ 복사 결과를 삭제하고 선택 범위에 지정된 서식이나 원본 수식을 무시하고 결과값만 붙여 넣어 상수로 만들어 보자.

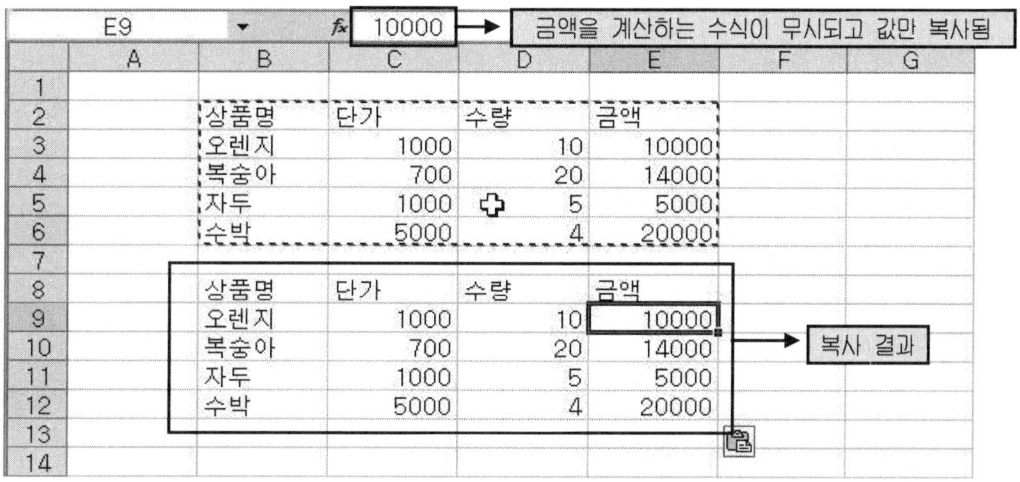

⑥ 복사 결과를 삭제하고 [편집] → [선택하여 붙여 넣기] 메뉴를 선택한 다음 [연결하여 붙여 넣기] 단추를 눌러보자. 원본 범위의 셀을 가리키는 수식이 자동 입력되어 원본범위의 데이터가 변경되면 자동으로 데이터가 고쳐지도록 연결시켜 준다.

	A	B	C	D	E	F	G
1							
2		상품명	단가	수량	금액		
3		오렌지	1000	10	10000		
4		복숭아	700	20	14000		
5		자두	1000	5	5000		
6		수박	5000	4	20000		
7							
8		상품명	단가	수량	금액		
9		오렌지	1000	10	10000		
10		복숭아	700	20	14000		
11		자두	1000	5	5000		
12		수박	5000	4	20000		
13							
14							
15							

9. 데이터 지우기

- 지우기 할 셀 범위를 지정하고 [편집] → [지우기] 메뉴 명령을 선택한 다음 전체, 서식,내용, 메모 중에서 지우기 할 항목을 선택한다.
- 셀 내용만 삭제하려면 Delete를 누른다.

실습

① 서식 도구모음에서 글자 크기 "20"포인트와 "밑줄", "기울임꼴"을 선택한 다음 B열에 데이터를 입력하고 D와 F열에 복사한다.

	A	B	C	D	E	F
1						
2		엑셀2003		엑셀2003		엑셀2003
3						
4		엑셀2003		엑셀2003		엑셀2003
5						
6						
7						
8						
9						
10						

② D2와 F4의 데이터를 Del로 지우고 새로운 데이터를 입력하여 결과를 확인한다.

	A	B	C	D	E	F
1						
2		엑셀2003				엑셀2003
3						
4		엑셀2003		엑셀2003		
5						
6						
7						
8						
9						
10						

10. 셀의 삽입과 삭제

■ 셀 삽입

- 데이터를 입력한 중간에 셀을 삽입하고자 할 경우에 사용한다.
- [삽입] → [셀] 메뉴를 선택하여 여러 방법으로 셀을 삽입할 수 있다.
- 행/열 머리글을 이용하여 행/열 전체를 선택하고 [삽입] → [셀] 메뉴를 선택하면 [삽입]대화상자를 거치지 않고, 자동으로 행 전체 또는 열 전체가 삽입된다.
- 임의의 행 또는 열에 셀 포인터를 위치한 후 [삽입] 메뉴의 [행] 또는 [열]을 선택하면 해당 행 전체 또는 열 전체가 삽입된다.

실습

'판매금액.xls'를 저장해 보자.

① 다음과 같이 범위를 지정하고 [삽입] → [셀] 메뉴를 선택한다.

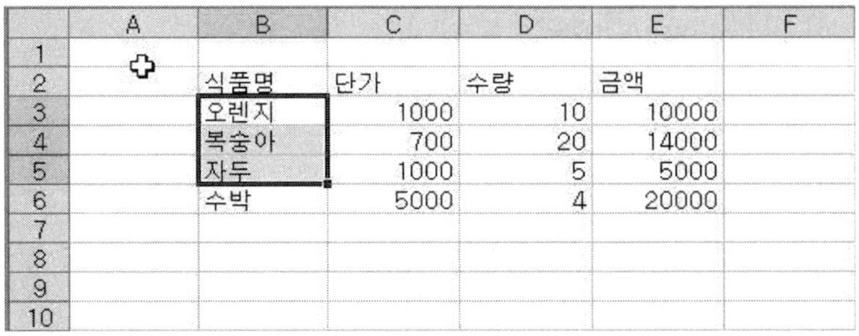

② '셀을 아래로 밀기'옵션을 선택하고 [확인] 단추를 누르면 원래 데이터가 아래쪽으로 이동하고 선택한 범위에 셀이 삽입된다.

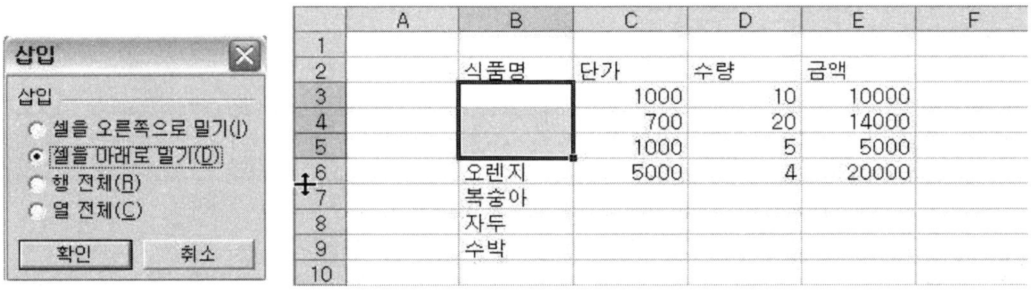

③ 삽입하려는 열의 임의의 셀을 선택하고 [삽입] → [열] 메뉴를 선택하면 해당 열 전체가 삽입된다.

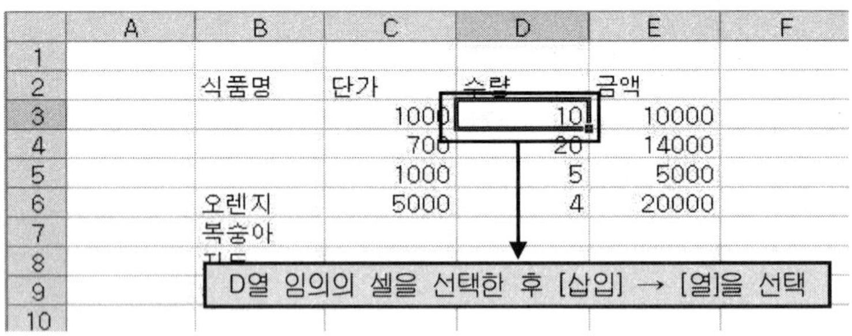

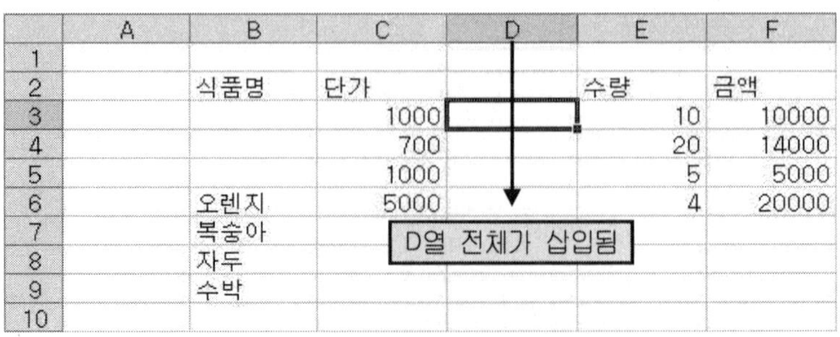

■ 셀 삭제

[편집] → [삭제] 메뉴를 선택하여 임의의 셀이나 행 전체 또는 열 전체를 삭제한 후 삭제한 만큼 기존 데이터를 이동시키는 것으로, 삭제 옵션은 삽입 옵션과 유사하다.

실습

'판매금액.xls'를 불러 따라해 보자.

① 삭제하려는 셀 범위를 선택하고 [편집] → [삭제] 메뉴를 선택한다.

② '셀을 위로 밀기'옵션을 선택하고 [확인] 단추를 누르면 선택 범위가 삭제되고 아래쪽의 데이터로 채워진다.

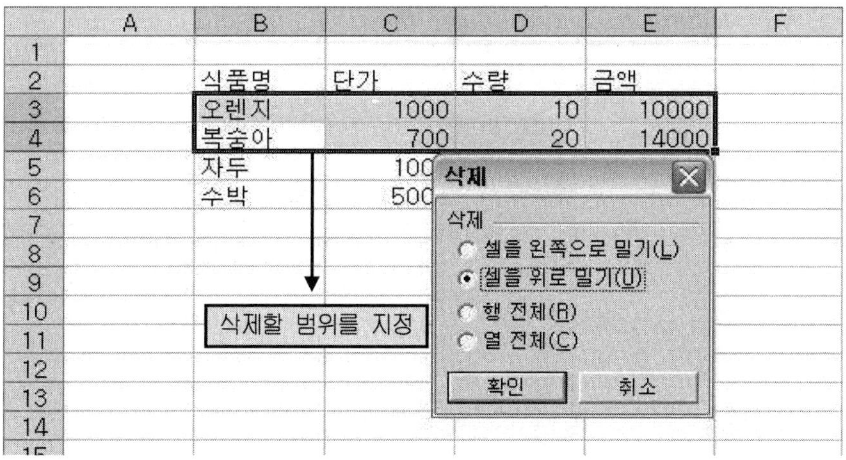

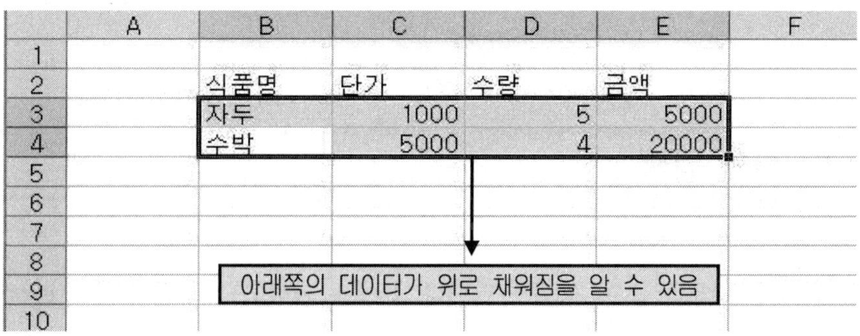

③ B열 전체를 범위로 지정한 후 마우스 오른쪽 단추를 누르고 단축 메뉴에서 [삭제]를 선택하거나 [편집] → [삭제]메뉴를 선택하면 열 전체가 삭제된다.

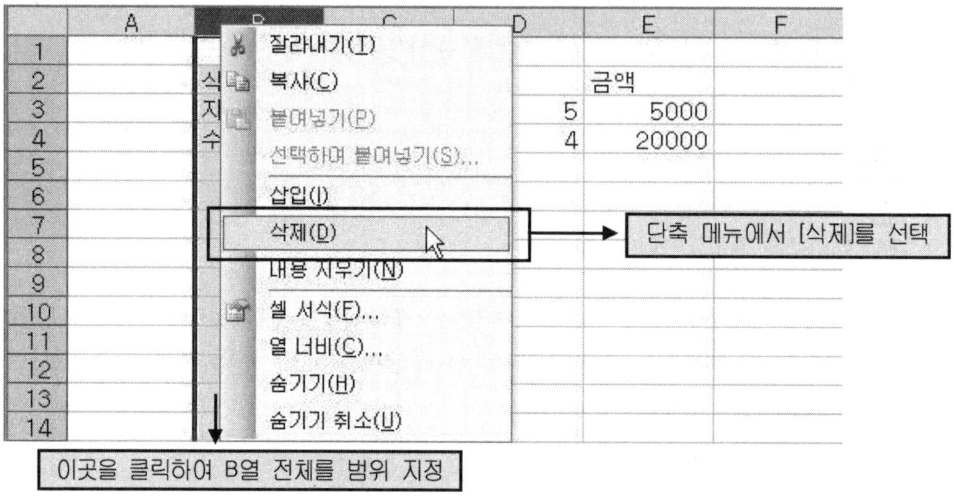

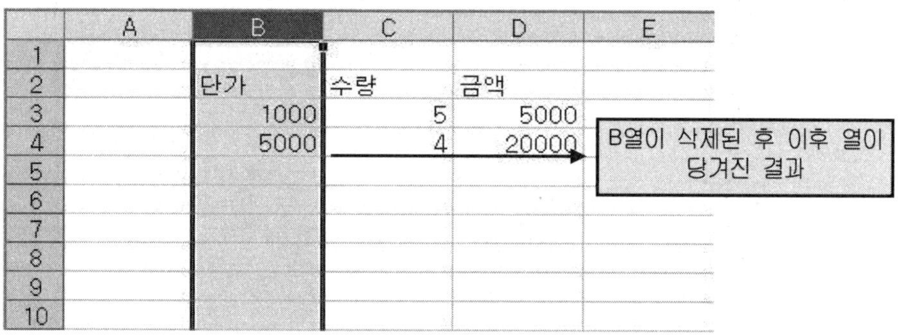

11. 셀의 검색

- 워크시트에 입력된 내용 중 특정 문자열이나 숫자를 검색하고자 할 경우 사용한다.
- 워크시트 전체를 대상으로 검색할 수도 있고, 범위를 지정하여 검색할 수도 있다.
- 찾기가 진행 중일 때 찾기를 취소하려면 Esc를 누른다.

실습

'2003년 실적표.xls'을 저장해 '홍종만'을 찾아보자.

① 데이터를 찾고자 하는 셀 범위를 선택한다.(시트 전체에서 찾으려면 셀 포인터를 처음에 위치)

	A	B	C	D	E	F
1			2003년 실적표			
2						
3	지점명	대표	2003년 실적	계획	실적	달성율
4	영랑점	전지영	978	1000	567	0.567
5	교동점	함승연	1567	1700	789	0.464118
6	초당점	홍종만	789	890	678	0.761789
7	임당점	짐진영	567	678	789	1.163717
8	내곡점	윤병집	890	945	567	0.6
9	지변점	김성일	876	956	898	0.939331
10	장사점	김정민	678	857	578	0.674446
11	관악점	하경민	987	1200	668	0.556667
12	홍제점	윤종필	789	809	578	0.714462
13						
14						

② [편집] → [찾기] 메뉴를 선택한다.

③ 찾을 내용 상자에 찾을 내용이나 숫자를 입력한 다음 [다음 찾기] 단추를 누르면 해당 문자열을 찾아 준다.

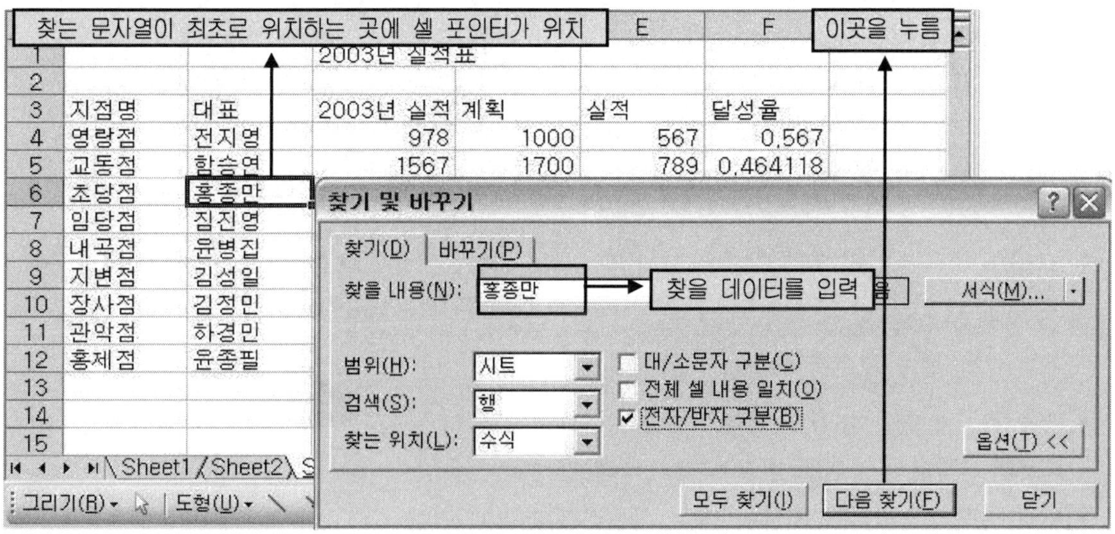

- 찾을 방향 : 행이나 열을 지정하여 찾을 방향 지정
- 찾을 대상 : 찾을 정보가 들어 있는 워크시트 요소 선택
- 대소문자 구분 : 대소문자를 구분하여 찾기
- 전자/반자 구분 : 전자와 반자를 구분하여 찾기
- 전체 셀 일치 : 찾을 내용과 완전히 내용이 일치하는 셀만 찾기
- 워크시트내 특정 문자열이나 숫자를 찾아 원하는 데이터로 바꾸고자 할 경우에 사용한다.
- 일괄적으로 데이터를 변경할 때 편리하게 사용된다.

실습

'2003년 실적표.xls'를 불러 따라해 보자.

① 바꾸기를 실행할 셀 범위를 선택한다.(범위를 지정하지 않으면 시트 전체가 대상임)

② [편집] → [바꾸기] 메뉴를 선택한다.

③ 찾을 내용과 바꿀 내용을 입력하고 [모두 바꾸기] 단추를 누른다.

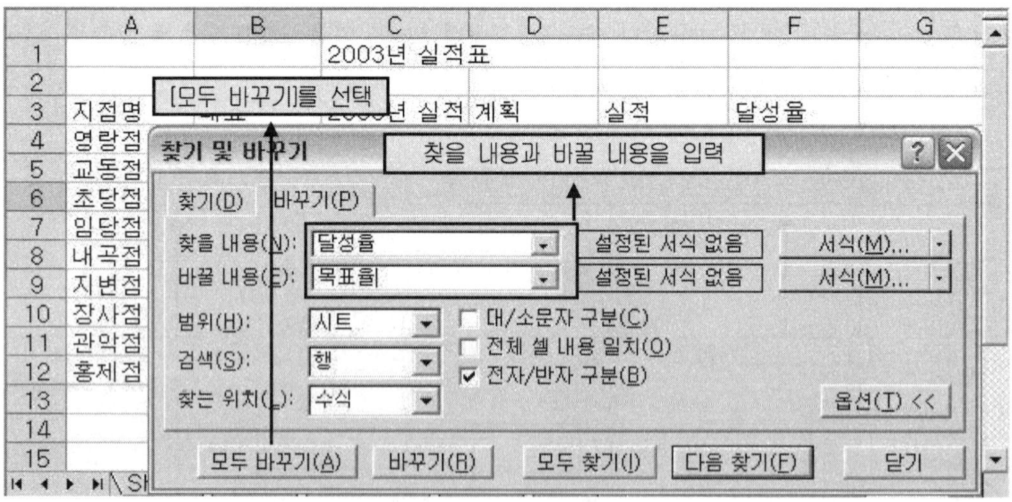

- 다음 찾기 : 찾을 내용 상자에 입력한 데이터 찾기
- 바꾸기 : 찾은 문자열을 바꿀 내용로 1회 변경
- 모두 바꾸기 : 찾은 문자열을 바꿀 내용로 한꺼번에 변경

④ 찾은 문자열이 한꺼번에 바꿀 내용로 변경됨을 알 수 있다.

	A	B	C	D	E	F
1			2003년 실적표			
2						
3	지점명	대표	2003년 실적 계획		실적	목표율
4	영랑점	전지영	978	1000	567	0.567
5	교동점	함승연	1567	1700	789	0.464118
6	초당점	홍종만	789	890	678	0.761789
7	임당점	짐진영	567	678	789	1.163717
8	내곡점	윤병집	890	945	567	0.6
9	지변점	김성일	876	956	898	0.939331
10	장사점	김정민	678	857	578	0.674446
11	관악점	하경민	987	1200	668	0.556667
12	홍제점	윤종필	78[illegible]	809	578	0.714462
13						
14						

[참고사항] 찾기 및 바꾸기

- 찾기는 기본적으로 아래쪽이나 오른쪽으로 진행되지만 Shift를 누른 상태에서 [다음 찾기] 단추를 누르면 위쪽이나 왼쪽 방향으로 찾기를 수행할 수 있다.
- 찾을 내용 상자에 입력한 데이터를 찾아 모두 지우려면, 바꿀 내용 상자에 아무 것도 입력하지 않고 바꾸기를 실행한다.

연습문제

① 처리 조건에 따라 다음 A코너 워크시트를 작성한 후 '킹마트 판매현황.xls'로 저장해 보자.

킹마트 판매현황

	A	B	C	D	E	F	G
1			A코너 판매현황				
2							
3	담당직원	품목	입고가	출고가	수량	판매금액	이익금
4	권혁원	냉장고	890000		5		
5	조두식	오디오	450000		7		
6	이문세	세탁기	690000		9		
7	한라산	T V	1100000		3		
8	까 치	전화기	200000		5		
9	유희종	시 계	90000		15		
10	이우형	컴퓨터	900000		8		
11	문종탁	모니터	450000		8		
12							

A코너 / B코너 / Sheet3

[조건]
· 출고가=입고가+입고가*20%
· 판매금액=출고가*수량
· 이익금=판매금액-입고가*수량

② 처리 조건에 따라 다음 B코너 워크시트를 작성한 후 저장해 보자.

킹마트 판매현황

	A	B	C	D	E
1		B코너 판매현황			
2					
3			할인율	0.2	
4	코드번호	단가	수량	판매가격	
5	IPS-100	120000	50		
6	ICS-100	124000	100		
7	PPA-111	200000	70		
8	PPS-112	110000	90		
9	PDA-100	250000	60		
10					
11				평균가격	
12				총매출액	
13					

A코너 / B코너 / Sheet3

[조건]
· 판매가격은 원래 판매가격에서 20%를 할인하여 계산하다.
· 판매가격의 E11에 평균을 구한다.
· 총매출액은 모든 판매가격을 더한 값으로 E12에 계산한다.

Chapter 3

워크시트 서식

1. 서식 도구모음

- 워크시트 내의 모든 데이터들은 원래 디폴트(Default) 값으로 서식이 설정되는데 이렇게 지정된 각종 서식의 형태를 사용자 임의로 바꿀 수 있다.
- 서식 도구모음을 사용하여 선택한 셀이나 셀 범위에 빠르게 서식을 지정한다. 서식 도구 모음이 화면에 표시되어 있지 않으면 [보기]→[도구모음]→[서식] 메뉴를 선택하여 나타낸다.

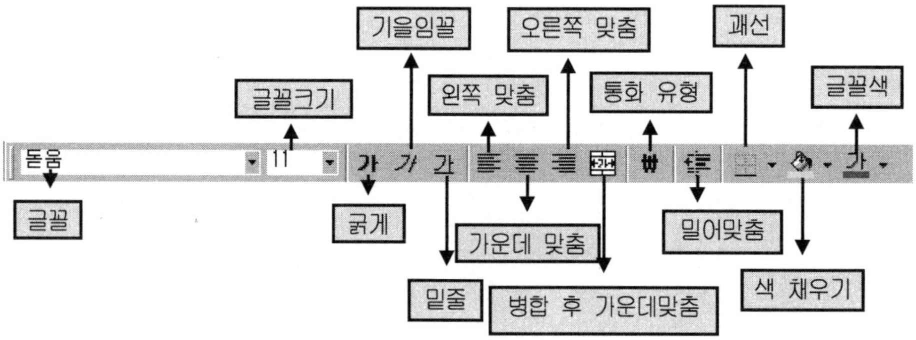

실습

다음 '판매실적.xls'를 서식 도구모음을 사용하여 다음과 같이 서식을 지정해 보자.

돋움, 14포인트, 굵게, 파랑색

굵게, 가운데 맞춤

	A	B	C	D	E	F	G
1			판매거래 내역				
2							
3	담당직원	품목	입고가	출고가	수량	판매금액	이익금
4	전상일	오디오	670,000	670,000	5	3,350,000	500,000
5	윤병집	비디오	240,000	300,000	3	900,000	180,000
6	고정미	에어컨	780,000	890,000	4	3,560,000	440,000
7	김병문	냉장고	980,000	1,050,000	6	6,300,000	420,000
8	전지영	카세트	320,000	410,000	16	6,560,000	1,440,000
9	함승연	세탁기	467,000	518,000	3	1,554,000	153,000
10	홍종만	냉장고	467,000	508,000	6	3,048,000	246,000
11	이세영	에어컨	865,000	912,000	3	2,736,000	141,000
12	박종원	TV	265,000	330,000	4	1,320,000	296,000
13	김나희	오디오	690,000	770,000	1	770,000	80,000
14							

가운데맞춤 / 들여 쓰기 / 쉼표스타일

① C1셀을 선택하고 "돋움", "14"포인트, "굵게", "파랑"색을 선택한다.

② A1:G1 까지 셀병합후 가운데 정렬한다.

③ B3:H3 범위를 지정하고 "굵게", "가운데 맞춤"을 선택한다.

④ B4:B13 범위를 지정하고 "가운데 맞춤"을 선택한다.

⑤ C4:C13 범위를 지정하고 "들여쓰기"를 선택한다.

⑥ D4:H13 범위를 지정하고 "1000 단위 구분기호(,) 사용"을 선택한다.

엑셀

2. 자동 서식

자동서식이란 글꼴 크기, 맞춤, 무늬 등 각종 서식을 쉽고 빠르게 적용할 수 있도록 엑셀에서 미리 제공하는 서식 모음을 말한다.

실습

① 자동 서식을 지정할 범위를 선택한 후 [서식]→[자동 서식] 메뉴를 선택한다.

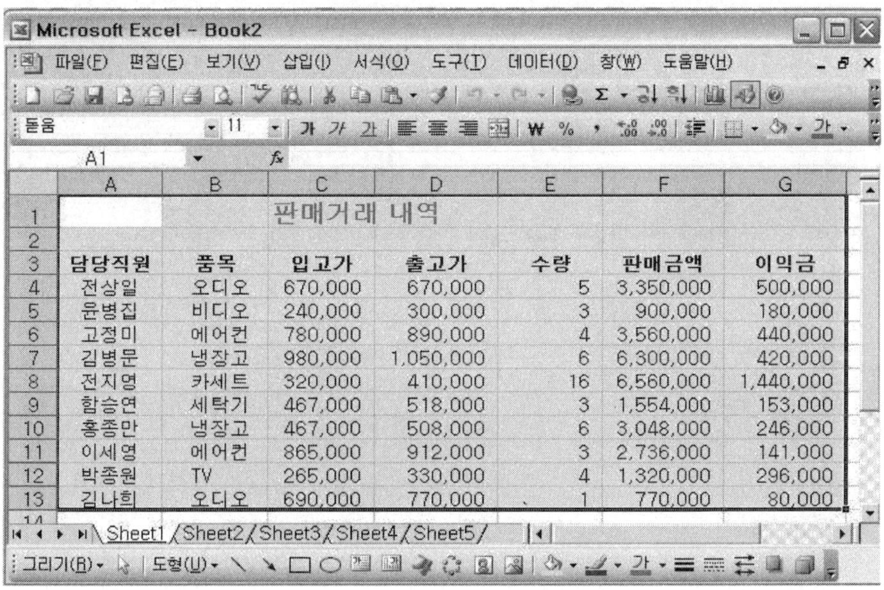

	A	B	C	D	E	F	G
1		판매거래 내역					
2							
3	담당직원	품목	입고가	출고가	수량	판매금액	이익금
4	전상일	오디오	670,000	670,000	5	3,350,000	500,000
5	윤병집	비디오	240,000	300,000	3	900,000	180,000
6	고정미	에어컨	780,000	890,000	4	3,560,000	440,000
7	김병문	냉장고	980,000	1,050,000	6	6,300,000	420,000
8	전지영	카세트	320,000	410,000	16	6,560,000	1,440,000
9	함승연	세탁기	467,000	518,000	3	1,554,000	153,000
10	홍종만	냉장고	467,000	508,000	6	3,048,000	246,000
11	이세영	에어컨	865,000	912,000	3	2,736,000	141,000
12	박종원	TV	265,000	330,000	4	1,320,000	296,000
13	김나희	오디오	690,000	770,000	1	770,000	80,000

② 자동 서식에서 원하는 형식을 선택하고 [확인] 단추를 누른다.

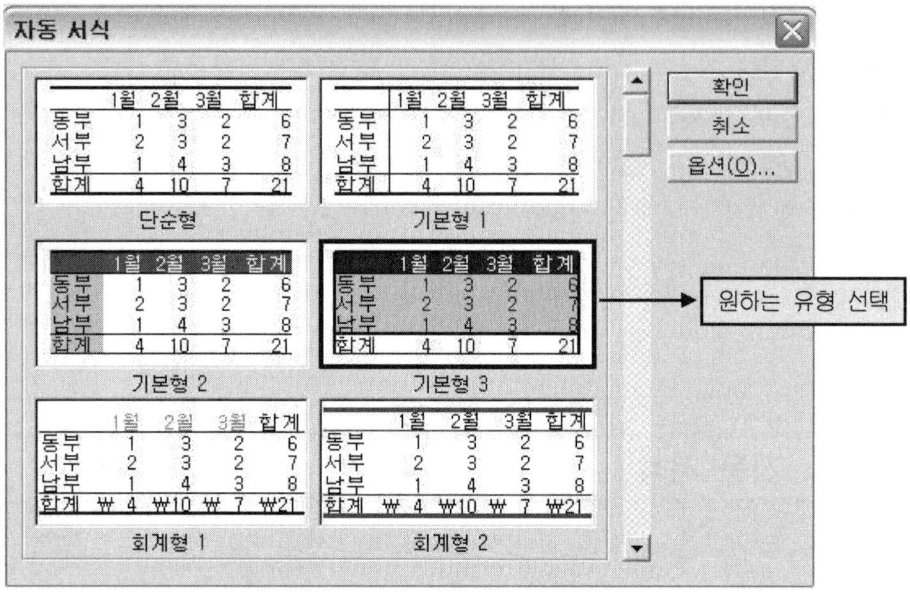

③ 자동 서식이 지정된다.

	A	B	C	D	E	F	G
1			판매거래 내역				
2							
3	담당직원	품목	입고가	출고가	수량	판매금액	이익금
4	전상일	오디오	670,000	670,000	5	3,350,000	500,000
5	윤병집	비디오	240,000	300,000	3	900,000	180,000
6	고정미	에어컨	780,000	890,000	4	3,560,000	440,000
7	김병문	냉장고	980,000	1,050,000	6	6,300,000	420,000
8	전지영	카세트	320,000	410,000	16	6,560,000	1,440,000
9	함승연	세탁기	467,000	518,000	3	1,554,000	153,000
10	홍종만	냉장고	467,000	508,000	6	3,048,000	246,000
11	이세영	에어컨	865,000	912,000	3	2,736,000	141,000
12	박종원	TV	265,000	330,000	4	1,320,000	296,000
13	김나희	오디오	690,000	770,000	1	770,000	80,000
14							

3. 자동 서식 옵션

자동 서식은 표 전체의 서식을 자동으로 설정하는 것인데, 선택 범위에 적용된 일부 서식을 그대로 유지한 채 자동 표 서식을 설정할 수 있다.

실습

▶ 선택적으로 자동 서식 지정

① '할인판매'를 만들어 다음과 같이 [기본형] 자동 서식을 지정해 보자.

② 자동 서식을 변경할 부분을 범위로 지정하고 [서식] → [자동서식] 메뉴를 선택한다.

③ [옵션] 단추를 눌러 대화상자를 확장하고, 글꼴과 무늬항목 선택을 해제한 다음 [기본형]을 선택하고 [확인] 단추를 누른다.

	A	B	C	D	E	F
1						
2		상품 판매 현황				
3						
4	품명	단가	수량	할인율	판매가격	
5	화일박스	1000	100	0.1	90000	
6	책꽂이	3000	39		105300	
7	연필	200	200		36000	
8	지우개	100	345		31050	
9						
10				평균가격	65587.5	
11				총매출액	262350	
12						
13						

4. 표시 형식 설정

셀이나 셀 범위를 지정하고 [서식] → [셀] 메뉴를 선택하면 [셀 서식] 대화상자가 나타난다. 대화상자의 [표시 형식] 탭에서 데이터를 화면에 표시하는 형식을 지정한다.

일반 서식

- 셀의 서식을 변경하지 않는 한 기본적으로 지정되는 서식이다.
- 셀의 서식을 변경한 후 원래 상태로 되돌리기 위해서 일반 서식을 지정할 수 있다.
- 하나의 셀에 표시하기에 긴 숫자 데이터는 지수 형식으로 표시한다.
- 소수점이 포함된 데이터 표현시 앞의 0은 표시하고, 끝자리의 0은 표시하지 않는다.

  (예) 0.123을 입력 → 0.123으로 표시

  0.12300을 입력 → 0.123으로 표시

표시 형식의 종류

일 반	셀의 서식을 특별히 바꾸지 않는 한 엑셀에서 일반적으로 지정되는 서식
숫 자	소수점 이하 자릿수, 천 단위 구분기호, 음수 표시 형식 등을 지정
통 화	숫자 앞에 통화 표시를 하고, 천 단위 구분기호를 붙임
회 계	회계 업무 서식을 적용
날 짜	날짜 표시형식을 지정
시 간	시간 표시형식을 지정
백분율	숫자를 백분율로 표시
분 수	분수 표시 형식을 지정
지 수	지수 형식으로 숫자 데이터를 표시
텍스트	입력 내용을 문자로 취급하여 셀의 오른쪽을 기준으로 표시 (단, 데이터 표시형식을 문자로 취급할 뿐 데이터 성격은 여전히 숫자임)
기 타	숫자를 입력하면 우편번호나 전화번호와 같은 특별한 형식으로 입력해줌
사용자 지정	사용자가 서식 코드를 정의하여 새로운 서식을 생성

[참고사항] 오류값 "####"

- 수치 데이터에 서식을 지정하게 되면 콤마(,)나 퍼센트 기호(%)등이 추가되어 열의 너비 가 모자라는 경우가 있다. 이런 경우 "####"으로 데이터가 표시된다.
- 오류 값 "####"가 표시될 경우 열의 너비를 늘려주면 정상적으로 데이터가 표시된다.

엑셀

실습

▶ 숫자 서식 지정

① 다음과 같이 데이터를 입력한다.

	A	B	C	D	E
1					
2		1234		9876543	
3					
4		1234.568		98.01234	
5					
6		12000000		-9087	
7					
8					
9					
10					

② B2:D6 부분을 범위로 지정하고 [서식] → [셀] 메뉴를 선택하여 다음과 같이 숫자 서식을 변경하고 [확인] 단추를 누른다.

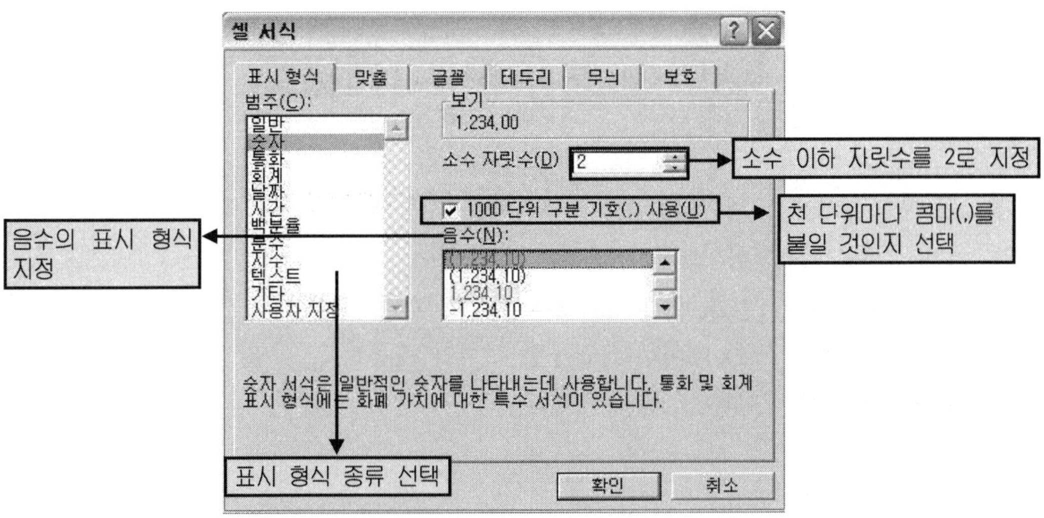

③ 데이터 표시형식이 변경된다.

	A	B	C	D	E
1					
2		1,234.00		9,876,543.00	
3					
4		1,234.57		98.01	
5					
6		12,000,000.00		(9,087.00)	
7					
8					
9					
10					
11					
12					

5. 사용자 지정 서식

[서식] → [셀] 메뉴를 선택한 후 [표시 형식] 탭의 종류에서 '사용자 지정' 항목을 선택하면, 형식 입력란에 직접 코드를 입력하여 서식을 지정할 수 있다.

서식 코드의 기본 형태

#,##0;[빨강]-#,##0;;;; "[" @ "]"

양수 음수 0값 텍스트

- 제공된 서식 종류로는 데이터를 나타낼 수 없을 경우에 사용한다.
- 네 개의 구역을 세미콜론(;)으로 구분하여 정의한다.
- 각 구역은 양수, 음수, 0값, 텍스트를 순서대로 가리킨다.
- 한 구역만 지정하면 모든 데이터에 공통된 서식이 적용된다.
- 구역을 생략하려면 세미콜론(;)만 입력한다.

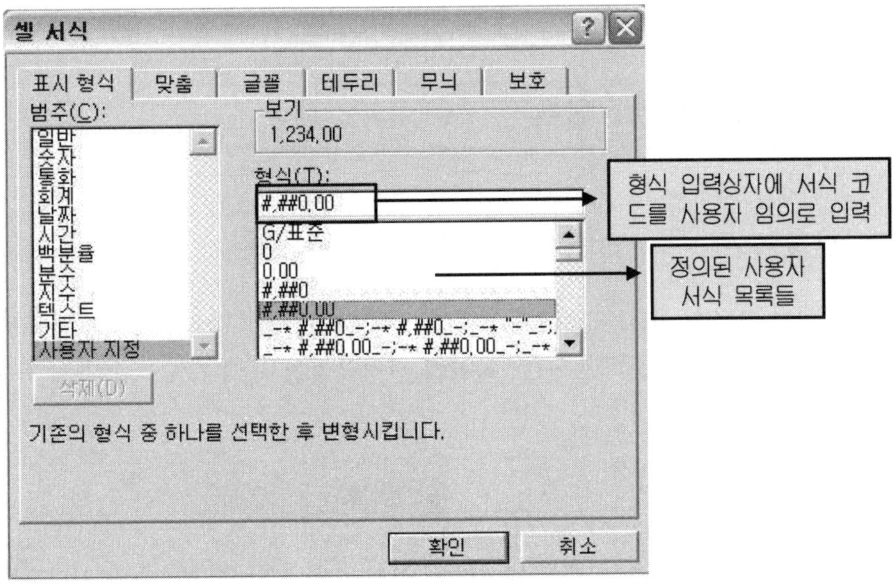

사용자 지정 서식코드

서식코드	의미
#	유효한 자릿수를 표시하는 것으로 유효하지 않은 0은 표시하지 않음
0	0값을 자릿수만큼 표시
,	천 단위 구분기호를 표시
색 지정	색 이름을 대괄호로 묶어 코드 첫 부분에 표시
yy, mm, dd	날짜 데이터의 연, 월, 일 부분을 지정한 자릿수대로 표시
hh, mm, am/pm	시간, 분, 오전/오후를 표시
@	문자 데이터 표시 위치를 지정
*	문자를 반복하여 열의 너비만큼 채움

[참고사항] 사용자 지정 서식

- 셀의 내용을 화면에 나타내지 않으려면 사용자 지정 서식 코드에 ;;;(세미콜론 세 개)를 입력한다.
- 사용자 지정 서식 목록 중 하나를 선택하고 [삭제] 단추를 누르면 사용자 서식이 지워진다.

6. 데이터 맞춤

■ 맞춤 도구

기본적으로 워크시트에 입력되는 문자 데이터는 왼쪽 맞춤, 숫자와 날짜 데이터는 오른쪽 맞춤이 적용되는데, 맞춤 형식을 쉽고 빠르게 변경하려면 서식 도구모음의 맞춤 관련 아이콘을 사용하면 된다.

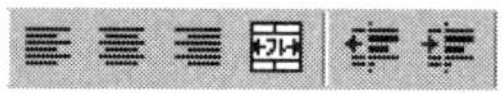

- 왼쪽/가운데/오른쪽 맞춤 : 데이터를 셀의 왼쪽/가운데/오른쪽을 기준으로 맞춘다.
- 병합하고 가운데 맞춤 : 여러 셀을 하나로 합한 다음 가로·세로 맞춤을 모두 가운데로 지정한다.
- 내여쓰기/들여쓰기 : 셀 왼쪽에서 데이터를 한 문자 단위로 들여쓰기하거나 들여쓰기 한 것을 다시 원래 상태로 내어쓰기한다.

■ 가로 · 세로 텍스트 맞춤

셀의 너비와 높이에 맞추어 데이터를 가로·세로 방향으로 정렬하는 방식이나 텍스트의 입력방향 등을 지정한다. 변경할 범위를 지정하고 [서식] → [셀] 메뉴를 선택한 후 셀 서식 대화상자의 [맞춤] 탭에서 지정한다.

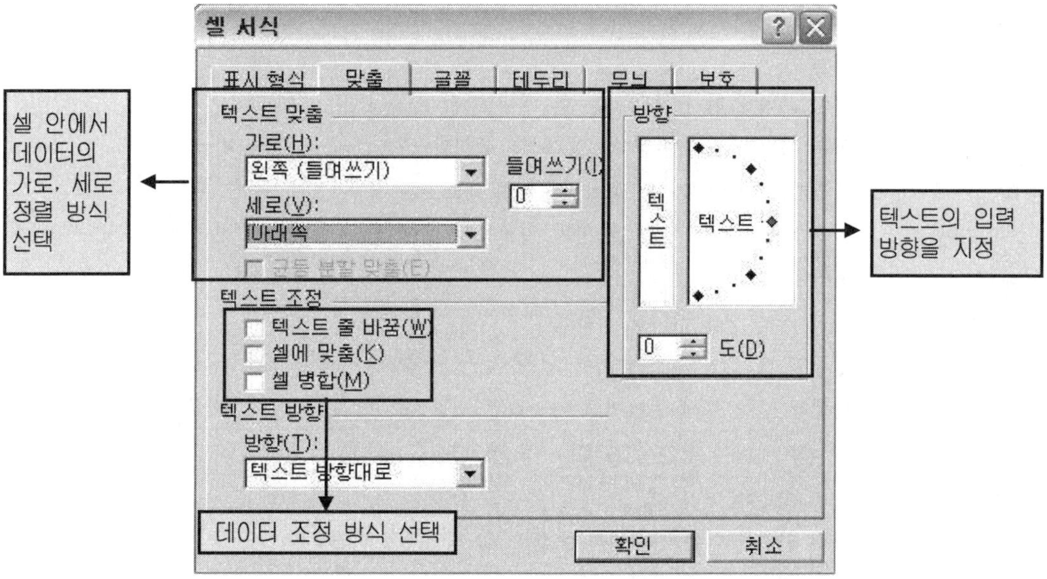

실습

① B2셀에 '홍길동'을 입력하고 가로 '왼쪽' 맞춤을 지정한다.

② B3셀에 '홍길동'을 입력하고 가로 '가운데' 맞춤을 지정한다.

③ B4셀에 '홍길동'을 입력하고 가로 '오른쪽' 맞춤을 지정한다.

④ B5셀에 '홍길동'을 입력하고 '가로'에서 '균등분할' 맞춤을 지정한다.

⑤ B7셀에 '홍길동'을 입력하고 B7:E7을 범위로 지정한 다음 '가로'에서 '채우기'맞춤을 지정한다.

⑥ B9셀에 "홍길동홍길동홍길동"을 입력하고 가로에서 '양쪽맞춤'을 지정한다.

⑦ B11셀에 "홍길동"을 입력하고 B11:E11을 범위로 지정한 다음 '가로'에서 '선택한 영역의 가운데 맞춤을 지정한다.

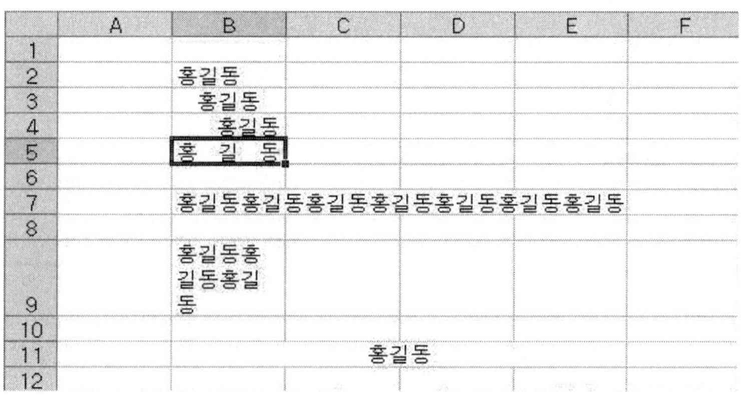

텍스트 조정 방식

텍스트 줄 바꿈	• 열의 너비에 따라 텍스트를 한 셀에 여러 줄로 표시 • 열의 너비가 입력된 텍스트를 모두 표시할 수 있으면 의미가 없음
셀에 맞춤	• 텍스트의 글꼴 크기를 줄여 한 셀에 텍스트를 모두 표시 • 원래 글꼴 크기는 영향을 받지 않으므로 셀에 맞춤 확인란을 선택 해제하면 원래 상태로 복원됨
셀 병합	• 여러 개의 셀을 하나로 합해줌 • 병합된 셀의 셀 주소는 선택 범위 첫 셀의 주소가 됨 • 병합된 셀을 다시 원래대로 나누려면 병합 확인란을 선택 해제하면 됨
들여쓰기	• 셀 왼쪽에서 지정한 문자 수 만큼 셀 내용을 들여쓰기 함
텍스트 방향	• 회전 각도에 따라 텍스트의 기울기를 설정 • 양수 입력 : 왼쪽 아래에서 오른쪽 위 방향으로 기울기 • 음수 입력 : 왼쪽 위에서 오른쪽 아래 방향으로 기울기

실습

① B2셀에 '남포동 갈매기의 날개'를 입력하고 '텍스트 줄바꿈'을 지정한다.

② B4셀에 '남포동 갈매기의 날개'를 입력하고 '셀에 맞춤'을 지정한다.

③ E2셀에 '남포동 갈매기의 날개'를 입력하고 E2:G4 부분을 범위로 지정하고 '셀 병합'을 지정한다.

④ E6셀에 '홍길동'을 입력하고 텍스트 방향을 '45도'로 지정한다.

⑤ G6셀에 '홍길동'을 입력하고 텍스트 방향을 '-45도'로 지정한다.

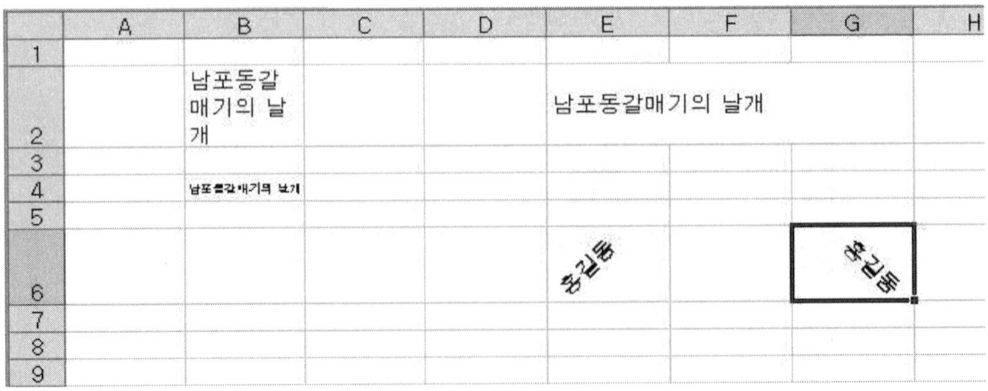

7. 글꼴 서식

글꼴 서식은 셀에 입력된 글자의 모양을 지정하는 것을 말한다. 서식 도구모음을 사용하거나 [서식] → [셀] 메뉴를 선택하여 [글꼴] 탭에서 다양한 형식의 글꼴 서식을 설정한다.

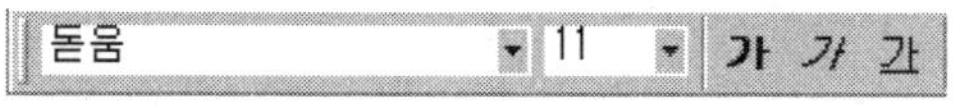

실습

'2003년실적표.xls' 통합문서를 열고 다음과 같이 글꼴 서식을 지정해 보자.

	A	B	C	D	E	F	G
1			2003년 실적표				
2							
3	지점명	대표	2003년 실적	계획	실적	목표율	
4	영랑점	전지영	978	1000	567	0.567	
5	교동점	함승연	1567	1700	789	0.464118	
6	초당점	홍종만	789	890	678	0.761789	
7	임당점	짐진영	567	678	789	1.163717	
8	내곡점	윤병집	890	945	567	0.6	
9	지변점	김성일	876	956	898	0.939331	
10	장사점	김정민	678	857	578	0.674446	
11	관악점	하경민	987	1200	668	0.556667	
12	홍제점	윤종필	789	809	578	0.714462	
13							
14							

2003년 실적표 → 궁서, 굵게, 18포인트, 빨강

① 글꼴 서식을 변경할 부분을 선택하고 [서식] → [셀] 메뉴를 선택한다.

② [셀 서식] 대화상자의 [글꼴] 탭에서 서식을 지정한 후 [확인] 단추를 누른다.

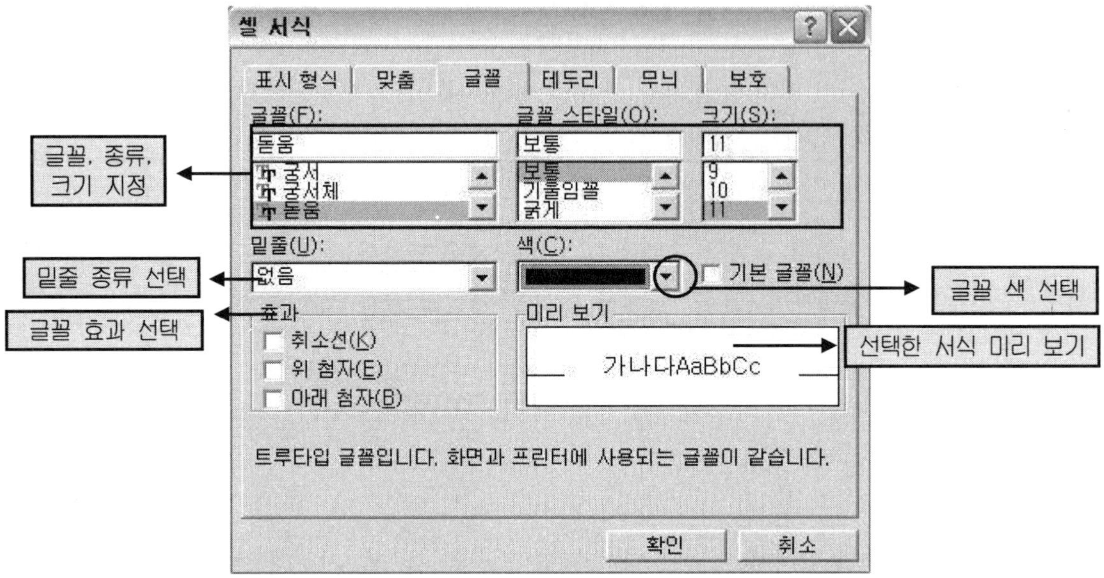

8. 테두리 서식

워크시트에 기본적으로 나타나는 셀 구분선은 인쇄 옵션에서 특별히 지정하지 않으면 인쇄되지 않는다. 따라서 워크시트에 계산표를 작성하고 외곽선을 그리려면, 서식 도구모음의 테두리 도구를 누르고 테두리 종류를 선택하거나 [서식] → [셀] 메뉴를 선택하고 [셀 서식] 대화상자의 [테두리] 탭에서 테두리 유형과 색을 지정하여 그린다.

실습

'2003년 실적표.xls'에 다음과 같이 테두리를 지정해 보자.

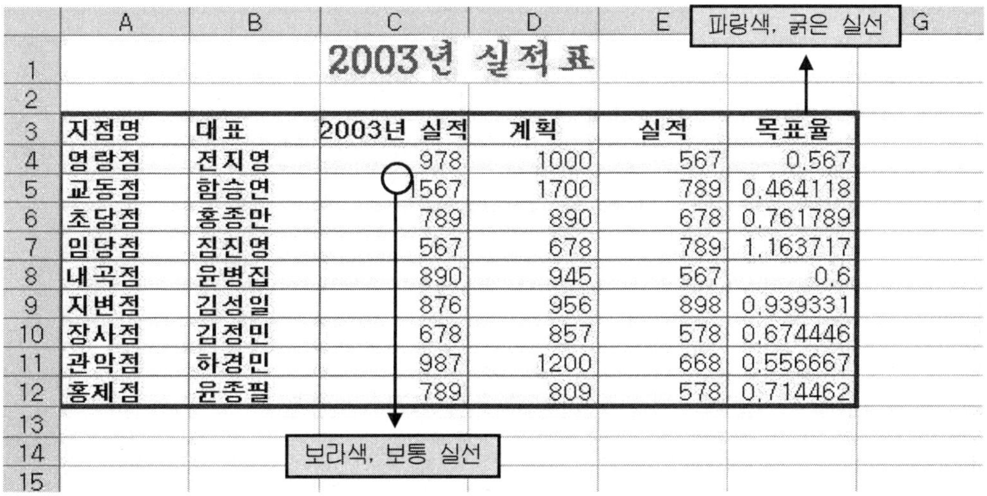

	A	B	C	D	E	F
1			2003년 실적표			
2						
3	지점명	대표	2003년 실적	계획	실적	목표율
4	영랑점	전지영	978	1000	567	0.567
5	교동점	함승연	1567	1700	789	0.464118
6	초당점	홍종만	789	890	678	0.761789
7	임당점	짐진영	567	678	789	1.163717
8	내곡점	윤병집	890	945	567	0.6
9	지변점	김성일	876	956	898	0.939331
10	장사점	김정민	678	857	578	0.674446
11	관악점	하경민	987	1200	668	0.556667
12	홍제점	윤종필	789	809	578	0.714462

① 테두리를 지정할 부분을 범위로 지정하고 [서식] → [셀] 메뉴를 선택한다.

② [셀 서식] 대화상자의 [테두리] 탭에서 테두리의 색, 유형을 선택하고 설정 단추를 눌러 테두리의 설정 위치를 지정한 후 [확인]단추를 누른다.

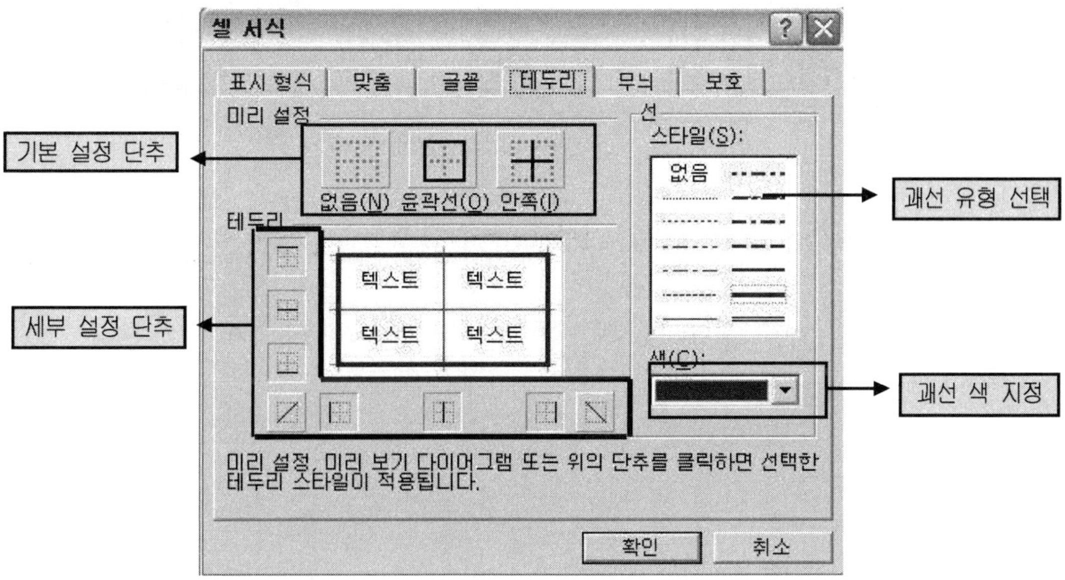

9. 무늬 서식

바탕색과 무늬를 설정하고자 할 경우 사용하는 것으로 서식 도구모음의 색채우기 도구를 사용하면 바탕색만 지정할 수 있으며 [서식] → [셀] 메뉴를 선택하면 바탕색과 무늬색, 무늬 모양까지 지정하여 다양한 무늬를 설정할 수 있다.

실습

'2003년 실적표.xls'에 다음과 같이 무늬를 실습해 보자.

	A	B	C	D	E	F
1			2003년 실적표			
2						
3	지점명	대표	2003년 실적	계획	실적	목표율
4	영랑점	전지영	978	1000	567	0.567
5	교동점	함승연	1567	1700	789	0.464118
6	초당점	홍종만	789	890	678	0.761789
7	임당점	짐진영	567	678	789	1.163717
8	내곡점	윤병집	890	945	567	0.6
9	지변점	김성일	876	956	898	0.939331
10	장사점	김정민	678	857	578	0.674446
11	관악점	하경민	987	1200	668	0.556667
12	홍제점	윤종필	789	809	578	0.714462
13						
14						

① 무늬를 지정할 셀 범위를 지정하고 [서식] → [셀] 메뉴를 선택한다.

② [셀 서식] 대화상자의 [무늬] 탭으로 이동하여 바탕색으로 지정한다.

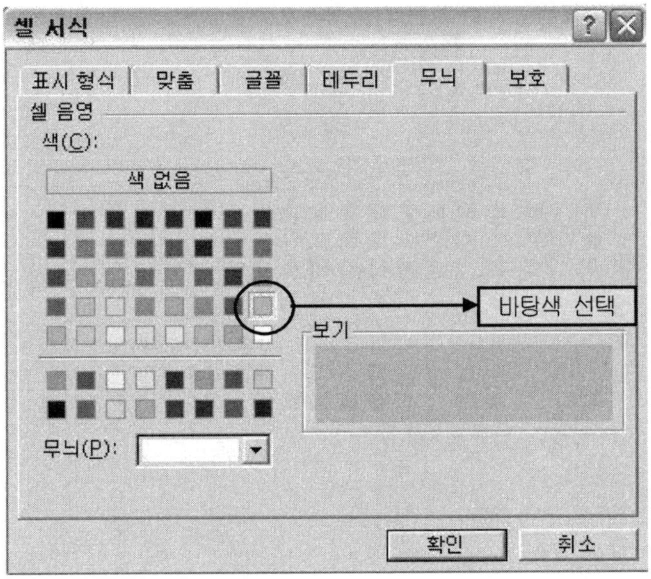

③ 무늬 목록 단추를 누르고 무늬 모양과 무늬 색을 선택한 다음 [확인] 단추를 누른다.

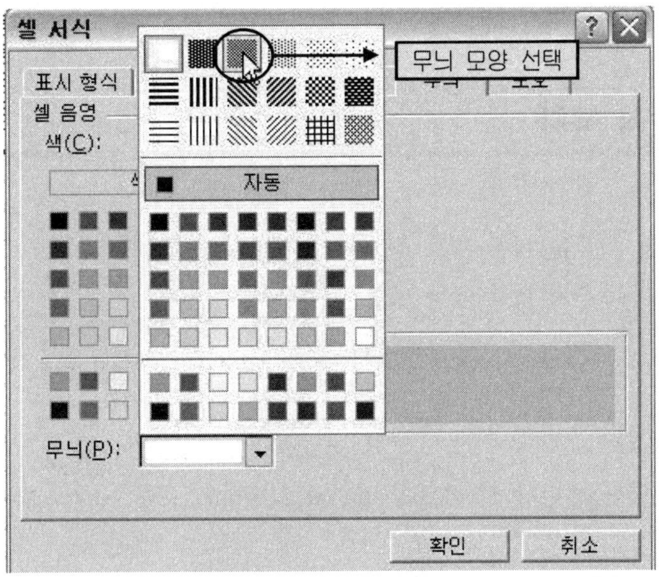

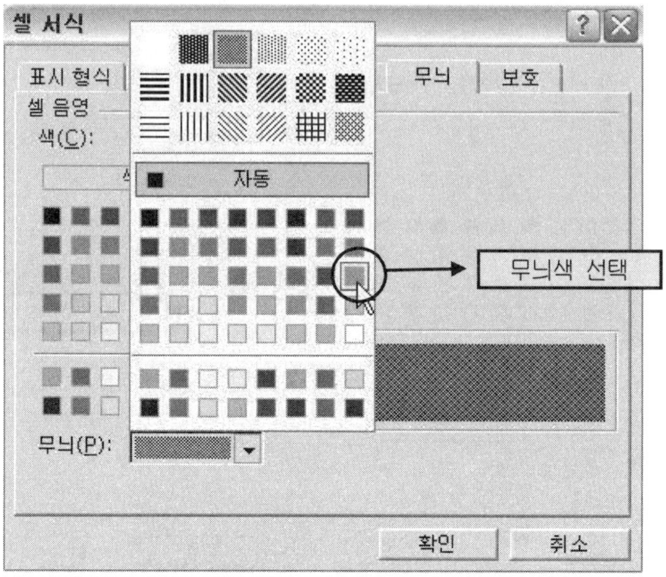

10. 서식 복사

선택한 셀에 지정된 서식을 다른 셀로 복사하여 사용할 수 있게 해주는 것으로, 선택하여 붙여넣기 옵션에서 서식 항목을 선택한 것과 같은 기능을 한다.

실습

① 복사할 서식이 있는 셀이나 셀 범위를 범위로 지정하고 표준 도구모음의 서식복사 도구를 누른다.

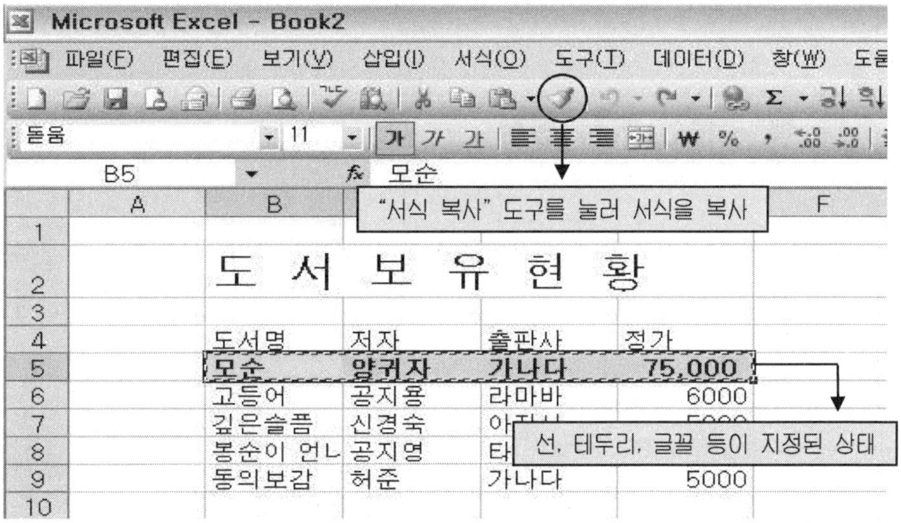

② 마우스 포인터의 모양이 변하면 복사한 서식을 마우스 끌기로 적용할 셀 범위를 지정한 다음 마우스 단추를 놓는다.

11. 셀 구분선 표시 설정

- 화면에 표시되는 셀 구분선을 없애고 작업하면 문서 형식을 보다 보기 좋게 만들 수 있 다.
- [도구] → [옵션] 메뉴를 선택하고 [화면 표시] 탭에서 셀 구분선의 표시 여부를 지정하거나 셀 구분선의 색을 변경한다.

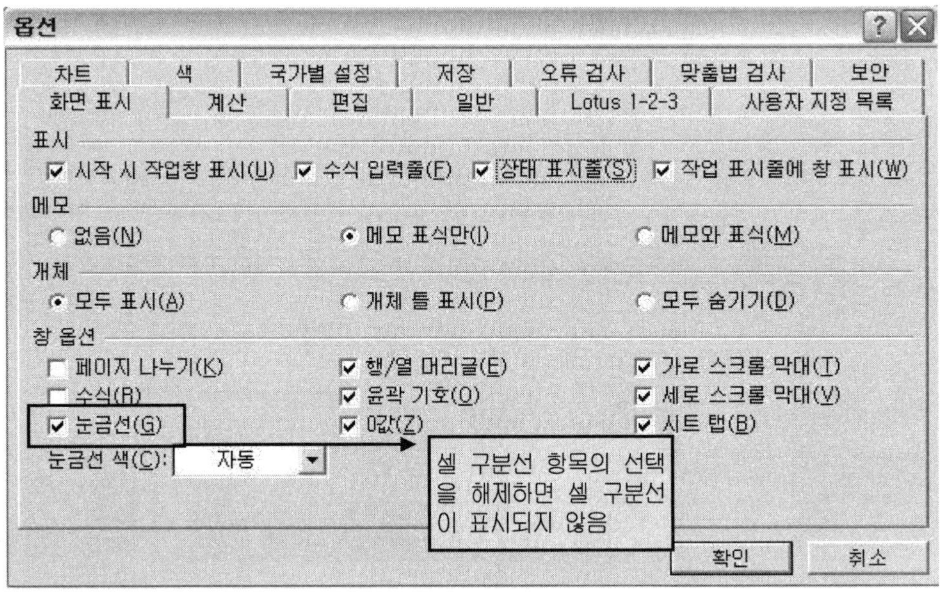

셀 구분선이 표시된 경우

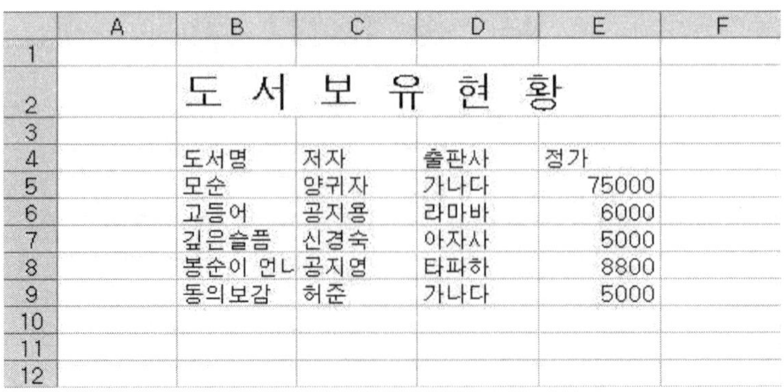

	A	B	C	D	E	F
1						
2		도 서 보 유 현 황				
3						
4		도서명	저자	출판사	정가	
5		모순	양귀자	가나다	75000	
6		고등어	공지용	라마바	6000	
7		깊은슬픔	신경숙	아자사	5000	
8		봉순이 언니	공지영	타파하	8800	
9		동의보감	허준	가나다	5000	
10						
11						
12						

셀 구분선이 표시되지 않은 경우

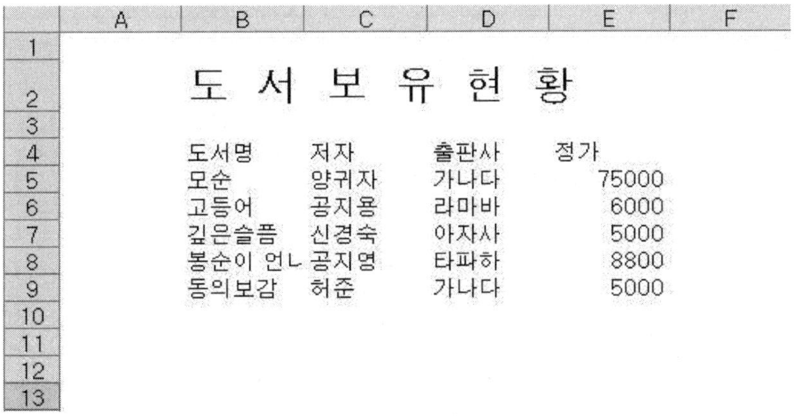

	A	B	C	D	E	F
1						
2		도 서 보 유 현 황				
3						
4		도서명	저자	출판사	정가	
5		모순	양귀자	가나다	75000	
6		고등어	공지용	라마바	6000	
7		깊은슬픔	신경숙	아자사	5000	
8		봉순이 언L	공지영	타파하	8800	
9		동의보감	허준	가나다	5000	
10						
11						
12						
13						

12. 조건부 서식

시계의 알람과 같이 셀 안의 데이터가 어떤 값이 되는 순간 정해진 서식이 자동으로 표시되도록 지정하는 것을 조건부 서식이라 한다.

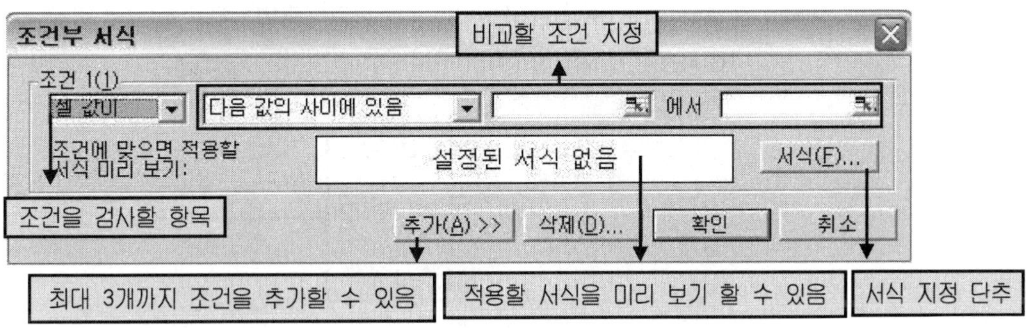

실습

'8월 급여.xls'에서 실수령액이 130만원 이상인 셀을 파랑 바탕에 검정색 기울임꼴로 나타내도록 조건부 서식을 지정해 보자.

① 조건부 서식을 적용할 부분을 범위로 지정한 다음 [서식] → [조건부 서식] 메뉴를 선택한다.

** 2003년 8월 사원 급여 내역 **

이름	직위	기본급	직위수당	세금	실수령액
윤병집	소장	1680000	500000	50000	2130000
전지영	과장	1240000	250000	25000	1465000
함승연	대리	1000000	200000	20000	1180000
박효진	사원	800000	100000	10000	890000
하경민	사원	800000	100000	10000	890000
	합계금액	5520000	1150000	115000	6555000
	평균금액	1104000	230000	23000	1311000
	최고금액	1680000	500000	50000	2130000
	최소금액	800000	100000	10000	890000

② 조건을 검사할 항목과 비교 조건을 지정한 다음 [서식] 단추를 누른다.

③ [셀 서식] 대화상자에서 셀에 적용할 서식을 지정하고 [확인] 단추를 누른다.

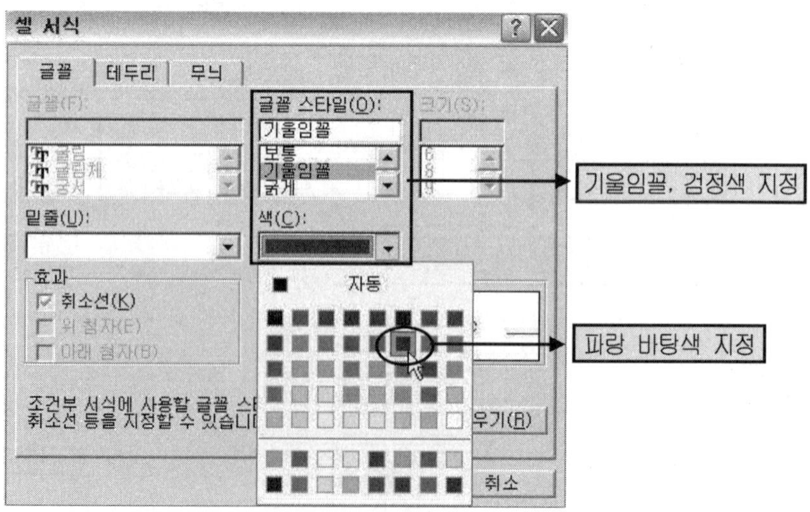

④ [조건부 서식] 대화상자에 지정한 서식이 미리 보여진다. 맞을 경우 [확인] 단추를 누르면 서식이 적용된다.

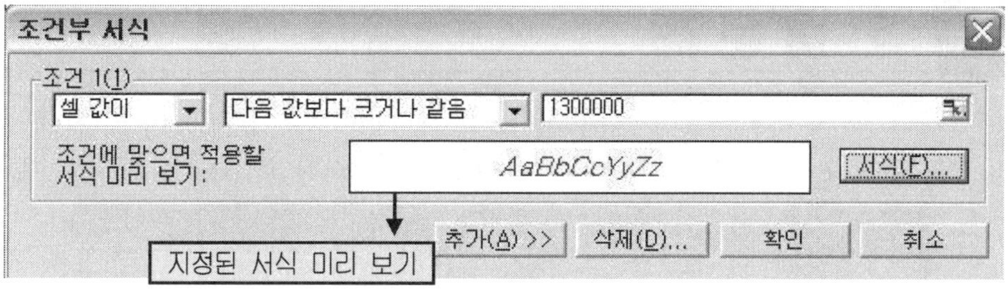

⑤ 기본급과를 변경시켜 가면서 자동으로 조건부 서식이 적용되는지 확인해 보자.

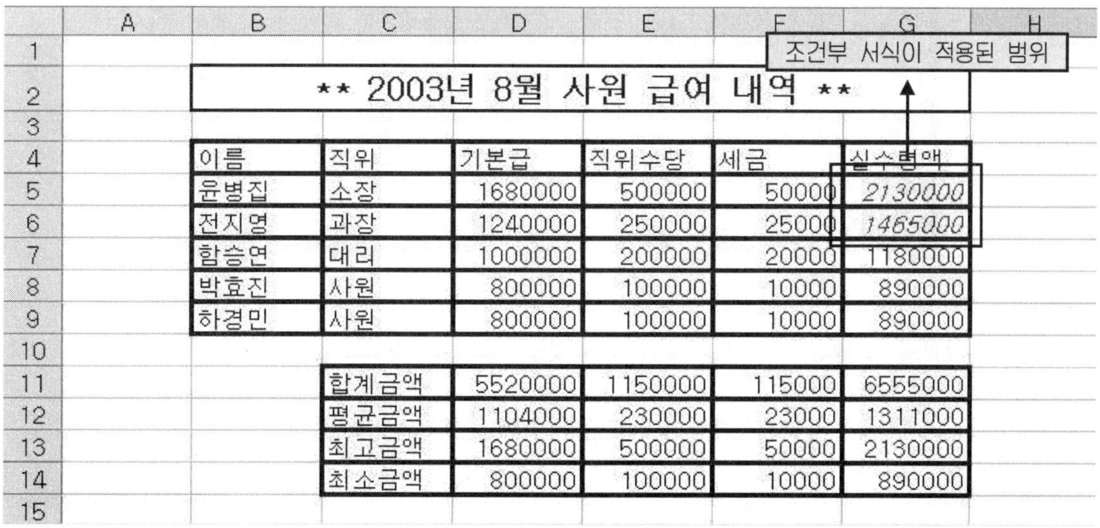

** 2003년 8월 사원 급여 내역 **

이름	직위	기본급	직위수당	세금	실수령액
윤병집	소장	1680000	500000	50000	*2130000*
전지영	과장	1240000	250000	25000	*1465000*
함승연	대리	1000000	200000	20000	1180000
박효진	사원	800000	100000	10000	890000
하경민	사원	800000	100000	10000	890000
	합계금액	5520000	1150000	115000	6555000
	평균금액	1104000	230000	23000	1311000
	최고금액	1680000	500000	50000	2130000
	최소금액	800000	100000	10000	890000

연습문제

① 처리 조건에 따라 다음 서식1 워크시트를 작성한 후 '서식연습.xls'로 저장해 보자.

서식연습

	A	B	C	D	E	F
1	㈜서울그룹의 건물관리 대장					
2						
3	번호	건물명	소재지	평수	계약자	계약금액
4	1001	목화 201	경기도 안산	35	이순신	2500000
5	1002	목화 202	경기도 북수원	65	김을동	6500000
6	1003	목화 203	경기도 동수원	55	김욱순	6000000
7	2001	대신 201	강원도 강릉	56	나도향	3000000
8	2002	대신 202	강원도 원주	65	박문수	5000000
9	3001	청탁 201	서울시 동작구	85	김근우	10000000
10	3002	청탁 202	서울시 강남구	82	이강철	12000000
11	3003	청탁 203	서울시 성북구	88	정영근	9000000
12						
13		작성일 :	2004-08-30			
14						

서식1 / 서식2 / Sheet3

[조건]
- [A1:F1] 영역을 셀 병합후 '가로 세로 가운데 맞춤', 글꼴 '굴림', 크기 '16' 글꼴의 종류 '굵게'
- 제목을 이중실선으로 지정
- '㈜서울그룹의 건물관리 대장' 제목의 양쪽에 특수문자 '♣'를 삽입
- [A3:F11]을 '가로 가운데 맞춤', 테두선을 모두 지정하시오
- 제목 중 '건물' 한자 建物으로 표시

② '서식연습.xls'에 처리 조건에 따라 다음 '서식2' 워크시트를 작성해 보자.

서식연습

	A	B	C	D	E	F
1	학교별 도서 매출 현황					
2						
3	학교	문학	전문서적	교양	계	
4	관동대학교	33,556	68,559	55,894		
5	강릉대학교	32,665	48,992	66,589		
6	삼척대학교	30,116	19,885	88,154		
7	강원도립대	25,466	88,124	68,951		
8	영동전문대	29,564	65,123	66,541		
9	한양여자대	30,111	45,689	28,657		
10	**합 계**					
11	**도서별 비율**					
12						

서식1 / 서식2 / Sheet3

[조건]
· 학교별 합계와 분야별 합계를 구한 후 전체 중 각 도서가 차지하는 도서별 비율을 구한 다음 퍼센트 (%) 기호를 붙일 것.
· 각 도서별 비율 = 각 도서별 합계(B10:D10)/전체합(E10)
· 제목은 A1셀에 입력하고 A1:E1 범위를 병합한 후 가운데로 맞출 것
· 나머지 서식은 자동서식의 '목록형 1'로 처리할 것

Chapter 4

함수의 종류

1. 통계 함수

일정한 셀 범위의 데이터를 통계적으로 분석할 때 수식에서 통계 함수를 사용한다.

주요 통계 함수

함 수	내 용
SUM(인수1, 인수2, 인수3, ...)	인수의 합을 계산
AVERAGE(인수1, 인수2, ...)	인수의 평균을 계산
MAX(인수1, 인수2, ...)	인수들 중 최대값을 구함
MIN(인수1, 인수2, ...)	인수들 중 최소값을 구함
COUNT(인수1, 인수2, ...)	인수 중 숫자의 개수를 구함
COUNTA(인수1, 인수2, ...)	인수의 개수를 구함
LARGE(인수, k)	인수 중 k번째로 큰 수를 구함
SMALL(인수, k)	인수 중 k번째로 작은 수를 구함
RANK(값, 참조 범위, 방법)	범위 중 지정한 값의 순위를 구함

통계 함수 사용 예

함 수 식	설 명
=SUM(A1:A4)	A1 셀에서 A4 셀까지에서 합을 구함
=AVERAGE(A1:A4)	A1 셀에서 A4 셀까지에서 평균을 구함
=SUM(A1, A4)	A1 셀과 A4 셀의 합계를 구함
=AVERAGE(A1, A4)	A1 셀과 A4 셀의 평균을 구함
=MIN(A1:A4)	A1 셀에서 A4 셀까지에서 최소값을 구함
=MAX(A1:A4)	A1 셀에서 A4 셀까지에서 최대값을 구함

[참고사항] 함수란?

- 함수란 복잡한 계산식을 간단하게 처리할 수 있도록 한 미리 정의된 수식으로 엑셀 작업을 쉽고, 빠르게 할 수 있는 유용한 기능이다.
- 함수에서 사용되는 셀, 셀 범위, 상수, 범위 이름 등이 올 수 있다.

실습

▶ 통계 함수 사용하기

① 다음과 같은 워크시트를 작성해 보자.

함수의 종류

	A	B	C	D	E	F	G
1	과별 시험 성적표						
2							
3	학 과	인터넷	엑셀	워드			
4	화학과	85	95	90		합 계	
5	생물과	90	60	80		평 균	
6	전기과	88	59	90		최 대	
7	간호과	65	75	85		최 소	
8	경제과	100	88	65		숫 자 갯 수	
9	경영과	68	97	90		인 수 갯 수	
10	대기과	86	88	98		3번째 큰값	
11	컴공과	78	68	99		5번째 작은값	
12							

통계함수 / Sheet2 / Sheet3

② G열에 다음과 같은 함수를 입력하면서 결과를 확인해 보자.

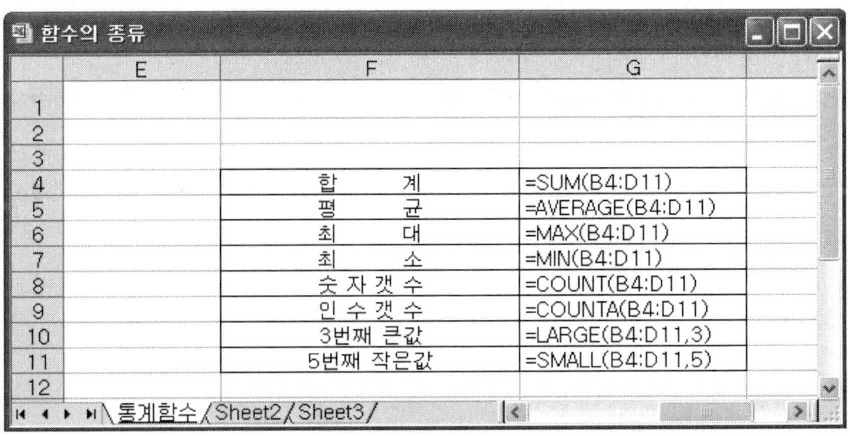

함수의 종류

	E	F	G
1			
2			
3			
4		합 계	=SUM(B4:D11)
5		평 균	=AVERAGE(B4:D11)
6		최 대	=MAX(B4:D11)
7		최 소	=MIN(B4:D11)
8		숫 자 갯 수	=COUNT(B4:D11)
9		인 수 갯 수	=COUNTA(B4:D11)
10		3번째 큰값	=LARGE(B4:D11,3)
11		5번째 작은값	=SMALL(B4:D11,5)
12			

통계함수 / Sheet2 / Sheet3

엑셀

함수의 종류

	A	B	C	D	E	F	G
1	과별 시험 성적표						
2							
3	학 과	인터넷	엑셀	워드			
4	화학과	85	95	90		합 계	1987
5	생물과	90	60	80		평 균	82.79
6	전기과	88	59	90		최 대	100
7	간호과	65	75	85		최 소	59
8	경제과	100	88	65		숫 자 갯 수	24
9	경영과	68	97	90		인 수 갯 수	24
10	대기과	86	88	98		3번째 큰값	98
11	컴공과	78	68	99		5번째 작은값	68
12							

통계함수 / Sheet2 / Sheet3

2. 순위 (RANK 함수)

- 통계 함수 RANK를 사용하여 어떤 값이 일정한 범위 안에서 몇 번째 크기를 갖는지 계산할 수 있다.
- 내림차순 또는 오름차순으로 순위를 계산할 수 있다.

RANK(값, 참조 범위, 방법)

- 참조 범위에서 지정한 값의 순위를 구한다.
- 값 : 순위를 구하려는 수
- 참조 범위 : 순위를 구하려는 수가 들어 있는 수의 목록 범위로 일반적으로 절대 참조를 사용한다.
- 방법 : 순위를 구하는 방법으로 생략하거나 0을 사용하면 내림차순으로, 0이 수를 지정하면 오름차순으로 순위를 구한다.

실습

▶ 평균을 구한 후 평균을 기준으로 석차를 구해보자.

① 다음과 같은 워크시트를 작성해 보자. (평균은 필기 점수와 실기 점수의 평균값으로 함수를 사용하여 계산하며, 소수이하 둘째 자리까지 표시되도록 한다.)

함수의 종류

	A	B	C	D	E	F
1	과별 시험 성적표					
2						
3	학 과	인터넷	엑셀	워드	평균	석차
4	화학과	85	95	90	90.00	
5	생물과	90	60	80	76.67	
6	전기과	88	59	90	79.00	
7	간호과	65	75	85	75.00	
8	경제과	100	88	65	84.33	
9	경영과	68	97	90	85.00	
10	대기과	86	88	98	90.67	
11	컴공과	78	68	99	81.67	
12						

통계함수 / 순위함수 / Sheet3

② G4 셀에 함수식 '=RANK(E4, $E$4:$E$11)'을 입력하여 석차를 구한다.

함수의 종류

	D	E	F
1	험 성적표		
2			
3	워드	평균	석차
4	90	=AVERAGE(B4:D4)	=RANK(E4,$E$4:$E$11)
5	80	=AVERAGE(B5:D5)	=RANK(E5,$E$4:$E$11)
6	90	=AVERAGE(B6:D6)	=RANK(E6,$E$4:$E$11)
7	85	=AVERAGE(B7:D7)	=RANK(E7,$E$4:$E$11)
8	65	=AVERAGE(B8:D8)	=RANK(E8,$E$4:$E$11)
9	90	=AVERAGE(B9:D9)	=RANK(E9,$E$4:$E$11)
10	98	=AVERAGE(B10:D10)	=RANK(E10,$E$4:$E$11)
11	99	=AVERAGE(B11:D11)	=RANK(E11,$E$4:$E$11)
12			

통계함수 / 순위함수 / Sheet3

③ 채우기 핸들을 끌어 수식을 복사한다.

함수의 종류

	A	B	C	D	E	F
1	과별 시험 성적표					
2						
3	학 과	인터넷	엑셀	워드	평균	석차
4	화학과	85	95	90	90.00	2
5	생물과	90	60	80	76.67	7
6	전기과	88	59	90	79.00	6
7	간호과	65	75	85	75.00	8
8	경제과	100	88	65	84.33	4
9	경영과	68	97	90	85.00	3
10	대기과	86	88	98	90.67	1
11	컴공과	78	68	99	81.67	5
12						

통계함수 / 순위함수 / Sheet3

[참고사항] RANK함수 사용시 유의할 점

- RANK 함수의 참조 범위를 상대 참조로 사용하게 되면 수식이 복사되면서 주소가 상대적으로 변하게 되므로 올바른 결과를 얻을 수 없다.
- 따라서 RANK 함수식을 다른 위치로 복사(채우기)해야 할 경우에는 반드시 참조 범위를 절대 참조로 사용해야 한다.

(틀린예)

석차
=RANK(E4,E4:E11)
=RANK(E5,E5:E12)
=RANK(E6,E6:E13)
=RANK(E7,E7:E14)
=RANK(E8,E8:E15)
=RANK(E9,E9:E16)
=RANK(E10,E10:E17)
=RANK(E11,E11:E18)

함수의 종류

	A	B	C	D	E	F
1	과별 시험 성적표					
2						
3	학 과	인터넷	엑셀	워드	평균	석차
4	화학과	85	95	90	90.00	2
5	생물과	90	60	80	76.67	7
6	전기과	88	59	90	79.00	6
7	간호과	65	75	85	75.00	8
8	경제과	100	88	65	84.33	4
9	경영과	68	97	90	85.00	3
10	대기과	86	88	98	90.67	1
11	컴공과	78	68	99	81.67	5
12						

통계함수 / 순위함수 / Sheet3

3. 수학 함수

나머지, 반올림, 조건을 만족하는 셀 범위의 합계나 개수 계산과 같은 수학적인 계산을 할 때 사용한다.

주요 수학 함수

함 수	내 용
ABS(숫자)	숫자의 절대 값을 구함
EXP(숫자)	E를 밑으로 하는 숫자의 거듭 제곱근을 구함
FACT(숫자)	숫자의 계승 값을 계산
INT(숫자)	숫자를 넘지 않는 최대의 정수를 구함
TRUNC(숫자)	숫자의 소수 부분을 절삭
LN(숫자)	숫자의 자연 대수 값을 구함
LOG(숫자)	밑에 값에 의한 숫자의 자연 대수값을 구함
MOD(숫자1, 숫자2)	숫자1을 숫자2로 나눈 나머지를 구함
RAND( )	0과 1사이의 난수를 구함
ROUND(숫자, 자릿수)	자릿수에 맞도록 숫자를 반올림
ROUNDDOWN(숫자, 자릿수)	자릿수에 맞도록 숫자를 내림
ROUNDUP(숫자, 자릿수)	자릿수에 맞도록 숫자를 올림
SIGN(숫자)	숫자의 부호 표시 (수가 양수이면 1, 0이면0, 음수이면-1)
SQRT(숫자)	숫자의 제곱근을 구함

수학 함수 사용 예

함 수 식	설 명
=ABS(-10)	-10의 절대값을 구함
=INT(13.5)	13.5를 넘지 않는 최대 정수를 구함
=TRUNC(145.45)	145.45의 소수 부분을 버린 수를 구함
=MOD(100,3)	100을 3으로 나눈 나머지를 구함
=RAND( )	0과 1사이에서 임의의 수를 자동으로 구함
=ROUND(34.567,2)	34.567을 무조건 반올림하여 소수 둘째 자리까지 구함
=ROUNDDOWN(34.567,2)	34.567을 무조건 버림하여 소수 둘째 자리로 만듦
=SIGN(-100)	-100의 부호를 구함
=SQRT(49)	49의 제곱근을 구함

실습

① 다음과 같은 워크시트를 작성해 보자.

	A	B	C	D	E	F
1						
2		인수	함수	인수	함수	
3		-10		9		
4		9		-10		
5		0		10		
6		-10		9.99		
7		9		9.999		
8		-10		99.9		
9		-10		99.9		
10		9.9		99.999		
11		-9.9		9.9		
12		-9.9		99.999		

② C열과 E열에 함수식을 입력하면서 결과를 확인해 보자.

함수의 종류

	C	D	E
1			
2	함수	인수	함수
3	=ABS(B3)	9	=MOD(D3,5)
4	=SIGN(B4)	-10	=MOD(D4,5)
5	=SIGN(B5)	10	=MOD(D5,0)
6	=SIGN(B6)	9.99	=ROUND(D6,1)
7	=SQRT(B7)	9.999	=ROUND(D7,2)
8	=SQRT(B8)	99.9	=ROUNDDOWN(D8,1)
9	=SQRT(ABS(B9))	99.9	=ROUND(D9,0)
10	=INT(B10)	99.999	=ROUND(D10,5)
11	=INT(B11)	9.9	=ROUNDUP(D11,2)
12	=TRUNC(B12)	99.999	=ROUNDUP(D12,5)

통계함수 / 순위함수 / 수학함수

함수의 종류

	A	B	C	D	E	F
1						
2		인수	함수	인수	함수	
3		-10	10	9	4	
4		9	1	-10	0	
5		0	0	10	#DIV/0!	
6		-10	-1	9.99	10	
7		9	3	9.999	10	
8		-10	#NUM!	99.9	99.9	
9		-10	3.16228	99.9	100	
10		9.9	9	99.999	99.999	
11		-9.9	-10	9.9	9.9	
12		-9.9	-9	99.999	99.999	

통계함수 / 순위함수 / 수학함수

0으로 나누었으므로 오류가 발생됨

인수가 음수로 지정되었으므로 오류가 발생됨(SQRT함수는 양수만 사용가능)

엑셀

4. 조건부 수학 함수

- 셀 범위에서 조건을 만족하는 셀을 찾아 개수를 세거나 합계를 구할 때 사용하는 함수로 매우 많이 사용된다.
- COUNTIF 함수는 조건을 만족하는 셀의 개수를 구하고, SUMIF 함수는 조건을 만족하는 셀의 합계를 구한다.

> **COUNTIF(참조 범위, 조건)**
> 데이터 범위에서 조건에 맞는 셀의 개수를 세어 준다.
> **SUMIF(데이터 범위, 조건, 합계 범위)**
> 데이터 범위에서 조건에 맞는 셀을 찾아 합계 범위에서 대응하는 위치에 있는 셀들의 합계를 계산한다.

조건부 수학 함수 사용 예

=COUNTIF(K1:K20,“>100”) ← K1:K20에서 100보다 큰 값인 개수
=COUNTIF(K1:K20,“서울”) ← K1:K20에서 셀 값이 “서울”인 개수
=SUMIF(A1:A20,“<=55”,B1:B20) ← A1:A20에서 55이하인 셀과 대응하는 B1:B20의 셀 합계

실습

▶ COUNTIF와 SUMIF함수 사용하기

다음과 같은 워크시트를 작성하고 함수식을 입력하여 결과를 확인해 보자. 금액은 단가와 수량을 곱한 값으로 계산한다.

함수의 종류

	B	C	D	E
1				
2	상품명	단 가	수 량	금 액
3	우유	500	50	=C3*D3
4	당근	500	32	=C4*D4
5	양파	700	40	=C5*D5
6	껌	200	12	=C6*D6
7	사이다	700	26	=C7*D7
8	두부	900	23	=C8*D8
9				
10	# 수량이 40개 이상인 품목 :			=COUNTIF(D3:D8,">=40")
11	# 단가가 500원 미만인 품목의 금액의 합은 :			=SUMIF(C3:C8,"<500",E3:E8)
12				

/순위함수/수학함수\ 조건부 수학함수/

함수의 종류

	B	C	D	E	F
1					
2	상품명	단 가	수 량	금 액	
3	우유	500	50	25000	
4	당근	500	32	16000	
5	양파	700	40	28000	
6	껌	200	12	2400	
7	사이다	700	[illegible]	[illegible]	
8	두부	900	[illegible]	[illegible]	
9					
10	# 수량이 40개 이상인 품목 :			2	
11	# 단가가 500원 미만인 품목의 금액의 합은			2400	
12					

COUNTIF를 이용하여 계산

SUMIF를 이용하여 계산

/순위함수/수학함수\ 조건부 수학함

엑셀

5. 날짜/시간 함수

날짜와 시간을 삽입하거나 수식에서 날짜와 시간을 이용하여 값을 계산할 때 사용한다.

주요 날짜/시간 함수

함 수 식	내 용
DATE(연, 월, 일)	연, 월, 일에 해당하는 숫자를 구함
NOW( )	오늘에 해당하는 날짜(연, 월, 일, 시간)를 구함
YEAR(날짜)	날짜에 해당하는 연도를 구함
MONTH(날짜)	날짜에 해당하는 월을 구함
TODAY( )	오늘 날짜를 구함
DAY(날짜)	날짜에서 일 부분을 추출
WEEKDAY(날짜)	날짜의 요일을 계산
HOUR(시간)	시간 부분만을 추출
MINUTE(시간)	분 부분만을 추출
SECOND(시간)	초 부분만을 추출

실습

▶ 다음 워크시트를 작성하고 지정한 날짜/시간 함수를 입력하여 결과를 확인해 보자.

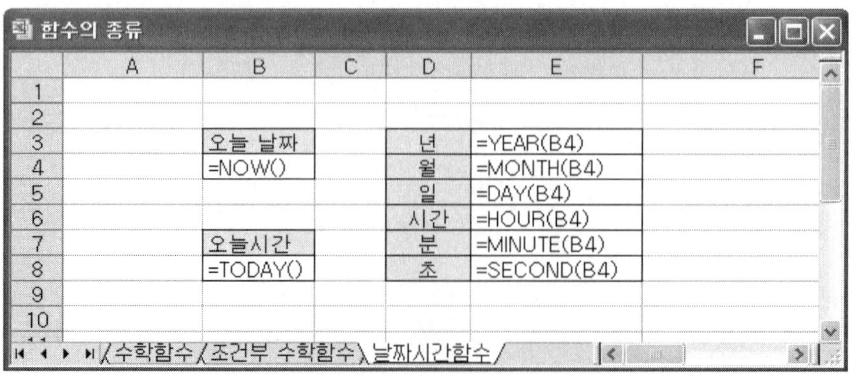

	A	B	C	D	E	F
1						
2						
3		오늘 날짜		년	=YEAR(B4)	
4		=NOW()		월	=MONTH(B4)	
5				일	=DAY(B4)	
6				시간	=HOUR(B4)	
7		오늘시간		분	=MINUTE(B4)	
8		=TODAY()		초	=SECOND(B4)	
9						
10						

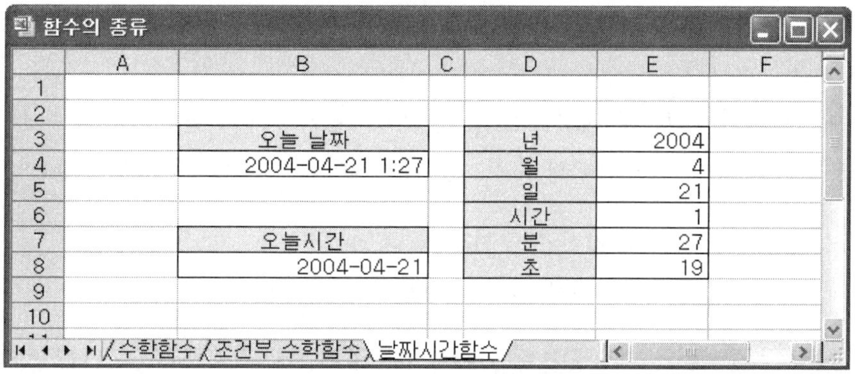

6. 논리 함수

지징한 조건의 참/거짓 여부를 판정하거나 여러 개의 조건을 검색할 때 사용한다.

주요 논리 함수

함　　수	내　　용
AND(논리식1, 논리식2)	논리식1과 논리식2를 AND 연산함
OR(논리식1, 논리식2)	논리식1과 논리식2를 OR 연산함
NOT(논리식)	논리식을 NOT 연산함
IF(조건, 참 값, 거짓 값)	조건이 참이면 참 값을, 거짓이면 거짓 값을 구함

논리 함수 사용 예

함 수 식	설　　명
=AND(K5>100, L5="서울")	K5가 100보다 크고 L5가 "서울"이면 TRUE 반환
=OR(K5>100, L5="서울")	K5가 100보다 크거나 L5가 "서울"이면 TRUE 반환
=NOT(M7<50)	M7이 50보다 작으면 FALSE 반환
=IF(A9>=80, "합격", "불합격")	A9가 80이상이면 "합격", 아니면 "불합격"

실습

다음과 같이 "합격판정.xls"을 저장하여 합격여부를 평가하려고 한다. G3, H3 셀에 각각 어떤 논리함수를 사용해야 하는지 연구해 보자. 결과는 참이면 TRUE, 거짓이면 FALSE로 표시한다.

- 합격여부1 : 필기와 실기가 80점 이상인가?.
- 합격여부2 : 필기와 실기 중 70점 미만인 항목이 있는가?

	A	B	C	D	E
1	제 50회 워드 2급 최종 합격현황				
2					
3	성명	필기	실기	합격여부1	합격여부2
4	이민진	90	100	=AND(B4>=80,C4>=80)	=OR(B4<70,C4<70)
5	전지영	50	90	=AND(B5>=80,C5>=80)	=OR(B5<70,C5<70)
6	함승연	80	80	=AND(B6>=80,C6>=80)	=OR(B6<70,C6<70)
7	권혁원	88	91	=AND(B7>=80,C7>=80)	=OR(B7<70,C7<70)
8	정주영	92	89	=AND(B8>=80,C8>=80)	=OR(B8<70,C8<70)
9					
10					

	A	B	C	D	E
1	제 50회 워드 2급 최종 합격현황				
2					
3	성명	필기	실기	합격여부1	합격여부2
4	이민진	90	100	TRUE	FALSE
5	전지영	50	90	FALSE	TRUE
6	함승연	80	80	TRUE	FALSE
7	권혁원	88	91	TRUE	FALSE
8	정주영	92	89	TRUE	FALSE
9					
10					

7. IF 논리 함수

IF 논리 함수는 조건식을 사용하여 조건식이 참이냐 거짓이냐에 따라 서로 다른 값을 출력하거나 계산해야 하는 경우에 사용한다.

IF(조건식, 참값, 거짓 값)

- 조건식 : IF 함수에 사용할 조건식
- 참 값 : 조건식이 참일 때의 값
- 거짓 값 ; 조건식이 거짓일 때의 값

(예) =IF(A>B, 500, 100)　　← A>B 이면 500을 표시, A<=B 이면 100을 표시

실습

▶ 합격/불합격 판정 구하기

① 다음과 같은 워크시트를 작성하여 평균을 구한 후 평균이 80점 이상이면 합격, 그렇지 않으면 불합격 판정을 내린다.

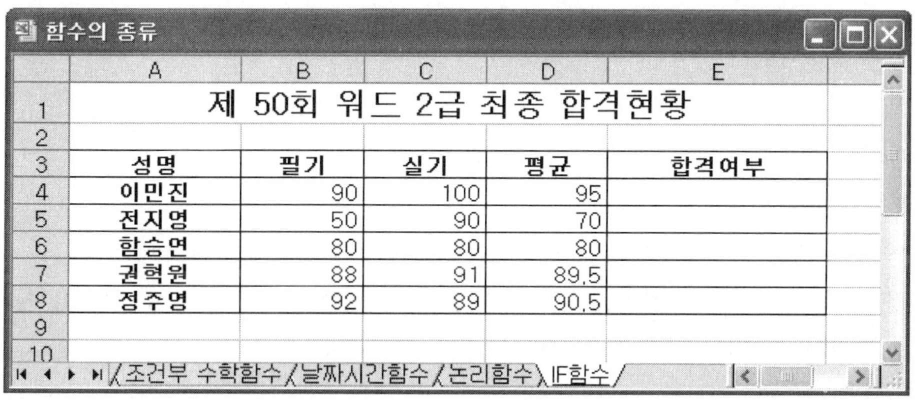

함수의 종류

	A	B	C	D	E
1	제 50회 워드 2급 최종 합격현황				
2					
3	성명	필기	실기	평균	합격여부
4	이민진	90	100	95	
5	전지영	50	90	70	
6	함승연	80	80	80	
7	권혁원	88	91	89.5	
8	정주영	92	89	90.5	
9					
10					

조건부 수학함수 / 날짜시간함수 / 논리함수 / IF함수

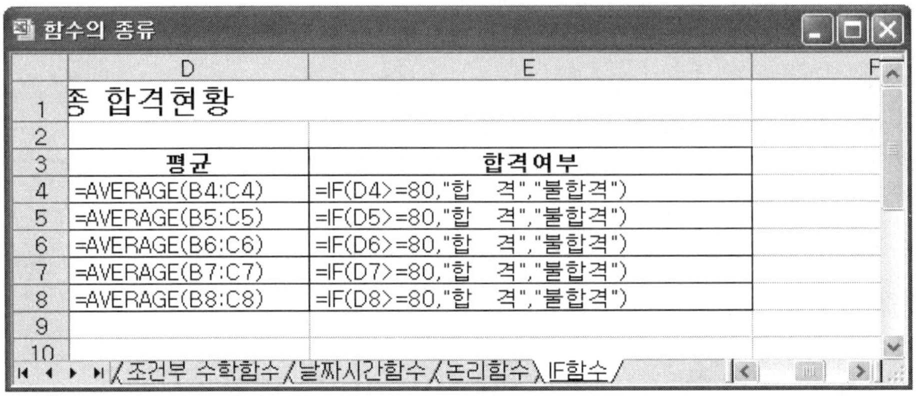

함수의 종류

	D	E
1	종 합격현황	
2		
3	평균	합격여부
4	=AVERAGE(B4:C4)	=IF(D4>=80,"합 격","불합격")
5	=AVERAGE(B5:C5)	=IF(D5>=80,"합 격","불합격")
6	=AVERAGE(B6:C6)	=IF(D6>=80,"합 격","불합격")
7	=AVERAGE(B7:C7)	=IF(D7>=80,"합 격","불합격")
8	=AVERAGE(B8:C8)	=IF(D8>=80,"합 격","불합격")

조건부 수학함수 / 날짜시간함수 / 논리함수 / IF함수

함수의 종류

	A	B	C	D	E
1	제 50회 워드 2급 최종 합격현황				
2					
3	성명	필기	실기	평균	합격여부
4	이민진	90	100	95	합 격
5	전지영	50	90	70	불합격
6	함승연	80	80	80	합 격
7	권혁원	88	91	89.5	합 격
8	정주영	92	89	90.5	합 격

조건부 수학함수 / 날짜시간함수 / 논리함수 / IF함수

8. 중첩 IF 함수

- 중첩 함수란 하나의 함수를 다른 함수의 인수로 사용하는 것을 말한다.
- 함수는 7단계까지 중첩이 가능하다.
- IF 함수의 중첩은 하나의 값을 여러 조건과 검사하고자 할 때 사용한다.
- 단일 IF 함수는 하나의 조건식을 통해 참과 거짓을 판별하지만 중첩 IF 함수를 사용하면 7단계까지 중첩하여 8개의 서로 다른 결과를 얻을 수 있다.

  (예) =IF(K5>=3000, "최우수", IF(K5>=2000, "우수", IF(K5>=1000, "보통", "낙제")))

  ←K5가 3000이상이면 "최우수", 2000이상이면 "우수", 1000이상이면 "보통", 나머지는 "낙제"를 출력한다.

실습

① '합격판정.xls'를 불러 평균이 90점 이상이면 "A", 80점 이상이면 "B", 70점 이상이면 "C", 60점 이상이면 "D", 60점 미만이면 "F"로 평가를 구해보자.

	A	B	C	D	E	F
1	제 50회 워드 2급 최종 합격현황					
2						
3	성명	필기	실기	평균	합격여부	평점
4	이민진	90	100	95	합 격	
5	전지영	50	90	70	불합격	
6	함승연	80	80	80	합 격	
7	권혁원	88	91	89.5	합 격	
8	정주영	92	89	90.5	합 격	

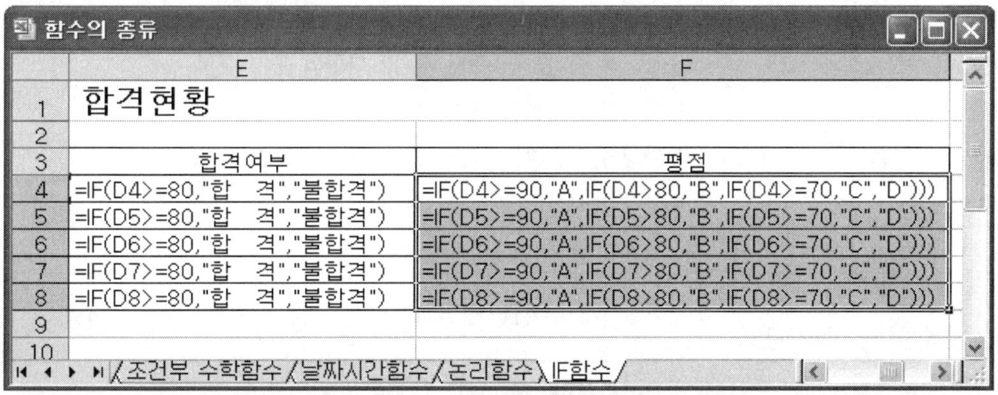

	E	F
1	합격현황	
2		
3	합격여부	평점
4	=IF(D4>=80,"합 격","불합격")	=IF(D4>=90,"A",IF(D4>80,"B",IF(D4>=70,"C","D")))
5	=IF(D5>=80,"합 격","불합격")	=IF(D5>=90,"A",IF(D5>80,"B",IF(D5>=70,"C","D")))
6	=IF(D6>=80,"합 격","불합격")	=IF(D6>=90,"A",IF(D6>80,"B",IF(D6>=70,"C","D")))
7	=IF(D7>=80,"합 격","불합격")	=IF(D7>=90,"A",IF(D7>80,"B",IF(D7>=70,"C","D")))
8	=IF(D8>=80,"합 격","불합격")	=IF(D8>=90,"A",IF(D8>80,"B",IF(D8>=70,"C","D")))

	A	B	C	D	E	F
1	제 50회 워드 2급 최종 합격현황					
2						
3	성명	필기	실기	평균	합격여부	평점
4	이민진	90	100	95	합 격	A
5	전지영	50	90	70	불합격	C
6	함승연	80	80	80	합 격	C
7	권혁원	88	91	89.5	합 격	B
8	정주영	92	89	90.5	합 격	A

9. 문자열 함수

대소문자를 변환하거나 문자열의 길이, 문자열의 부분 추출 등 수식에서 문자열을 조작할 때 문자열 함수를 사용한다.

주요 문자열 함수

함 수	내 용
EXACT(문자1, 문자2)	문자1과 문자2가 일치하는지 비교함
LEFT(문자열, 숫자)	문자열의 왼쪽에서 지정 숫자만큼의 문자 구함
RIGHT(문자열, 숫자)	문자열의 오른쪽에서 지정 숫자 만큼의 문자 구함
MID(문자열, 숫자1, 숫자2)	문자열의 숫자1에서부터 숫자2 만큼의 문자 구함
LEN(문자열)	문자열의 길이를 계산
PROPER(문자열)	문자열의 첫글자를 대문자로 변환하여 구함
LOWER(문자열)	대문자를 모두 소문자로 변환
UPPER(문자열)	소문자를 모두 대문자로 변환
REPLACE (문자열,숫자1, 숫자2,문자열2)	문자열 1의 숫자1번째 문자부터 숫자2만큼의 문자열을 문자열2로 치환함
REPT(문자열, 숫자)	문자열을 지정 숫자만큼 반복함
TEXT(인수, 서식)	인수를 서식에 맞춰 표시함
TRIM(문자열)	문자열에 포함된 한 칸 이상의 공백을 모두 한 칸의 공백으로 바꿈

문자열 함수 사용 예

함 수 식	결 과
=LEFT("GOOD BYE", 4)	"GOOD BYE"에서 왼쪽 4문자만 추출
=RIGHT("GOOD BYE", 3)	"GOOD BYE"에서 오른쪽 3문자만 추출
=MID("HELLO", 2, 3)	"HELLO"의 2번째 문자부터 3문자를 추출
=LEN("GOOD BYE")	"GOOD BYE"의 문자열 길이를 구함
=PROPER("good morning")	"good morning"의 첫 글자를 대문자로 전환
=LOWER("GOOD BYE")	"GOOD BYE"를 모두 소문자로 변환
=UPPER("good morning")	"good morning"을 모두 대문자로 변환
=REPLACE("Good Time",1,4,"TEA")	"Good Time"의 1번째 문자로부터 4문자, 즉 "Good"을 "Tea"로 치환
=REPT("*", 12)	"*"문자를 12번 반복하여 출력
=TEXT(123.45, "#, ##0")	123.45를 "#,##0"형식에 맞춰 표시함
=TRIM("사 랑 해")	문자열의 공백을 한 칸으로 변환

실습

▶ 나이, 성별 구하기

다음과 같은 워크시트에 주어진 주민등록번호를 이용하여 나이와 성별을 구해보자.

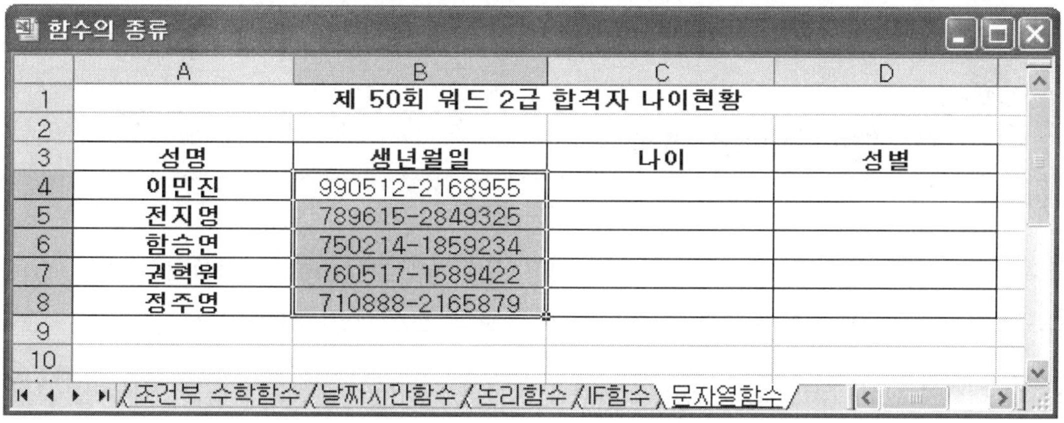
함수의 종류

	A	B	C	D
1	제 50회 워드 2급 합격자 나이현황			
2				
3	성명	생년월일	나이	성별
4	이민진	990512-2168955		
5	전지영	789615-2849325		
6	함승연	750214-1859234		
7	권혁원	760517-1589422		
8	정주영	710888-2165879		
9				
10				

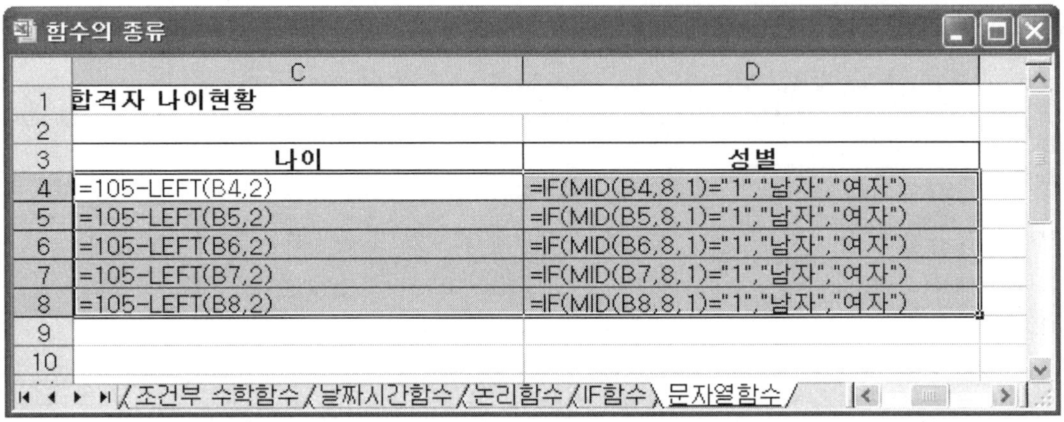

함수의 종류

	C	D
1	합격자 나이현황	
2		
3	나이	성별
4	=105-LEFT(B4,2)	=IF(MID(B4,8,1)="1","남자","여자")
5	=105-LEFT(B5,2)	=IF(MID(B5,8,1)="1","남자","여자")
6	=105-LEFT(B6,2)	=IF(MID(B6,8,1)="1","남자","여자")
7	=105-LEFT(B7,2)	=IF(MID(B7,8,1)="1","남자","여자")
8	=105-LEFT(B8,2)	=IF(MID(B8,8,1)="1","남자","여자")
9		
10		

조건부 수학함수 / 날짜시간함수 / 논리함수 / IF함수 / 문자열함수

함수의 종류

	A	B	C	D
1	제 50회 워드 2급 합격자 나이현황			
2				
3	성명	생년월일	나이	성별
4	이민진	990512-2168955	6	여자
5	전지영	789615-2849325	27	여자
6	함승연	750214-1859234	30	남자
7	권혁원	760517-1589422	29	남자
8	정주영	710888-2165879	34	여자
9				
10				

조건부 수학함수 / 날짜시간함수 / 논리함수 / IF함수 / 문자열함수

10. 데이터베이스 함수

목록의 값이 조건을 만족하는지 분석할 때 사용하는 함수로서 “D”로 시작하기 때문에 “D 함수”라고도 한다. 데이터베이스 함수는 다음과 같은 인수를 공통적으로 사용한다.

- 데이터베이스 범위(database range) : 목록을 포함하는 데이터 범위로서 필드 이름표를 포함해야 한다.
- 필드(field) : 요약할 필드의 이름표 또는 필드번호를 지정한다.
- 조건 범위(criteria) : 조건 범위로서 열 이름표 아래에 조건식을 입력하여 작성한다.

주요 데이터베이스 함수

함 수	내 용
DAVERAGE(database range, field, criteria)	데이터베이스 범위에서 조건에 맞는 자료를 대상으로 필드번호에 해당하는 필드 값의 평균을 구함
DSUM(database range, field, criteria)	데이터베이스 범위에서 조건에 맞는 자료를 대상으로 필드번호에 해당하는 필드 값의 합계를 구함
DCOUNT(database range, field, criteria)	데이터베이스 범위에서 조건에 맞는 자료를 대상으로 필드번호에 해당하는 필드 값의 개수를 구함
DMAX(database range, field, criteria)	데이터베이스 범위에서 조건에 맞는 자료를 대상으로 필드번호에 해당하는 값 중 가장 큰 수를 구함
DMIN(database range, field, criteria)	데이터베이스 범위에서 조건에 맞는 자료를 대상으로 필드번호에 해당하는 값 중 가장 작은 수를 구함

실습

▶ 데이터베이스 함수 사용하기

① 다음과 같은 워크시트로 1~5번의 물음에 답하기 위해 조건 범위를 작성한다. 조건 범위의 첫 행에는 데이터베이스 범위의 필드 이름표와 동일한 필드 이름표를 사용하고, 두 번째 행에 조건을 입력한다.

② E열에 다음과 같이 수식을 입력하고 결과를 확인한다.

함수의 종류

	D	E	F
1			
2	수량	금액	
3	50	=C3*D3	
4	32	=C4*D4	
5	40	=C5*D5	
6	12	=C6*D6	
7	26	=C7*D7	
8	23	=C8*D8	
9			
10		=DAVERAGE(B2:E8,2,F10:F11)	단가
11		=DSUM(B2:E8,4,F10:F11)	>=700
12		=DCOUNT(B2:E8,3,F12:F13)	수량
13			>=40
14		=DMAX(B2:E8,4,F14:F15)	금액
15		=DMIN(B2:E8,4,F14:F15)	>=20000

날짜시간함수 / 논리함수 / IF함수 / 문자열함수 / 데이터베이스함수

함수의 종류

	B	C	D	E	F
1					
2	상품명	단가	수량	금액	
3	우유	500	50	25000	
4	당근	500	32	16000	
5	양파	700	40	28000	
6	껌	200	12	2400	
7	사이다	700	26	18200	
8	두부	900	23	20700	
9					
10	1. 단가가 700원 이상인 평균 금액은 ?			766.67	단가
11	2. 단가가 700원 이상인 총 금액은 ?			66900	>=700
12	3. 수량이 40개 이상인 품목 중 최고 수량은 ?			2	수량
13					>=40
14	4. 금액이 20000원 이상인 품목중 최고 수량은 ?			28000	금액
15	5. 금액이 20000원 이상인 품목중 최저 수량은 ?			20700	>=20000

날짜시간함수 / 논리함수 / IF함수 / 문자열함수 / 데이터베이스함수

[참고사항]

- 데이터베이스의 제목명(상품명, 단가, 수량, 금액)이 조건과 같지 않으면 결과가 나오지 않는다.

[틀린 예]

함수의 종류

	B	C	D	E	F
1					
2	상품명	단 가	수 량	금 액	
3	우유	500	50	25000	
4	당근	500	32	16000	
5	양파	700	40	28000	
6	껌	200	12	2400	
7	사이다	700	26	18200	
8	두부	900	23	20700	
9					
10	1. 단가가 700원 이상인 평균 금액은 ?			#DIV/0!	단가
11	2. 단가가 700원 이상인 총 금액은 ?			0	>=700
12	3. 수량이 40개 이상인 품목 중 최고 수량은 ?			0	수량
13					>=40
14	4. 금액이 20000원 이상인 품목중 최고 수량은 ?			0	금액
15	5. 금액이 20000원 이상인 품목중 최저 수량은 ?			0	>=20000

날짜시간함수 / 논리함수 / IF함수 / 문자열함수 / 데이터베이스함수

11. 찾기/참조 함수

목록 범위나 셀의 참조 범위 등을 찾을 때 사용한다.

주요 찾기/참조 함수

함 수	내 용
HLOOKUP (값, 참조범위, 행번호, 방법)	• 참조범위의 첫 번째 행에서 값을 찾아 지정한 행에서 같은 열의 값을 구함
VLOOKUP (값, 참조범위, 열번호, 방법)	• 참조범위의 첫 번째 열에서 값을 찾아 지정한 열에서 같은 열의 값을 구함 • 방법은 HLOOKUP과 동일함
LOOKUP (값, 참조범위1, 참조범위2)	참조범위 1에서 값을 찾아 참조범위 2의 대응되는 위치에 값을 구함
MATCH (값, 참조범위, 방법)	• 참조범위에서 값의 위치 번호를 구함 • 방법이 1이면 찾는 값 이하인 값 중에서 최대값을 구하고, 0이면 일치하는 값을, -1이면 찾는 값 이상인 값 중에서 최소값을 구함
INDEX (참조범위, 행번호, 열번호)	참조범위에서 지정한 행과 열이 교차하는 지점의 값을 구함

실습

▸ 품목과 단가 자동 입력

① 다음과 같은 워크시트를 작성해 보자.

- 품목과 단가는 <단가표>에서 찾아 입력되도록 한다.
- 수량은 수식 적용 시 임의로 입력한다.

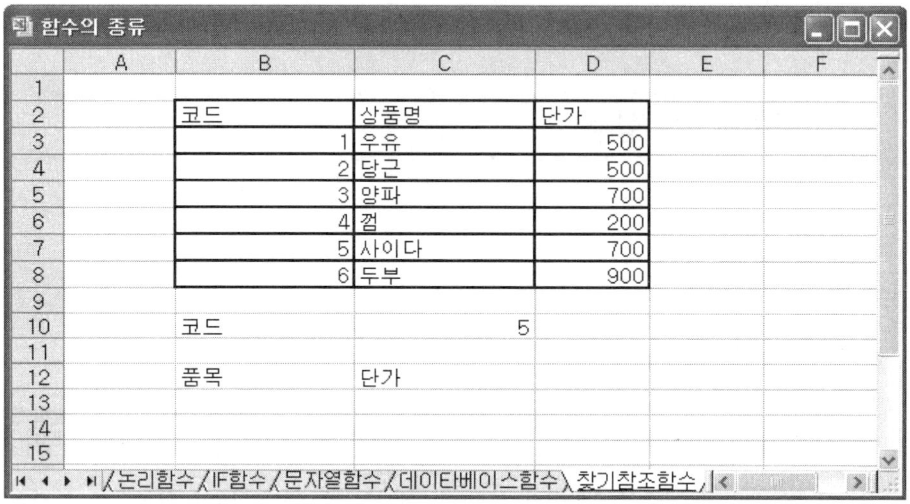

함수의 종류

	A	B	C	D	E	F
1						
2		코드	상품명	단가		
3		1	우유	500		
4		2	당근	500		
5		3	양파	700		
6		4	껌	200		
7		5	사이다	700		
8		6	두부	900		
9						
10		코드	5			
11						
12		품목	단가			
13						
14						
15						

논리함수 / IF함수 / 문자열함수 / 데이타베이스함수 / 찾기참조함수

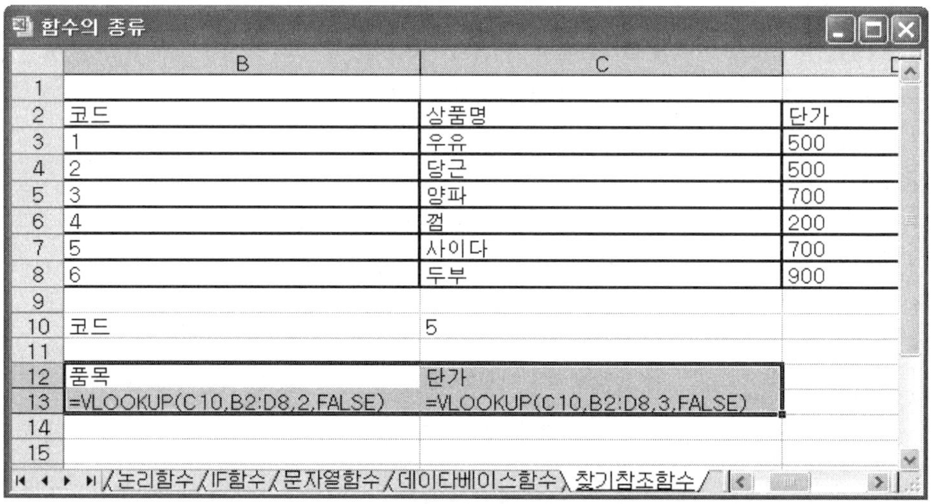

함수의 종류

	B	C	D
1			
2	코드	상품명	단가
3	1	우유	500
4	2	당근	500
5	3	양파	700
6	4	껌	200
7	5	사이다	700
8	6	두부	900
9			
10	코드	5	
11			
12	품목	단가	
13	=VLOOKUP(C10,B2:D8,2,FALSE)	=VLOOKUP(C10,B2:D8,3,FALSE)	
14			
15			

논리함수 / IF함수 / 문자열함수 / 데이타베이스함수 / 찾기참조함수

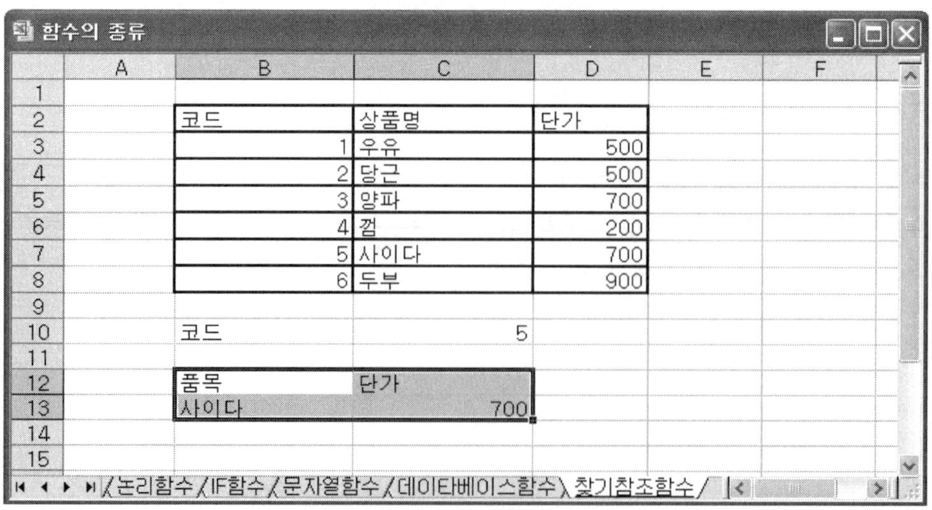

함수의 종류

	A	B	C	D	E	F
1						
2		코드	상품명	단가		
3		1	우유	500		
4		2	당근	500		
5		3	양파	700		
6		4	껌	200		
7		5	사이다	700		
8		6	두부	900		
9						
10		코드	5			
11						
12		품목	단가			
13		사이다	700			
14						
15						

논리함수 / IF함수 / 문자열함수 / 데이타베이스함수 / 찾기참조함수

[참고사항] 브라우저 내용 단축키로 지정방법

- HLOOKUP, VLOOKUP 함수에서 4번째 인수는 정확하게 일치하는 데이터를 찾으려면 'FALSE'를, 비슷하게 일치하는 것을 찾으려면 'TRUE'를 입력하거나 또는 생략한다.

연습문제

① 다음과 같은 조건으로 년도 워크시트를 작성한 후 '지출계산서.xls'로 저장해 보자.

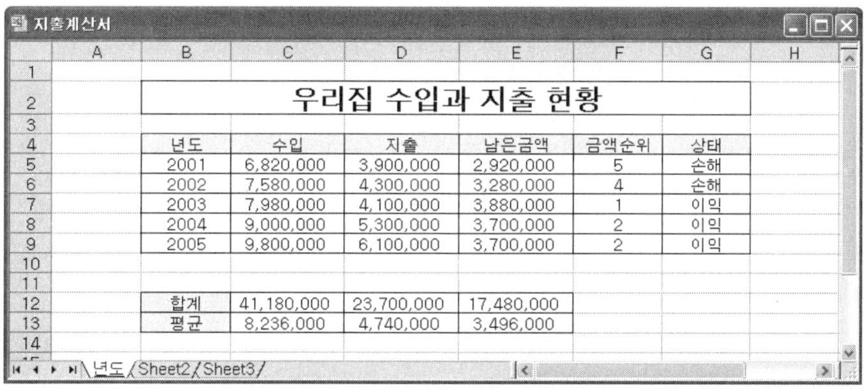

지출계산서

우리집 수입과 지출 현황

년도	수입	지출	남은금액	금액순위	상태
2001	6,820,000	3,900,000	2,920,000	5	손해
2002	7,580,000	4,300,000	3,280,000	4	손해
2003	7,980,000	4,100,000	3,880,000	1	이익
2004	9,000,000	5,300,000	3,700,000	2	이익
2005	9,800,000	6,100,000	3,700,000	2	이익
합계	41,180,000	23,700,000	17,480,000		
평균	8,236,000	4,740,000	3,496,000		

년도 / Sheet2 / Sheet3

[조건]
· 남은 금액 : 수입 - 지출
· 금액순위 : 남은 금액이 많은 값을 1위로 계산
· 상태 : 남은 금액이 평균금액 이상이면 "이익", 아니면 "손해"로 표시
· 12, 13행 : 전체 합계와 평균을 계산
· 숫자데이터 : 1000 단위 구분 기호(,) 사용

② 년도 워크시트를 년도(new) 워크시트를 만들어 보자.

③ 년도(new) 워크시트의 12와 13행에 대하여 1000원 미만을 ROUNDDOWN 함수를 이용하여 변경해보자.

Chapter 5

차 트

1. 차트 개요

차트는 워크시트의 데이터를 가시적인 그래프로 표현한 것으로, 데이터의 경향과 연관성의 판별을 쉽게 해준다.

차트 만드는 방법

- 방법1 : 단축키 F11을 누르면 기본 차트가 바로 작성된다.
- 방법2 : 차트 마법사 아이콘을 눌러 차트 작성을 시작한다.
- 방법3 : 메뉴에서 [삽입] → [차트]를 선택하여 작성한다.

차트의 구성 요소

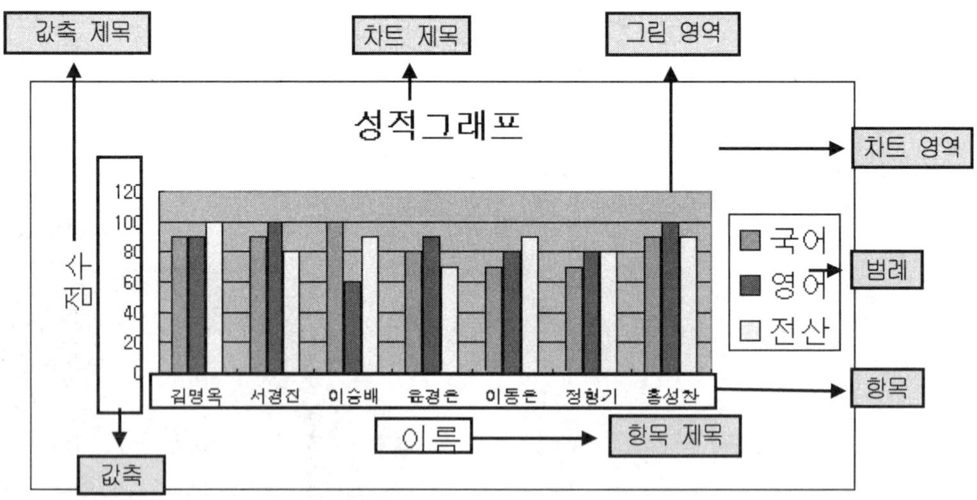

2. 효과적인 차트의 적용

차트 마법사 아이콘을 선택하면 여러 종류의 차트를 선택할 수 있다.

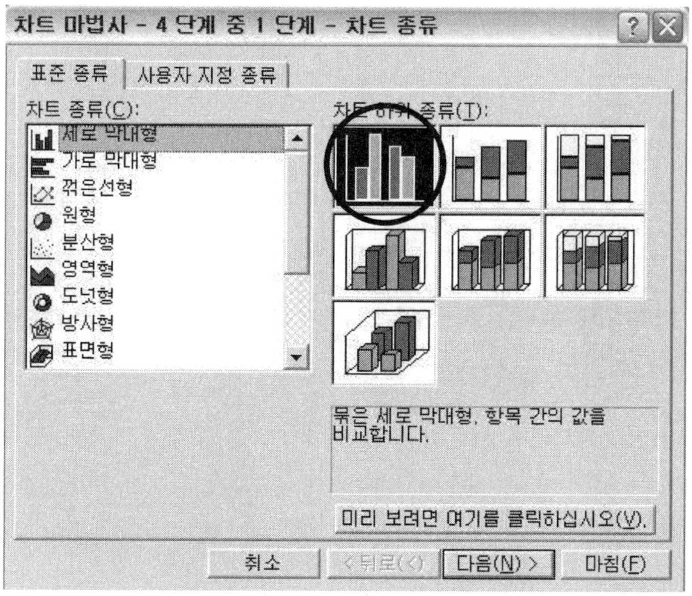

• 막대형 차트

: 일정 기간 동안의 데이터 변화를 보여 주거나 항목간의 값을 비교할 때 이용한다. 가로막대형과 세로막대형으로 구분된다.

• 꺾은선형

: 동일한 간격으로 데이터의 추세를 보여 줄 때 이용한다.

• 원형

: 전체 항목의 합에 대한 각 항목의 비율을 나타내며, 항상 계열 하나로 이루어지고 중요한 요소를 강조할 때 유용하다.

• 분산형

: 여러 데이터 계열값 들의 관계를 보여 주고, 두 개의 숫자 그룹을 XY 좌표로 이루어진 한 계열로 그리며, 데이터의 불규칙한 간격이나 묶음을 보여 준다. 주로 과학 데이터에 사용된다.

• 영역형
: 시간에 따른 각 값의 추세를 나타낼 때 이용한다.
• 도넛형
: 원형 차트에서처럼 전체에 대한 각 부분의 관계를 나타낼 때 이용한다.
• 방사형
: 각 항목마다 가운데 요소에서 뻗어 나온 값축을 가지며, 선은 같은 계열의 모든 값을 연결한다.
• 표면형
: 두 데이터 집합에서 최적의 조합을 찾을 때 유용하다.
• 거품형
: 분산형 차트의 한 종류이다.
• 주식형
: 고가 - 저가 - 종가 차트는 주식 가격을 나타내는 데 사용하며, 온도 변화와 같은 과학 데이터를 나타내는 데 사용되기도 한다.
• 원통형, 원뿔형, 피라미드형
: 3차원 막대형 차트에 극적 효과를 줄 수 있다.

3. 차트 작성

표준 도구모임의 차트 마법사 아이콘을 사용하여 워크시트의 데이터를 차트로 표현한다.

엑셀

실습

▶ 세로 막대형 차트 그리기

① 다음과 같은 워크시트를 작성하여 세로막대형 차트를 만들어 보자.

	A	B	C	D	E	F
1			중간고사 성적표			
2			나리반			
3						
4					作成日字	8월 4일
5	이름	국어	영어	전산	총점	평균
6	홍성찬	90	100	90	280	93.33
7	정형기	70	80	80	230	76.67
8	이승배	100	60	90	250	83.33
9	이동은	70	80	90	240	80.00
10	윤경은	80	90	70	240	80.00
11	서경진	90	100	80	270	90.00
12	김명옥	90	90	100	280	93.33

② 차트로 작성할 데이터 범위를 블록 지정한 다음 차트 마법사 아이콘을 누른다.

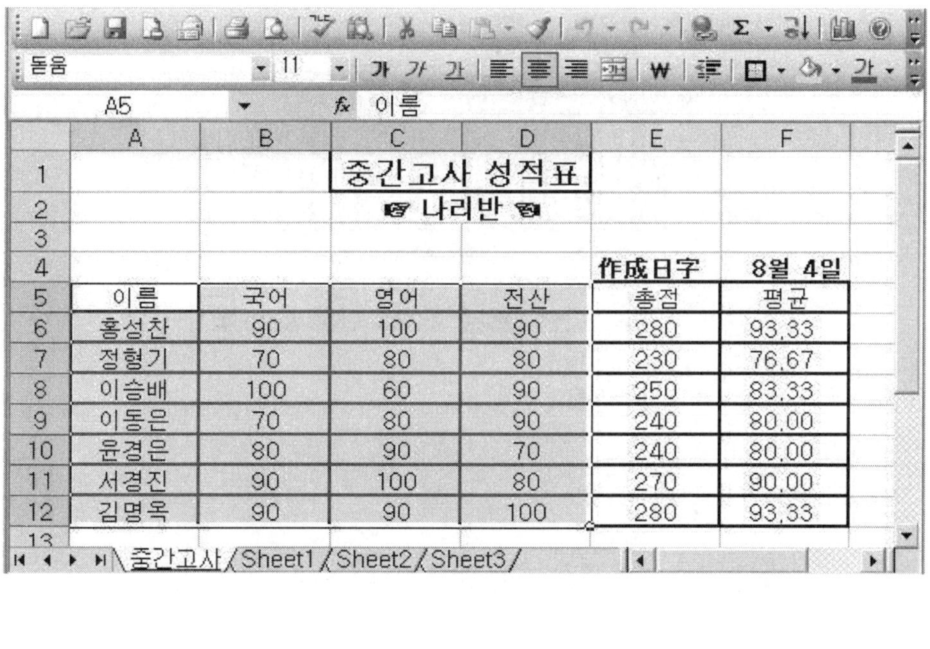

	A	B	C	D	E	F
1			중간고사 성적표			
2			나리반			
3						
4					作成日字	8월 4일
5	이름	국어	영어	전산	총점	평균
6	홍성찬	90	100	90	280	93.33
7	정형기	70	80	80	230	76.67
8	이승배	100	60	90	250	83.33
9	이동은	70	80	90	240	80.00
10	윤경은	80	90	70	240	80.00
11	서경진	90	100	80	270	90.00
12	김명옥	90	90	100	280	93.33

③ 차트 마법사 1단계 : 표현할 차트 종류와 원하는 유형을 선택하고 [다음] 단추를 누른다.

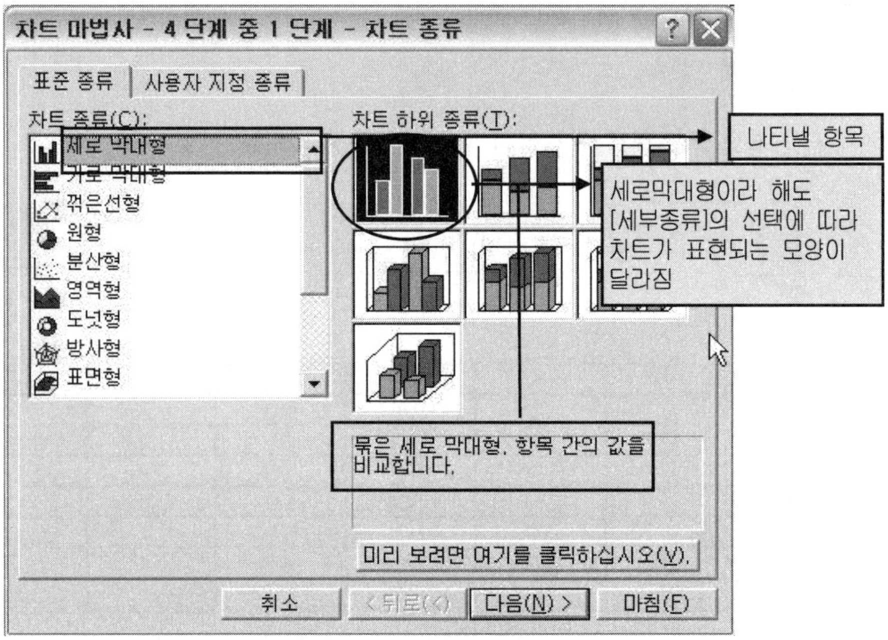

④ 차트 마법사 2단계 : 데이터 범위와 계열 위치를 선택하고 [다음] 단추를 누른다.

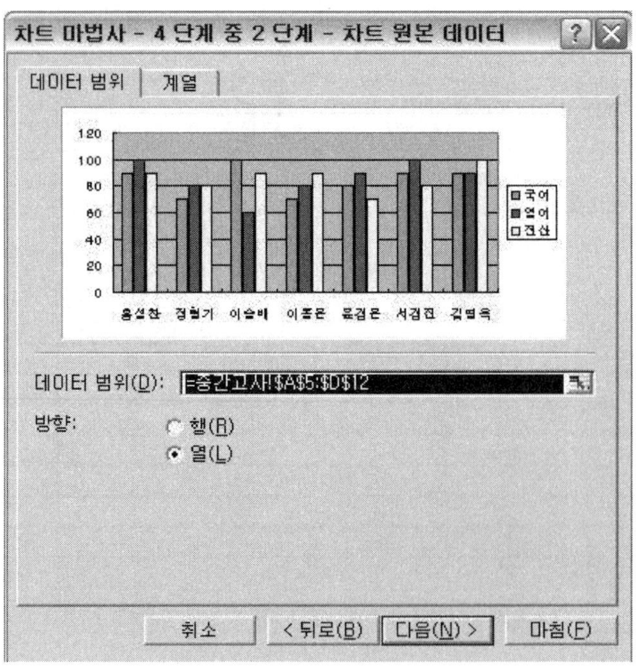

⑤ 차트 마법사 3단계 : 차트 제목과 각 축의 제목을 입력한 후 [다음] 단추를 누른다.

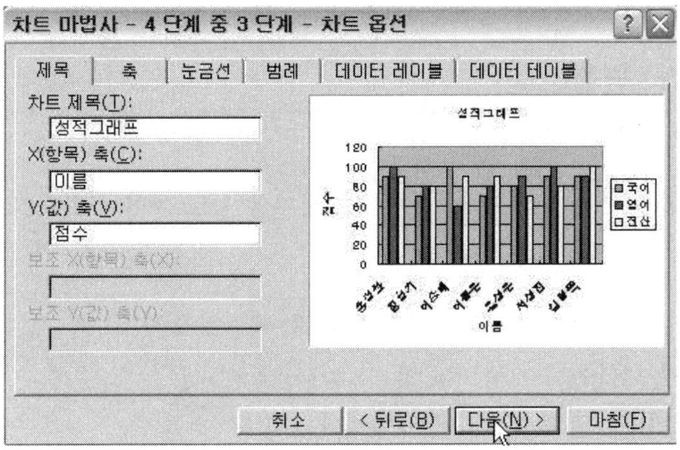

⑥ 차트 마법사 4단계 : 차트가 위치할 곳을 지정하는 부분으로 현재 작업중인 워크시트에 삽입하려면 '워크시트에 삽입' 옵션을 선택하고 [마침] 단추를 누른다.

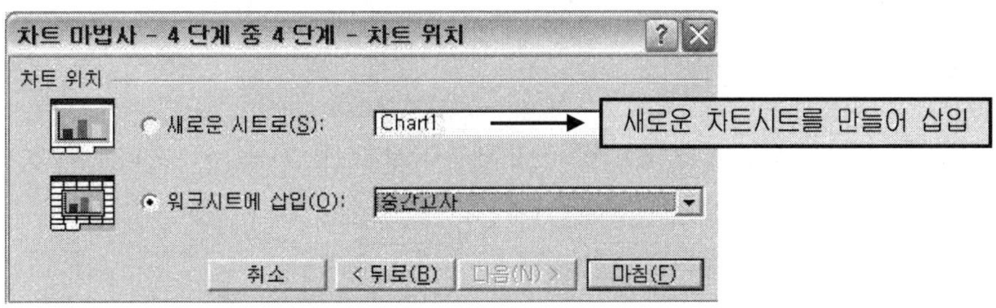

⑦ 현재 작업중인 워크시트에 차트가 삽입된다.

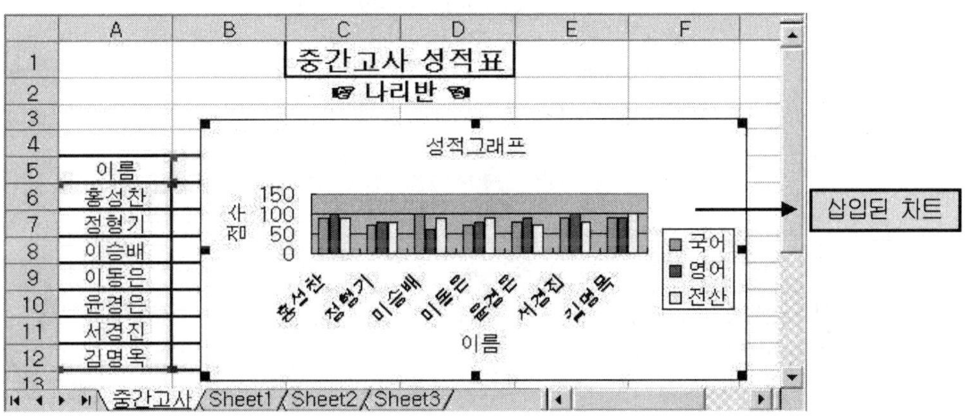

4. 차트 편집

위크시트에 삽입된 차트를 보다 보기 좋게 표현하거나 차트 유형과 차트의 위치, 크기를 변경할 수 있다.

- 차트의 종류나 유형을 2차원 또는 3차원으로 변경할 수 있다.
- 차트를 사용자가 원하는 위치로 이동할 수 있다.
- 차트의 크기를 마우스를 이용해서 확대하거나 축소할 수 있다.
- 차트를 만든 후에도 다른 차트 유형으로 자유로이 변경할 수 있다.

실습

▶ 차트 위치 이동하기

① 차트를 마우스로 선택해서 차트 테두리에 조정 핸들이 나타나도록 한다. 마우스 끌기로 특정 위치로 이동하면 이동될 위치가 점선으로 표시된다.

② 다음과 같이 차트가 이동된다.

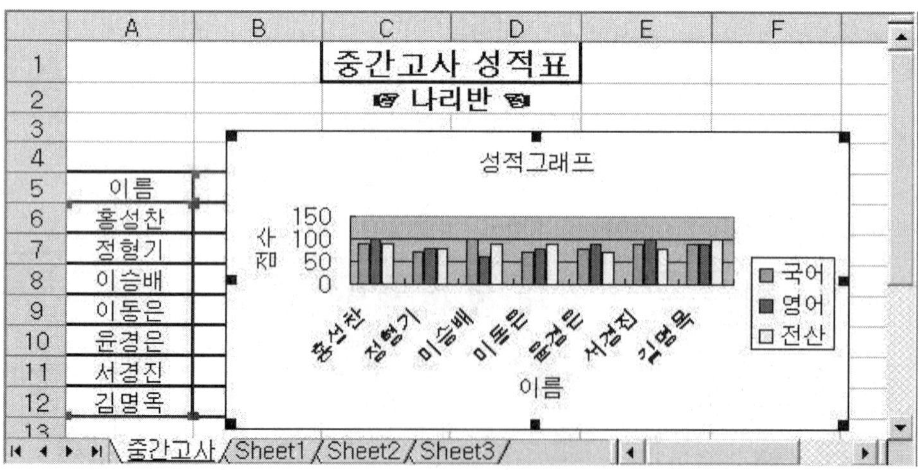

▶ 차트 크기 확대하기

① 차트 테두리의 크기 조정 핸들에서 마우스 끌기를 수행하여 확대하거나 축소한다. 차트의 크기가 변경되는 범위가 점선으로 표시된다.

② 다음과 같이 차트가 확대된다.

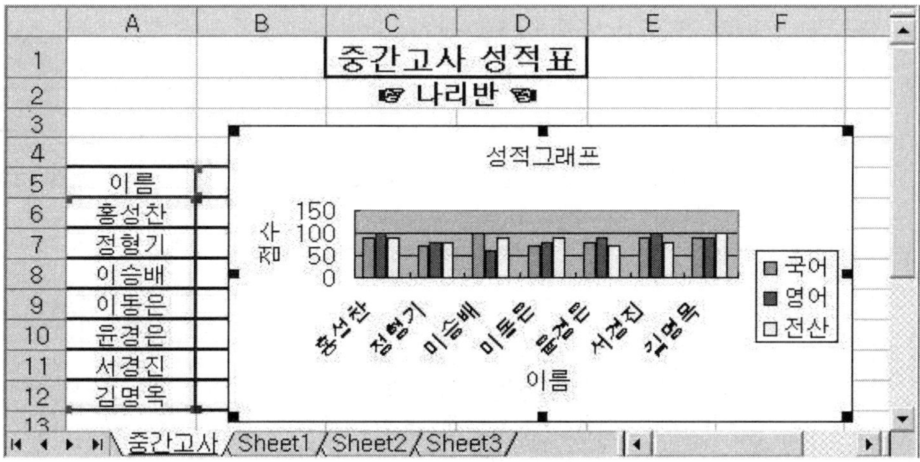

[참고사항] 브라우저 내용 단축키로 지정방법

① 웹 브라우저에서 범위를 지정한다.
② 단축키 Ctrl + C를 누른다.
③ 한글 2005를 실행하여 복사할 위치에 커서를 놓는다.
④ 단축키 Ctrl + V로 복사한다.

▶ 차트 삭제하기

차트를 마우스로 눌러 테두리에 크기 조정 핸들이 나타났을 때 Delete를 눌러 차트를 삭제할 수 있다.

5. 차트 메뉴를 이용한 편집

차트를 클릭하여 활성화시키면 다음과 같이 메뉴 표시줄에 [차트] 메뉴가 나타나며, 편집 내용에 따라 원하는 항목을 선택해서 편집할 수 있다.

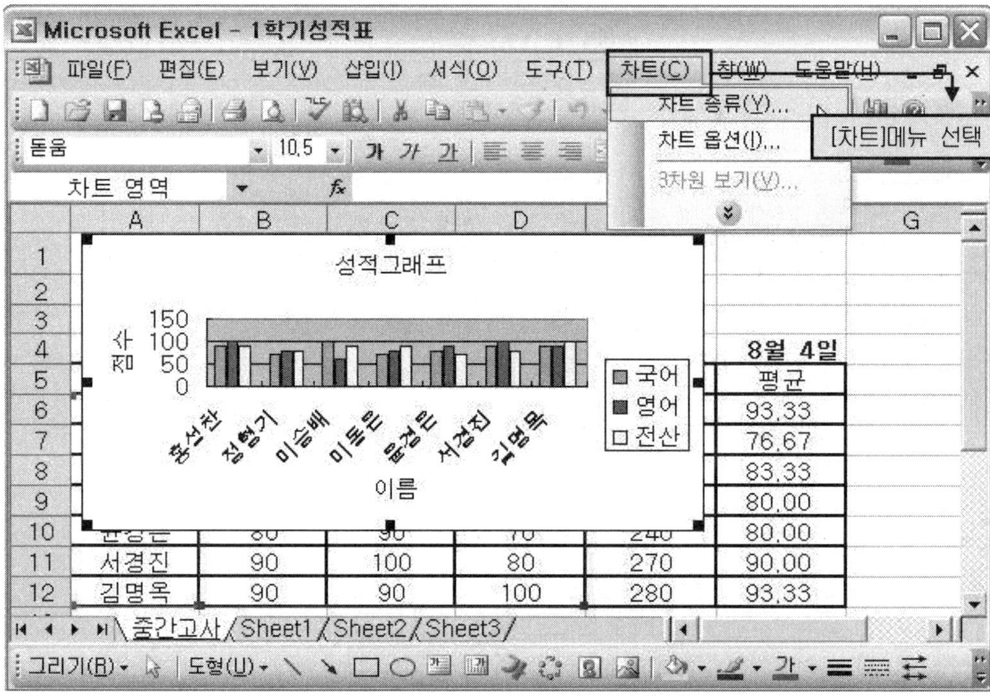

부 메뉴의 특징

- 차트 종류 : 데이터 계열 형식, 차트 형식 등을 변경할 때 선택한다.
- 원본 데이터 : 선택한 데이터 계열이나 요소를 차트에 추가하거나 수정할 때 선택한다.
- 차트 옵션 : 눈금선, 축, 차트제목, 데이터 이름표 등 기본 옵션을 수정할 때 선택한다.
- 위치 : 포함된 차트를 차트 시트로 변경하거나 또는 역으로 변경할 때 선택한다.
- 데이터 추가 : 선택한 데이터를 차트에 추가할 때 선택한다.
- 추세선 추가 : 영역형, 가로막대형, 세로막대형, 선형 및 분산형 차트의 데이터 계열에 추세선을 추가하거나 변경할 때 선택한다.

• 3차원 보기 : 3차원 차트의 종류에 따라 높이, 원근감, 상하 또는 좌우 회전, 깊이와 너비 등 3차원 보기 모양을 변경할 때 선택한다.

[참고사항] 차트 종류와 옵션 변경

- 방법1 : 차트를 마우스로 선택한 후 [차트]메뉴를 누르고 [차트종류] 또는 [차트옵션] 메뉴를 선택해서 변경한다.
- 방법2 : 차트 위에서 마우스 오른쪽 단추를 누르면 단축 메뉴가 나타나는데, 여기에서 [차트종류] 또는 [차트옵션]을 선택하여 변경한다.

실습

▶ 차트 종류 변경하기

① 차트를 마우스로 눌러 편집 상태로 놓은 다음 [차트] → [차트 종류] 메뉴를 선택하거나 차트 위에서 마우스 오른쪽 단추를 눌러 단축 메뉴가 나오면 [차트 종류]를 선택한다.

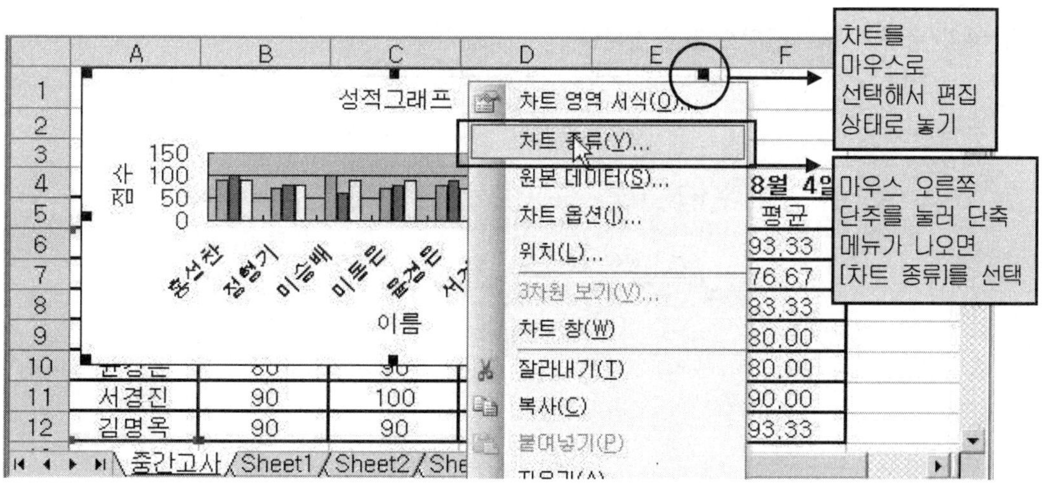

② 차트 종류를 '꺾은선형'으로 선택한 다음 [확인] 단추를 누른다.

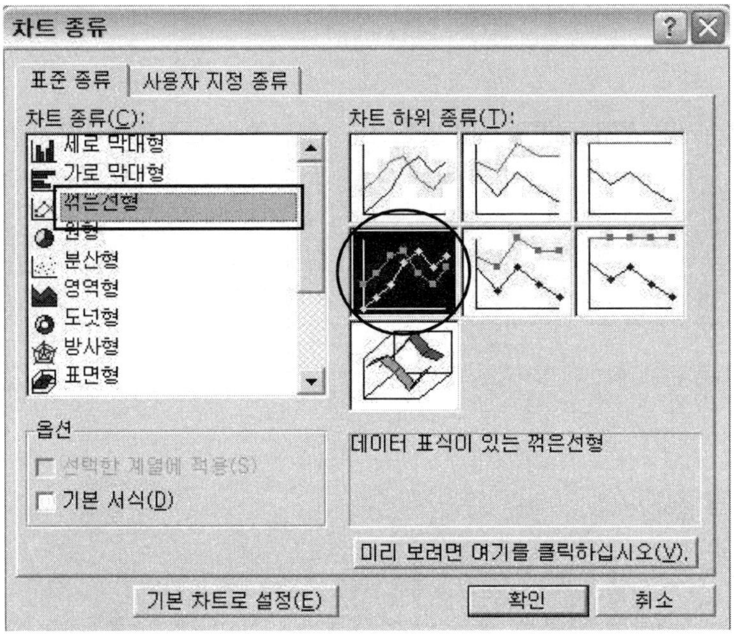

③ 차트 종류가 꺾은선형으로 변경된다.

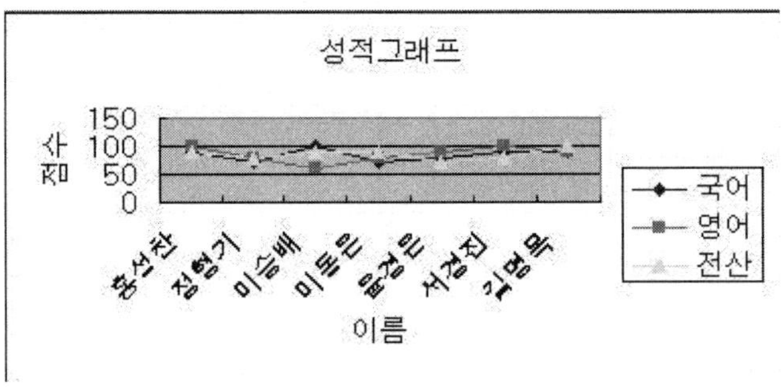

6. 차트 옵션

차트의 제목이나 축 제목, 축 레이블, 범례 등을 새롭게 추가하거나 변경 및 삭제할 수 있다.

- 방법1 : 차트를 마우스로 선택 → [차트] → [차트 옵션] 메뉴 선택
- 방법2 : 차트를 마우스로 선택 → 차트 위에서 마우스 오른쪽 단추를 눌러 단축 메뉴 호출

실습

▶ 차트 옵션 수정하기

① 차트 위에서 마우스 오른쪽 단추를 누르고 단축 메뉴에서 [차트 옵션]을 선택한다.

② [차트 옵션] 대화상자에서 변경할 옵션에 해당하는 탭을 눌러 내용을 변경한 다음 [확인] 단추를 누른다.

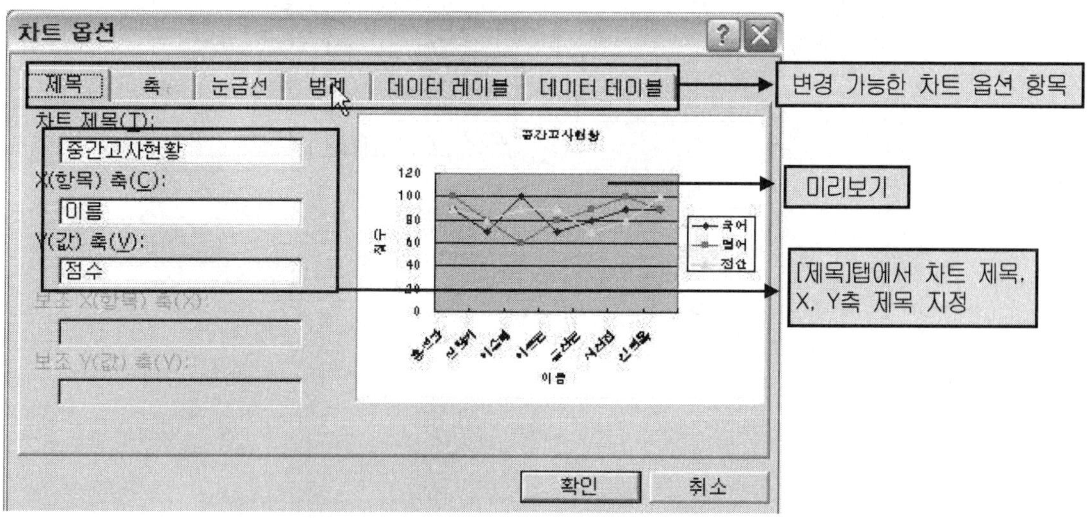

③ 축 : X, Y축 레이블의 화면 표기 방법을 선택한다.

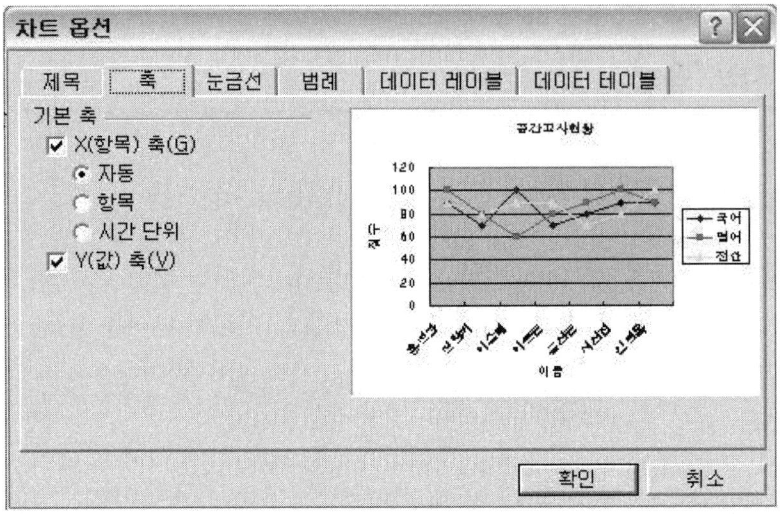

④ 눈금선 : X, Y축의 눈금선을 표시하거나 간격을 조절한다.

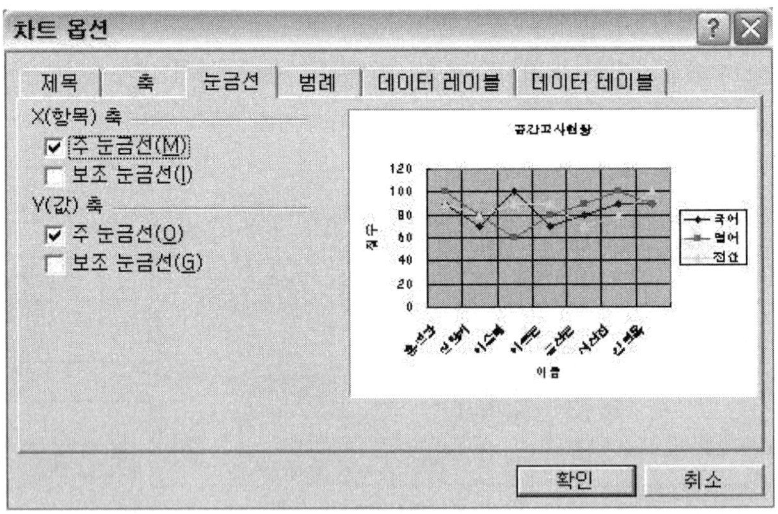

⑤ 범례 : 차트로 표기된 각 항목들의 이해를 돕기 위한 범례 표시 유무와 위치를 선택한다.

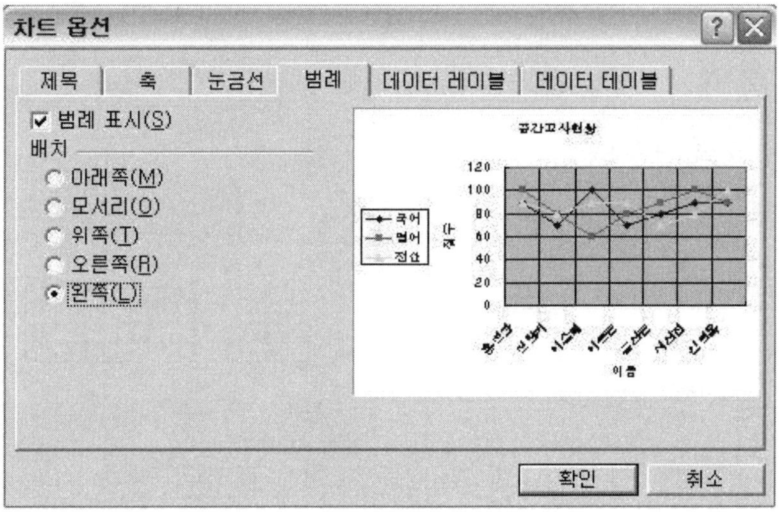

⑥ 데이터 레이블 : 차트의 각 데이터 계열 상단에 해당 값 표시 유무를 선택한다.

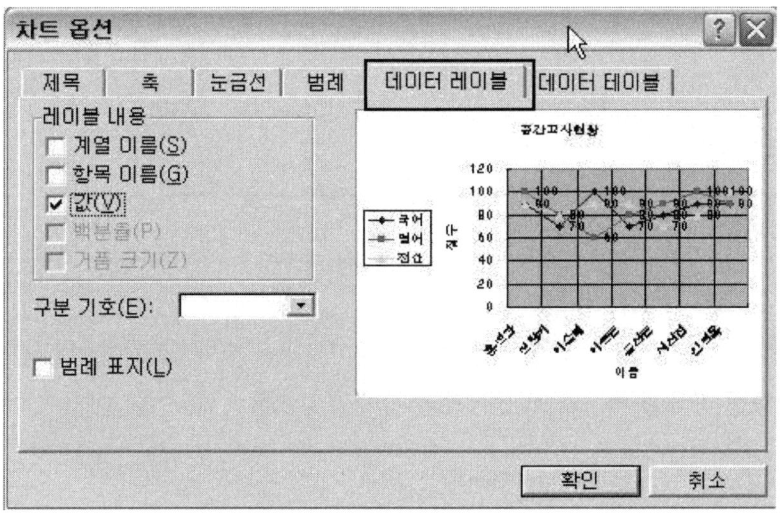

⑦ 데이터 테이블 : 차트에 데이터 테이블을 함께 구성할 수 있다.

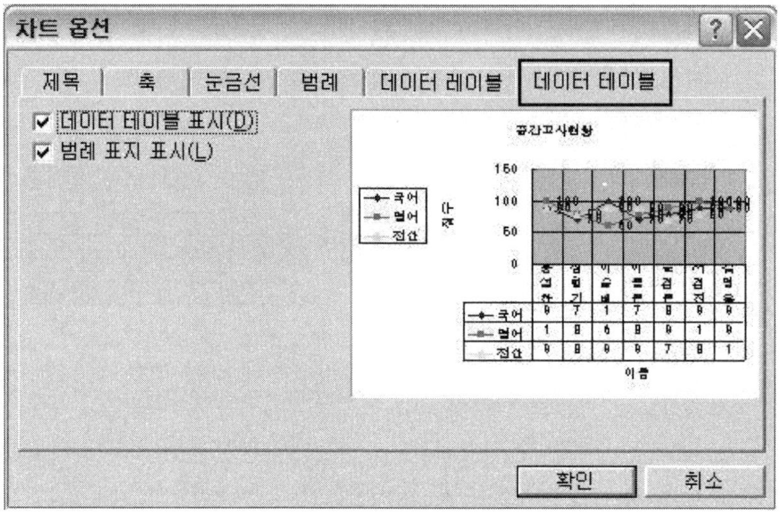

⑧ 차트 옵션을 변경하고 [확인] 단추를 누르면 차트 모양이 변경된다.

7. 차트 구성 항목 수정

차트를 구성하고 있는 특정 항목을 수정하거나 추가, 삭제 등의 편집 작업을 할 수 있다. 차트를 구성하고 있는 특정 항목을 마우스로 선택하거나 마우스 오른쪽 단추를 눌러 단축 메뉴를 사용, 편집한다.

실습

▶ 차트 제목 변경하기

① 차트 편집 상태에서 차트 제목을 선택하고 마우스 오른쪽 단추를 누른다. 단축 메뉴에서 [차트 제목 서식]을 선택한다. (글꼴은 돋움, 굵게, 16포인트로 변경할 것)

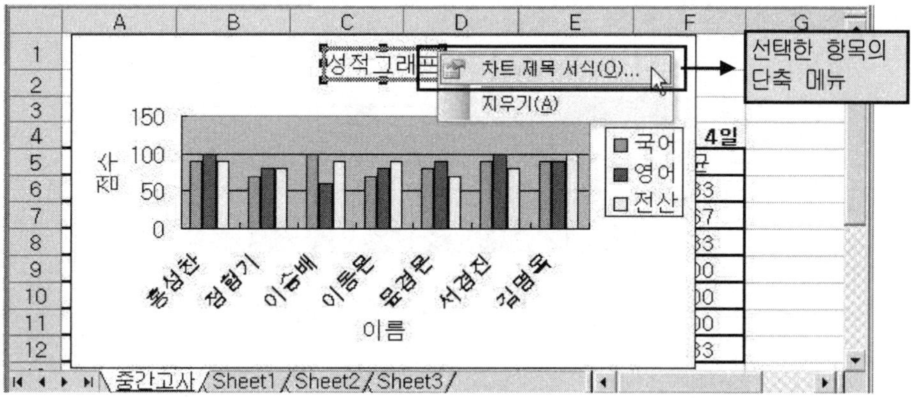

② 각 탭에서 서식을 변경하고 [확인] 단추를 누른다.

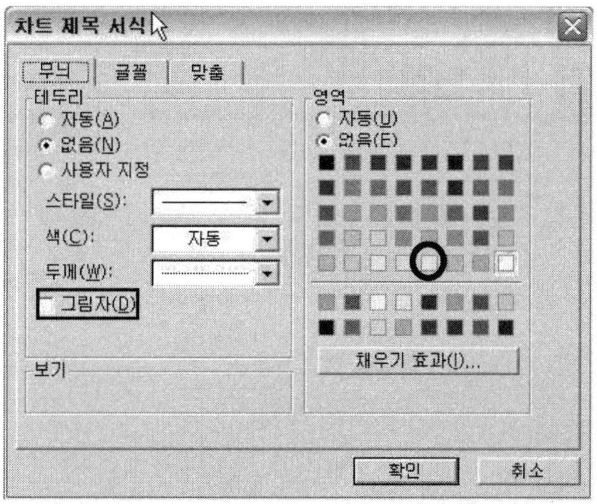

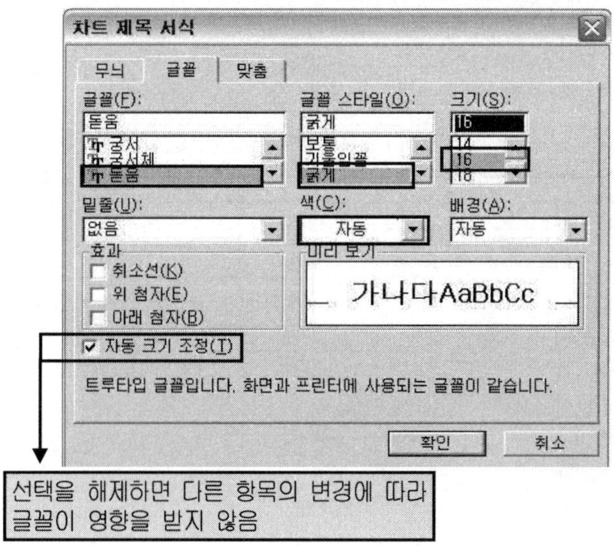

③ 차트 제목이 변경된 것을 알 수 있다.

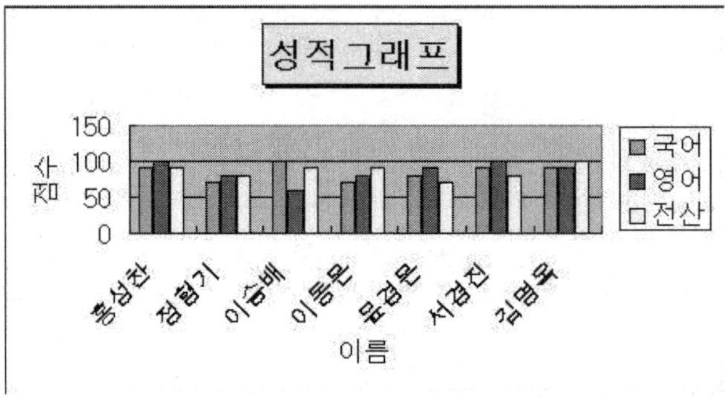

8. 차트 데이터 변경

워크시트의 데이터 변경 또는 삭제나 추가에 따라 차트의 내용도 자동 변경된다.

실습

▶ 데이터 변경하기

① 워크시트에서 삭제할 데이터를 선택하고 마우스 오른쪽 단추를 누른 다음 단축 메뉴에서 [삭제]를 선택한다.

② 데이터가 삭제되면 차트에서도 해당 데이터가 자동으로 삭제된다.

③ 표준 도구모음의 실행취소 아이콘을 눌러 삭제했던 워크시트의 데이터를 원상태로 복구해 보자. 워크시트의 데이터가 재생되면 차트에서도 자동으로 데이터가 재생된다.

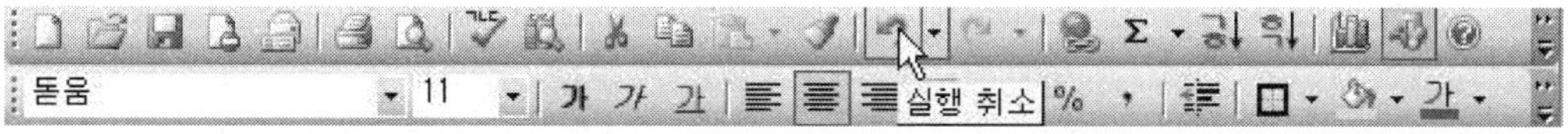

9. 떨어져 있는 셀의 차트 작성

필요에 따라 떨어져 있는 여러 셀 또는 셀 범위에 대한 차트 작성이 가능한데, 떨어져 있는 여러 셀을 선택할 때는 선택 범위가 사각형이 되도록 해야 한다.

실습

▶ 떨어져 있는 셀로 3차원 효과의 원형 차트 만들기

① Ctrl을 누른 상태에서 차트로 그릴 셀의 범위만 블록을 지정하고, 차트 마법사 아이콘을 누른다.

	A	B	C	D	E	F
1			중간고사 성적표			
2			☞ 나리반 ☜			
3						
4					作成日字	8월 4일
5	이름	국어	영어	전산	총점	평균
6	홍성찬	90	100	90	280	93.33
7	정형기	70	80	80	230	76.67
8	이승배	100	60	90	250	83.33
9	이동은	70	80	90	240	80.00
10	윤경은	80	90	70	240	80.00
11	서경진	90	100	80	270	90.00
12	김명옥	90	90	100	280	93.33

② 차트 종류와 유형을 선택하고 [다음] 단추를 누른다.

③ 차트로 표현할 데이터 범위와 방향이 옳은지 확인한 후 [다음] 단추를 누른다.

④ [제목] 탭에서 차트 제목을 지정하고 [다음] 단추를 누른다. 원형 차트의 경우 축이 없으므로 차트 제목만 입력한다.

⑤ 차트가 나타날 위치를 선택한 후 [종료] 단추를 누른다.

⑥ 차트가 완성되어 나타난다.

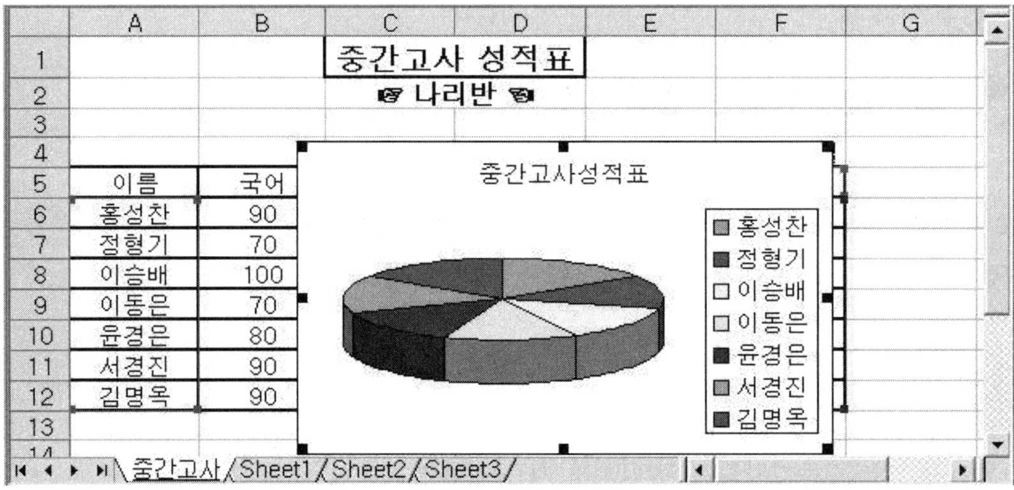

10. 원형 및 도넛형 차트의 조각 돌출

원형 및 도넛형 차트에서는 특정 조각만을 돌출 시키거나 사용자 임의로 전체 조각들을 분리시킬 수 있다. 분리했던 조각을 다시 붙이려면 돌출 조작을 원형 차트 안쪽으로 마우스 끌기한다.

실습

▶ 조각 돌출하기

① 원형 차트에서 돌출할 부분을 마우스로 누른다. 처음 누를 때는 전체 조각이 선택되므로 하

나의 조각만 선택하려면 잠시 후에 다시 한번 누른다.

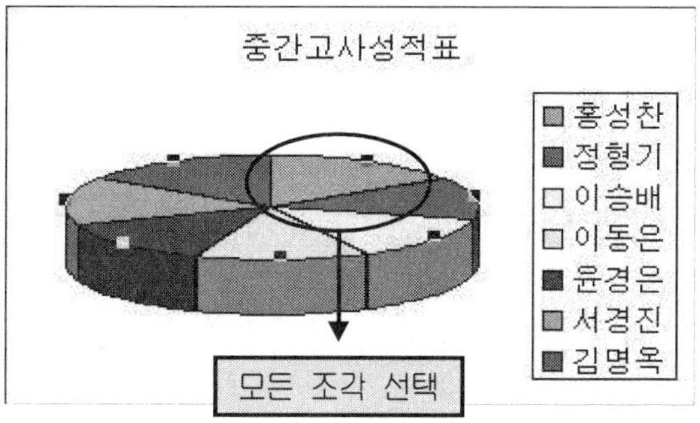

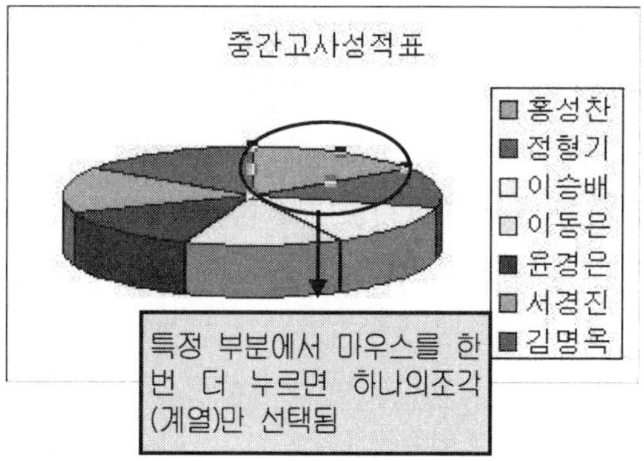

② 마우스로 선택한 조각을 누른 채 원하는 만큼 밖으로 끌어다 놓는다.

③ 다음과 같이 선택한 조각이 돌출된다.

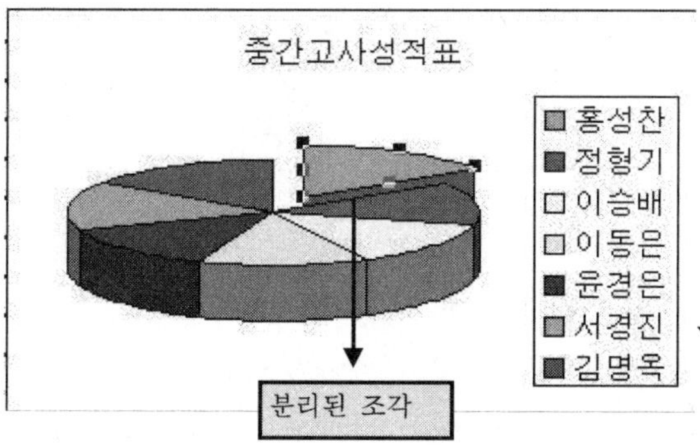

11. 이중 차트와 혼합 차트

이중 차트나 혼합 차트를 사용하여 차트의 모양을 색다르게 표현할 수 있다. 이중 차트는 두 개의 Y축(값 축)을 포함하는 차트이며, 혼합 차트는 두 개의 차트 모양을 함께 사용하는 것을 말한다.

실습

① 다음과 같이 세로 막대로 표현된 성적 평가표 차트에서 국어 점수를 "이중 축을 갖는 꺾은선형" 차트로 만들어 보자.

② 국어 점수를 나타내는 데이터 계열(막대)에서 마우스 오른쪽 단추를 누르고 [데이터 계열 서식] 메뉴를 선택한다.

③ [축] 탭에서 '보조 축' 옵션을 선택하고 [확인] 단추를 누른다.

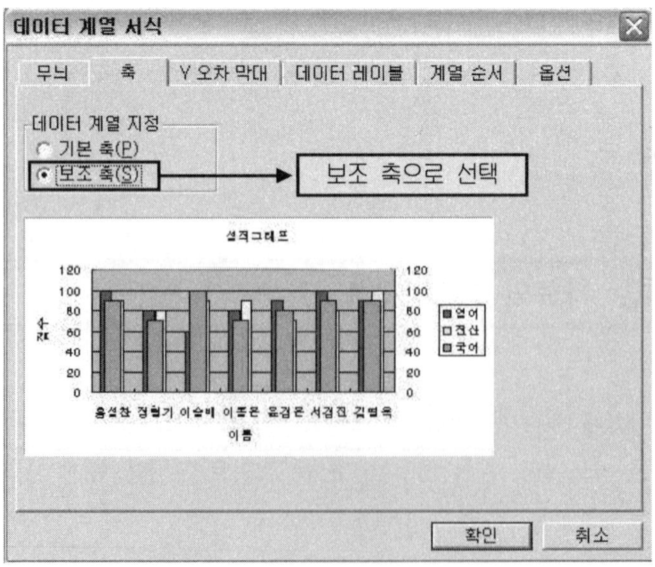

④ 국어 점수를 나타내는 막대에서 마우스 오른쪽 단추를 누르고 [차트 종류]를 선택한다.

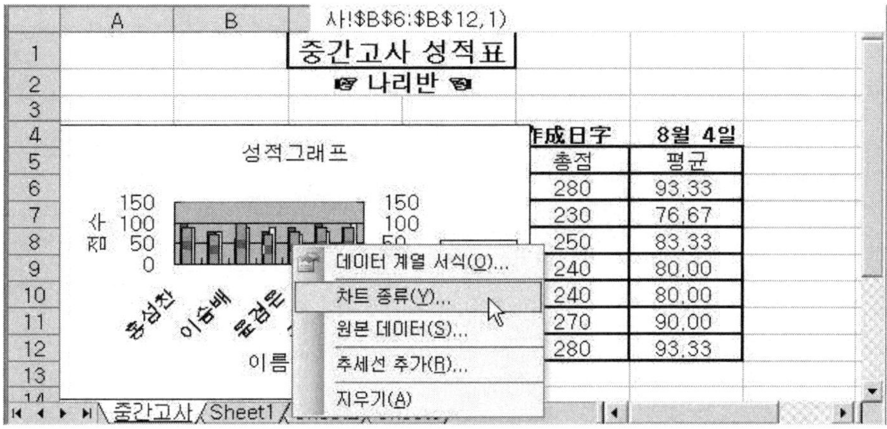

⑤ 차트 종류와 세부 종류를 변경 선택하고 [확인] 단추를 누르면 선택한 계열의 차트 모양이 변경된다.

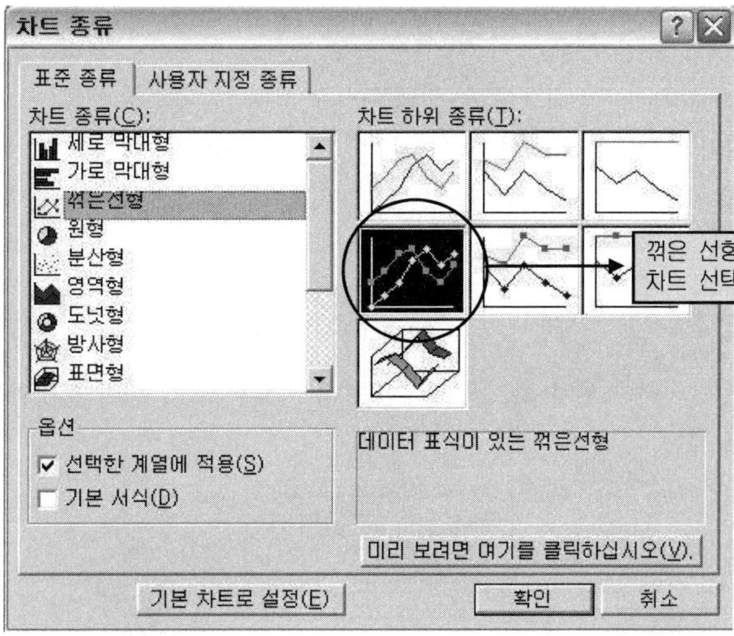

⑥ 선택한 계열의 차트 모양이 꺾은선형으로 변경된다.

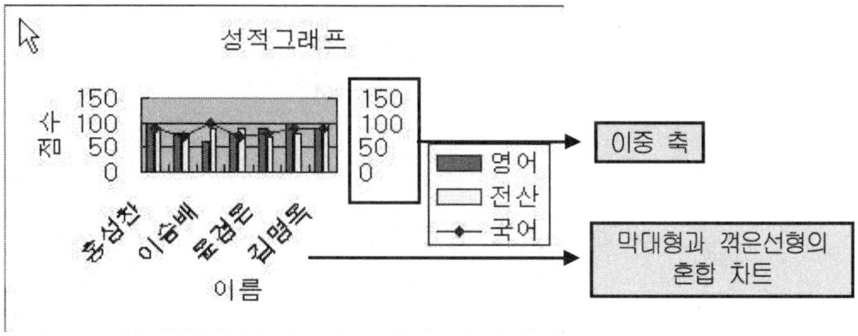

12. 차트의 채우기 효과

- 차트의 각 항목에 대한 서식을 지정하려면 해당 항목을 마우스로 더블클릭 하거나 항목을 선택하고 단축 메뉴에서 [서식] 항목을 선택한다.
- [서식] 대화상자는 선택한 항목의 종류에 따라 다르게 나타나는데 항목에 색을 지정하거나 질감, 무늬, 그림 등으로 채우기 할 수 있으며 선의 너비, 괘선 유형 등을 지정할 수 있다.

실습

① 다음과 같은 데이터와 원형 차트를 작성한 다음 차트에서 각 데이터 계열의 서식을 여러 가지로 변경해 보자.

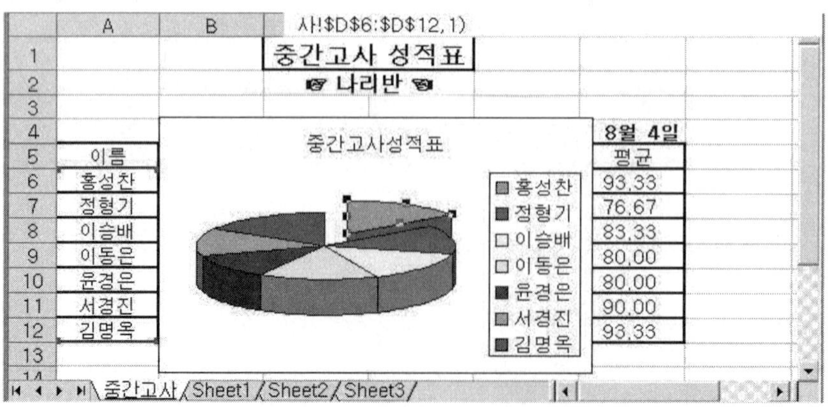

② 차트를 마우스로 선택해서 편집 상태로 만든 다음 마우스 오른쪽 단추로 누르고 [데이터 요소 서식]을 선택한다.

③ [데이터 요소 서식] 대화상자가 나오면 [무늬] 탭에서 [채우기] 단추를 누른다.

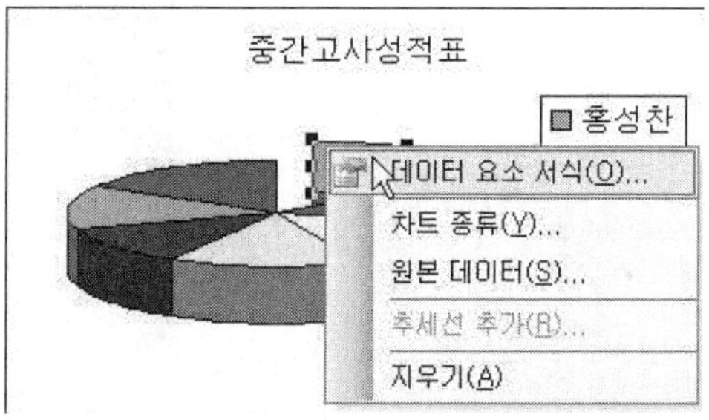

④ [채우기 효과] 대화상자의 [그림] 탭에서 [그림 선택] 단추를 누르고, 그림 파일을 선택한 다음 [확인] 단추를 누른다.

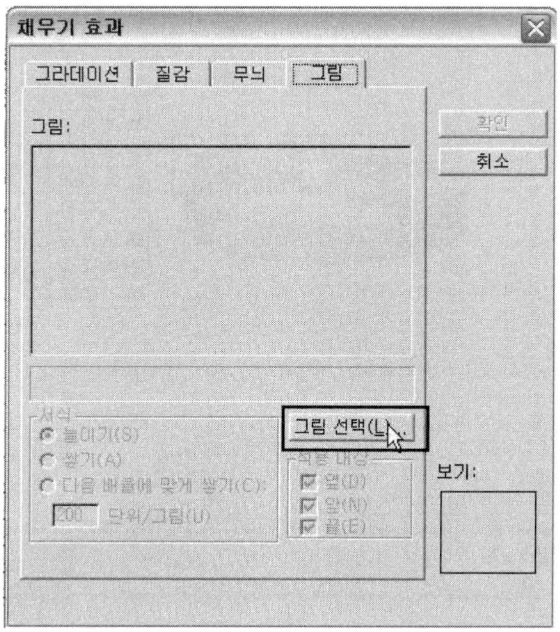

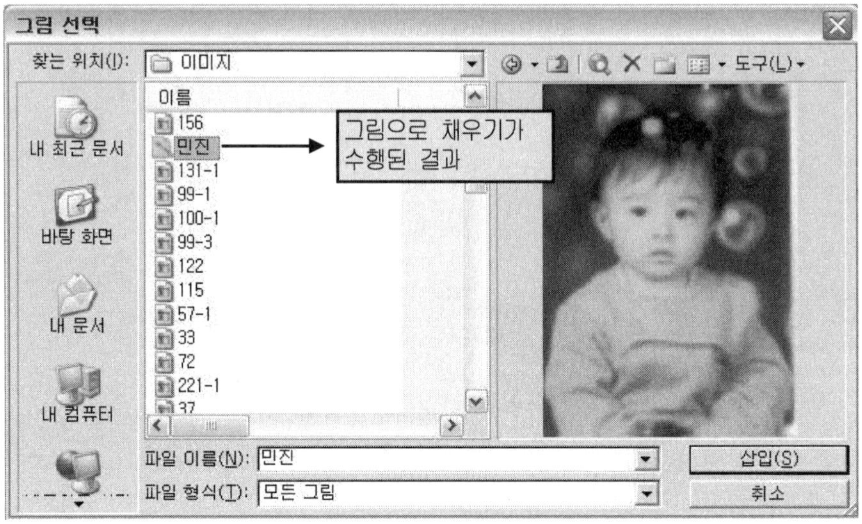

⑤ [채우기 효과] 대화상자에서 [확인] 단추를 누르고, [데이터 요소 서식] 대화상자에서 다시 [확인] 단추를 누르면 다음과 같이 선택한 그림 파일로 채우기가 수행된다.

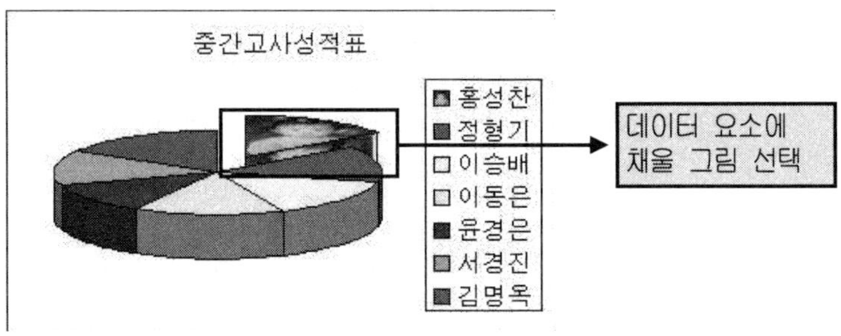

13. 차트 인쇄

- 기존의 워크시트 파일을 인쇄하는 방법과 유사하며 메뉴의 [인쇄 미리 보기]로 인쇄하기 전에 출력할 양식을 화면으로 먼저 본 다음에 출력할 수도 있다.
- 차트가 선택된 상태에서 인쇄를 수행하면 차트만 출력 가능하며, 선택되지 않은 상태에서 수행하면 워크시트의 데이터와 차트를 함께 출력한다.

실습

① 워크시트에 삽입된 차트를 선택한 상태에서 미리 보기 아이콘을 눌러보자.

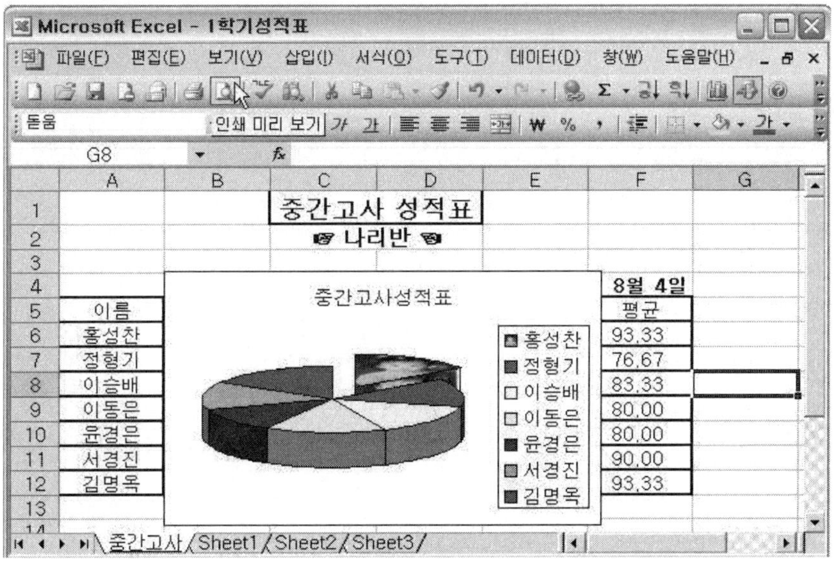

② 선택한 차트만 출력 대상이 되는 것을 알 수 있다. [인쇄 미리 보기]에 나타난 상태대로 인쇄하려면 [인쇄] 단추를 누른다.

③ [인쇄] 대화상자에서 필요한 사항을 지정하고 [확인] 단추를 누르면 종이로 인쇄를 시작하게 된다.

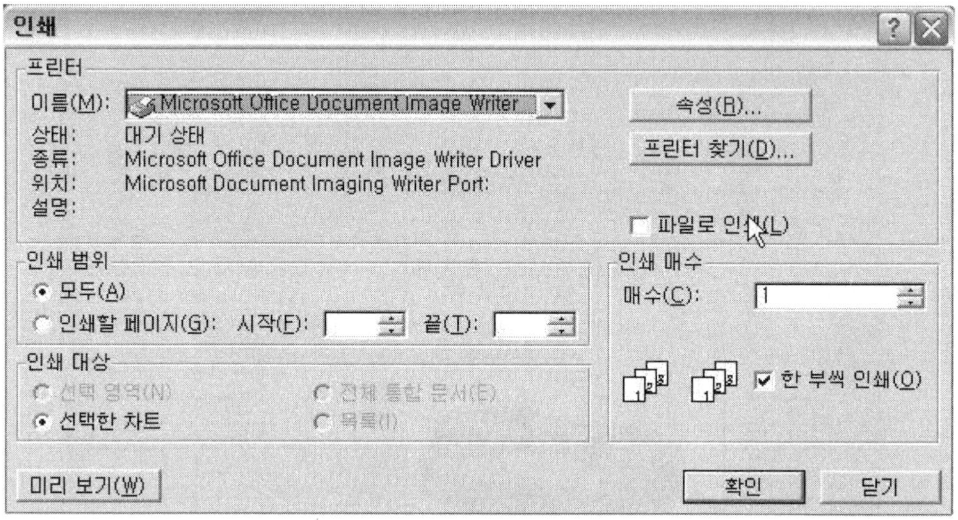

연습문제

① 다음과 같은 워크시트를 작성한 후 '컴퓨터 사용현황.xls'로 저장해 보자.

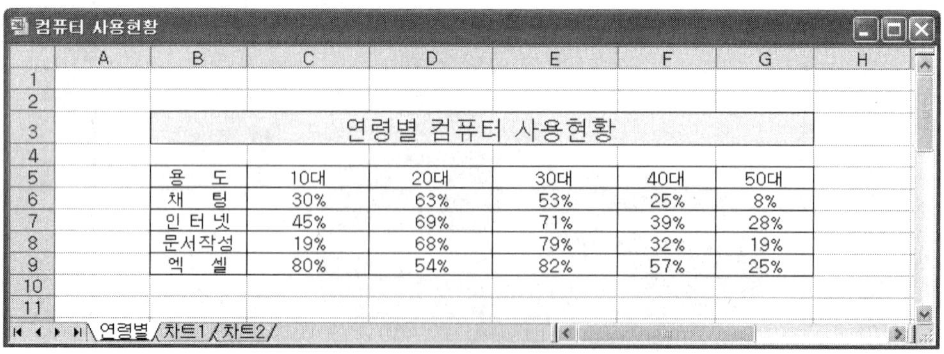
컴퓨터 사용현황

연령별 컴퓨터 사용현황

용 도	10대	20대	30대	40대	50대
채 팅	30%	63%	53%	25%	8%
인 터 넷	45%	69%	71%	39%	28%
문서작성	19%	68%	79%	32%	19%
엑 셀	80%	54%	82%	57%	25%

② '컴퓨터 사용현황.xls'를 세로막대형 차트를 작성해 보자. (범례 : 오른쪽, 글꼴 : 10의 돋움체, 나머지 서식은 그림을 참조)

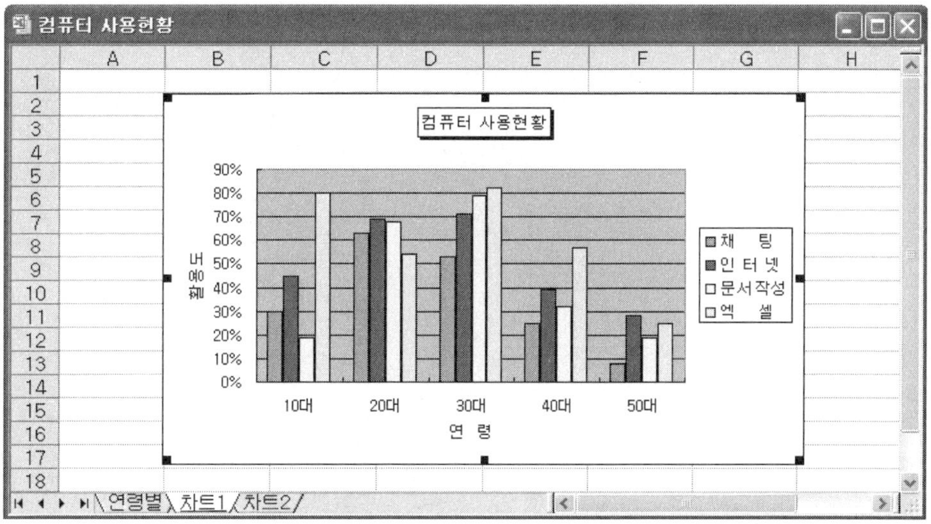

③ 차트의 종류를 "데이터 표식이 있는 꺾은선형" 차트로 변환하고 Y축의 보조 눈금선을 제거해 보자.(데이타 레이블 : 값표시, 데이터 테이블 표시)

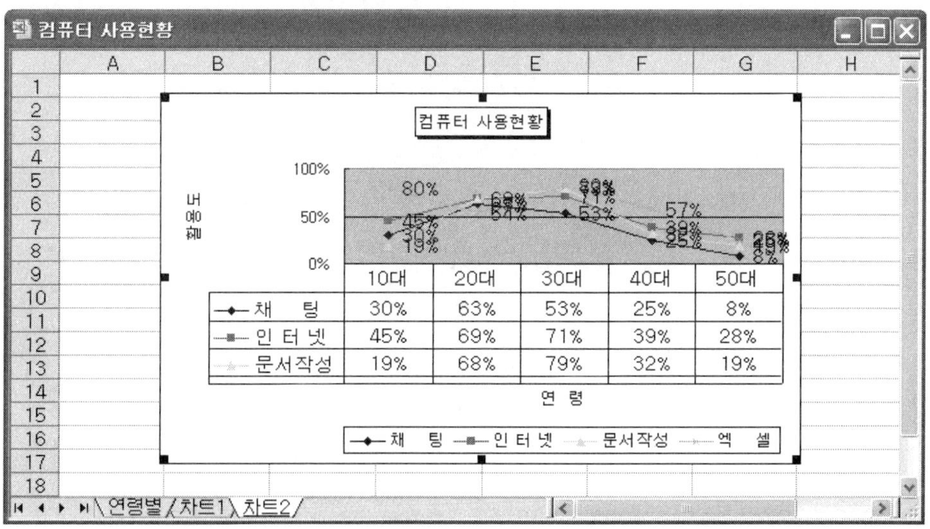

Chapter 6

그래픽

1. 클립아트

스프레드시트에서 그래픽 응용 프로그램을 별도로 사용하지 않고서도 그림이나 도형을 추가하여 워크시트의 자료를 시각적으로 표현할 수 있다. 이러한 그림이나 도형을 그래픽 개체라고 하며 하나의 단위로 삽입이 가능하다. 엑셀이 제공하는 클립아트의 그림을 워크시트에 삽입해 보자.

실습

① [삽입] → [그림] → [클립아트] 메뉴를 선택한다.

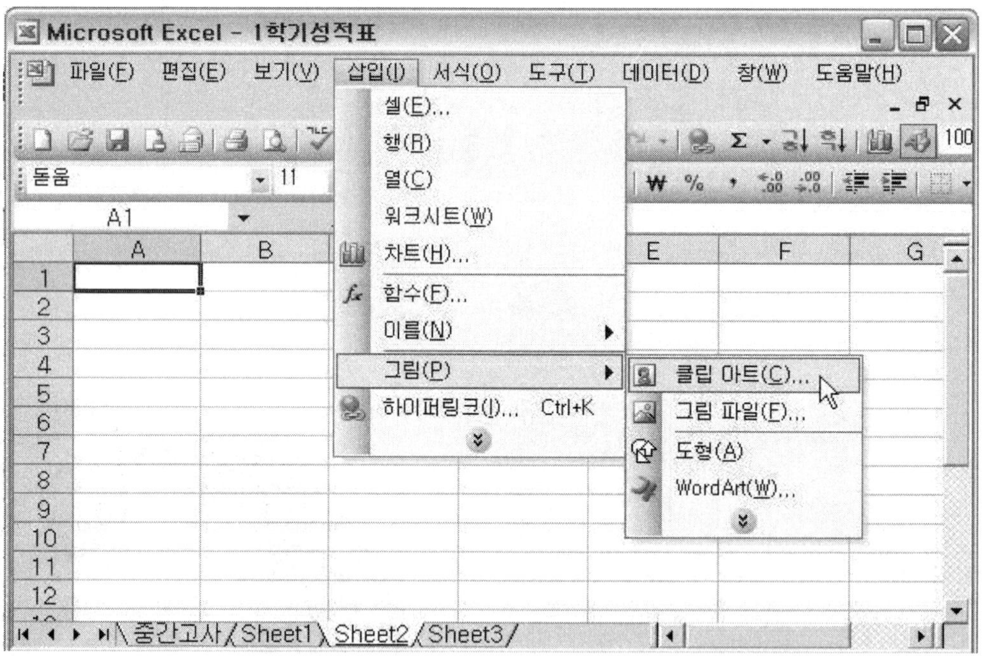

② [클립아트] 대화상자가 나타나면 검색 대상에 원하는 클립아트를 유형(예 : 관공서)을 넣거나 [클립아트] 대화상자에서 하나씩 찾는다.

③ 마우스로 선택한 다음 [삽입] 단추를 누르면 워크시트에 클립아트 개체가 삽입된다.

④ 클립아트 개체의 테두리에 나타난 원형 조절 핸들에서 마우스 끌기로 크기를 변경할 수 있으며, 클립아트 내부에서 마우스 끌기로 다른 위치로 이동할 수도 있다.

[참고사항] 그림의 종류

- Window용 그래픽 프로그램에서 만들어진 그림 파일
- 그림이나 사진을 스캐너와 같은 장치를 통해 컴퓨터로 읽어들인 그림 파일
- 엑셀에서 기본적으로 제공하는 클립아트의 그림 파일
- 텍스트를 꾸밀 때 사용하는 문자 이미지를 제공하는 워드아트 등이 있다.

2. 도형

도형 그리기 도구를 이용하여 선이나 원, 사각형 등을 그릴 수 있으며, 크기와 색 등을 사용자 임의대로 변경할 수 있다. [삽입] → [그림] → [도형] 메뉴에 의해 [도형] 도구모음을 화면에 표시하고 원하는 도형 모양을 선택하여 그린다.

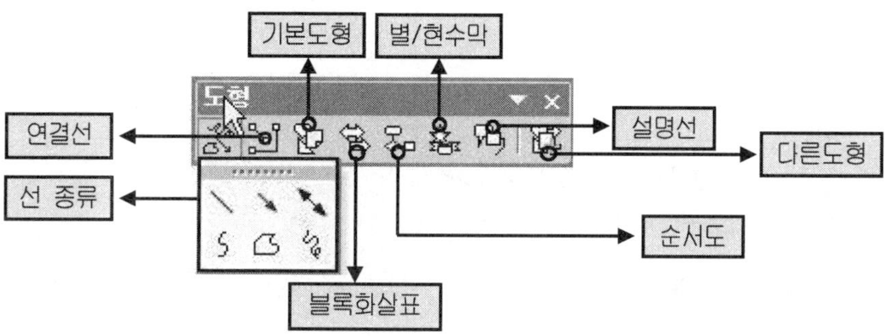

실습

① [도형] 도구모음에서 도형의 종류를 선택한다.

② 마우스 포인터가 '+' 모양이 되면 마우스 끌기로 도형을 그리고 단추에서 손을 놓는다.

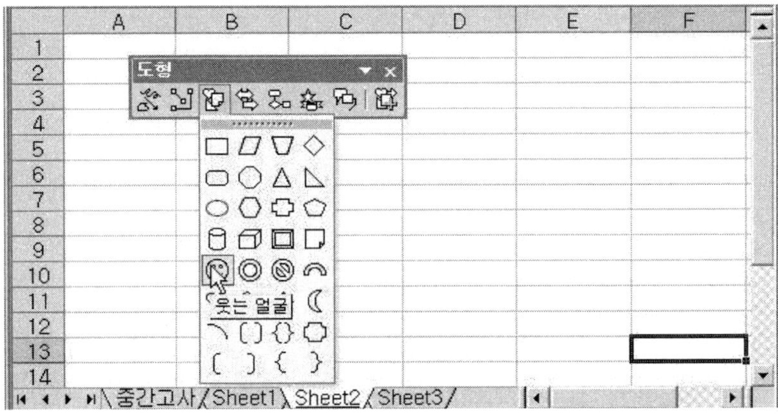

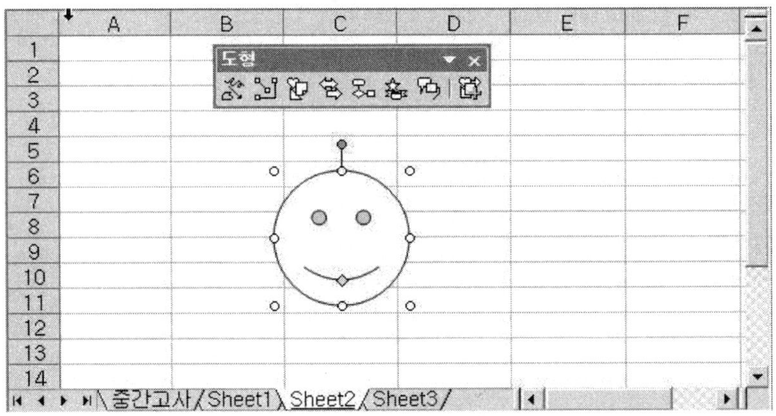

[참고사항] 그리기

- Shift+그리기 : 모양의 높이와 너비 비례를 유지하여 그린다.
- Ctrl+그리기 : 모양의 중심에서부터 그리기 시작한다.
- Alt+그리기 : 셀 크기에 맞추어 그린다.

■ 도형 편집

- 도형을 마우스로 눌러 선택하면 도형 종류에 따라 크기 조절점과 모양 조절점이 나타난다. 도형 선택 상태에서 크기, 위치, 서식 지정 등 편집 작업을 수행해야 한다.
- 도형을 편집할 때는 [도구모음]을 사용하는 것이 편리하다.
- [보기] → [도구모음] 메뉴를 선택하여 도구모음을 화면에 나타낸 후 도형의 서식을 변경할 때 사용한다.

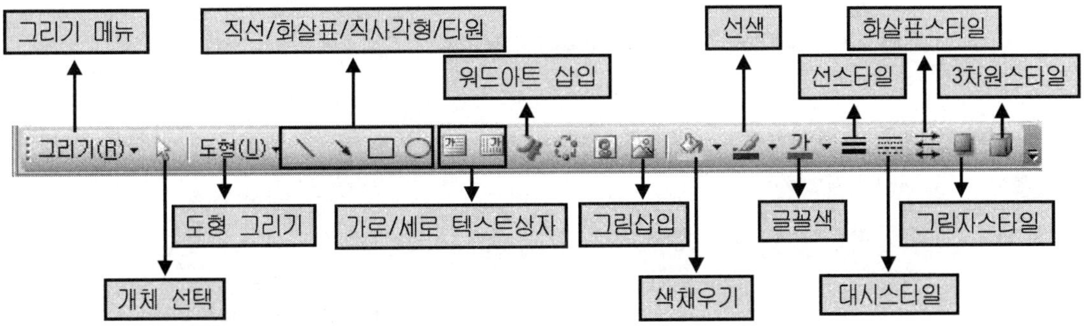

▶ 그리기 도구상자

① 도형이 선택된 상태에서 원형 조절 핸들(크기 조절점)을 끌어 크기를 변경할 수 있다.

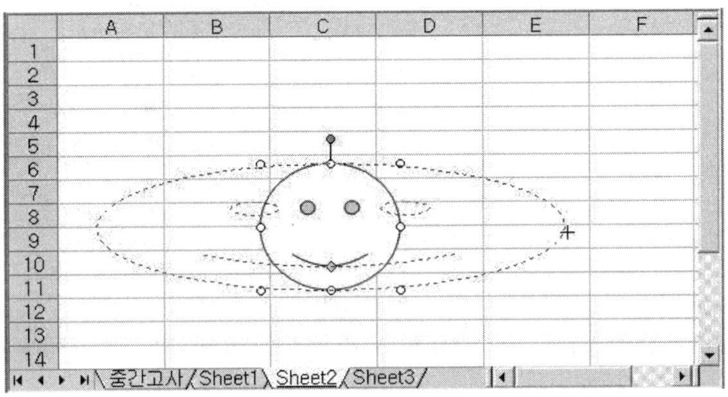

② 다이아몬드 조절 핸들(모양 조절점)을 끌어 모양을 변경할 수 있다.

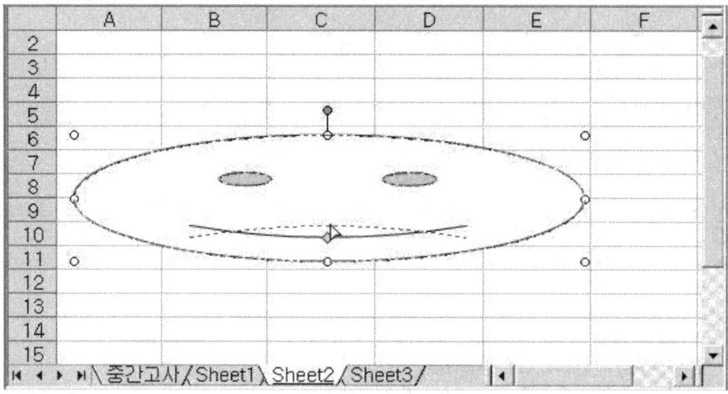

③ 도형이 선택된 상태에서 마우스의 오른쪽 그리기 도구모음의 색 채우기 아이콘을 눌러 도형에 채울 색을 선택한다.

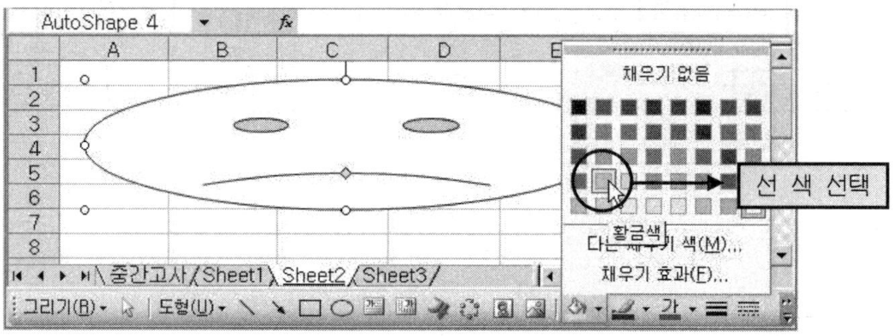

④ 그리기 도구모음의 선 색 아이콘을 누르고 선의 색을 선택한다.

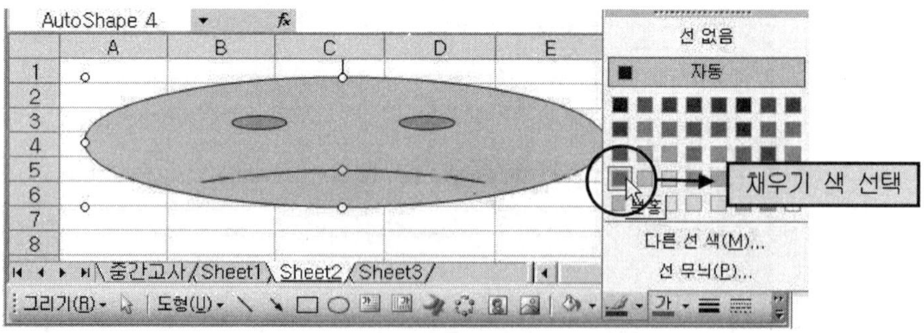

⑤ 그림자 아이콘을 누르고 그림자 유형을 선택한다.

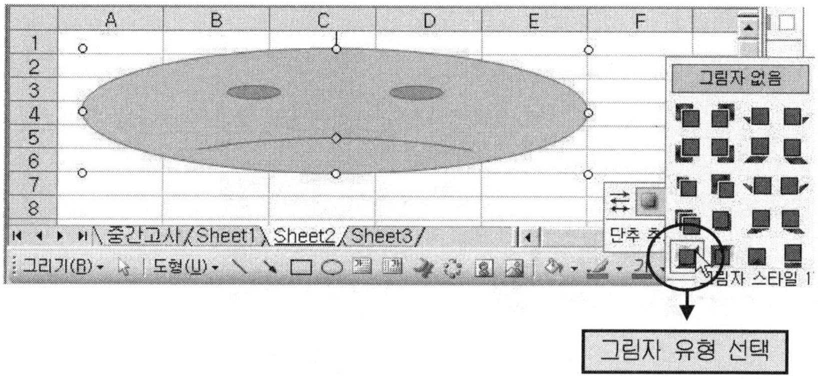

[참고사항] 개체의 이동 방법

- 개체를 선택하고 키보드의 방향키를 사용하면 개체가 조금씩 움직인다.
- 개체를 수평이나 수직으로만 움직이려면 [Shift]를 누른 상태에서 마우스로 끌기 한다.

3. 그리기 개체 배열

워크시트에 여러 개의 그리기 개체가 그려진 경우 다수의 개체를 하나로 묶거나 개체의 위치 등을 변경할 수 있다. 개체의 배열 상태를 변경할 때는 작업 대상이 되는 개체를 모두 선택하고 작업을 수행한다.

- 단일 개체 선택 : 마우스로 원하는 개체를 누르면 선택된다.
- 여러 개체 선택 : [Shift]를 누른 상태에서 원하는 개체를 차례로 마우스로 누른다.

엑셀

실습

① 다음과 같이 여러 개의 개체를 그려보자.

② Shift를 누른 상태에서 하나의 그룹으로 만들 여러 개의 개체를 선택하고, 그리기 도구모음의 [그리기] → [그룹] 메뉴를 선택하여 하나로 묶어 보자.

③ 위치를 변경할 개체를 선택하고 그리기 도구모음의 [그리기] → [순서] → [맨 앞으로] 메뉴를 선택하여 다른 개체보다 위에 나타나도록 해 보자.

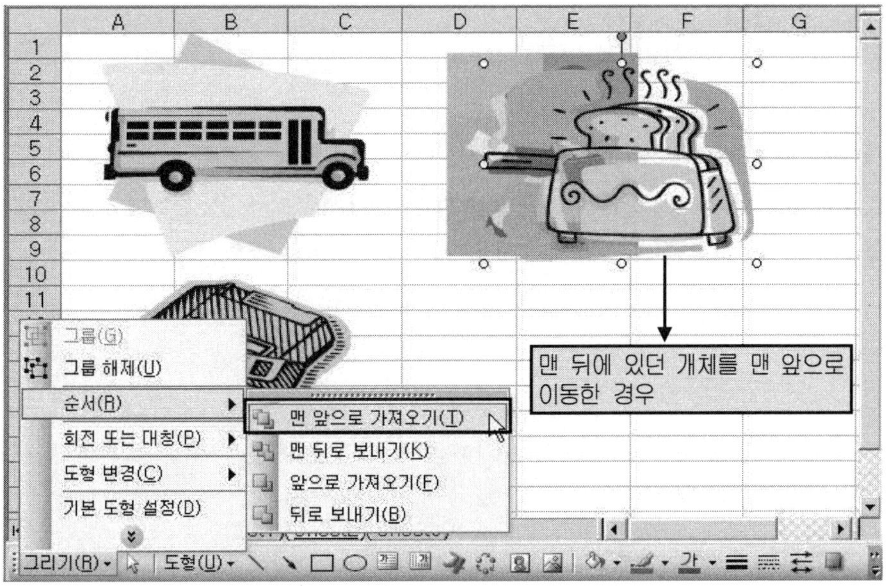

④ Shift를 이용해서 여러 개의 개체를 선택하고 그리기 도구모음의 [그리기] → [맞춤/배분] → [위쪽 맞춤] 메뉴를 선택하여 개체 윗 부분이 가지런하도록 맞춰 보자.

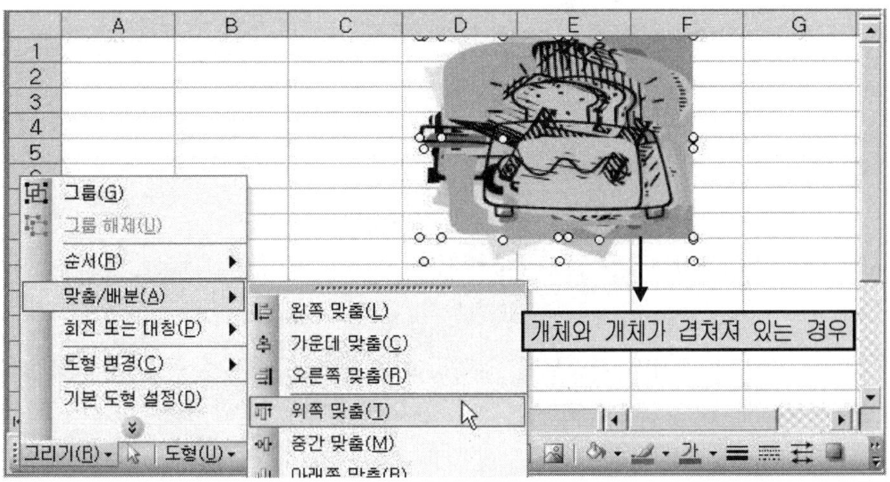

4. 도형의 텍스트

그리기 개체에 텍스트를 추가하려면 개체를 선택하고 마우스 오른쪽 단추를 눌러 단축 메뉴에서 [텍스트 추가]를 선택한다. 도형에 텍스트를 추가한 후 [서식] → [도형] 메뉴를 선택하여 도형의 서식과 함께 텍스트의 서식을 지정할 수 있다.

실습

① 원하는 도형을 그린 다음 텍스트를 추가하려는 도형 위에서 마우스 오른쪽 단추를 누르 고 [텍스트 추가]를 선택한다.

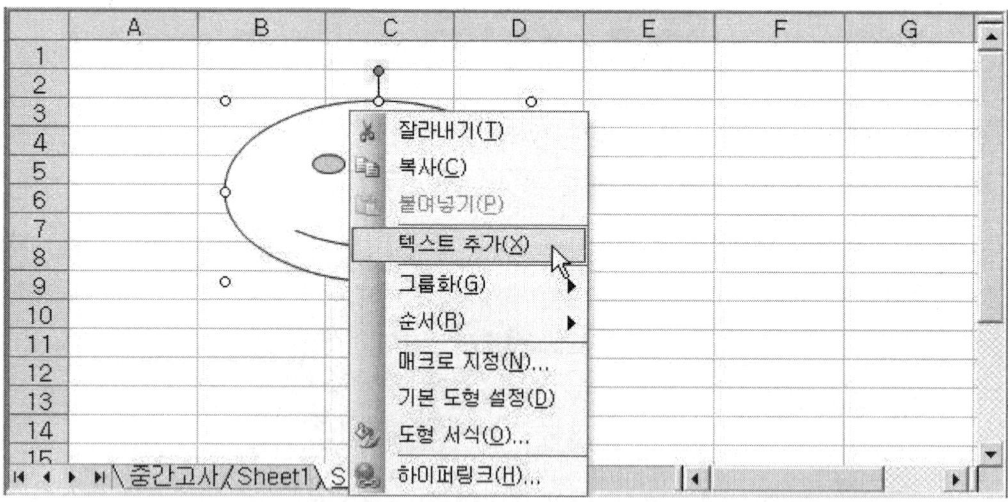

② 도형 내부에 커서가 생기면 텍스트를 입력하고 도형 테두리 부분을 마우스로 눌러 도형 전체를 선택한다.

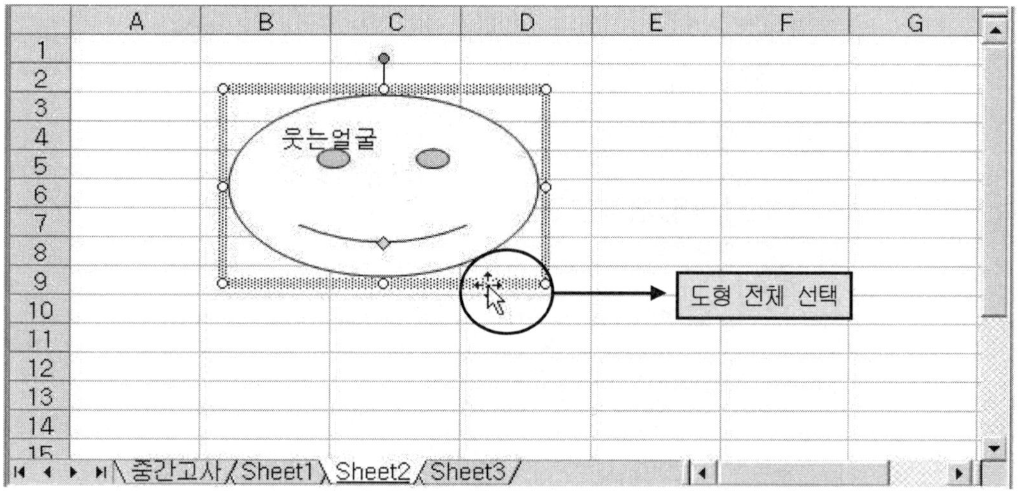

③ [서식] → [도형] 메뉴를 선택한다.

④ [글꼴]과 [맞춤] 탭에서 서식을 지정하고 [확인] 단추를 누른다. [맞춤] 탭의 텍스트 맞춤 의 가로와 세로를 가운데로 지정하면 텍스트가 도형의 한 가운데에 나타난다.

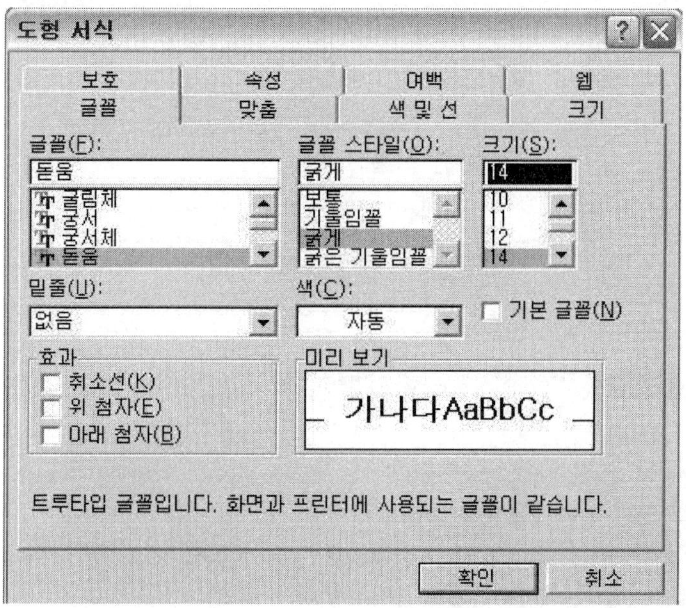

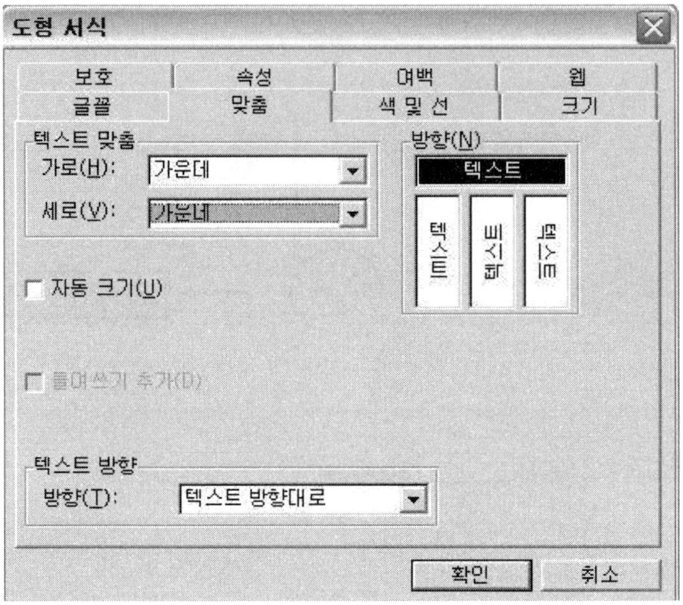

⑤ 도형이 변경되어 나타난다.

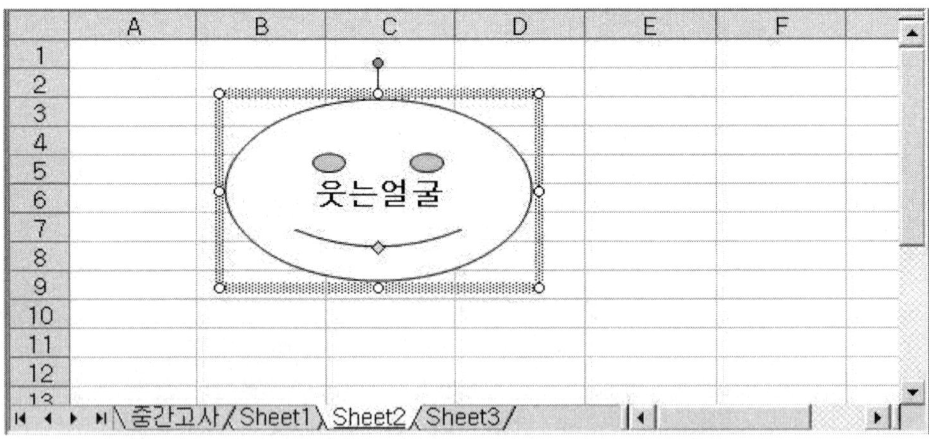

[참고사항] 도형 이동/복사/삭제

- 도형을 이동하거나 복사, 삭제하려면 먼저 도형을 마우스로 눌러 선택한다.
- 이동 : 마우스 왼쪽 단추를 누른 채 다른 위치로 끌어다 놓기
- 복사 : Ctrl을 누른 상태에서 마우스 왼쪽 단추를 누른 채 다른 위치로 끌어다 놓기
- 삭제 : Delete를 눌러 선택된 도형 삭제 가능

5. 워드아트

그리기 도구모음의 WordArt 삽입 아이콘을 누르거나 [삽입] → [그림] → [WordArt] 메뉴를 선택하여 특수 효과를 가진 텍스트를 워크시트에 삽입한다.

실습

① [그리기] 도구모음의 아이콘을 누르거나 [삽입] → [그림] → [WordArt] 메뉴를 선택한다.

② [WordArt Gallery] 대화상자에서 원하는 특수 효과 유형을 선택하고 [확인] 단추를 누른다.

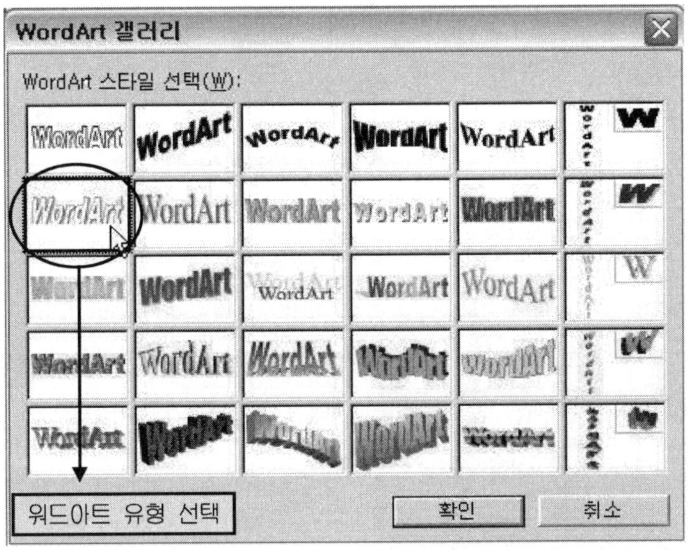

③ [텍스트] 탭에서 원하는 텍스트를 입력하고, 글꼴이나 크기 등을 지정한 다음 [확인] 단추를 누른다.

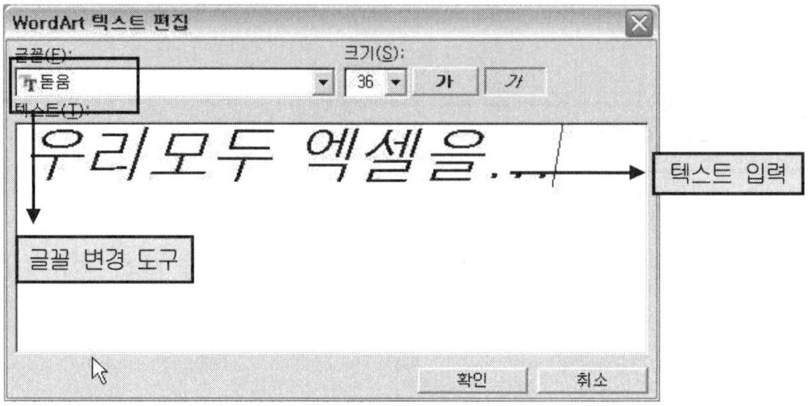

④ 워크시트에 워드아트 개체가 삽입되면 크기 조절점이나 모양 조절점으로 개체 모양이 변경하는 것이 가능하다.

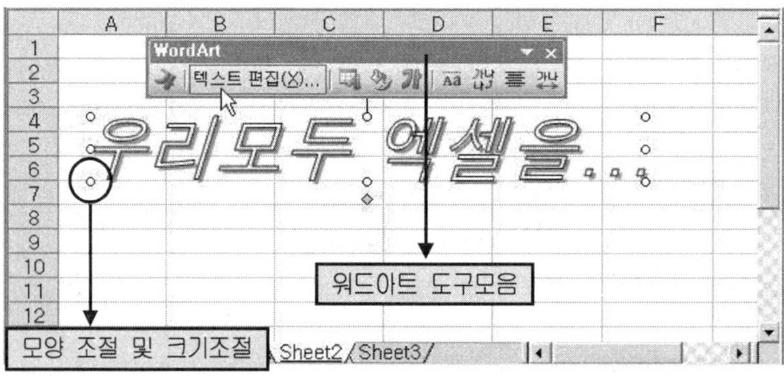

[참고사항] 워드아트 도구모음

워드아트의 모양을 변경할 때는 워드아트 도구모음의 아이콘을 사용한다.

WordArt 삽입	새로운 워드아트를 삽입한다.
텍스트 편집	선택한 워드아트의 텍스트를 변경한다.
WordArt 갤러리	워드아트의 특수 효과 유형을 변경한다.
WordArt 서식	워드아트의 색, 선 모양 등을 변경한다.
WordArt 모양	워드아트를 다양한 모양으로 변경한다.
WordArt와 같은 문자 높이	영어 대소문자 등 워드아트의 모든 문자 높이를 동일하게 맞춘다.
WordArt 세로 텍스트	워드아트의 텍스트 방향을 세로으로 변경한다.
WordArt 정렬	여러 줄을 포함하는 워드아트의 수평 정렬 방식을 지정한다.
WordArt 문자간격	문자와 문자 사이의 간격을 좁게 또는 넓게로 조정한다.

연습문제

① 다음과 같은 워크시트를 작성한 후 '컴퓨터 사용현황.xls'로 저장하여 ②와 ③을 작성하자.

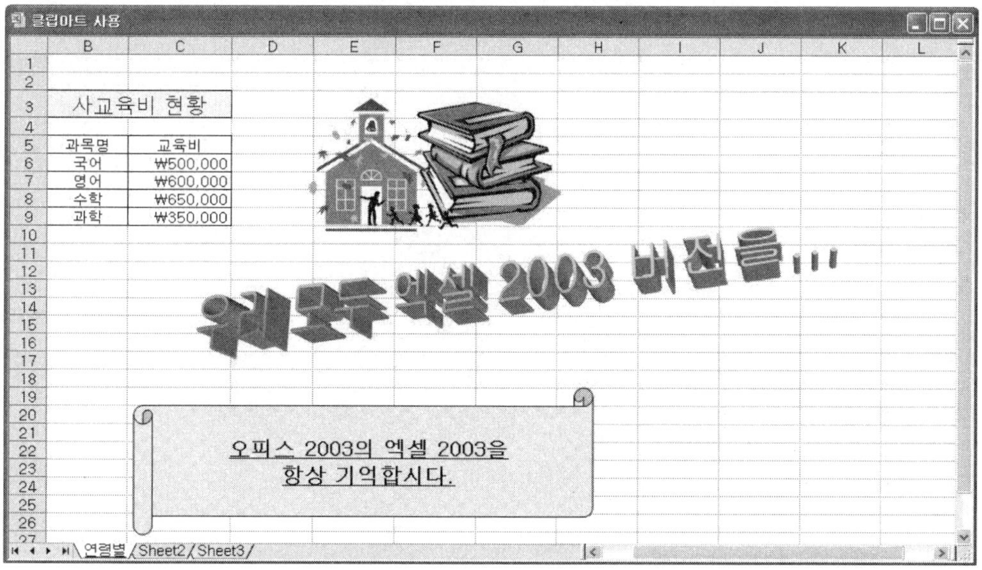

② '컴퓨터 사용현황.xls'를 3차원 세로막대형 차트를 작성해 보자. (범례 : 오른쪽, 글꼴 : 10의 돋움체, 나머지 서식은 그림을 참조)

③ 차트의 종류를 "데이터 표식이 있는 꺾은선형" 차트로 변환하고 Y축의 보조 눈금선을 제거해 보자.(데이타 레이블 : 값표시, 데이터 테이블 표시)

Chapter 7

데이터 관리와 분석

1. 데이터베이스와 데이터 관리

데이터베이스는 어떤 대상의 데이터를 체계적으로 모아놓고, 데이터를 보다 쉽게 검색하거나 필요한 데이터만 따로 추출할 수 있다.

■ 데이터베이스의 특징

- 워크시트에서 서로 관련된 데이터가 들어 있는 일련의 행을 목록이라고 한다.
- 데이터베이스의 열은 필드(Field)로 행은 레코드(Record)로 이용한다.
- 목록의 최상위 행에는 반드시 필드명(열 이름표)을 기재해야한다.
  (예) '1학기성적표.xls'파일을 열고 다음 시트를 보자.

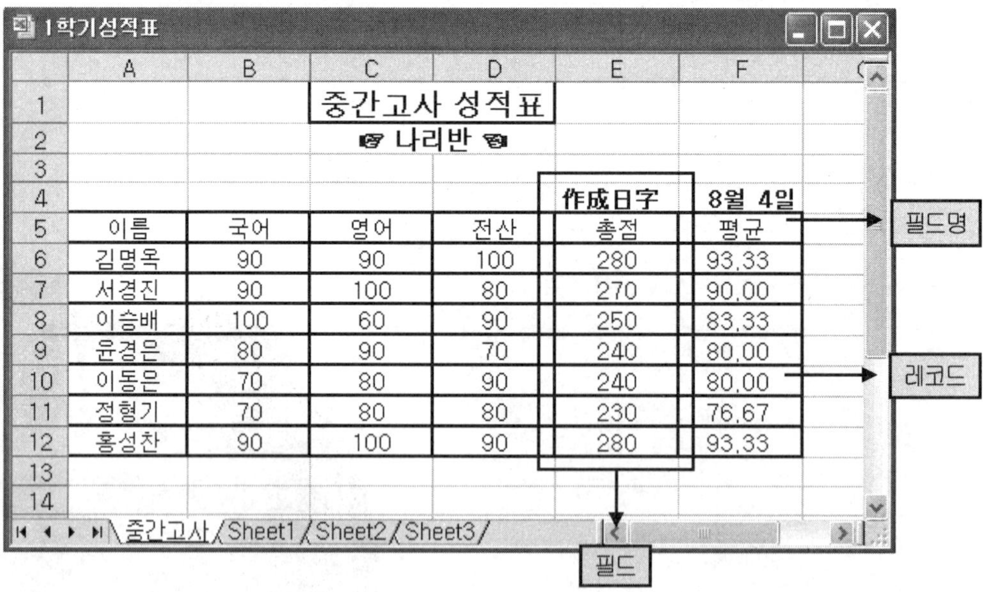

■ 데이터 관리 기능의 특성

- 데이터를 크기순으로 정렬하거나 추출할 때에는 열 기준에 의해 분류 · 검색이 가능하다.
- 메뉴에서 [레코드 관리]를 이용해서 데이터의 추가, 삭제, 변경이 가능하다.
- 피벗 테이블의 표 기능을 이용해서 특정 기준에 의한 집계표 작성이 가능하다.

[참고사항] 데이터베이스 관련 용어

필드명 (Field Name)	• 데이터베이스를 구성하는 각 필드를 구분하기 위한 이름 • 하나의 데이터베이스에서 동일한 필드명은 사용할 수 없음
레코드(Record)	필드의 집합체로 행 단위의 데이터
파일(File)	레코드가 모여서 구성된 데이터의 집합
정렬(sort)	특정키를 기준으로 데이터를 크기순(오름차순,내림차순)으로 재배열 하는 것
검색(Search)	데이터베이스에 저장되어 있는 데이터를 일정한 조건에 의해 찾아내는 것

2. 데이터 정렬

정렬은 작은 값에서 큰 값으로 정렬되는 오름차순과 큰 값에서 작은 값으로 정렬되는 내림차순이 있다.

■ 기본정렬 순서(오름차순 정렬일 때)

- 숫자는 가장 작은 음수에서 가장 큰 양수로 정렬된다.
- 논리값은 TRUE보다 FALSE가 앞에 정렬된다.
- 오류값의 정렬순서는 모두 같다.
- 빈 셀은 항상 마지막으로 정렬된다.

실습

▶ 메뉴를 이용한 데이터 정렬

① 셀 포인터를 정렬할 데이터가 있는 임의의 위치로 이동한 다음 [데이터] → [정렬] 메뉴를 선택한다.

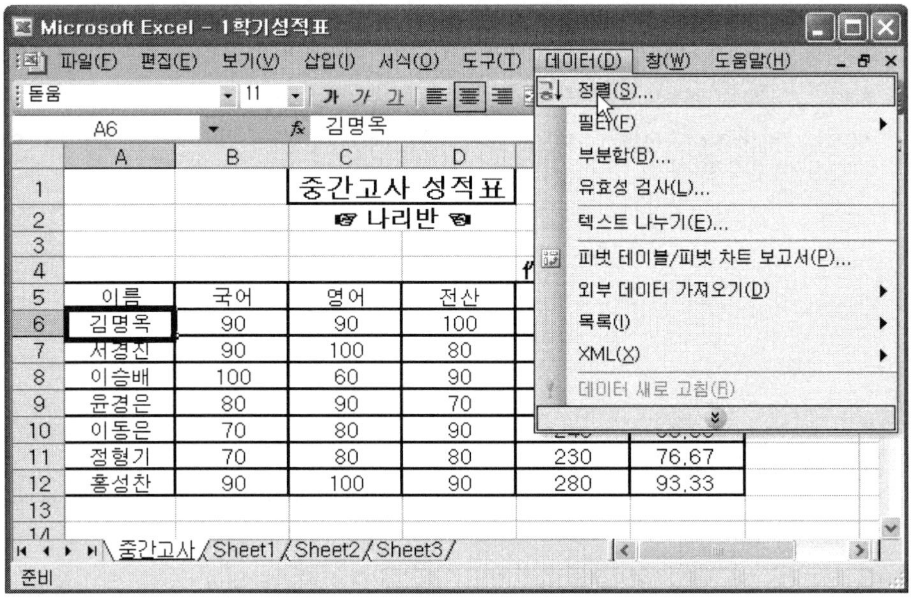

② 첫 번째 기준 항목과 정렬 순서, 두 번째 기준 항목과 정렬 순서를 지정하고 [확인] 단추 를 누른다.

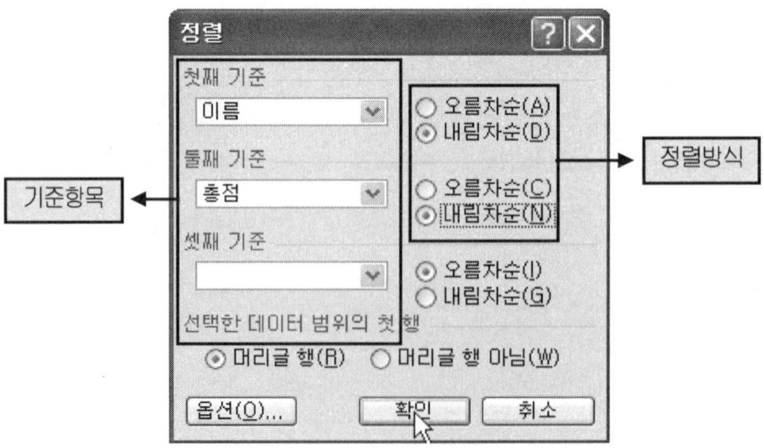

③ 데이터가 특정 항목에 의해 정렬되었음을 볼 수 있다.

이름	국어	영어	전산	총점	평균
홍성찬	90	100	90	280	93.33
정형기	70	80	80	230	76.67
이승배	100	60	90	250	83.33
이동은	70	80	90	240	80.00
윤경은	80	90	70	240	80.00
서경진	90	100	80	270	90.00
김명옥	90	90	100	280	93.33

[참고사항] 정렬

- 정렬 이전의 상태로 되돌리려면 정렬 명령을 수행하고 난 후 [편집] → [정렬 취소] 메뉴를 선택하거나 표준 도구모음의 실행취소 아이콘을 누른다.
- 데이터를 정렬할 때 분류 기준 항목은 3개까지 지정할 수 있다.
- 정렬 기준이 되는 열의 셀을 선택하고 정렬 도구를 누르면 현재 열을 첫 번째 기준으로 자동 정렬된다.
- 정렬 도구는 첫 번째 기준만 사용 가능하다.
- (오름차순 정렬) 도구 : 현재 열을 기준으로 오름차순으로 정렬한다.
- (내림차순 정렬) 도구 : 현재 열을 기준으로 내림차순으로 정렬한다.

사용자 지정 정렬 순서

- 가나다순이나 역순으로 정렬하지 않고 월별, 요일별 등으로 정렬하거나 사용자가 직접 정렬 순서를 지정하여 수행하고자 할 때 이용한다.
- 사용자 지정 정렬 순서는 '사용자 지정 목록'에 등록되어 있는 것만 가능하므로 사용자 정의 정렬을 수행하기 전에 원하는 목록이 있는지 확인하고, 만약에 목록에 등록되어 있지 않으면 기준으로 사용할 목록을 추가한 다음 수행한다.
- 사용자 지정 정렬 순서는 첫 번째 기준에만 적용이 가능하다.

엑셀

실습

▶ 사용자 지정 정렬 순서로 정렬하기

① 다음과 같은 워크시트에서 품목을 사용자 지정 정렬 순서로 지정하여 정렬해 보자.

② '사용자 지정 목록'에 정렬 순서를 등록하기 위해 [도구] → [옵션] 메뉴를 선택한다.

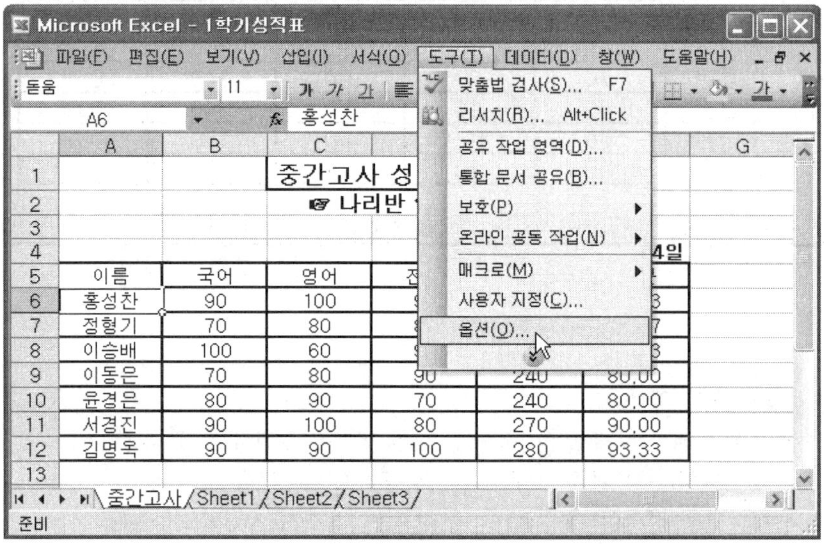

③ [사용자 지정 목록] 탭에서 '목록 항목'을 마우스로 누르고 다음과 같이 새로운 목록을 입력한 다음 [추가] 단추를 누른다. 새로운 목록이 추가되면 [확인] 단추를 누른다.

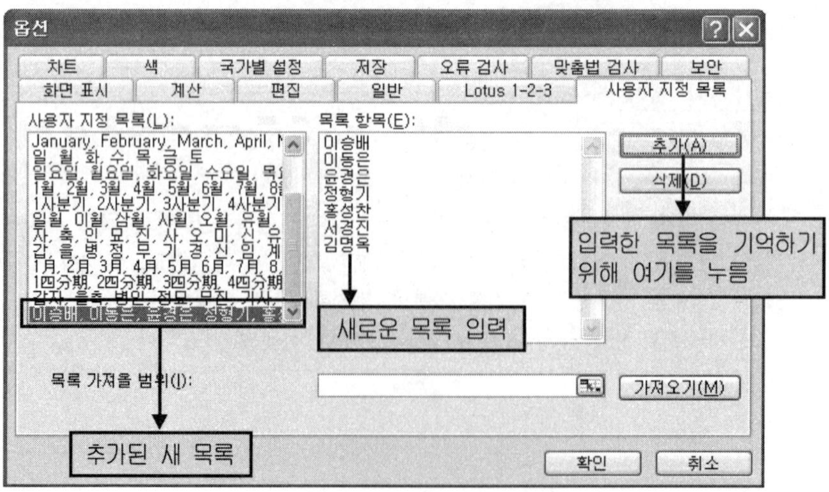

④ 정렬할 데이터가 있는 위치에 셀 포인터를 놓고 [데이터] → [정렬] 메뉴를 선택한 다음 [정렬] 대화상자에서 [옵션] 단추를 누른다.

⑤ [정렬 옵션] 대화상자에서 사용자 지정 정렬 순서를 선택한 다음 [확인] 단추를 누른다.

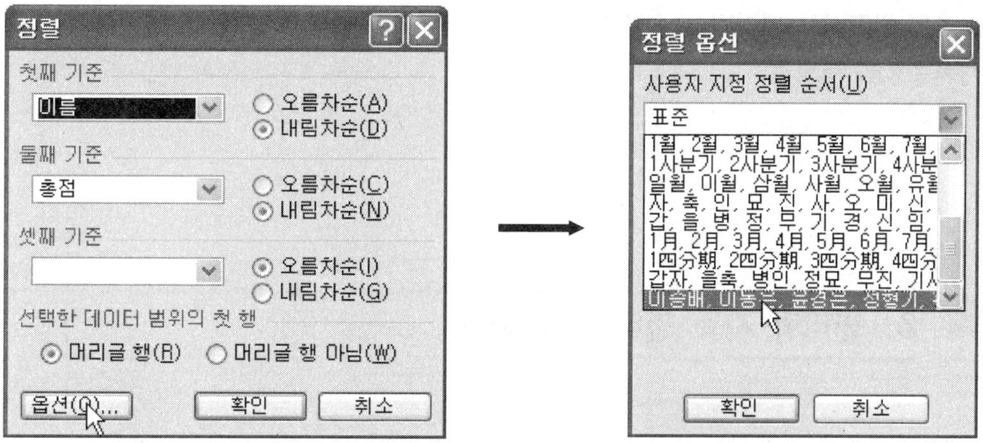

⑥ [정렬] 대화상자에서 다시 [확인]단추를 누르면 데이터가 정렬된다.

이름	국어	영어	전산	총점	평균
김명옥	90	90	100	280	93.33
서경진	90	100	80	270	90.00
홍성찬	90	100	90	280	93.33
정형기	70	80	80	230	76.67
윤경은	80	90	70	240	80.00
이동은	70	80	90	240	80.00
이승배	100	60	90	250	83.33

실습

① 다음과 같은 성적 평가표 워크시트를 작성해 보자. (총점, 평균, 석차는 함수를 사용해 구한다.)

② 총점을 내림차순으로 정렬하되 동점이면 성명을 오름차순으로 정렬해 보자.

③ 다음의 워크시트 데이터를 요일 기준으로 오름차순 정렬해 보자. (요일이 같으면 시간을 오름차순으로 정렬한다.)

3. 필터링-자동 필터/고급 필터

데이터베이스에서 가장 빈번하게 이루어지는 작업은 전체 레코드 중 특정 조건을 만족하는 레코드만을 추출하는 것으로 워크시트에서 데이터를 검색하려면 필터 기능을 사용한다.

필터의 종류에는 자동 필터와 고급 필터가 있으며 자동 필터는 [필터] 단추를 사용하여 간단하고, 빠르게 데이터를 검색한다.

실습

▶ 자동 필터로 데이터 추출하기

① 다음 워크시트를 보고 자동 필터 기능을 이용해서 데이터를 추출해 보자.

1학기성적표

	A	B	C	D	E	F
1			중간고사 성적표			
2			☞ 나리반 ☜			
3						
4					作成日字	8월 4일
5	이름	국어	영어	전산	총점	평균
6	김명옥	90	90	100	280	93.33
7	서경진	90	100	80	270	90.00
8	홍성찬	90	100	90	280	93.33
9	정형기	70	80	80	230	76.67
10	윤경은	80	90	70	240	80.00
11	이동은	70	80	90	240	80.00
12	이승배	100	60	90	250	83.33
13						

중간고사 / Sheet1 / Sheet2 / Sheet3

② 임의의 데이터 목록에 셀 포인터를 놓고 [데이터] → [필터]→ [자동 필터] 메뉴를 선택하면 자동 필터 단추가 나타난다.

③ 추출하려는 열의 자동 필터 단추를 누르고 나타내려는 항목을 선택한다.

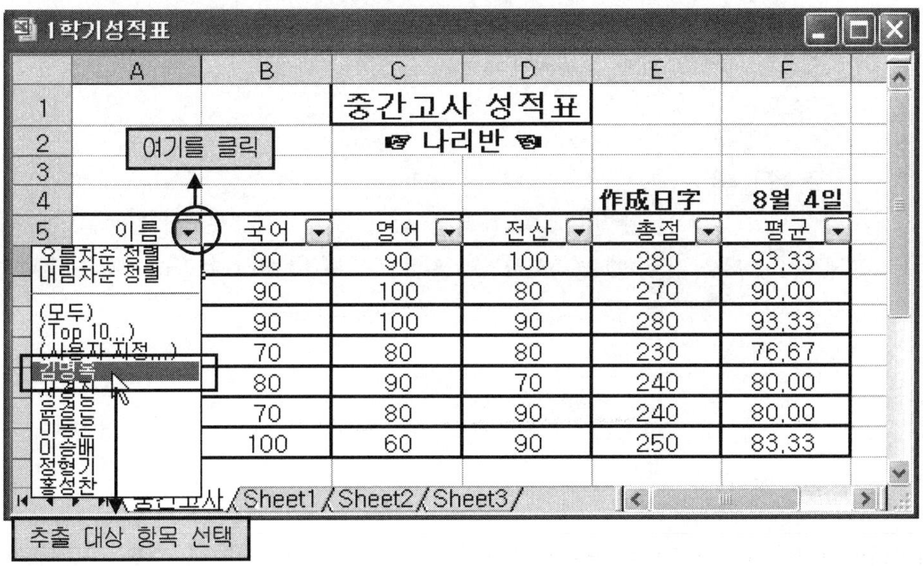

④ 선택한 항목을 포함하는 레코드만 화면에 표시한다.

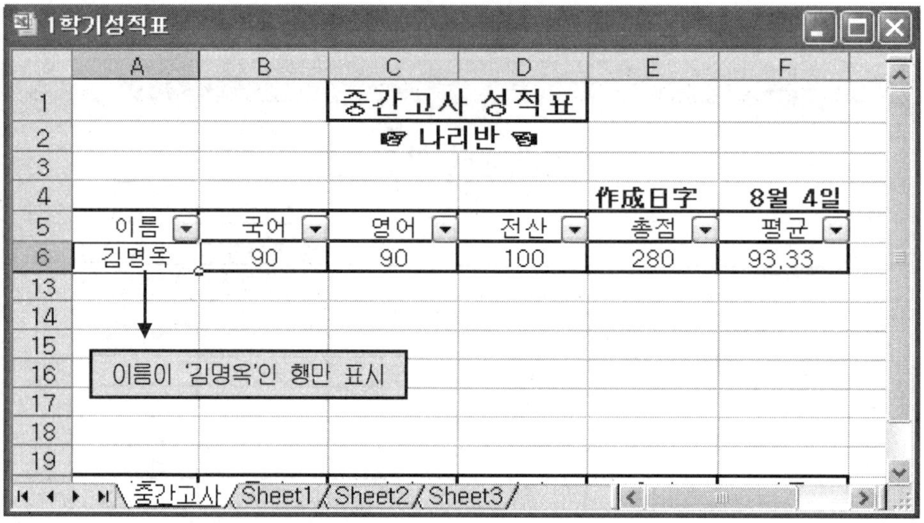

[참고사항] 자동 필터 복원

- 필터 단추를 누르고 '모두' 항목을 선택하면 모든 행이 다시 워크시트에 표시된다.
- [데이터] → [필터] → [자동 필터] 메뉴를 다시 선택하면 자동 필터가 해제된다.
- 필터 단추 여러 개를 선택하여 필요한 항목을 선택하면 모든 항목을 포함하는 행만 표시된다.

자동 필터 옵션

자동 필터를 설정하고 필터 단추를 누른 후 [사용자 지정] 항목이나 [Top 10] 항목을 선택해서 조건을 지정, 행을 검색하거나 일정한 범위 내에 들어 있는 행만 나타낼 수 있다.

실습

▶ 자동 필터 옵션 이용하기

① [데이터] → [필터] → [자동 필터] 메뉴를 사용하여 자동 필터 단추를 나타낸다. '총점'의 필터 단추를 누르고 [사용자 지정] 항목을 선택한다.

② 연산자와 비교값을 입력하고 [확인] 단추를 누른다. 다음과 같이 지정하면 수량이 240보다 크거나 같고, 270보다 작거나 같은 행을 필터링 한다.

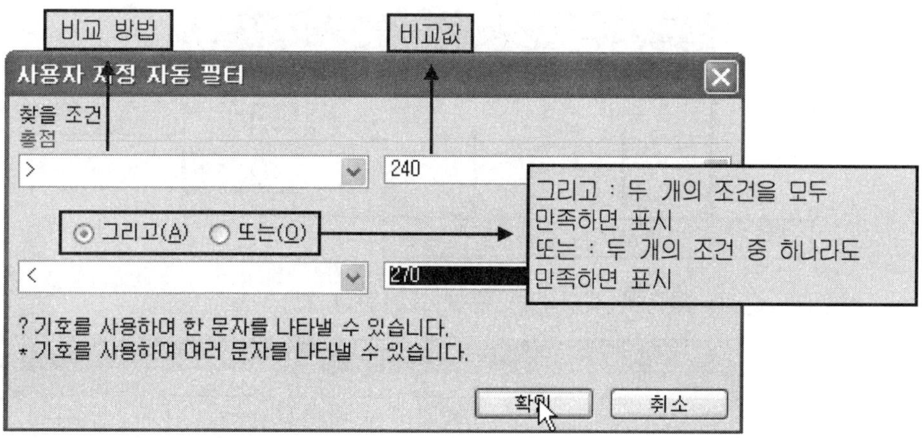

③ 수량이 240보다 크고, 270보다 작은 행만 표시한다.

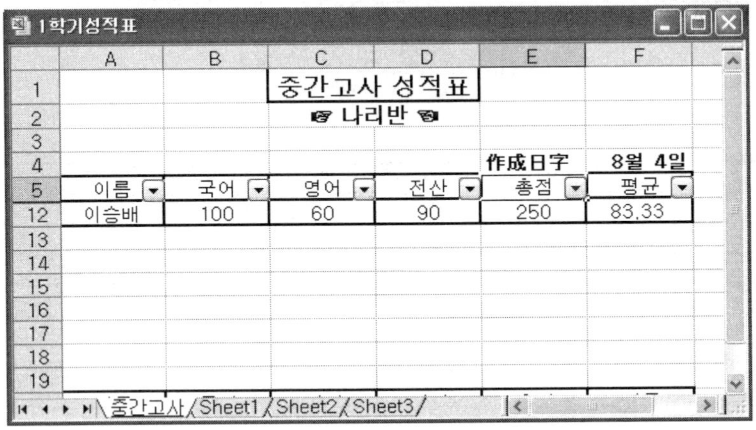

④ '총점'의 필터 단추를 누르고 [모두] 항목을 선택하여 모든 행을 표시한 다음, '총액'의 필터 단추를 누르고 [Top 10]항목을 선택해 보자.

⑤ [선택적 자동 필터] 대화상자에서 필터 위치와 값, 종류를 선택하고 [확인] 단추를 누른다.

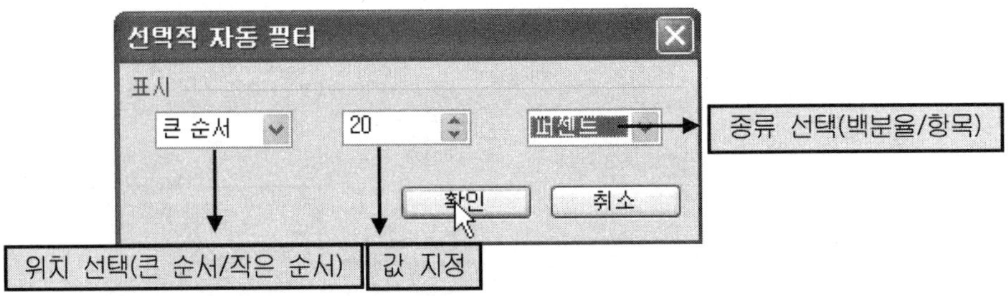

⑥ 상위(큰 순서) 20%에 해당하는 행만 표시된다.

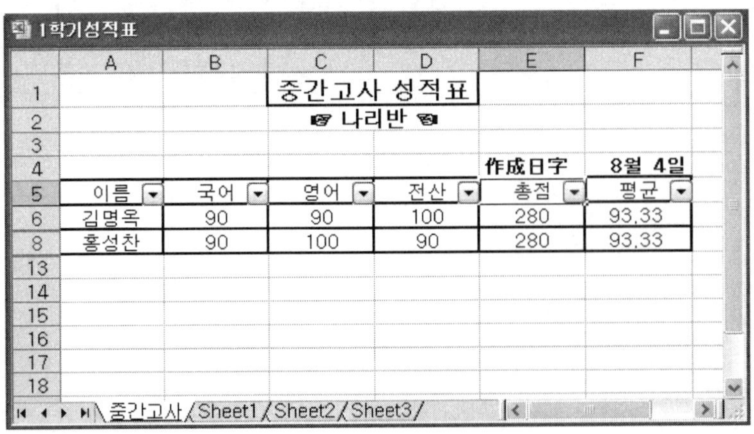

고급 필터

- 추출하는 데이터들을 다른 위치로 표시하거나 검색 레코드의 특정 필드에 해당하는 데이터만 추출 가능하다.
- 고급 필터 기능을 사용할 경우 전체 데이터 범위와 조건 범위 그리고 필요에 따라 결과값이 나타날 범위를 같은 필드명과 함께 지정한다.

조건 범위 작성 규칙

- 조건 범위의 첫머리에는 목록과 동일한 필드명을 반드시 기재한다.
- 특정값을 입력하면 일치하는 항목만 검색 할 수 있다.
- 비교 연산자를 사용하여 검색 범위를 지정할 수 있다.
- 대표 문자를 사용하여 조건을 지정할 수 있다.
- 같은 행에 조건을 입력하면 AND 조건이 되고, 다른 행에 조건을 입력하면 OR 조건이 된다.

실습

▶ 고급 필터를 이용한 검색

① 다음과 같은 워크시트에서 총점이 '240'이상인 데이터만 고급 필터로 검색해 보자. 미리 조건 범위를 작성해 놓도록 한다.

	A	B	C	D	E	F
1			중간고사 성적표			
2			☞ 나리반 ☜			
3						
4					作成日字	8월 4일
5	이름	국어	영어	전산	총점	평균
6	김명옥	90	90	100	280	93.33
7	서경진	90	100	80	270	90.00
8	홍성찬	90	100	90	280	93.33
9	정형기	70	80	80	230	76.67
10	윤경은	80	90	70	240	80.00
11	이동은	70	80	90	240	80.00
12	이승배	100	60	90	250	83.33
13						
14	이름	국어	영어	전산	총점	평균
15					>240	

② 데이터 범위 내에 셀 포인터를 놓고 [데이터] → [필터] → [고급 필터] 메뉴를 선택한다. [고급 필터] 대화상자에서 결과 옵션과 데이터 범위, 조건 범위를 지정하고 [확인] 단추를 누른다.

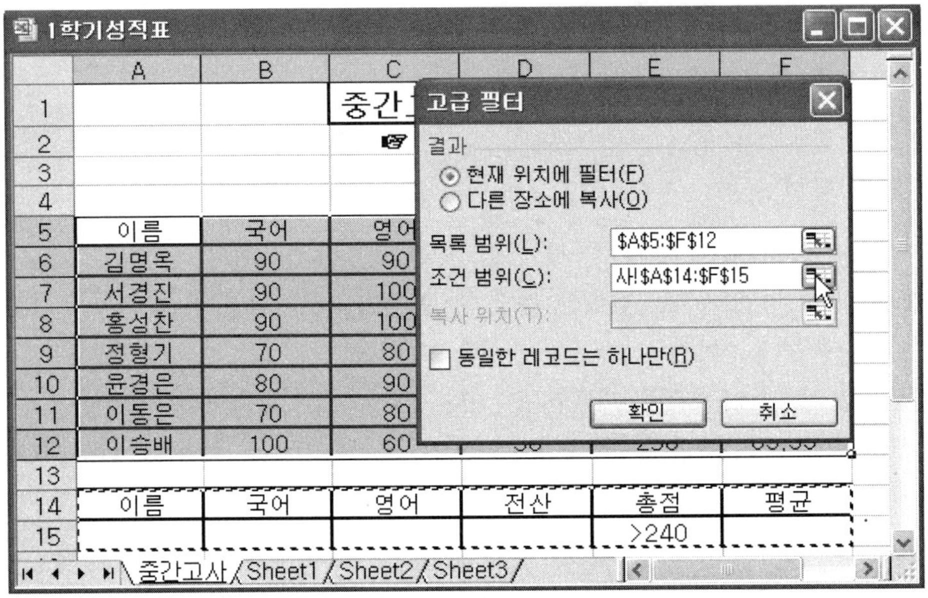

③ 현재 위치에 '중간고사'인 행만 표시되고 나머지 행은 일시적으로 숨겨진다. 숨겨진 행을 다시 나타내려면 [데이터] → [필터] → [모두 표시] 메뉴를 선택하여 고급 필터를 해제해야 한다.

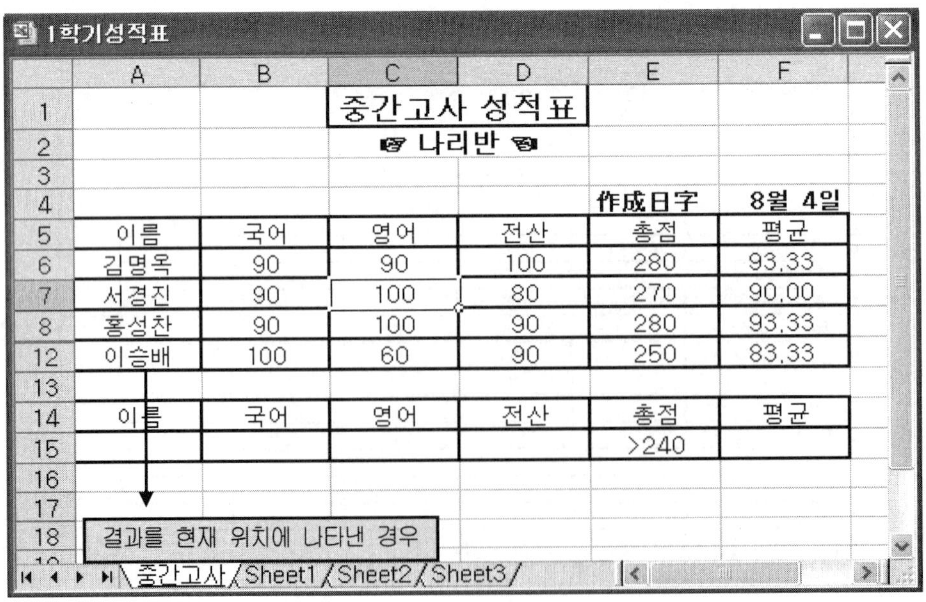

[참고사항] 고급 필터 옵션

- 현재 위치에 : 고급 필터 결과를 현재 위치에 일시적으로 표시한다.
- 다른 장소에 복사 : 고급 필터 결과를 지정한 복사 위치에 표시한다.
- 데이터 범위 : 고급 필터의 대상이 되는 워크시트의 데이터 범위를 지정한다.
- 찾을 조건 범위 : 데이터 범위의 필드명과 동일한 필드명을 갖는 조건 범위를 지정한다.
- 복사 위치 : 다른 장소에 복사 옵션을 선택했을 때만 결과가 복사될 위치를 지정한다.
- 동일한 레코드는 하나만 : 고급 필터의 결과가 동일한 경우 하나만 나타낸다.

▶ 필터 결과를 다른 장소에 복사하기

① 다음과 같이 조건 범위와 고급 필터의 결과를 복사할 범위를 미리 작성한다. 데이터 범위 내에 셀 포인터를 놓고 [데이터] → [필터] → [고급 필터] 메뉴를 선택한다.

② '다른 장소에 복사' 옵션을 선택하고 데이터 범위, 찾을 조건 범위, 복사 위치를 지정한 다음 [확인] 단추를 누른다.

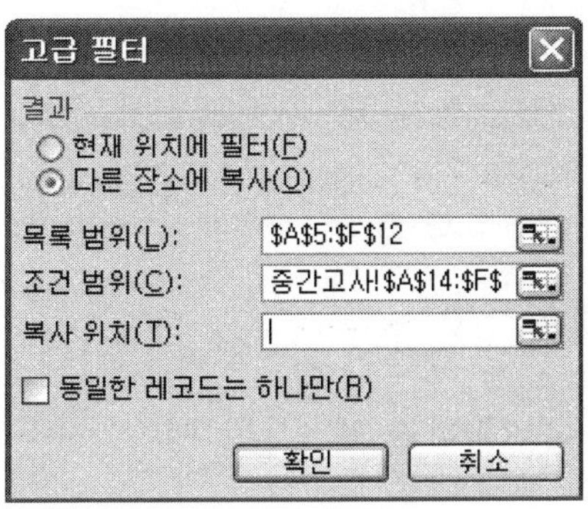

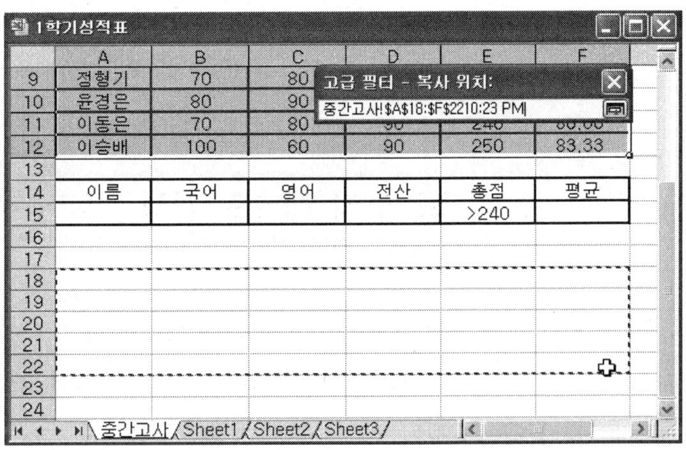

③ 총점이 '240'이상인 레코드만 복사 위치에 표시된다.

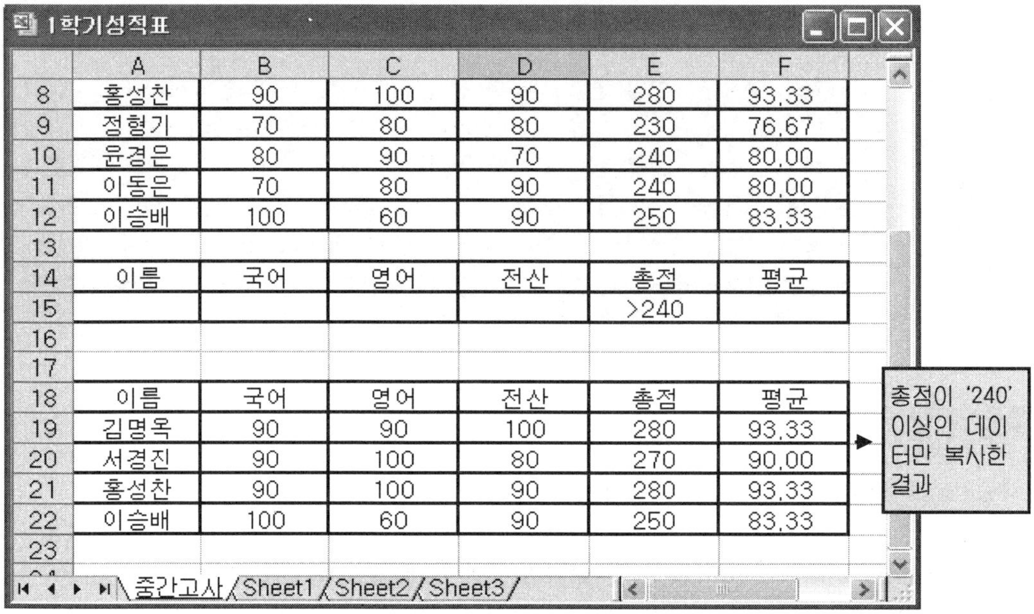

1학기성적표

	A	B	C	D	E	F
8	홍성찬	90	100	90	280	93.33
9	정형기	70	80	80	230	76.67
10	윤경은	80	90	70	240	80.00
11	이동은	70	80	90	240	80.00
12	이승배	100	60	90	250	83.33
13						
14	이름	국어	영어	전산	총점	평균
15					>240	
16						
17						
18	이름	국어	영어	전산	총점	평균
19	김명옥	90	90	100	280	93.33
20	서경진	90	100	80	270	90.00
21	홍성찬	90	100	90	280	93.33
22	이승배	100	60	90	250	83.33
23						

④ 조건을 서로 다른 행에 입력하여 여러 조건 중 하나만 만족하더라도 데이터를 검색할 수 있다.

⑤ 복사 위치에 특정한 필드명만 입력한 경우 해당 필드명의 데이터만 복사된다.

4. 레코드 관리-레코드 검색

- [레코드 관리] 대화상자를 사용해서 데이터의 추가, 삭제, 변경, 추출이 가능하다.
- 레코드 검색이란 워크시트의 데이터 중에서 지정한 조건을 만족하는 레코드만 대화상자를 통해 보는 것을 말한다.
- 수식이 입력된 필드는 레코드 대화상자에서 입력 불가능한 상태로 나타난다.

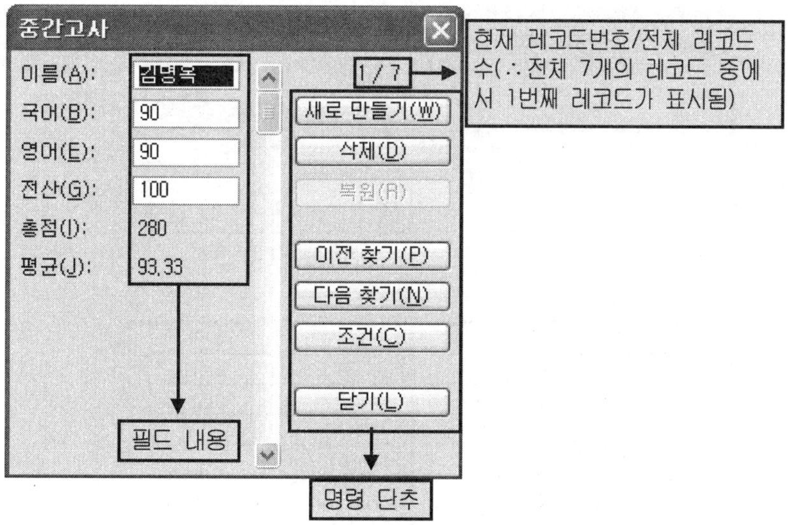

명령 단추의 기능

새로 만들기	새로운 레코드를 추가한다.
삭 제	현재 위치의 레코드를 삭제한다.
복 원	현재 입력된 레코드 내용을 취소한다.
이전 찾기	현재 위치의 레코드에서 바로 전(앞) 레코드로 이동한다.
다음 찾기	현재 위치의 레코드에서 다음 레코드로 이동한다.
조 건	임의의 레코드를 찾기 위해 조건을 입력할 수 있도록 한다.
닫 기	[레코드 관리] 대화상자를 닫고 워크시트로 돌아간다

실습

① 워크시트의 데이터 범위에 있는 임의의 셀을 마우스로 누른 후 [데이터] → [레코드 관리] 메뉴를 선택한다.

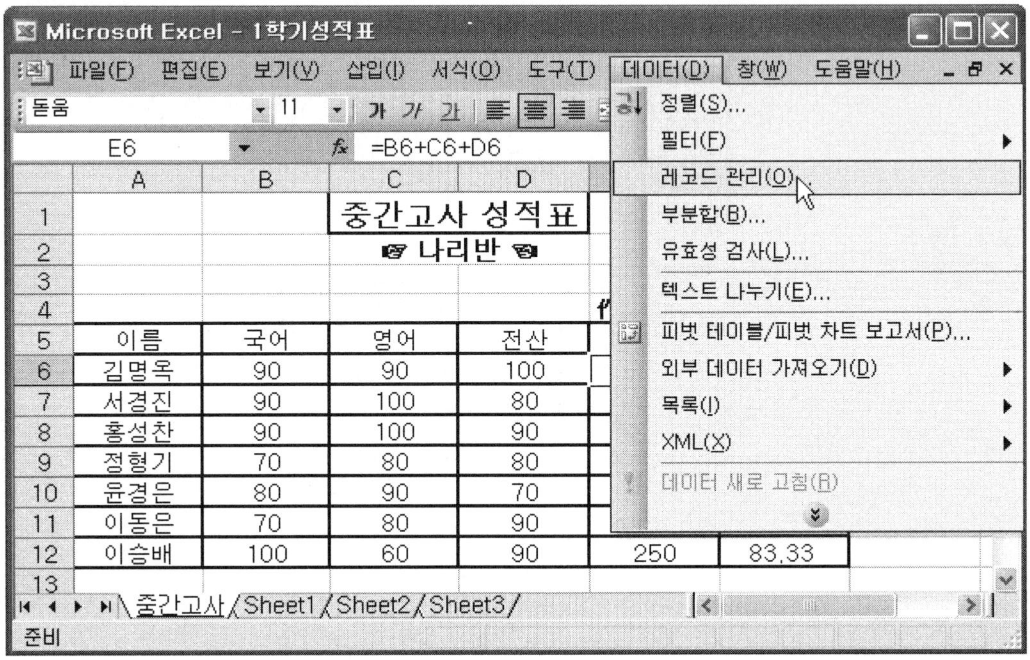

② [중간고사 레코드 관리] 대화상자가 나타나고 첫 번째 레코드를 보여 준다. [이전 찾기] 또는 [다음 찾기] 단추를 사용하여 원하는 레코드로 이동한 후 내용을 확인하거나 수정할 수 있다.

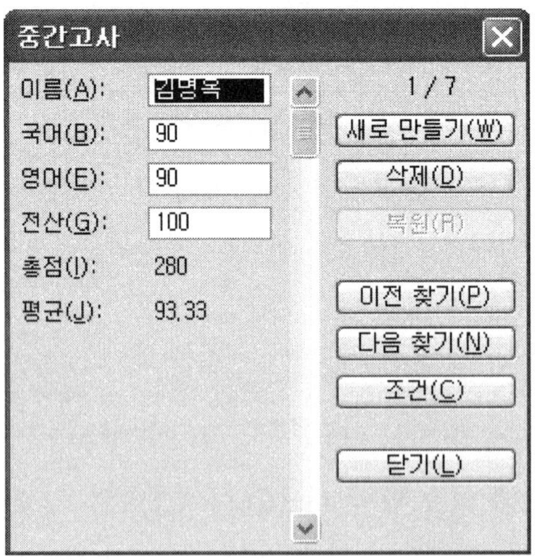

③ 조건을 지정하여 검색하려면 [조건] 단추를 누른다. 각 필드의 입력란에 조건을 입력한 다음 [다음 찾기] 단추를 누르면 조건에 맞는 레코드만 볼 수 있다. [닫기] 단추를 누르면 레코드 관리 작업을 종료한다.

[참고사항] 검색 조건 지정 방법

- 입력란에 여러 개의 조건을 입력하면 모든 조건을 만족하는 레코드만 검색한다.(AND 조건을 의미)
- 대표 문자를 사용하여 비교 조건을 입력할 수 있다.
- 물음표(?) : 물음표 위치의 한 문자를 의미 (예) : "12?4"→?가 있는 위치는 한문자에 대해 어떤 값이던 모두 허용
- 별표(*) : 별표 위치의 여러 분자를 의미 (예) : "장*"→'장'다음에는 1 문자이상 어떠한 문자가 되던 모두 허용

[레코드 관리] 대화상자를 통해 새로운 데이터를 입력하면 워크시트 데이터 범위의 마지막 행 다음에 신규 데이터가 추가된다. 레코드를 추가할 때는 다음과 같은 키를 사용하여 커서를 이동한다.

- [Tab] 다음 필드로 이동
- [Shift]+[Tab] 이전 필드로 이동
- [Enter↵] 레코드를 추가하고 다음 레코드로 이동

실습

① 워크시트의 데이터 범위에 셀 포인터를 놓고 [데이터] → [레코드 관리] 메뉴를 선택하여 [레코드 관리] 대화상자를 나타낸다.

② [새로 만들기] 단추를 누르면 필드 입력란이 깨끗하게 비어진다.

③ [Tab]을 이용하여 각 필드별로 커서를 이동하면서 추가할 내용을 입력하고 [Enter↵]를 누른다.

④ 워크시트의 마지막 위치에 새로운 레코드가 추가되고, 레코드 관리 대화상자는 다음 새 레코드를 입력하기 위한 상태가 된다.

[참고사항] 레코드 추가 규칙

- 목록에 필드명(열 이름표)이 반드시 포함되어 있어야 한다.
- 한 번에 32개의 필드(열)까지 표기할 수 있다.
- 수식이 들어 있는 필드는 입력에서 제외된다.
- 데이터를 입력하고 [Enter↵]를 누르면 수식이 들어 있는 필드는 자동으로 계산되어 결과가 워크시트에 표시된다.

엑셀

특정 레코드 삭제

레코드를 삭제하려면 먼저 삭제할 레코드를 레코드 관리 대화상자에 나타내어야 한다. [이전 레코드] 또는 [다음 레코드] 단추를 눌러 원하는 위치로 이동한 후 레코드를 삭제한다. [찾을 조건] 단추를 누르고 조건에 맞는 레코드만 찾아가면서 삭제할 수도 있다. 레코드 관리 대화상자에서 삭제한 레코드는 복구가 불가능하므로 주의한다.

실습

▶ 레코드 삭제하기

① [레코드 관리] 대화상자를 화면에 나타내고 삭제할 레코드를 찾아 [삭제] 단추를 누른다.

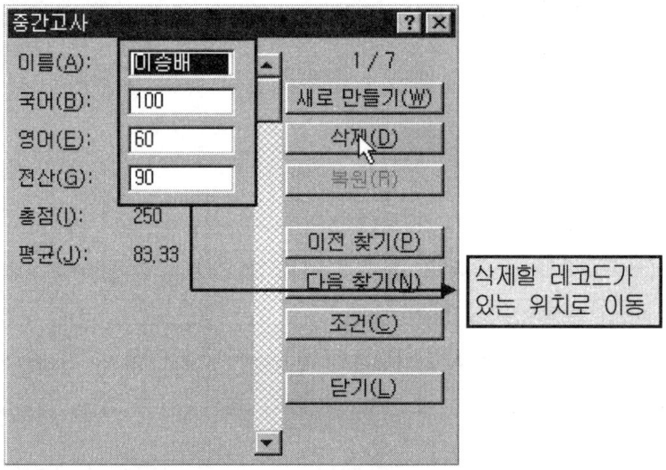

② 확인 메시지가 나오면 [확인] 단추를 누른다.

③ 워크시트에 해당 데이터가 삭제되었음을 볼 수 있으며, 레코드 관리를 종료하려면 [닫기] 단추를 누른다.

5. 부분합

- 메뉴에서 [데이터] → [부분합]을 선택해서 목록의 부분합과 총합계를 자동으로 구할 수 있는데 부분합을 구하기 위해서는 먼저 부분합의 기준이 항목에 의해 크기순으로 정렬한다.
- 여러 수준으로 부분합을 작성하려면 부분합을 구할 모든 열로 우선 순위를 정하여 정렬해야 하며 부분합이 삽입된 상태에서 데이터를 변경하면 부분합과 총합계가 자동으로 재 계산된다.

실행과정

① 먼저 분류대상을 기준 키로 해서 크기순(오름차순 또는 내림차순)으로 분류한다.

② 메뉴에서 [데이터] → [부분합]을 선택해서 지시사항대로 설정한다.

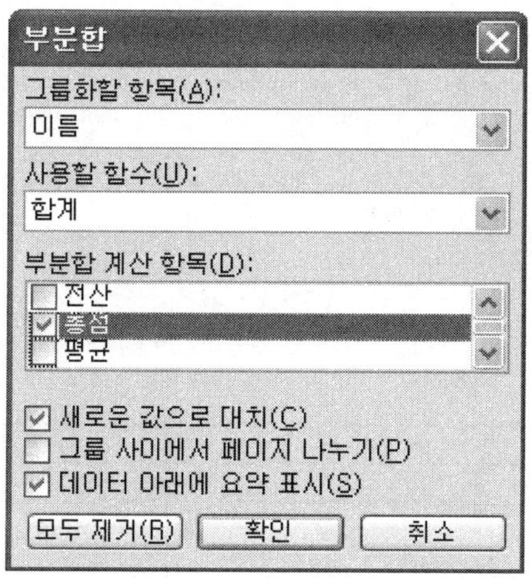

➲ 각 항목의 의미

그룹화할 항목	부분합을 구할 때 기준이 되는 필드명
사용할 함수	부분합의 요약 함수 종류 선택(합계, 개수, 평균, 최대값, 최소값, 곱, 숫자개수, 표본 표준편차, 표준편차, 표본분산, 분산 등)
부분합 계산 항목	부분합을 나타내고자 하는 필드명 선택
새로운 값으로 대치	목록에 있는 기존의 부분합을 지우고 새로운 부분합으로 대치
그룹 사이에 쪽 구분	부분합을 구한 각 그룹 항목 다음에 쪽 구분 삽입
데이터 아래에 요약 표시	부분합과 총합계를 하위 데이터 아래에 표시
모두 삭제	목록에 있는 부분합 취소

실습

① 다음과 같이 워크시트에서 학과별로 부분합을 계산하려고 한다. 먼저 지역으로 정렬해야 하므로 B열에 셀 포인터를 두고 오름차순 정렬 아이콘을 누른다.

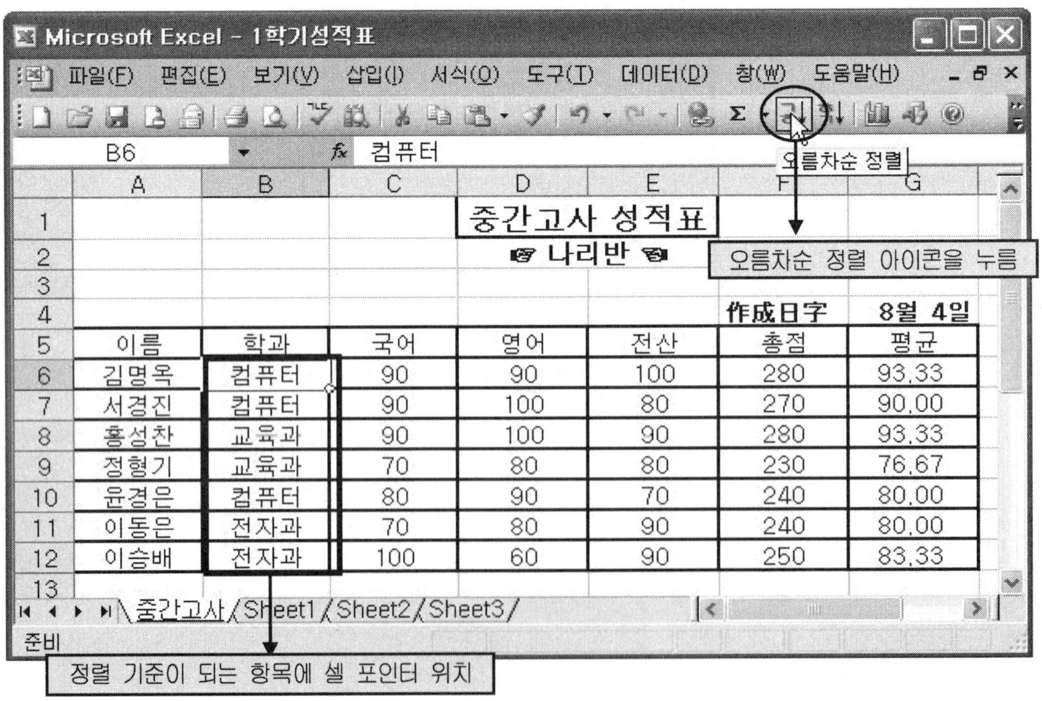

② 정렬되면 데이터 범위에 셀 포인터를 두고 [데이터] → [부분합] 메뉴를 선택한다.

③ 그룹화 할 항목으로 '학과'를 선택하고 함수와 계산 항목을 지정한 다음 [확인] 단추를 누른다.

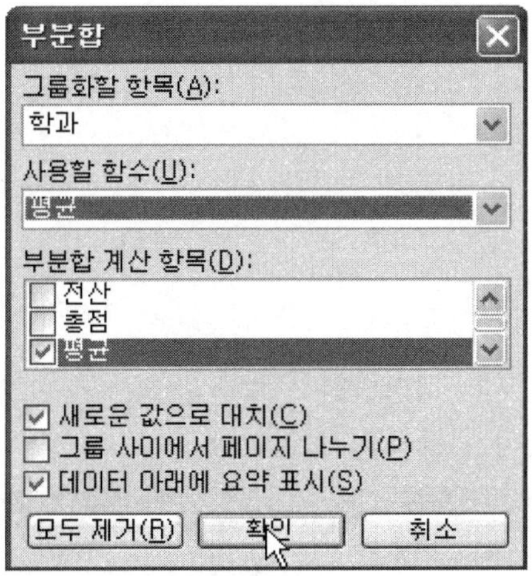

④ 학과별 평균과 전체 평균을 표시된다.

	A	B	C	D	E	F	G
1				중간고사 성적표			
2				☞ 나리반 ☜			
3							
4						作成日字	8월 4일
5	이름	학과	국어	영어	전산	총점	평균
6	홍성찬	교육과	90	100	90	280	93.33
7	정형기	교육과	70	80	80	230	76.67
8		교육과 평균					85.00
9	이동은	전자과	70	80	90	240	80.00
10	이승배	전자과	100	60	90	250	83.33
11		전자과 평균					81.67
12	김명옥	컴퓨터	90	90	100	280	93.33
13	서경진	컴퓨터	90	100	80	270	90.00
14	윤경은	컴퓨터	80	90	70	240	80.00
15		컴퓨터 평균					87.78
16		전체 평균					85.24

하위 수준 표시

부분합의 윤곽 기호를 이용하여 일시적으로 하위 수준 데이터의 표시를 선택할 수 있다. 부분합 부분만 확인하거나 하위 데이터까지 표시하도록 지정한다.

1 2 3	1단계(총계), 2단계(소계), 3단계(데이터) 등으로 하위 데이터의 표시를 지정한다.
-	현재 단계에서 하위 데이터를 표시하지 않도록 한다.
+	현대 단계에서 숨겨져 있는 하위 데이터를 다시 표시하도록 한다.

실습

▶ 하위 데이터의 표시 선택

① 다음과 같이 학과별로 평균을 나타내는 부분합을 작성하고, 교육과 평균의 윤곽 기호를 누르면 '교육과'의 하위 데이터가 표시되지 않는다.

	A	B	C	D	E	F	G
1				중간고사 성적표			
2				☞ 나리반 ☜			
3							
4						作成日字	8월 4일
5	이름	학과	국어	영어	전산	총점	평균
6	홍성찬	교육과	90	100	90	280	93.33
7	정형기	교육과	70	80	80	230	76.67
8		교육과 평균					85.00
9	이동은	전자과	70	80	90	240	80.00
10	이승배	전자과	100	60	90	250	83.33
11		전자과 평균					81.67
12	김명옥	컴퓨터	90	90	100	280	93.33
13	서경진	컴퓨터	90	100	80	270	90.00
14	윤경은	컴퓨터	80	90	70	240	80.00
15		컴퓨터 평균					87.78
16		전체 평균					85.24

② 2단계 윤곽 기호를 누르면 2단계(소계)까지만 표시되고, 하위 데이터가 표시되지 않는다.

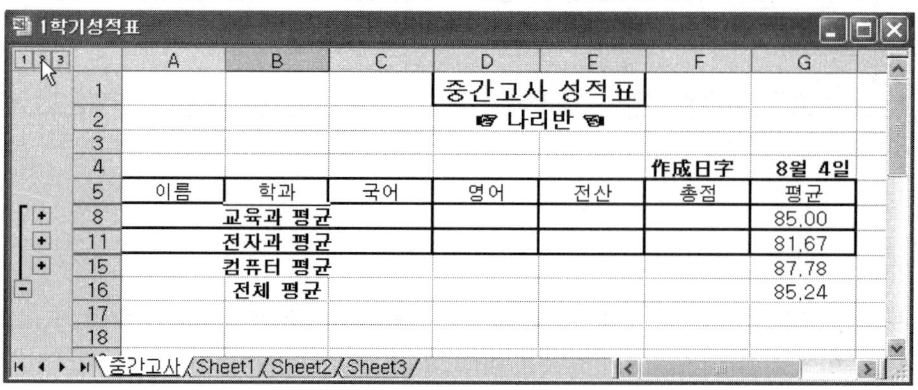

	A	B	C	D	E	F	G
1				중간고사 성적표			
2				☞ 나리반 ☜			
3							
4						作成日字	8월 4일
5	이름	학과	국어	영어	전산	총점	평균
8		교육과 평균					85.00
11		전자과 평균					81.67
15		컴퓨터 평균					87.78
16		전체 평균					85.24
17							
18							

6. 피벗 테이블 작성

엑셀 목록, 데이터베이스, 외부 데이터, 다른 피벗 테이블 등을 원본으로 하여 많은 양의 데이터를 여러 방법(합계, 평균, 개수 등)으로 요약해서 특정 조건에 해당하는 집계표를 작성하는 것을 피벗 테이블이라고 한다.

- 원본 데이터의 행 또는 열의 위치를 변경하여 데이터를 여러 모양으로 표시할 수 있다.
- 특정 항목으로 필터링 하거나 상세히 보기 등을 지정할 수 있다.
- 각 필드에 여러 조건을 지정 가능하며 분야별로 데이터를 집계할 수 있다.
- 피벗 테이블은 작업중인 워크시트나 새로운 워크시트에 작성 가능하다.
- 피벗 테이블을 작성한 다음에라도 기본 데이터 값을 변경하면 피벗 테이블의 데이터 값 역시 자동으로 바뀐다.

실습

① 다음 데이터를 가지고 피벗 테이블로 작성해 보자.

1학기성적표

지역의 지점 판매현황

판매지역	판매지점	판매품목	수량	단가	금액
강원도	LG	세탁기	35	600,000	21,000,000
경상도	SK	휴대폰	80	450,000	36,000,000
전라도	삼성	에어컨	26	1,000,000	26,000,000
서울시	인켈	오디오	52	500,000	26,000,000
인천시	태광	전화기	67	180,000	12,060,000

② 데이터 범위 내에 셀 포인터를 놓고 [데이터] → [피벗 테이블/피벗 차트 보고서] 메뉴를 선택한다.

③ 1단계 : 데이터 위치를 'Microsoft Excel 목록이나 데이터베이스' 옵션으로 지정하고 [다음] 단추를 누른다.

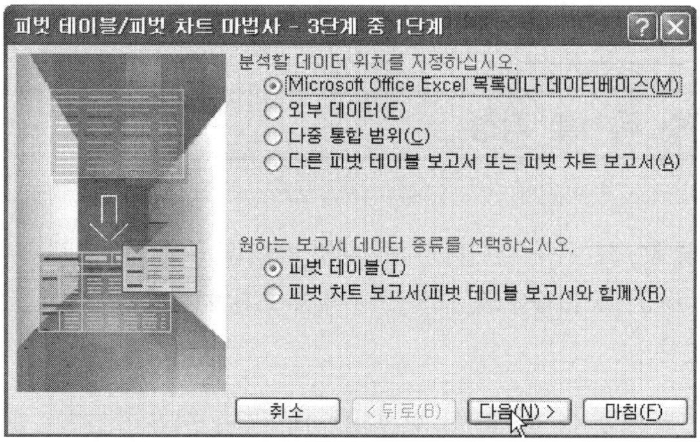

④ 2단계 : 데이터 범위의 설정을 확인하고 [다음] 단추를 누른다.

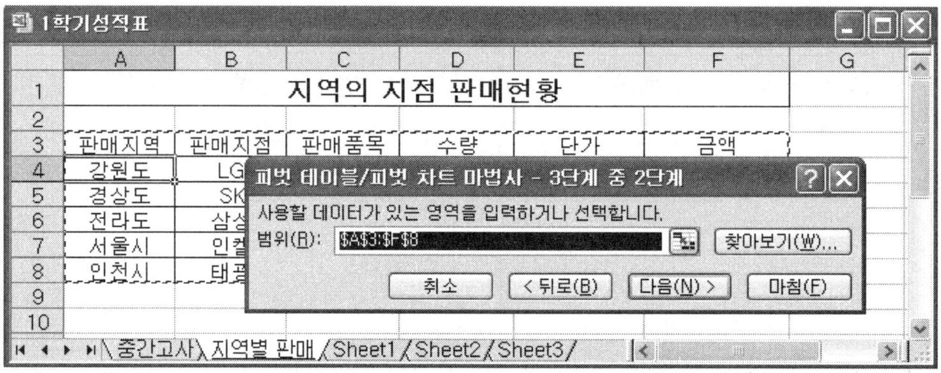

⑤ 3단계 : [레이아웃]을 클릭하여 필드 단추를 피벗 테이블의 구조를 적당한 위치로 끌어다 놓아 피벗 테이블의 구조를 결정한 다음 [확인] 단추를 누른다.

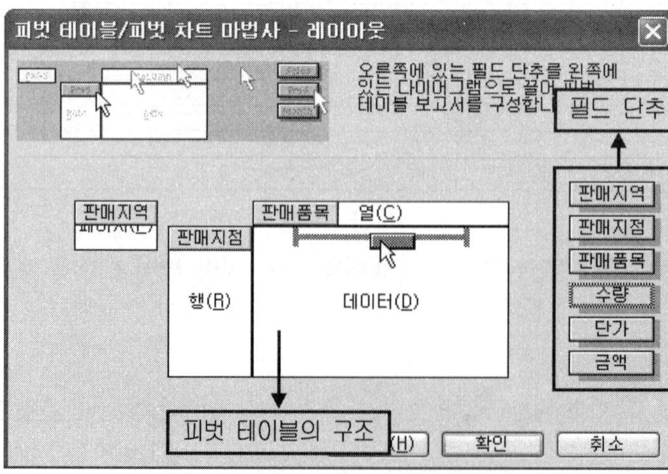

⑥ 4단계 : 피벗 테이블의 위치를 '기존 워크시트' 옵션으로 지정한 다음 피벗 테이블이 시작될 셀을 마우스로 눌러 선택한다. [마침] 단추를 눌러 피벗 테이블 마법사 과정을 마친다. '새 워크시트' 옵션을 지정하면 현재 워크시트 앞에 새로운 워크시트를 삽입하고 피벗 테이블을 작성한다.

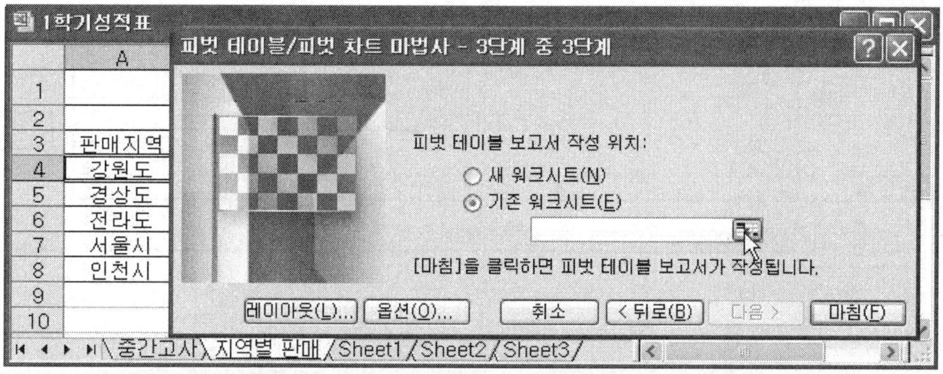

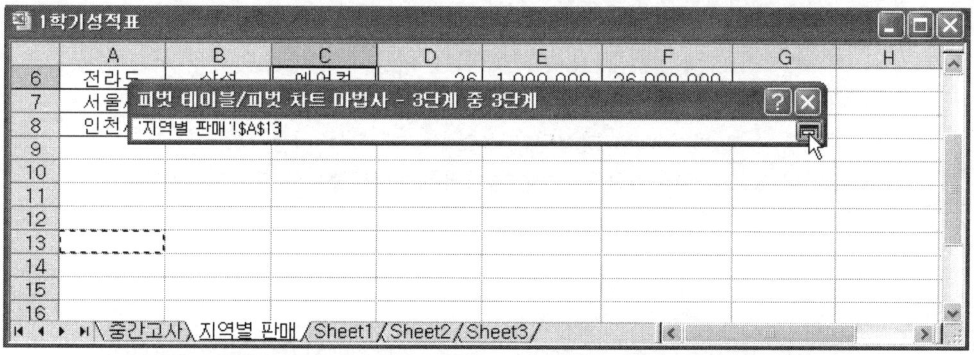

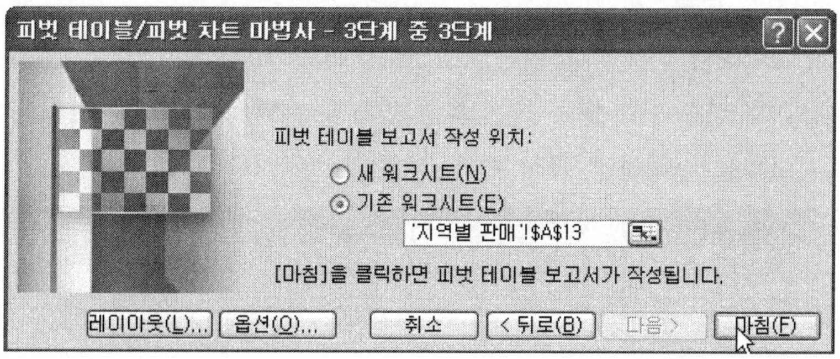

⑦ 피벗 테이블이 작성된다.

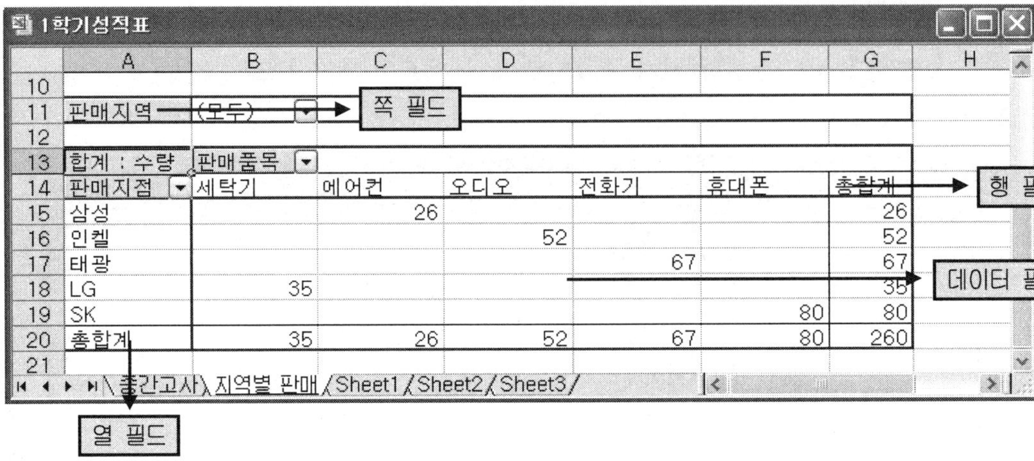

[참고사항] 피벗 테이블의 구조

- 쪽 필드 : 요약된 데이터를 필터링 하는 데 사용할 필드
- 행 필드 : 행 방향으로 지정된 것으로 두 개 이상 지정 가능
- 열 필드 : 열 방향으로 지정된 것으로 두 개 이상 지정 가능
- 데이터 필드 : 일반적으로 숫자 데이터를 여러 종류의 함수로 요약

실습

▶ 피벗 테이블 보기

① 피벗 테이블의 쪽 필드 단추를 누르고 특정 항목을 선택하면, 그 항목에 대한 데이터만 표시된다. [모두] 항목을 선택하면 다시 원래 상태대로 표시할 수 있다.

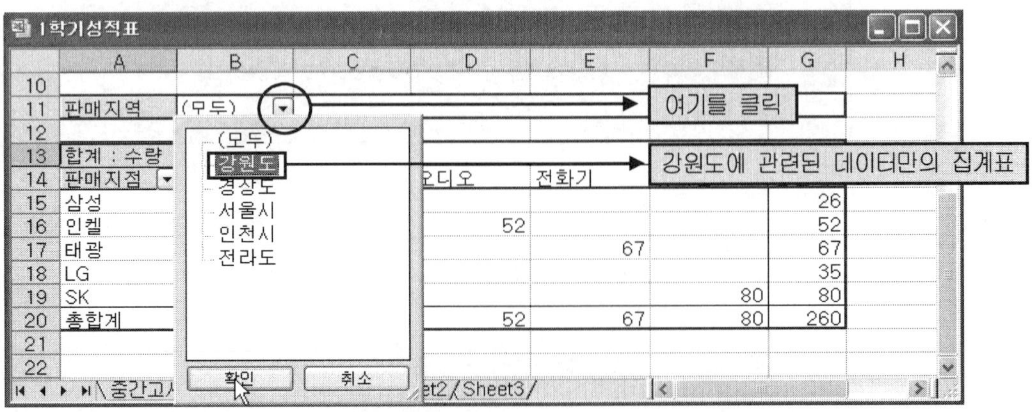

② 피벗 테이블의 필드 단추를 마우스 끌기로 이동하여 즉석에서 피벗 테이블의 구조를 변경할 수 있다. ‘판매지역’ 필드 단추를 열 필드 쪽으로 끌어다 놓고 ‘판매지점’ 필드 단추를 쪽 필드 쪽으로 끌어다 놓아 구조를 변경해 보자.

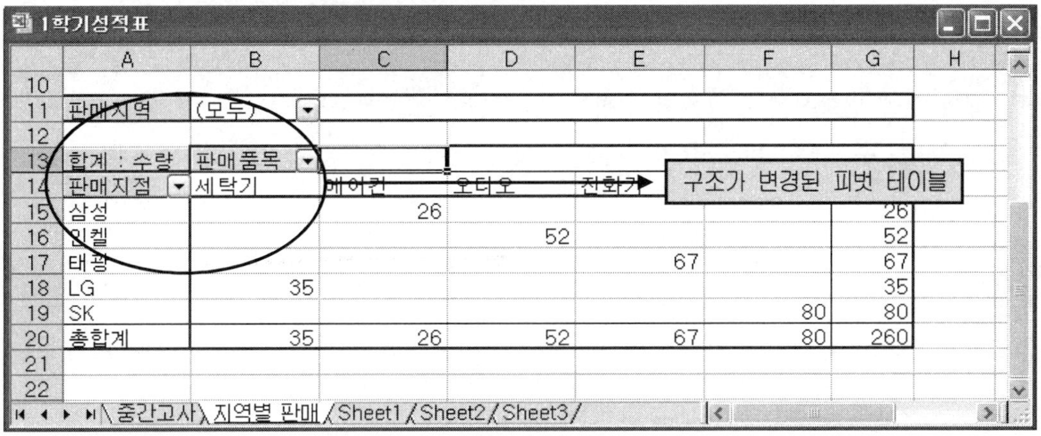

[참고사항] 필드 삭제

필드 단추를 피벗 테이블 바깥쪽으로 끌어다 놓으면 해당 필드가 삭제된다.

피벗 테이블 도구 모음

피벗 테이블을 수정하거나 보기 형식을 변경할 때 [피벗 테이블] 도구모음을 사용한다.

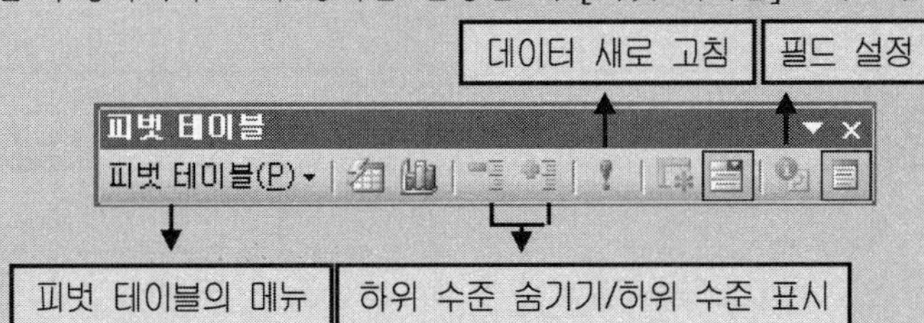

7. 목표값 찾기

특정 셀의 값을 변화시켜 수식에서 원하는 결과값을 찾을 때 사용한다. 값을 변화시키려는 셀은 결과를 계산하는 수식에서 반드시 참조하고 있어야 한다.

실습

① 다음과 같은 워크시트를 작성해 보자. '판매가격'은 '(단가*수량)-(단가*수량*할인율)'로 계산한다.

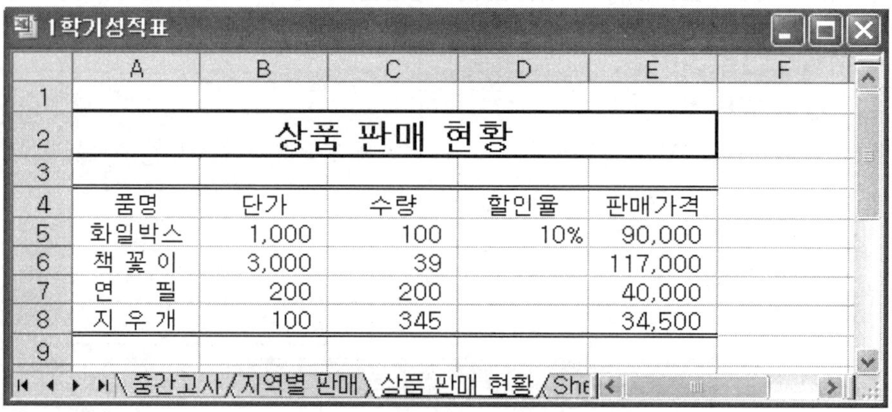

1학기성적표

	A	B	C	D	E	F
1						
2	상품 판매 현황					
3						
4	품명	단가	수량	할인율	판매가격	
5	화일박스	1,000	100	10%	90,000	
6	책 꽂 이	3,000	39		117,000	
7	연 필	200	200		40,000	
8	지 우 개	100	345		34,500	
9						

중간고사 / 지역별 판매 / 상품 판매 현황 / She

② '판매가격'은 95000원으로 만들기 위해 '할인율'을 변화시키려고 한다. 수식이 들어 있는 셀 G5에 셀 포인터를 놓고 [도구] → [목표값 찾기] 메뉴를 선택한다.

③ '수식 셀'은 원하는 결과 값을 얻고자 하는 셀로, 수식이 들어 있어야 한다. 여기에서는 판매가격을 구하는 수식이 들어있는 E5셀로 지정한다. "찾는 값"은 E5셀에 어떤 결과가 나오기를 원하는가 하는 것이므로 '95000'원으로 입력한다. "값을 바꿀 셀"은 원하는 결과값을 찾기 위해 변화시킬 셀로, 판매 마진율이 있는 'D5'셀로 지정하고 [확인] 단추를 누른다.

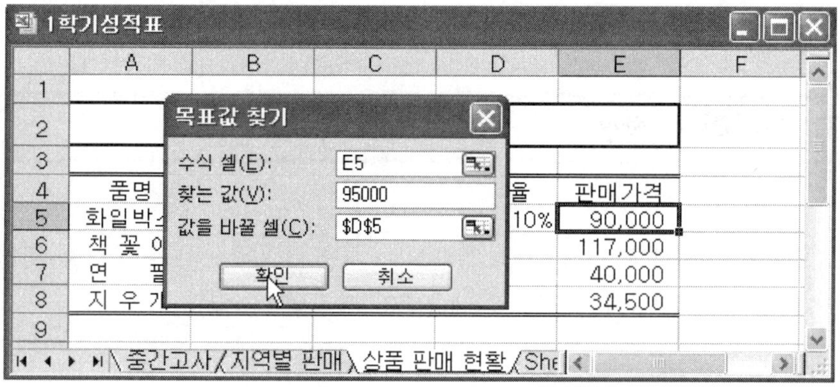

④ 엑셀이 수식을 분석하여 목표값을 찾아 준다. [확인] 단추를 누르면 목표값 찾기의 결과를 워크시트에 반영해 준다.

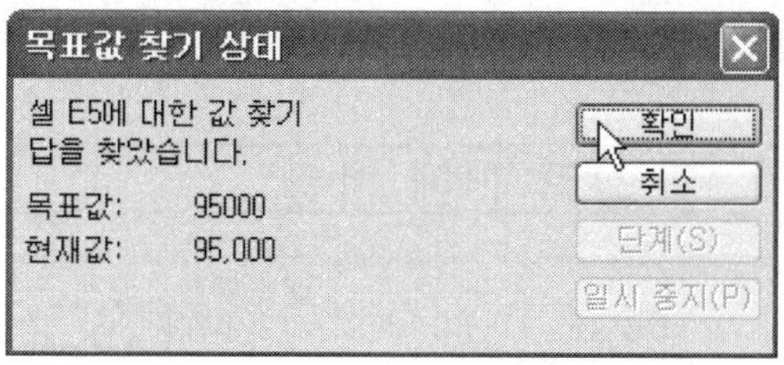

[참고사항] 해 찾기

- 목표값은 하나의 셀 값을 변화시켜 원하는 결과 값을 찾는데 비하여, 해답 찾기는 여러 셀의 값을 변경하여 결과 값을 찾는다.
- 또한 변화하는 셀에 여러 조건을 사용할 수 있다.

8. 시나리오 작성

워크시트를 다양한 방법으로 예측할 때 사용하는 값의 집합을 시나리오라고 한다. 워크시트를 구성하는 셀의 가상 값을 저장하여 결과를 예측하여 나타낼 수 있다.

실습

① [도구] → [시나리오] 메뉴를 선택한다.

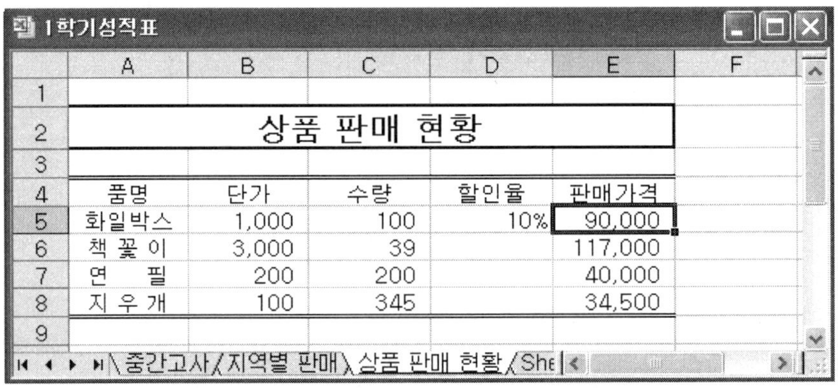

② [시나리오 관리자] 대화상자에서 새로운 시나리오를 작성하기 위해 [추가] 단추를 누른다.

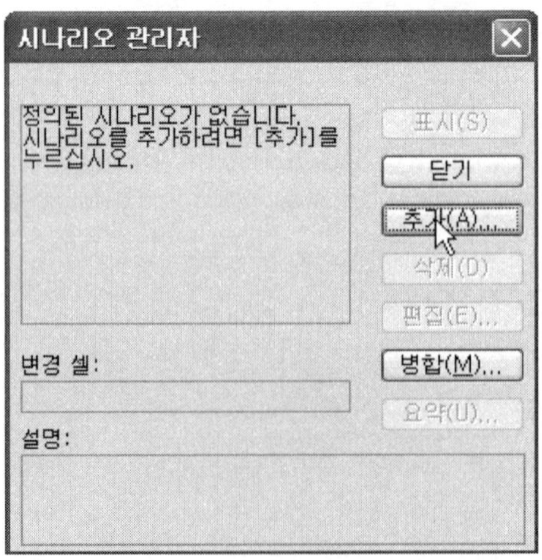

③ 시나리오 이름, 변경 셀, 설명을 지정하고 [확인] 단추를 누른다. 변경 셀은 Ctrl을 누른 채 마우스로 할인율과 수량이 있는 셀을 지정한다. [시나리오 값] 대화상자에서 할인율과 수량의 가상 값을 입력하고 다음 시나리오를 계속 작성하려면 [추가] 단추를 누른다.

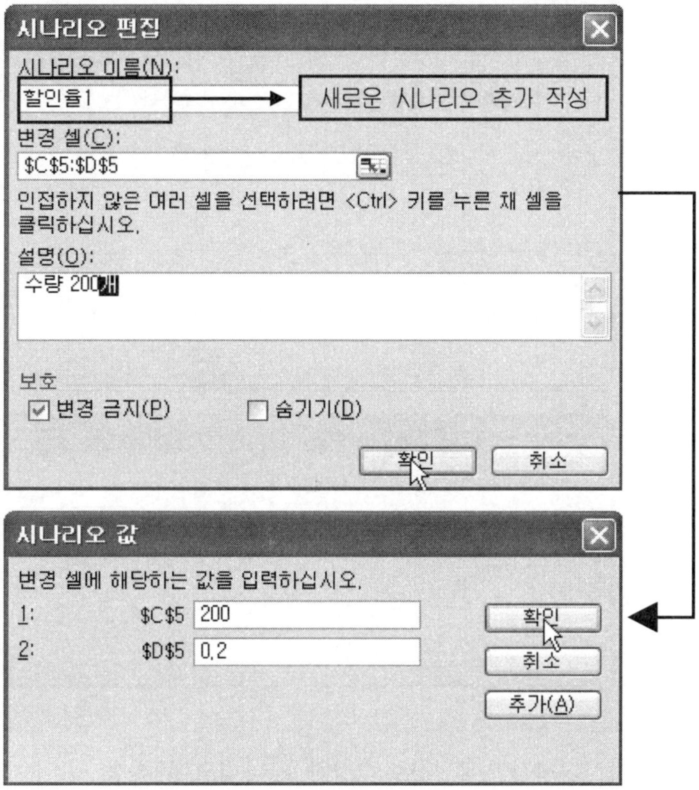

④ 두 번째 시나리오에 대한 사항을 지정하고 [확인] 단추를 누른다. [시나리오 값] 대화상자에서 할인율과 수량의 가상 값을 입력하고 다시 [추가] 단추를 누른다.

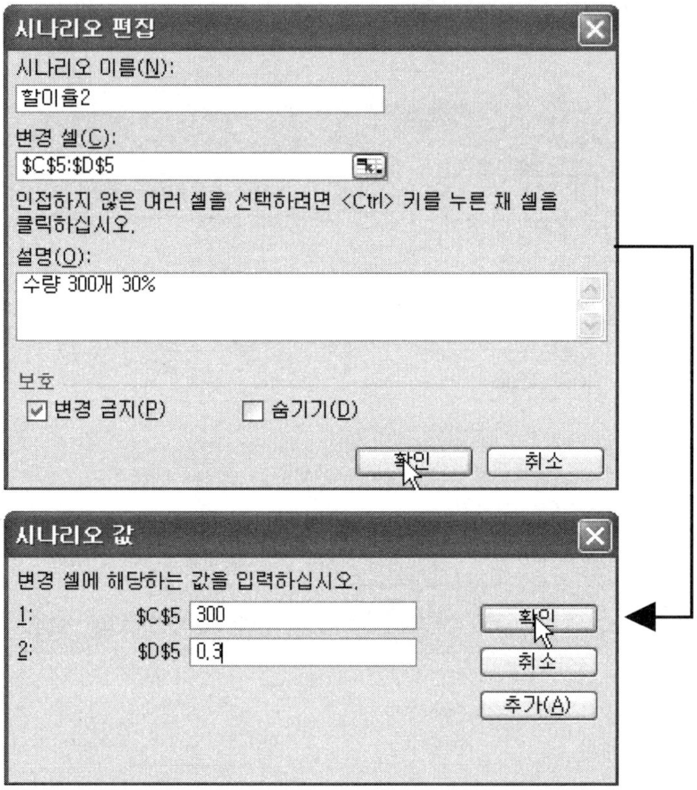

⑤ [시나리오 관리자] 대화상자에 새로 작성한 시나리오 목록을 볼 수 있다. 시나리오 목록 중 하나를 선택하고 표시 단추를 누르면 워크시트에 가상 값이 반영되어 결과가 나타난다. 첫 번째 시나리오를 선택하고 [표시] 단추를 눌러 보자.

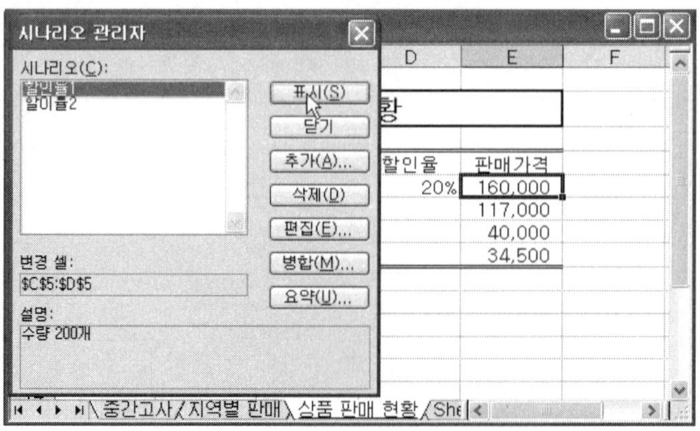

⑥ 두 번째 시나리오를 선택하고 [표시] 단추를 눌러 보자. 시나리오 작업을 끝내려면 [닫기] 단추를 누른다.

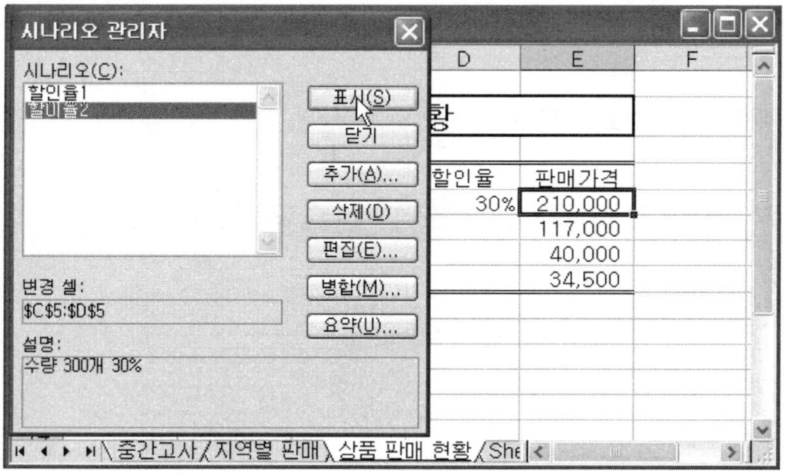

[참고사항] 시나리오 관리자 명령 단추

- 표시 : 선택한 시나리오를 워크시트에 반영하여 결과를 본다.
- 닫기 : [시나리오 관리자] 대화상자를 닫고 워크시트로 복귀한다.
- 추가 : 새로운 시나리오를 정의한다.
- 삭제 : 선택한 시나리오를 목록에서 삭제한다.
- 편집 : 선택한 시나리오의 이름, 변경, 셀, 설명, 가상 값 등을 변경한다.
- 병합 : 다른 통합문서의 시나리오를 현재 시나리오 목록에 결합한다.
- 요약 : 시나리오 요약 보고서, 피벗 테이블 보고서를 만든다.

시나리오 보고서

사용자가 정의한 시나리오를 보고서 형태로 만드는 것으로 시나리오 요약 보고서와 시나리오 피벗 테이블 보고서 두 종류가 있다. 변경 셀의 값의 변화에 따라 결과 셀의 값이 어떻게 변경되는지 한 눈에 알아볼 수 있도록 작성할 수 있다.
시나리오 보고서는 새로운 워크시트에 만들어진다.

실습

① [도구] → [시나리오] 메뉴를 선택하여 [시나리오 관리자] 대화상자에서 [요약] 단추를 누른다.

② 보고서 종류를 '시나리오 요약'으로 지정하고, 결과 셀에 판매금액을 지정한 다음 [확인] 단추를 누른다.

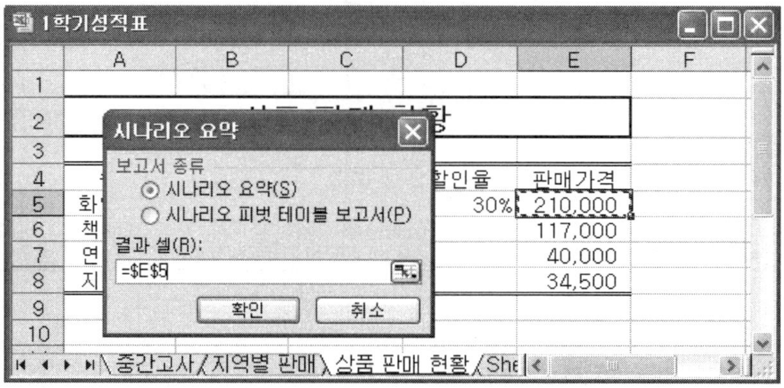

③ '시나리오 요약' 워크시트가 삽입되고 요약 보고서가 만들어졌다.

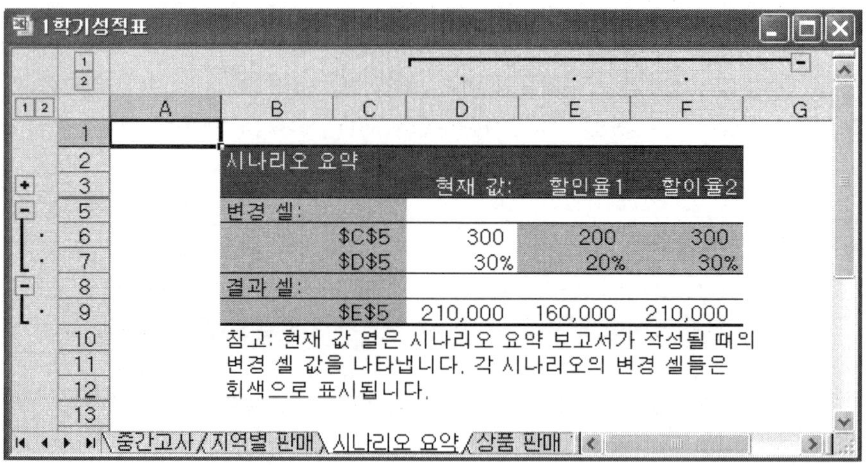

④ [도구] → [시나리오] 메뉴를 선택하고 [요약] 단추를 눌러보자.
보고서 종류를 '시나리오 피벗 테이블'로 지정하고 결과 셀을 지정한 다음 [확인] 단추를 누르면 '시나리오 피벗 테이블' 워크시트가 새로 삽입되고 시나리오 피벗 테이블 보고서가 만들어진다.

연습문제

① 다음과 같은 조건으로 지역별 워크시트를 작성한 후 '자동차판매.xls'로 저장해 보자.

자동차판매

	A	B	C	D	E	F	G	H
1								
2	분기별 판매현황							
3								
4	지역	1분기	2분기	3분기	4분기	평균	비율	상태
5	속초	120	150	90	88	112	9%	부진
6	강릉	110	100	200	160	143	12%	부진
7	고성	50	60	70	65	61	5%	부진
8	원주	90	80	100	110	95	8%	부진
9	춘천	150	170	120	170	153	12%	우수
10	인천	200	250	290	380	280	23%	우수
11	서울	250	200	180	220	213	17%	우수
12	김포	100	80	90	60	83	7%	부진
13	인제	60	50	90	150	88	7%	부진
14								
15	합계	1130	1140	1230	1403	1226		
16	평균	126	127	137	156	136		
17								
18								

지역별 / Sheet2 / Sheet3

[조건]
· 비율 : 지역평균/평균의 합계
· 상태 : 평균이 150이상이면 "우수", 아니면 "부진"

② 자동필터의 기능을 이용하여 '평균'이 150 이상인 데이터만 나타내보자.

③ 다음과 같은 데이터를 여러분 피벗 테이블 구조에 맞게 작성해 보자.

회사별판매

	A	B	C	D	E	F
1						
2	우수제품 판매현황					
3						
4	지역	대리점	품목	수량	단가	판매금액
5	강릉	삼성	세탁기	60	500,000	30,000,000
6	원주	현대	자동차	100	1,200,000	120,000,000
7	춘천	LG	세탁기	80	550,000	44,000,000
8	원주	바텔	전화기	120	120,000	14,400,000
9	강릉	대우	자동차	200	1,600,000	320,000,000
10	속초	드럼	세탁기	95	400,000	38,000,000
11	춘천	샤프	오디오	105	300,000	31,500,000
12	속초	인켈	오디오	200	450,000	90,000,000
13						
14						

지역별 / Sheet2 / Sheet3

Chapter 8

웹 기능

1. 메모

특정셀에 대해 입력한 내용을 보충 설명하기 위하여 메모를 설정한다.

다음과 같이 Sheet1의 이름을 '메모'로 만들고, 데이터를 입력한 후 '엑셀기능.xls' 파일로 저장한 다음 따라해 보자.

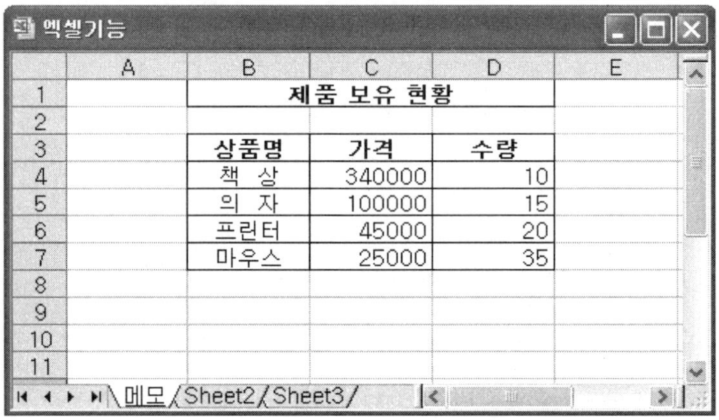

상품명	가격	수량
책 상	340000	10
의 자	100000	15
프린터	45000	20
마우스	25000	35

실습

▶ '메모' Sheet에 메모를 작성

① 메모를 넣고자 하는 C3 셀을 선택한 후 [삽입] → [메모] 메뉴를 선택한다.

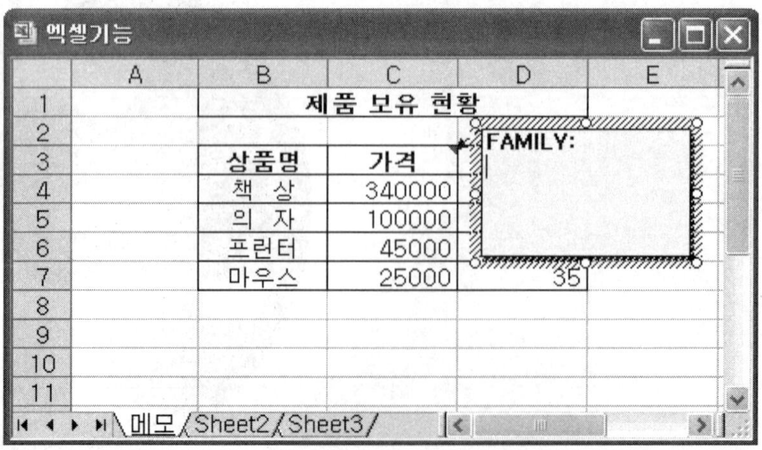

② 화면에 컴퓨터의 이름이 쓰여진 메모상자가 나타나면 컴퓨터의 이름(FAMILY:)을 삭제하고, 메모내용을 입력한다

③ 메모상자의 크기를 조절하기 위해 메모상자의 조절점에 마우스 포인터를 맞추어 드래그하여 크기를 조절한다.

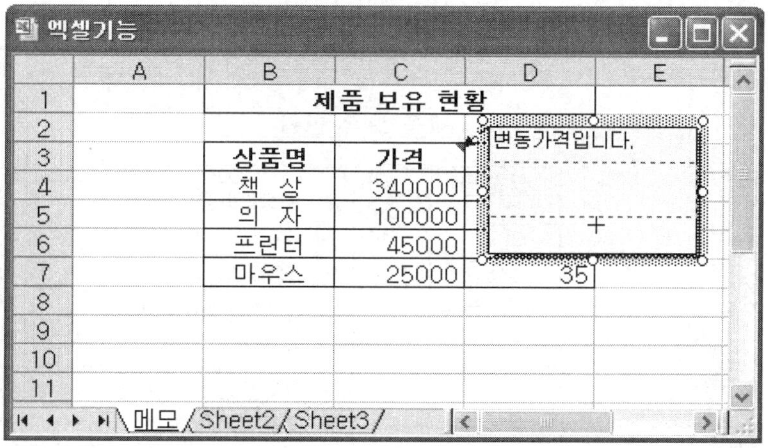

④ 메모상자를 이동하기 위해 메모상자를 선택한 후 마우스를 메모의 경계선에 옮겨 마우스 포인터가 십자모양의 화살표로 바뀌면 이동하고자 하는 방향으로 드래그 한다.

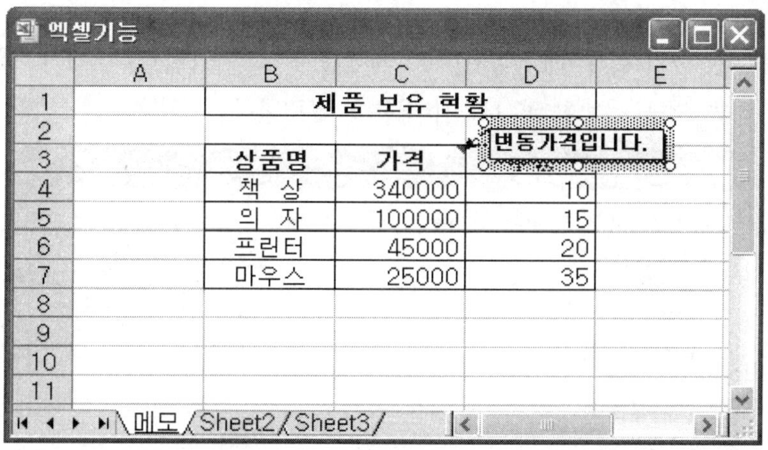

⑤ [도구] → [옵션] → [화면표시] 탭에서 '메모와 표식'를 선택한 후 [확인] 버튼을 클릭하면 메모는 항상 나타난다.

▶ 메모의 내용 수정 및 삭제

① 메모가 입력된 셀을 선택한 후 바로가기 메뉴에서 [메모 편집]을 선택하면 메모내용을 수정할 수 있다.

② 메모가 입력된 셀을 선택한 후 바로가기 메뉴에서 [메모 삭제]를 선택하면 메모가 삭제된다.

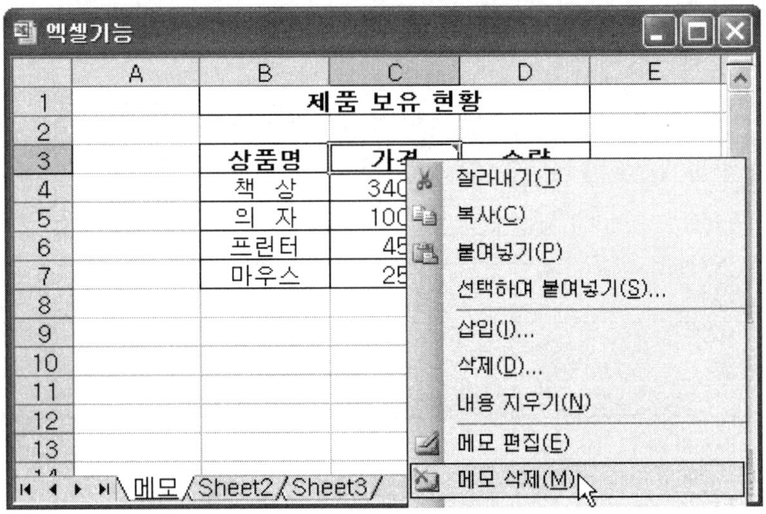

▶ 메모 인쇄

메모의 내용을 출력하기 위해서는 [파일] → [페이지 설정] → [시트] 탭에서 '메모' 목록에서 출력형태에서 원하는 것을 선택한 후 [확인] 버튼을 클릭한다.

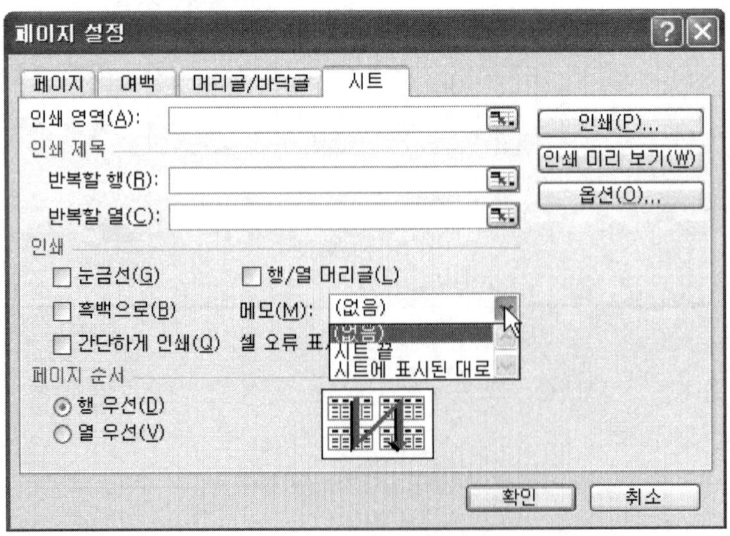

[참고사항] 메모의 내용이 출력되는 2가지 형태

① 시트 끝 : 워크시트 내용이 먼저 인쇄되고, 메모의 내용은 텍스트의 형식으로 인쇄된다.
② 시트에 표시된 대로 : 메모의 내용이 워크시트에서 보여지는 형태 그대로 출력된다.

2. 하이퍼링크 작성

엑셀에서도 파워포인트와 마찬가지로 워크시트, 파일 또는 웹을 하이퍼링크 할 수 있다.

■ 엑셀 하이퍼링크의 종류

① 현재 사용중인 통합문서의 다른 시트에 있는 특정 셀로 이동('책갈피').
② 다른 통합문서에 있는 특정한 시트의 특정 셀로 이동.
③ 웹 상에 있는 특정 사이트로 이동할 수 있다.
또한 하이퍼링크는 텍스트나 버튼, 그래픽 등으로 만들 수 있다.

실습

▶ '책갈피' 하이퍼링크 작성

다음과 같은 2개의 워크시트 이름을 각각 '장학금 현황'과 '그래프'로 작성하여 '웹기능.xls'로 저장한 다음 '그래프 링크' 텍스트를 클릭하여 '그래프' 시트로 이동하는 하이퍼링크를 따라해 보자.

	A	B	C	D	E	F
1	2002년도 2학기 과 장학금 현황					
2						
3				하이퍼링크	그 래 프 링 크	
4					엑셀기능.xls 링크	
5					학교 홈페이지 링크	
6						
7	학 과	학 년	학 번	이 름	평 점	급 수
8	컴퓨터공학	3	99401068	이민진	4.0	A
9	정 보 통 신	3	98114831	정노현	3.8	A
10	산 업 공 학	3	98235898	김사현	4.2	B
11	전 자 공 학	3	99001256	박득무	3.5	C
12	수 학 교 육	2	97225566	조용길	3.6	B
13	지 리 교 육	2	96224501	이장호	4.0	A
14	컴퓨터교육	1	98554411	이수영	4.2	A
15	교 육 공 학	2	96451212	박선미	4.0	B
16	수 학 과	2	95443422	이주영	3.4	C
17	사 학 과	3	98773569	이주리	3.8	A
18	물 리 과	2	95112233	박종갑	3.9	A
19						

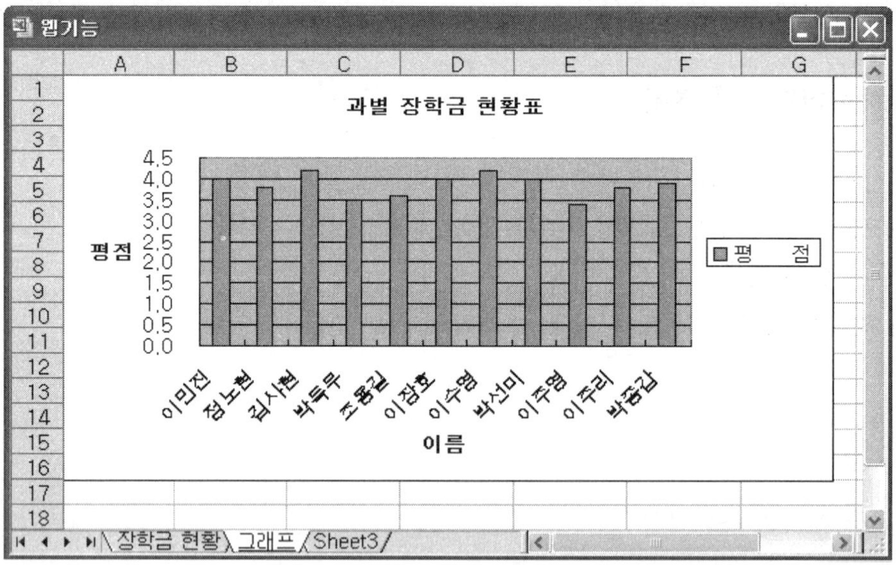

① '장학금 현황' 시트의 병합한 셀 E3과 F3 셀을 선택한다.

② [삽입] → [하이퍼링크]를 선택하거나, 바로가기 메뉴에서 '하이퍼링크'를 선택하거나, 표준 도구 모음에 있는 '하이퍼링크 삽입 아이콘' 을 클릭한다.

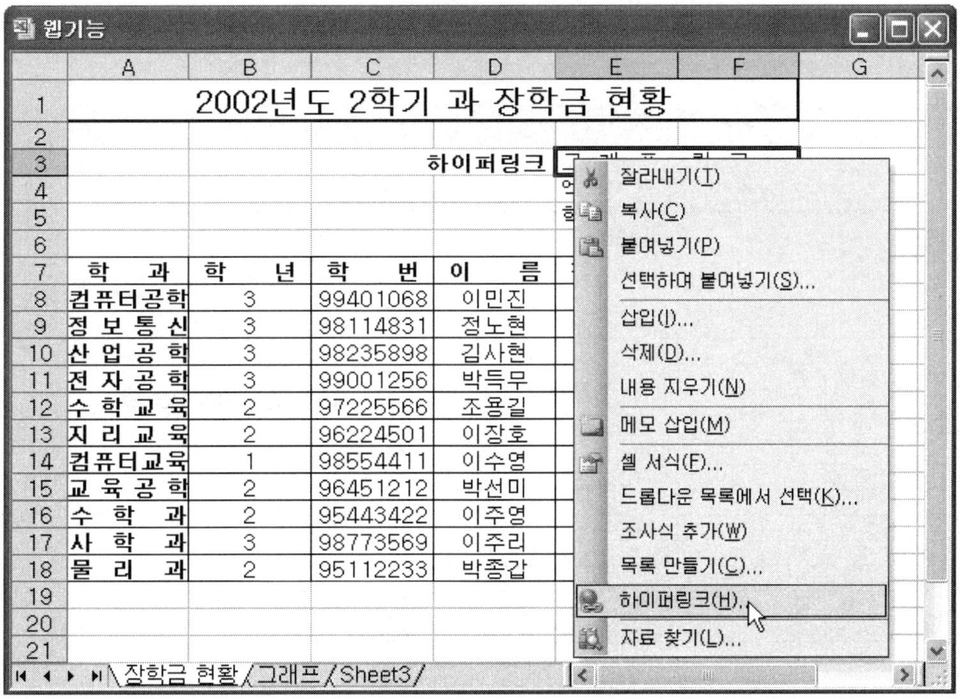

③ 아래와 같은 [하이퍼링크 삽입] 대화상자가 나타난다.

[연결 대상] 탭은 '현재문서', [이 문서에서 위치 선택] 탭은 '그래프'로 선택하고 [확인] 버튼을 클릭한다.

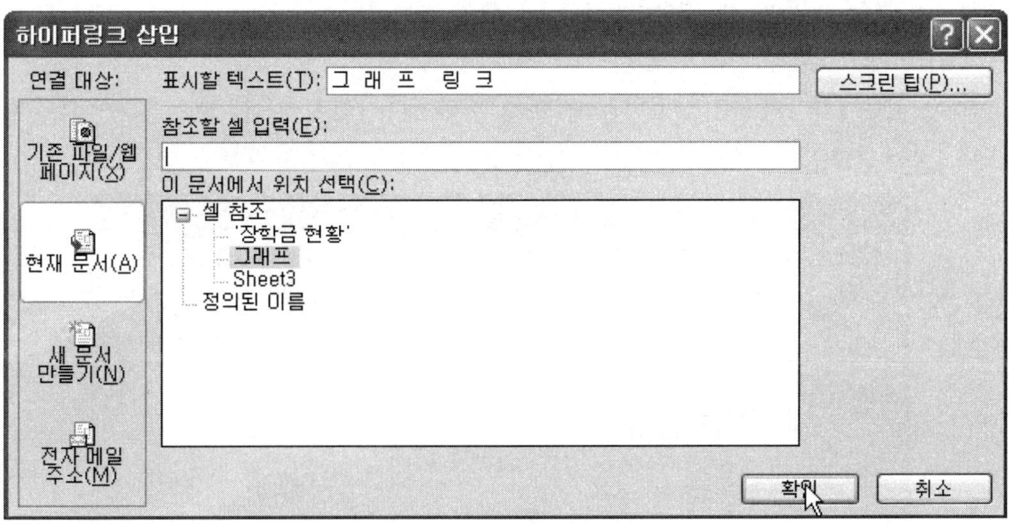

④ '그래프 링크' 텍스트의 색깔이 변했으며, '그래프 링크' 텍스트를 클릭하면 '그래프' 시트로 하이퍼링크 된 것을 볼 수 있다.

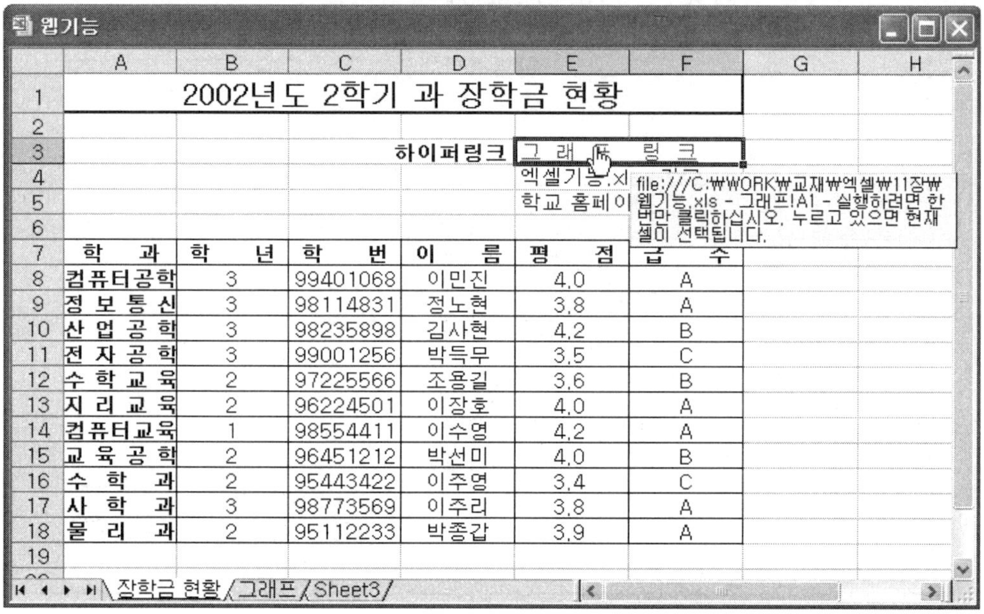

▶ '엑셀기능.xls' 파일 하이퍼링크 작성

'장학금 현황' 시트에서 '엑셀기능.xls' 파일로 하이퍼링크를 작성하여 보자.

① '장학금 현황' 시트의 셀 병합한 E4과 F4 셀을 선택한다.

② [삽입] → [하이퍼링크]를 선택한다.

③ 아래와 같은 [하이퍼링크 삽입] 대화상자가 나타난다. [연결 대상] 탭은 '기존 파일/웹 페이지', [찾는 위치]를 설정하고 '엑셀기능.xls'을 선택하고 [확인] 버튼을 클릭한다.

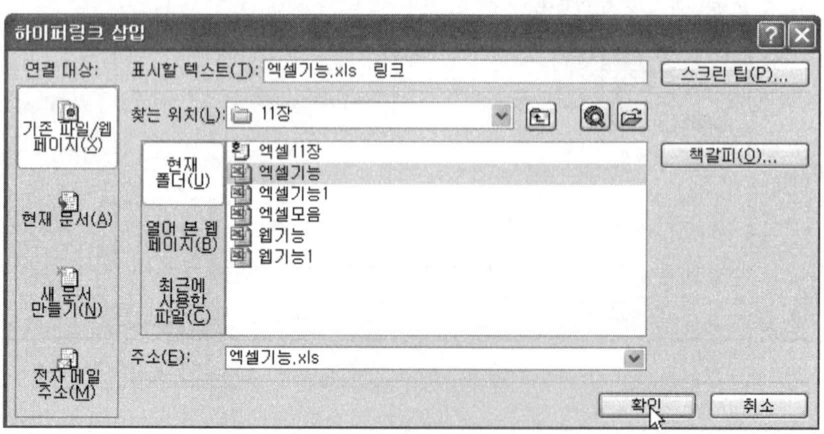

④ '엑셀기능.xls 링크' 텍스트가 '엑셀기능.xls' 파일로 하이퍼링크 된 것을 볼 수 있다.

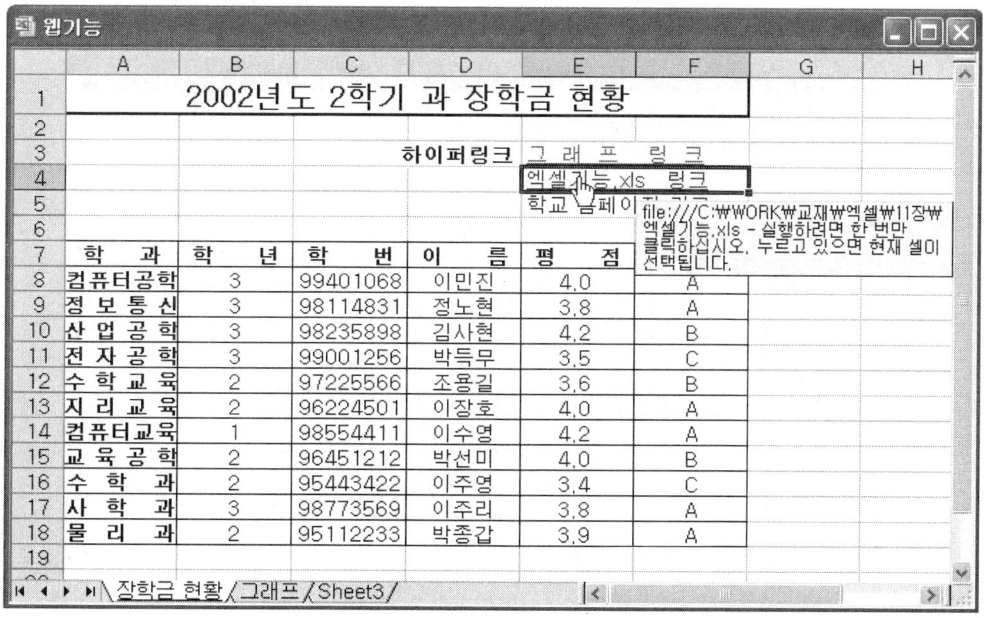

▶ '웹 페이지' 하이퍼링크 작성

'장학금 현황' 시트에서 관동대학교의 'http://www.kwandong.ac.kr'로 하이퍼링크를 작성하여 보자.

① '장학금 현황' 시트의 셀 병합한 E5과 F5 셀을 선택한다.

② [삽입] → [하이퍼링크]를 선택한다.

③ 아래와 같은 [하이퍼링크 삽입] 대화상자가 나타난다.

[연결 대상] 탭은 '기존 파일/웹 페이지', [주소] 탭에 직접 입력하거나, '웹 찾아보기' 아이콘을 클릭하여 인터넷으로 홈페이지를 찾으면 [주소] 탭에 입력된다.

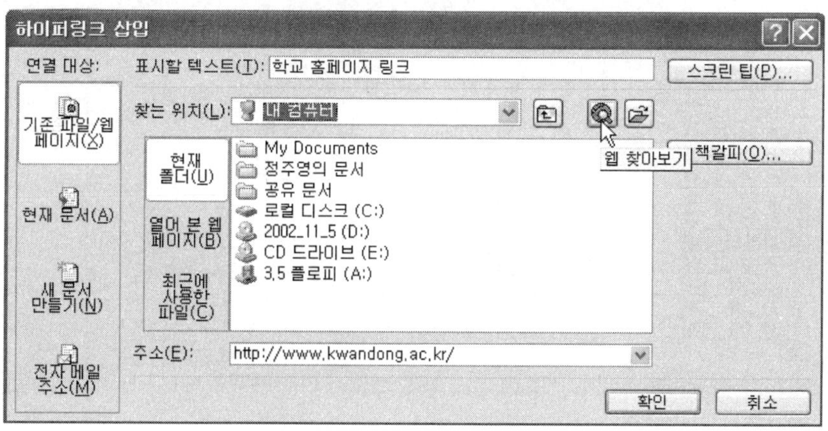

④ '학교 홈페이지 링크' 텍스트가 'http://www.kwandong.ac.kr/' 웹 주소에 하이퍼링크 된 것을 볼 수 있다.

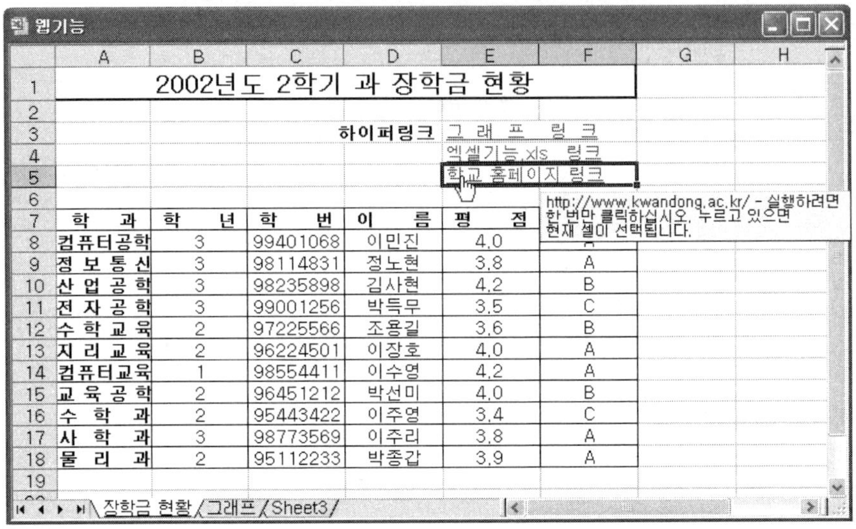

▶ 하이퍼링크 편집 및 제거

① 워크시트에 삽입된 하이퍼링크를 편집하려면 삽입된 하이퍼링크 위에 마우스 포인터를 놓고 마우스 오른쪽 버튼을 누른 후 [하이퍼링크 편집]을 선택하면 [하이퍼링크 편집] 대화상자가 나타난다.
대화상자에서 원하는 곳을 수정한 후 [확인] 버튼을 클릭하면 하이퍼링크가 수정된다.

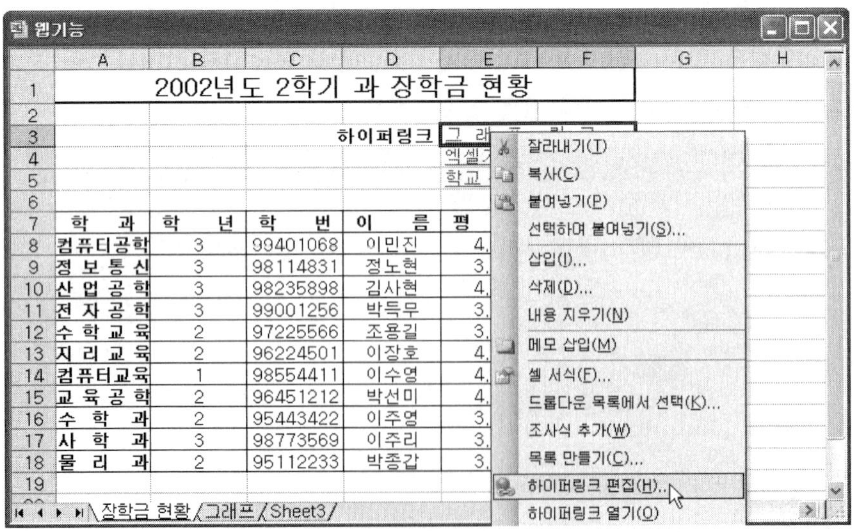

② 워크시트에 삽입된 하이퍼링크를 제거하려면 삽입된 하이퍼링크 위에 마우스 포인터를 놓고, 마우스 오른쪽 버튼을 누른 후 [하이퍼링크 제거]를 선택한다.
하이퍼링크 제거는 텍스트나 그래픽 개체를 삭제하는 것이 아니고, 단지 연결만 제거되므로 텍스트나 그래픽 개체는 다시 선택하여 삭제하여야 한다.

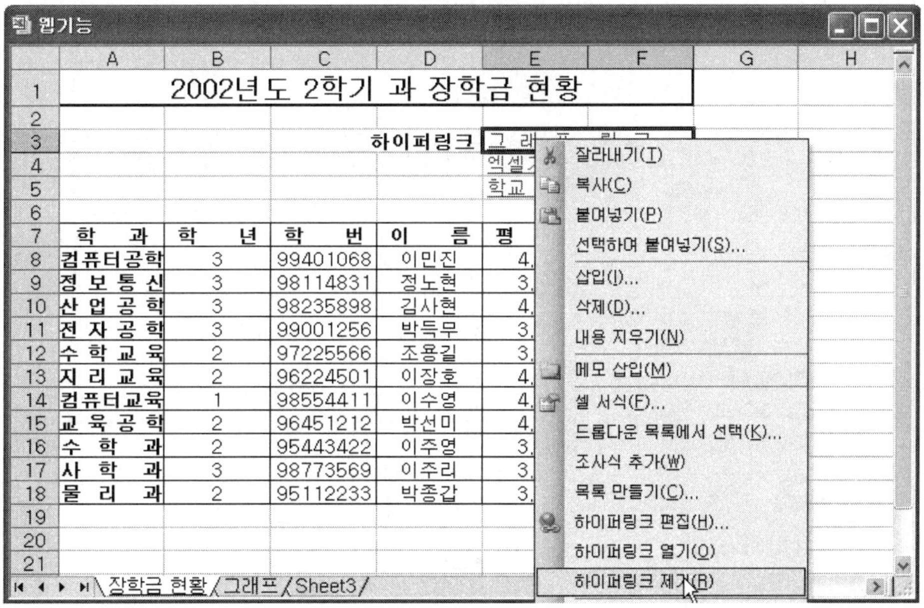

3. 엑셀 통합문서를 E-Mail로 보내기

■ 엑셀 통합문서를 E-Mail로 바로 보내는 방법

① 통합문서에서 현재 선택된 워크시트 자체를 메시지로 만들어 보내는 방법.
: 받는 사람의 컴퓨터에 엑셀프로그램이 설치되어 있지 않아도 그 내용을 받아 볼 수 있다.

② 통합문서 전체를 첨부파일 형식으로 보내는 방법.
: 받는 사람의 컴퓨터에 엑셀프로그램이 설치되어 있어야만 볼 수 있다.

실습

▶ '웹기능.xls' 파일에서 '장학금 현황' 시트를 메세지로 방법.

① E-Mail로 보낼 '장학금 현황' 시트를 선택한다.

② [파일] → [보내기] → [전자메일로]를 클릭한다.

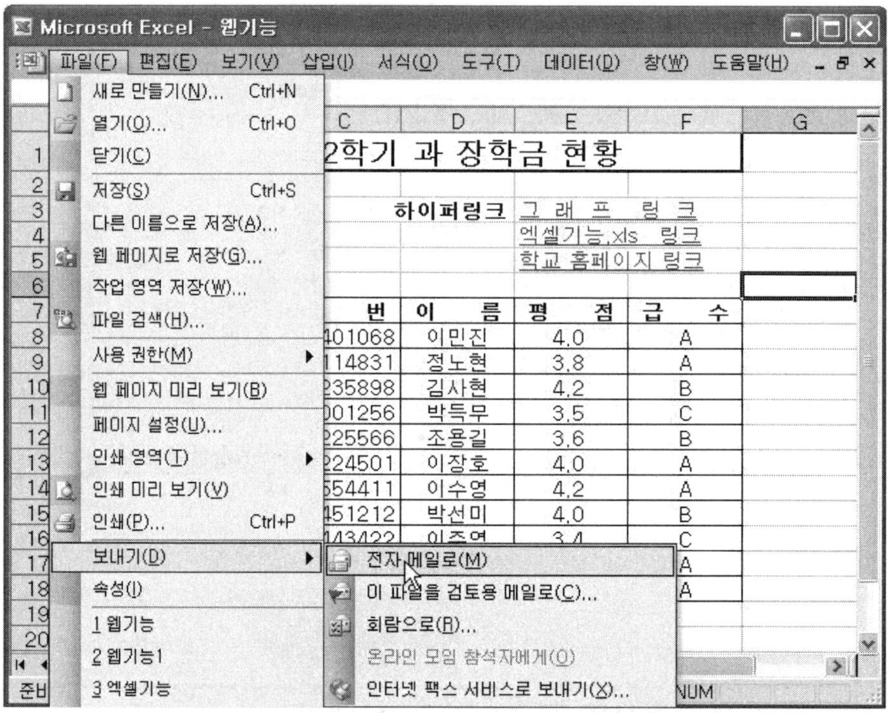

③ 받는 사람의 E-Mail 주소를 입력하고 [현재 시트 보내기] 버튼을 클릭한다.

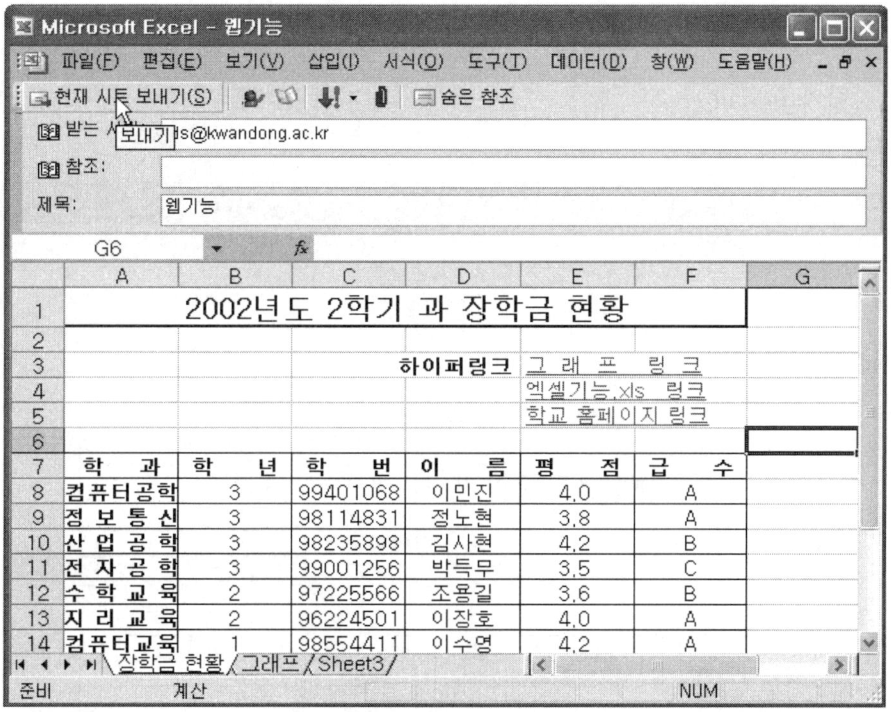

④ E-Mail을 받는 사람의 내용은 다음과 같다.

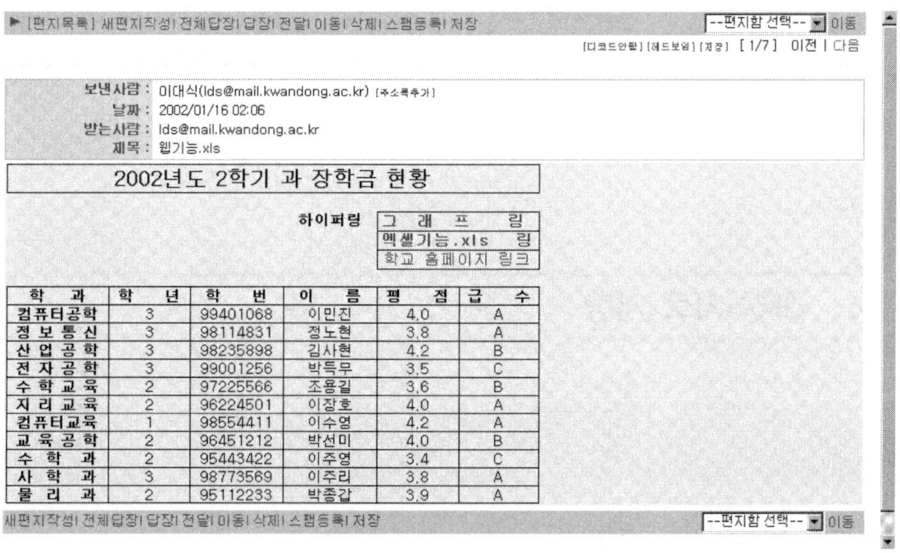

■ '웹기능.xls' 파일을 첨부파일 형식으로 보내는 방법.

① [메세지에 파일 첨부]를 클릭한다.

② 받는 사람의 E-Mail 주소와 참조, 제목, 메시지 상자에 편지를 작성한 후 [보내기] 버튼을 클릭한다.

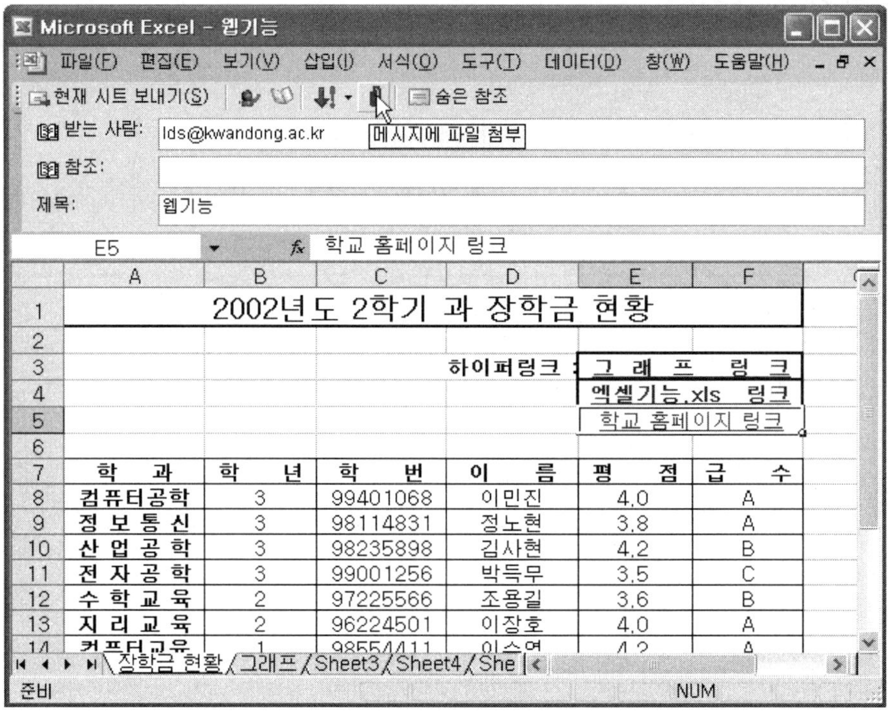

4. 웹페이지로 저장

실습

▶ 통합문서를 웹 페이지로 저장

① 웹 페이지로 저장할 '엑셀기능.xls' 통합문서를 연다.

② [파일] → [웹 페이지로 저장]을 클릭한다.

③ [다른 이름으로 저장] 대화상자에 파일이름을 입력하고 [저장] 버튼을 클릭한다. 확장자는 htm으로 저장한다.

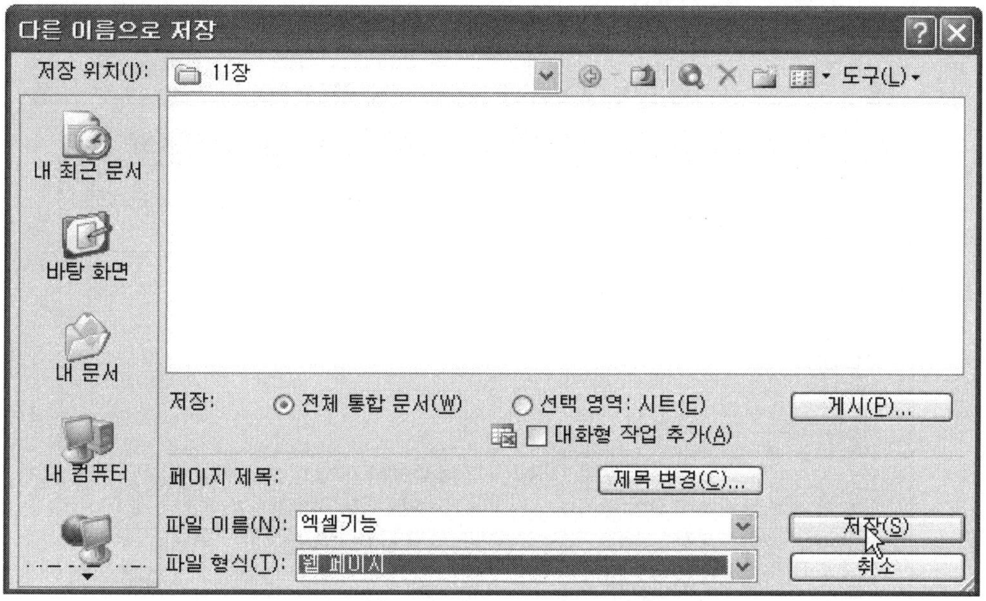

④ 결과화면은 사용자가 웹 페이지에서 데이터를 볼 수 있으므로 다음과 같다.

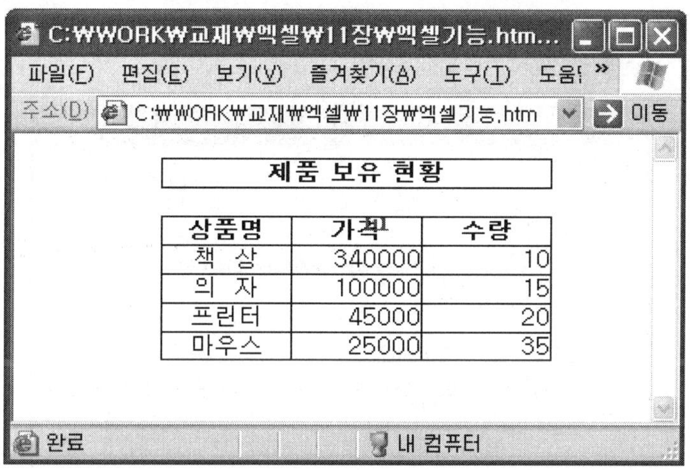

▶ 워크시트를 웹 페이지로 저장

① '웹기능.xls' 통합문서를 열어 '장학금 현황' 시트를 선택한다.

② [파일] → [웹 페이지로 저장]을 클릭한다.

③ [다른 이름으로 저장]대화상자의 오른쪽의 [게시] 버튼을 클릭한다.

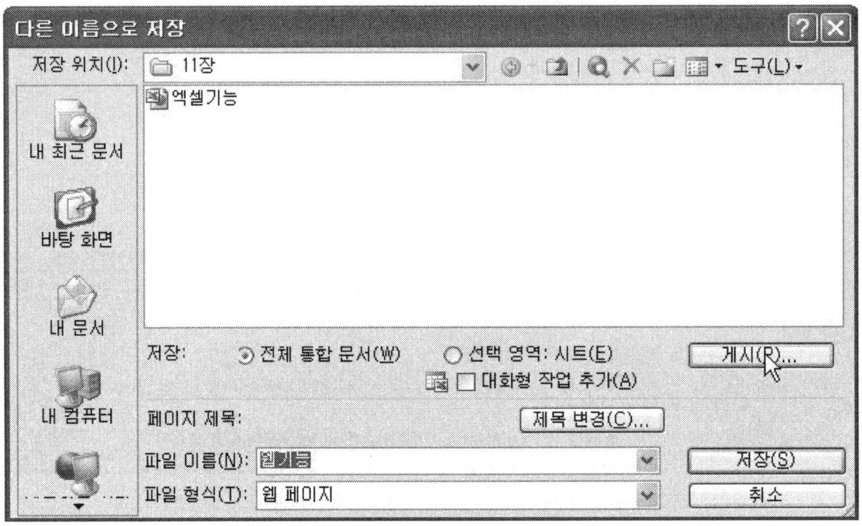

④ [웹 페이지로 게시]대화상자의 [게시할 항목]에서 어떤 시트를 웹으로 게시할 것인가를 선택하고 [게시]를 선택한다.

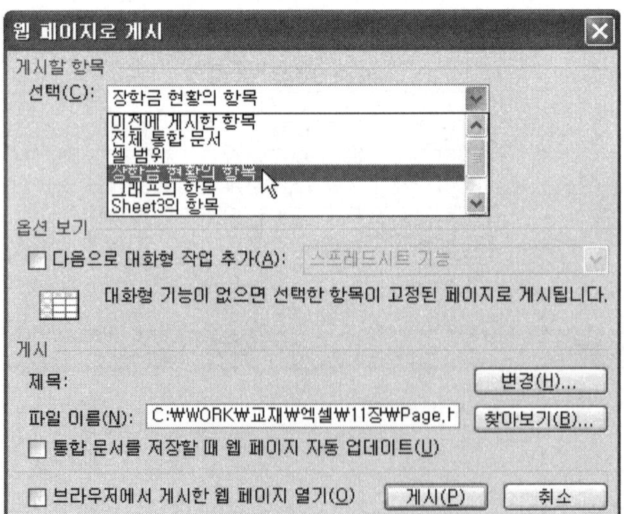

⑤ 결과 화면은 다음과 같다.

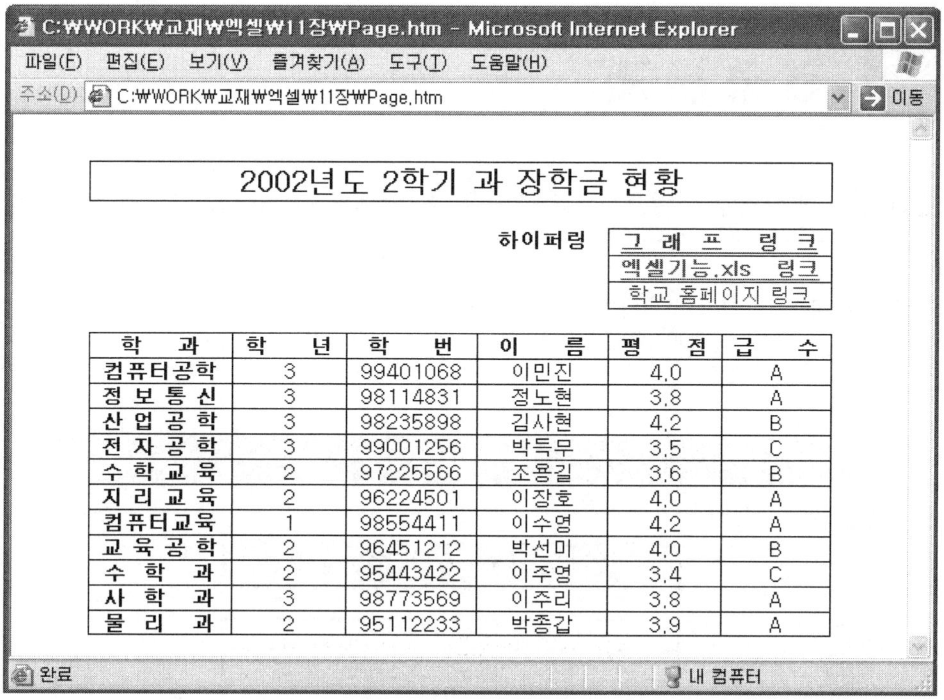

2002년도 2학기 과 장학금 현황

하이퍼링

그 래 프 링 크
엑셀기능.xls 링크
학교 홈페이지 링크

학 과	학 년	학 번	이 름	평 점	급 수
컴퓨터공학	3	99401068	이민진	4.0	A
정보통신	3	98114831	정노현	3.8	A
산업공학	3	98235898	김사현	4.2	B
전자공학	3	99001256	박득무	3.5	C
수학교육	2	97225566	조용길	3.6	B
지리교육	2	96224501	이장호	4.0	A
컴퓨터교육	1	98554411	이수영	4.2	A
교육공학	2	96451212	박선미	4.0	B
수 학 과	2	95443422	이주영	3.4	C
사 학 과	3	98773569	이주리	3.8	A
물 리 과	2	95112233	박종갑	3.9	A

연습문제

① 다음과 같이 하이퍼링크 워크시트를 작성한 후 '하이퍼링크.xls'로 저장해 보자.

[조건]
· 'URL'이나 'E-mail'은 직접 입력하면 하이퍼링크가 된다.
· '우리학교 홈페이지'와 '책갈피 시트로 이동'은 하이퍼링크 한다.

ITQ 기출문제

컴퓨터 활용능력 필기 기출문제

정보기술자격(ITQ) 시험

과 목	코드	문제유형	시험시간	수험번호	성 명
한글엑셀	1122	A	60분		

수험자 유의사항

- 파일명은 본인의 "수험번호-성명"으로 입력하여 답안폴더(내문서₩ITQ₩)에 하나의 파일로 저장해야 하며, 답안문서 파일명이 "수험번호-성명"과 일치하지 않거나, 답안 파일을 전송하지 않아 미제출로 처리될 경우 실격입니다(예 : 내문서₩ITQ₩12345678-홍길동.xls).
- 답안 작성을 마치면 파일을 저장(크기 : 1.44Mb 이내)하고, '답안 전송' 버튼을 선택하여 감독위원 PC로 답안을 전송하십시오.
  만약, 수험생 정보와 저장한 파일명이 다를 경우 전송되지 않으므로 주의하시기 바랍니다.
- 답안 작성 중에도 주기적으로 저장하고, '답안 전송'을 이용하여 감독위원 PC로 답안을 전송하셔야 문제발생을 줄일 수 있습니다.
- 답안문서는 지정된 경로 외의 다른 보조기억장치에 저장하거나 기타 통신수단(이메일, 메신저, 네트워크 등)을 이용하여 외부 반출 시 부정 또는 실격 처리합니다.
- 시험 중 부주의 또는 고의로 시스템을 파손한 경우는 수험자가 변상해야 합니다.
- 시험을 완료한 수험자는 답안파일이 전송되었는지 확인한 후 감독위원의 지시에 따라 문제지를 제출한 후 퇴실합니다.
- 문제의 조건은 MS-Office 2000버전으로 설정되어 있고 【 2003버전 】이 표기되어 있으니 유의하시기 바랍니다.

답안 작성요령

- 온라인 답안 작성 절차
  수험자 등록 → 시험 시작 → 답안파일 저장 → 답안 전송 → 시험 종료
- 문제는 총 4단계, 즉 제1작업부터 제4작업까지 구성되어 있으며 반드시 제1작업부터 순서대로 작성하고 조건대로 작업하시오.
- 모든 작업시트의 A열은 열 너비 '1'로, 나머지 열은 적당하게 조절하시오.
- 모든 작업시트의 테두리는 《출력형태》와 같이 작업하시오.
- 해당 작업란에서는 각각 제시된 조건에 따라 《출력형태》와 같이 작업하시오.
- 답안시트 이름은 "제1작업", "제2작업", "제3작업", "제4작업"이어야 하며 답안시트 이외의 것은 감점 처리됩니다.
- 각 시트를 파일로 나누어 작업해서 저장할 경우 실격 처리됩니다.
- 그림 삽입 문제의 경우 반드시 「내문서₩ITQ₩Picture」 폴더에서 정확한 파일을 선택하여 삽입하시오.

한국생산성본부
KOREA PRODUCTIVITY CENTER

[제 1 작업] 표 서식 작성 및 값 계산 (240점)

☞ 다음은 '11월 자동차 판매실적 현황'에 대한 자료이다. 자료를 입력하고 조건에 맞도록 작업하시오.

≪출력형태≫

■ 11월 자동차 판매실적 현황

결재	지점장	센터장	본부장

판매코드	차급	유종	배기량 (cc)	연비 (Km/L)	등급	판매대수	연비 순위	비고
HS08	중형	휘발유	2,359	11.1	2	13,886	(1)	(2)
RS08	중형	휘발유	1,998	10.8	3	5,305	(1)	(2)
KM08	경형	휘발유	999	18.3	2	7,065	(1)	(2)
HG08	준대형	휘발유	2,656	9.4	1	6,763	(1)	(2)
HS09	SUV	경유	2,188	11.7	2	5,302	(1)	(2)
HA09	준중형	경유	1,591	21	1	8,999	(1)	(2)
GM09	경형	휘발유	796	20.9	2	6,915	(1)	(2)
KR09	중형	휘발유	1,998	11.5	3	4,634	(1)	(2)
판매코드가 9로 끝나는 개수			(3)		배기량이 가장 낮은 판매코드			(5)
판매대수 차트(★ : 만대)			(4)		판매코드	RS08	배기량	(6)

≪조건≫

- ○ 모든 데이터의 서식에는 글꼴(돋움, 10pt), 맞춤은 ≪출력형태≫를 참조하시오.
- ○ 제 목 → 그리기 도구모음의 타원과 그림자 스타일 14를 이용하여 작성하고 "■ 11월 자동차 판매실적 현황"을 입력한 후 다음 서식을 적용하시오(글꼴-돋움, 16pt, 굵게, 채우기-노랑).
- ○ 임의의 셀에 결재란을 작성하여 카메라 또는 그림복사 기능을 이용하여 붙이기 하시오(단, 원본삭제).
- ○ 「B4:J4, G14, I14」 영역은 '회색-25%'로 채우기 하시오.
- ○ 유효성 검사를 이용하여 「H14」 셀에 판매코드(「B5:B12」 영역)가 선택 표시되도록 하시오.
- ○ 셀 서식 → 「G5:G12」 영역에 셀 서식을 이용하여 숫자 뒤에 '등급'을 표시하시오(예 : 2 → 2등급).

◉ (1)~(6) 셀은 반드시 **주어진 함수를 이용**하여 값을 구하시오(결과값을 직접 입력하면 해당 셀은 0점 처리됨).

(1) 연비 순위 → '연비(Km/L)'가 큰 값이 1이 되도록 구하시오(RANK 함수).

(2) 비고 → '유종'이 '휘발유'이고 '연비(Km/L)'가 '11' 이상이면 "추천"을 표시하고 나머지는 공백으로 나타내시오(IF, AND 함수).

(3) 판매코드가 9로 끝나는 개수 → '판매코드'의 마지막 문자가 '9'인 데이터의 개수를 구한 결과값 뒤에 "개"를 표시하시오(COUNTIF 함수, & 연산자).

(4) 판매대수 차트(★ : 만대) → 「판매대수의 합계 / 10000」으로 구한 값을 사용하여 "★" 문자를 반복하여 표시하시오(REPT, SUM 함수).

(5) 배기량이 가장 낮은 판매코드 → '배기량(cc)'이 가장 낮은 제품의 '판매코드'를 구하시오(INDEX, MATCH, MIN 함수).

(6) 배기량 → 「H14」 셀에서 선택한 '판매코드'에 대한 '배기량(cc)'을 표시하시오(VLOOKUP 함수).

(7) 조건부 서식의 수식을 이용하여 '판매대수'가 '7,000' 이상인 행 전체에 다음 서식을 적용하시오(글꼴 : 빨강).

[제 2 작업] 필터와 서식 (80점)

☞ **"제1작업"** 시트의 「B4:H12」 영역을 복사하여 **"제2작업"** 시트의 「B2」 셀부터 모두 붙여넣기를 한 후 다음의 조건과 같이 작업하시오.

≪조건≫

(1) 고급필터 – '판매코드'가 'H'로 시작하고, '연비(Km/L)'가 '11' 이상인 자료의 '판매코드, 차급, 배기량(cc), 연비(Km/L), 등급' 데이터만 추출하시오.
- 조건 위치 : 「B13」 셀부터 입력하시오.
- 복사 위치 : 「B17」 셀부터 나타나도록 하시오.

(2) 자동서식 – 고급필터의 결과에 '기본형2'의 서식을 적용하시오(단, 옵션 항목의 글꼴 제외).

[제 3 작업] 피벗 테이블 (80점)

☞ **"제1작업"** 시트를 이용하여 **"제3작업"** 시트에 조건에 따라 ≪출력형태≫와 같이 작업하시오.

≪조건≫

(1) 연비(Km/L)에 따라 차급별 유종의 개수와 배기량(cc)의 평균을 구하시오.

(2) 연비(Km/L)를 그룹화하고, 레이블을 병합하시오.

(3) 차급을 출력형태와 같이 정렬하고, 빈 셀은 '*'로 표시하시오.

(4) 행의 총합계를 지우고, 나머지 사항은 ≪출력형태≫에 맞게 작성하시오.

≪출력형태≫

	A	B	C	D	E	F	G	H
1								
2				차급 ▾				
3		연비(Km/L) ▾	데이터 ▾	SUV	중형	준대형	준중형	경형
4		<10	개수:유종	*	*	1	*	*
5			평균:배기량(cc)	*	*	2,656	*	*
6		10-15	개수:유종	1	3	*	*	*
7			평균:배기량(cc)	2,188	2,118	*	*	*
8		15-20	개수:유종	*	*	*	*	1
9			평균:배기량(cc)	*	*	*	*	999
10		>20	개수:유종	*	*	*	1	1
11			평균:배기량(cc)	*	*	*	1,591	796
12		전체 개수:유종		1	3	1	1	2
13		전체 평균:배기량(cc)		2,188	2,118	2,656	1,591	898
14								

[제 4 작업] 그래프 (100점)

☞ **"제1작업"** 시트를 이용하여 조건에 따라 ≪출력형태≫와 같이 작업하시오.

≪조건≫

(1) 차트 종류 → <이중 축 혼합형>으로 작업하시오.

(2) 데이터 범위 → "제1작업" 시트의 내용을 이용하여 작업하시오.

(3) 위치 → "새로운 시트"로 만들고, "제4작업"으로 시트 이름을 바꾸시오.

(4) 영역 서식 → 차트 영역 : 글꼴(돋움, 보통, 11pt), 채우기 효과(질감-파랑 박엽지)
그림 영역 : 영역색(흰색)

(5) 제목 서식 → 차트 제목 : 글꼴(돋움, 굵게, 16pt), 테두리, 그림자
축 제목 : ≪출력형태≫를 참조하시오.

(6) 범례 → ≪출력형태≫를 참조하시오.

(7) 데이터 계열 → '경형 KM08'의 '배기량(cc)' 값을 ≪출력형태≫와 같이 표시하시오.

(8) 축 서식 → ≪출력 형태≫와 같이 표시하시오.

(9) 도형 → '위쪽 리본'을 삽입한 후 내용을 입력하시오.

(10) 나머지 사항은 ≪출력형태≫에 맞게 작성하시오.

≪출력형태≫

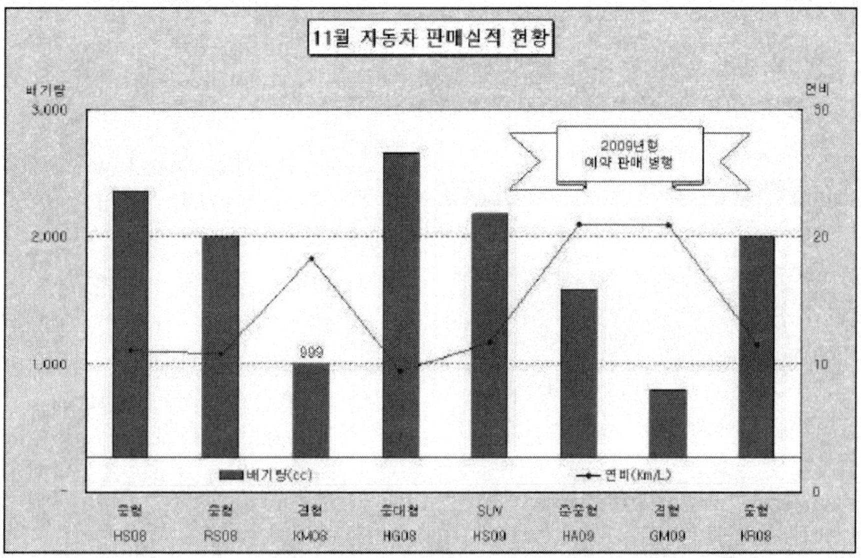

주의 ☞ 시트명 순서가 차례대로 "제1작업", "제2작업", "제3작업", "제4작업"이 되도록 할 것.

엑셀

1과목 : 컴퓨터 일반

1. 다음 중 Windows XP의 부팅 과정을 순서대로 옳게 나열한 것은 무엇인가?

a. USERINIT.EXE 실행 b. NTDETECT.COM 파일 읽기 c. MBR과 부트섹터 검색 d. NTLDR 파일 읽기

① a - b - c - d　　② c - d - b - a
③ d - a - c - b　　④ d - c - b - a

2. 다음 중 웹 프로그래밍 개발에 사용되는 JSP에 대한 설명으로 가장 옳지 않은 것은?
① 자바로 만들어진 서버 스크립트이다.
② 데이터베이스 연결이 쉽다.
③ 윈도우즈 계열에서만 실행이 가능하다.
④ HTML 문서 내에 <% …%> 와 같은 형태로 작성된다.

3. 다음 그림은 디스플레이 등록 정보 창에서 [설정]의 속성을 나타내고 있다. 다음 중 그림에 설명으로 옳지 않은 것은?

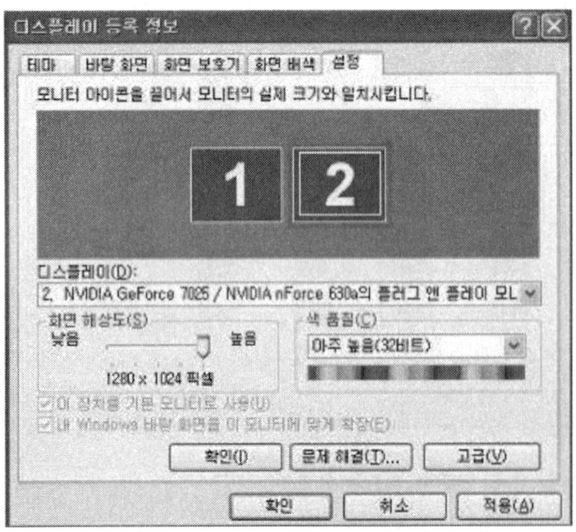

① 이 디스플레이 장치에 사용된 비디오카드는 듀얼 모니터를 제공할 수 있는 어댑터가 장착되어 있다.
② 두 개 모니터 중 모니터 1은 기본 모니터로 설정되어 있다.
③ 모니터 1과 모니터 2는 같은 바탕 화면을 보여준다.
④ 모니터 2번 바탕화면은 1280 × 1024 픽셀 크기에 맞게 표시되도록 설정되어 있다.

4. 다음 중 Windows가 시작할 때 나오는 음악 소리를 변경하는 방법으로 가장 옳지 않은 것은?
① Windows에서 제공하는 음악 이외에 자신이 좋아하는 다른 음악이 나오도록 설정할 수 있다.
② 로그인 사용자마다 각기 다른 음악이 나오도록 설정할 수 있다.
③ 원하는 음악 파일을 Windows 폴더 안에 system폴더에 Startup.wav파일로 저장해 놓으면 된다.
④ [제어판]-[사운드 및 오디오 장치]-[소리] 탭에서 'Windows 시작'을 선택하여 '소리(S)'에서 새로운 음악 파일을 지정한다.

5. 다음 중 한글 Windows XP에서 시스템의 성능을 최적화하는 방법에 대한 설명으로 가장 옳지 않은 것은?
① '디스크 정리'를 실행하여 사용하지 않는 선택적 Windows 구성요소를 제거하여 디스크 공간을 늘릴 수 있다.
② '드라이브를 압축하여 디스크 공간절약'을 설정하면 디스크의 접근속도와 디스크의 안정성이 높아진다.
③ '디스크 조각 모음'을 실행하여 파일이 여러 곳에 분산되어 기록된 파일을 한 곳에 모아 기록해주어 디스크의 접근 속도가 빨라진다.
④ '시각 효과'는 그래픽 카드의 성능이 낮은 경우에 컴퓨터 전체의 성능을 떨어뜨리는

요인이 될 수 있으므로 '사용자 지정' 항목을 선택하여 성능을 저하시키는 일부 옵션을 해제하면 된다.

6. 다음은 외부로부터의 데이터 침입행위에 관한 유형이다. 다음 중 가로채기(interception)에 관한 설명으로 옳은 것은?
   ① 자료가 수신측으로 전달되는 것을 방해하는 행위
   ② 전송한 자료가 수신지로 가는 도중에 몰래 보거나 도청하는 행위
   ③ 원래의 자료를 다른 내용으로 바꾸는 행위
   ④ 자료가 다른 송신자로부터 전송된 것처럼 꾸미는 행위

7. TCP/IP 프로토콜의 설정에 있어 서브넷 마스크(Subnet Mask)의 역할은?
   ① 도메인 명을 IP주소로 변환해 주는 서버를 지정
   ② 네트워크 ID 부분과 호스트 ID 부분을 구별
   ③ 호스트의 수를 식별
   ④ 사용자의 수를 식별

8. 다음 중 음성 데이터를 인터넷 프로토콜 데이터 패킷으로 변환하여 인터넷 망을 이용하여 음성 통화를 가능하게 하는 기술로 가장 적절한 것은?
   ① ISDN ② ADSL
   ③ VDSL ④ VoIP

9. 영상부분은 MPEG4를, 음성부분은 MP3를 채택하여 재조합한 것으로 비표준 동영상 파일 형식이지만 수백 메가에서 기가대의 영화를 압축한 DVD 수준의 고화질 파일을 의미하는 것은?
   ① ASF ② AVI
   ③ DivX ④ MSDB

10. 캐시메모리(Cache Memory)에 대한 설명 중 가장 옳지 않은 것은?
   ① 컴퓨터의 CPU 내부에 있는 고속 액세스가 가능한 기억 장치이다.
   ② 캐시메모리는 DRAM보다 접근 속도가 빠른 SRAM 등이 사용되며 주기억장치보다 소용량으로 구성된다.
   ③ 속도가 빠른 중앙처리장치와 상대적으로 속도가 느린 주기억장치 사이의 병목 현상을 해결하기 위하여 사용한다.
   ④ 적중률(Hit Ratio)가 낮을 때 시스템의 전체적인 속도가 향상된다.

11. 다음 중 TCP/IP 구성 내역을 테스트하는 방법에 대한 설명으로 가장 옳지 않은 것은?
   ① msconfig 명령을 이용하여 TCP/IP 설정 사항을 살펴 본다.
   ② ping 127.0.0.1을 입력하여 루프백 주소를 ping해 본다.
   ③ 기본 게이트웨이의 IP 주소를 ping해 본다.
   ④ DNS 서버의 IP 주소를 ping해 본다.

12. 컴퓨터 메인보드에 들어있는 내장 전지(internal battery)는 컴퓨터의 전원공급장치와는 다른 기능을 한다. 이 전지의 기능에 대한 설명으로 가장 옳지 않은 것은?
   ① 바이오스가 기록된 CMOS SRAM에 전력을 공급한다.
   ② 전지가 수명을 다하여 전력을 공급하지 못하면 CPU와 RAM이 작동하지 않으므로 전지를 교체해 준다.
   ③ 니켈 카드뮴(Nickel-Cadmium) 전지를 사용하는 충전식 전지는 컴퓨터를 오래 사용하지 않을 경우 CMOS에 저장된 바이오스 정보가 사라질 수 있다.
   ④ 전원공급장치의 동작과 상관없이 RTC(Real Time Clock)장치에 전원을 공급하여 날짜와 시간을 알려준다.

13. 다음 중 USB 컨트롤러에 대한 설명으로 옳지 않은 것은?
   ① 플러그 앤 플레이 설치를 지원하는 외부

버스이다.

② 컴퓨터를 종료하거나 다시 시작하지 않아도 USB 장치를 연결하거나 연결을 끊을 수 있다.

③ 단일 USB 포트를 사용하여 스피커, 전화, CD-ROM 드라이브, 스캐너 등 주변 기기를 연결할 수 있다.

④ 전용 병렬 버스 장치를 연결할 수 있도록 해 주는 컴퓨터 인터페이스이다.

14. 운영체제가 응용 프로그램의 상태에 의존하지 않고 강제로 작업을 변경함으로써 하나의 응용 프로그램에 문제가 발생해도 다른 응용프로그램에 영향을 주지 않도록 하는 제어 방식을 무엇이라 하는가?

① 비선점형 멀티태스킹 ② 선점형 멀티태스킹
③ 플러그 앤 플레이 ④ 멀티 프로그래밍

15. 다음 중 무선 접속을 통해 PDA나 휴대전화 같은 이동 단말기에 웹 페이지의 텍스트 부분이 표시될 수 있도록 해 주는 언어는?

① VRML ② WML
③ PHP ④ Perl

16. 다음 중 MPEG(Moving Picture Experts Group)에 대한 설명으로 가장 옳지 못한 것은?

① MPEG는 시간에 따라 연속적으로 변화하는 동영상 압축에 관하여 연구하는 그룹의 이름이다.

② MPEG 종류는 MPEG-1, MPEG-2, MPEG-4, MPEG-7, MPEG-21 등이 있다.

③ MPEG는 손실/무손실 압축 기법 중 무손실 압축 기법을 주로 사용한다.

④ MPEG에서는 정지영상 압축 기술인 JPEG 기술을 사용한다.

17. 다음 중 호스트의 IP 주소를 호스트와 연결된 네트워크 접속장치의 물리적 주소로 번역해 주는 프로토콜은?

① DNS ② ARP
③ ICMP ④ RARP

18. 다음 중 컴퓨터 처리에서 중심적인 처리를 행하는 프로그램의 조건에 맞추기 위한 사전 처리나 사전 준비적인 계산 또는 편성을 행하는 프로그램으로 매크로 확장, 기호 변환 등의 작업을 수행하는 것으로 옳은 것은?

① 컴파일러(Compiler)
② 프리프로세서(Preprocessor)
③ 어셈블러(Assembler)
④ 인터프리터(Interpreter)

19. 다음 중 아날로그 신호와 디지털 신호에 대한 설명으로 옳지 않은 것은?

① 범용컴퓨터는 아날로그 신호를 취급하기 때문에 정밀도가 제한적이다.

② 아날로그 신호는 시간에 따라 크기가 연속적으로 변하는 정보를 말한다.

③ 디지털 신호는 시간에 따라 이산적으로 변하는 정보를 말한다.

④ 디지털화된 신호는 복호화(decode) 과정을 통해 원래의 아날로그 신호로 변환된다.

20. IPv6 주소 체계는 16진수 숫자로 표시되는 여러 개의 섹션들과 각 섹션간 구분은 콜론(:)으로 주소를 표현한다. 다음 중 각 섹션을 구성하는 비트 수에 해당하는 것은?

① 4비트 ② 8비트
③ 16비트 ④ 32비트

2과목 : 스프레드시트 일반

21. 다음 중 [A1] 셀에
=SUMPRODUCT({1,2;3,1},{1,2;3,1})로

수식을 입력하고 <Enter> 키를 눌렀을 때의 결과 값으로 옳은 것은?

① 24　　② 70
③ 36　　④ 15

22. 다음 중 매크로에 대한 설명으로 옳지 않은 것은?

① 매크로를 기록한 후에는 Visual Basic Editor를 사용하여 오류를 고치거나 매크로 내용을 변경할 수 없다.
② 매크로 기록을 시작하면 사용자가 일련의 명령을 수행함에 따라 각 단계에 대한 정보가 저장되며, 저장된 매크로를 실행하면 해당 명령들을 다시 수행할 수 있다.
③ 매크로를 사용하면 Microsoft Excel에서 자주 수행하는 작업을 자동화할 수 있으며, 매크로는 해당 작업이 필요할 때마다 실행할 수 있도록 일련의 명령과 함수를 Microsoft Visual Basic 모듈로 저장해 놓은 것이다.
④ 매크로 이름의 첫 글자는 반드시 문자이어야 하며 나머지는 문자, 숫자, 밑줄 등을 사용할 수 있으며, 공백을 사용할 수 없고 밑줄로 단어를 구분할 수 있다.

23. 1부터 입력된 수까지의 곱을 구하는 폼 화면과 프로그램이다. [결과보기] 명령단추를 누르면 그 결과가 아래의 Label에 출력된다. 아래의 프로그램 코드로 실행했더니 결과가 '1'로 표시되었다. 그 원인이 되는 문장은 어느 것인가? 단, 3을 입력한 Textbox의 이름은 Textbox1, [결과보기] 명령단추 이름은 CommandButton1, 결과가 표시되는 Label의 이름은 Label3이다.

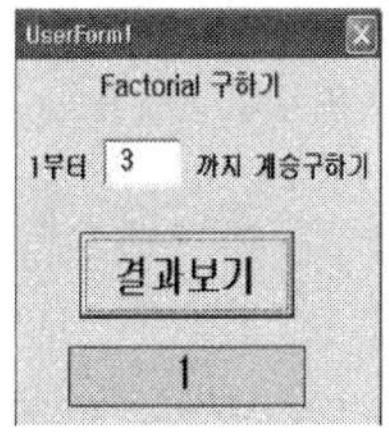


```
Private Sub CommandButton1_Click()
Dim sum As Long, num As Integer
num = 1
sum = 1
While num > TextBox1.Text
sum = sum * num
num = num +1
Wend
Label3.Caption = sum
End Sub
```

① While num > TextBox1.Text
② sum = sum * num
③ num = num + 1
④ Label3.Caption = sum

24. 다음 시트에서 [A2:A7] 영역의 이름이 '대표'로 정의되었을 때 [A8] 영역에 =MATCH("김영희",대표,0) 수식을 입력하였을 때 결과 값은?

	A	B
1	대표	거래처명
2	홍길동	인천직물
3	김영희	서울통상
4	김선주	중동무역
5	나대리	하나무역
6	김영희	나루교역
7	이연수	서울통상
8	=MATCH("김영희",대표,0)	

① 서울동상　　② 1
③ 2　　④ 김영희

25. 다음 시트에서 [A2:C6] 영역을 선택한 후 응시인원수가 10 이상이고, 평균점수가 80 이상이면 글꼴 스타일 : '기울임꼴', 무늬 : '노랑'으로 설정하는 [조건부 서식]을 지정하려고 한다. 다음 중 [조건부 서식]의 수식 입력란에 입력해야 할 수식으로 옳은 것은?

	A	B	C
1	과목	응시인원수	평균점수
2	*국어*	*15*	*92*
3	국사	7	75
4	*영어*	*15*	*89*
5	화학	8	78
6	생물	8	65

① =AND(B$2>=10,C$2>=80)
② =AND($B2>=10,$C2>=80)

③ =AND($B$2>=10,$C$2>=80)
④ =AND(B2>=10,C2>=80)

26. 다음 중 자동 필터와 고급 필터에 대한 설명으로 옳은 것은?
① 자동 필터는 추출 대상을 전체 필드를 대상으로 하지만, 고급 필터는 특정 필드만으로 대상을 제한 할 수 있다.
② 자동 필터는 다른 필드와 AND나 OR 조건으로 결합할 수 있으나, 고급 필터는 AND만 결합 할 수 있다.
③ 정렬과 같이 필터는 목록을 다시 배열하여 표시한다.
④ 자동 필터는 추출한 결과를 다른 셀이나 워크시트에 표시할 수 있으나, 고급 필터는 원본 데이터 위치에서만 추출할 수 있다.

27. 다음 중 VBA 주요 명령문에 대한 설명으로 가장 옳지 않은 것은?
① Function … End Function : 사용자정의 함수 만들기
② Sub … End Sub : Sub 프로시저 만들기
③ Do While … Loop : 조건을 만족하지 않는 동안 실행하는 제어문
④ For … Next : 지정한 횟수만큼 반복하여 실행하는 제어문

28. 국어, 영어, 수학의 각 점수가 70, 80, 90일 때, 평균이 90이 되기 위한 국어 점수를 구하고자 한다. 다음 중 어떤 기능을 이용하는 것이 가장 적절한가?
① 목표 값 찾기 ② 시나리오 분석
③ 데이터 통합 ④ 부분합

29. 워크시트에서 셀을 편집하거나 메뉴를 선택하여 실행한 결과에 대하여 즉시 실행을 취소하는 기능이 있다. 다음 중 처리 직후에 실행 취소가 불가능한 작업 내용은 어느 것인가?
① 시트 이름을 변경할 경우
② 화면 배율을 변경할 경우
③ 셀 서식을 변경할 경우
④ 행의 높이를 변경할 경우

30. 다음 중 차트의 종류에 대한 설명으로 옳지 않은 것은?
① 혼합형 차트 : 값의 차이가 많은 계열이 차트에 포함된 경우에 사용되며 특정 계열을 강조할 때 사용한다.
② 분산형 차트 : 항목의 값을 점으로 표시하여 여러 데이터 값들의 관계를 보여주는데 주로 과학 데이터의 차트 작성에 사용한다.
③ 꺾은선형 차트 : 하나의 데이터 계열을 하나의 선으로 표현해 시간에 따른 각 계열의 변화나 추세를 보여 주고자 할 때 작성하며, 3차원 차트로도 작성할 수 있다.
④ 가로 막대형 차트 : 개별 항목들을 비교하며 범주는 수평으로 구성되고 값을 수직으로 구성되어, 비교하는 값들을 강조한다.

31. 다음의 대화상자에서 수행하는 레코드 관리 기능에 대한 설명으로 가장 옳은 것은?

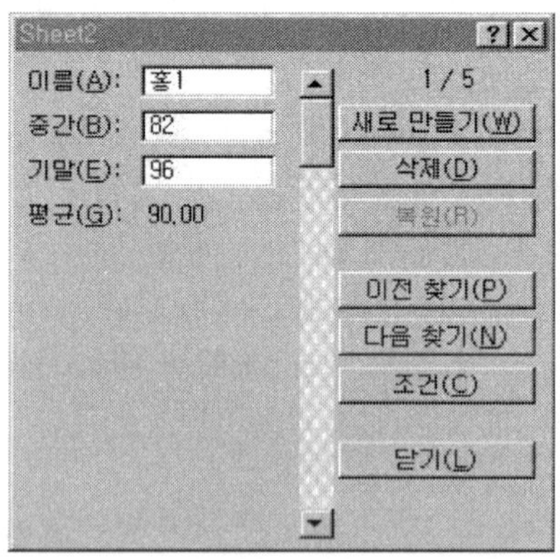

① [조건] 단추를 클릭한 후 이름, 중간, 기말에 조건을 입력할 수 있는데 입력된 조건은 'AND' 또는 'OR'로 조건을 선택할 수 있다.
② 평균은 수식으로 입력된 셀이기 때문에, 셀의 내용을 수정할 수 없다.

③ 새로 만들기 단추를 누르면 현재 셀에 새로운 데이터를 추가한다.
④ 삭제 버튼을 눌러 데이터를 삭제하면 복원 버튼을 눌러 삭제를 취소할 수 있다.

32. 다음 중 배열 수식에 관한 설명으로 옳지 않은 것은?
① 잘못된 인수나 피연산자를 사용했을 때 "#VALUE!" 에러가 발생한다.
② 빈 칸은 0으로 계산된다.
③ 수식을 입력하고 <Ctrl><Shift><Enter>를 누르면 수식의 앞뒤에 중괄호({ })가 자동으로 입력된다.
④ 배열식을 사용하여 워크시트에 아직 입력되지 않은 값들의 결과를 구할 수 있으나, 배열식에 상수를 사용할 수 없다.

33. 다음 중 매크로에 관한 설명으로 가장 옳지 않은 것은?
① 매크로 작성 방법은 '새 매크로 기록'과 'Visual Basic Editor'를 이용하는 방법이 있다.
② 엑셀에서 이미 사용하고 있는 단축키는 매크로의 바로가기 키로 지정할 수 없다.
③ 함수를 이용하거나 값을 입력하는 작업도 매크로로 기록할 수 있다.
④ 매크로를 활용하면 자주 사용되는 복잡한 작업을 단순한 명령으로 실행할 수 있다.

34. 셀 범위 [A1:C4]에 대한 각 보기의 수식을 실행하였을 때 다음 중 결과 값이 다른 것은?

	A	B	C	D
1	바나나	38	2500	
2	오렌지	25	1500	
3	사과	41	1200	
4	배	40	2300	
5				

① =INDEX(A1:C4,MATCH("배",A1:A4,0),1)
② =INDEX(A1:C4,4,2)
③ =INDEX(A1:C4,MATCH(2300,C1:C4,0),2)
④ =INDEX(B3:C4,2,1)

35. 다음 중 데이터 통합에 관한 설명으로 옳지 않은 것은?
① 여러 시트에 있는 데이터나 다른 통합 문서에 입력되어 있는 데이터를 통합할 수 있다.
② 데이터 통합은 위치를 기준으로 통합할 수도 있고, 영역의 이름을 정의하여 통합할 수도 있다.
③ [데이터]메뉴의 [통합] 대화상자를 이용한다.
④ 위치를 기준으로 데이터를 통합하면 원본 영역의 항목 레이블과 데이터가 대상 영역으로 복사된다.

36. 다음 중 아래와 같은 조건을 만족하는 사용자 정의 서식으로 옳은 것은?

<조건>
1) 양수와 음수 모두 앞에 ₩기호 표시하고 천 단위마다 콤마 표시
2) 소수점 첫째 자리까지만 표시하고, 소수점 첫째 자리에 값이 없을 때는 무조건 0이 표시되도록 함 (단, 소수점 둘째자리에서 반올림)
3) 0은 숫자 0 대신 - 기호로 표시
4) 음수는 빨강색으로 표시

① \#,##0.0;-;[빨강]\#,##0.0
② [빨강]{\#,##0.0};\#,##0.0;-
③ \#,##0.0;[빨강]\#.##0.0;-
④ \#,##0.0;\-;[빨강]\#,##0.0

37. 워크시트의 셀 구분선을 그대로 인쇄하려고 한다. 다음 중 설정 방법으로 옳은 것은?
① 페이지 설정 대화상자의 [시트] 탭에서 눈금선을 선택한다.
② 페이지 설정 대화상자의 [페이지] 탭에서 눈금선을 선택한다.
③ 페이지 설정 대화상자의 [여백] 탭에서 눈금선을 선택한다.
④ 페이지 설정 대화상자의 [머리글/바닥글]

탭에서 눈금선을 선택한다.

38. 다음 중 [창]-[틀 고정]에 대한 기능 설명으로 가장 옳지 않은 것은?
① 데이터양이 많은 경우, 특정한 범위의 열 또는 행을 고정시켜 셀포인터의 이동과 상관없이 화면에 항상 표시할 수 있도록 하는 기능이다.
② 틀 고정 설정을 원하는 위치에서 마우스를 더블클릭하여 틀 고정을 할 수 있다.
③ 화면에 틀이 고정되어 있어도 인쇄에는 적용되지 않는다.
④ 틀 고정을 수행하면 셀 포인터의 왼쪽과 위쪽으로 틀 고정선이 표시된다.

39. 다음 중 [도구]-[보호]-[시트 보호]를 실행하였을 때 보호 대상이 아닌 것은?
① 시트 이름 ② 시나리오
③ 내용 ④ 개체

40. 입력된 문자열이 셀의 너비보다 클 경우 입력 문자열의 글꼴 크기를 줄여 한 줄로 셀에 표시되게 하려면 셀 서식에서 어느 항목을 선택해 주어야 하는가?
① 텍스트 줄 바꿈 ② 셀에 맞춤
③ 셀 병합 ④ 균등 분할

3과목 : 데이터베이스 일반

41. 다음 그림과 같이 폼의 바닥글 영역에 Format()을 사용하지 않고 함수만 입력하여 시스템의 오늘 날짜와 현재 시간을 텍스트 상자에 표시하려고 한다. 다음 중 함수식으로 옳은 것은?

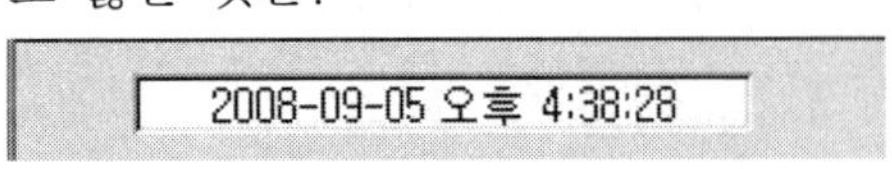

① Today() ② Date()
③ Time() ④ Now()

42. 다음 중 보고서와 관련된 내용을 설명한 것 중 틀린 것은?
① 보고서를 이용하면 분기별 결산보고서나 영업실적 같은 보고서를 작성할 수 있다.
② 그룹 머리글/바닥글은 보고서를 그룹으로 묶은 경우에 표시되며 그룹의 이름, 그룹별 요약정보를 표시하기 위한 구역이다.
③ 보고서를 이용하여 주소레이블, 우편엽서 레이블, 업무양식, 차트를 작성할 수 있다.
④ 보고서 바닥글은 인쇄할 때 보고서의 맨 마지막 쪽의 페이지 바닥글이 인쇄된 다음에 한번만 인쇄된다.

43. 페이지 번호를 자동으로 출력하고자 한다. 다음 중 결과와 서식이 틀리게 짝지어진 번호는?

번호	결과 (단, 전체 페이지는 3페이지이다.)	서식
A	1, 2, 3	=[Page]
B	001, 002, 003	=Format([Page], "000")
C	1페이지, 2페이지, 3페이지	=[Page]&"페이지"
D	3의 1페이지, 3의 2페이지, 3의 3페이지	=[Pages]&"의 " [Page]&"페이지"

① A ② B
③ C ④ D

44. 콤보상자의 행 원본으로 사용된 테이블의 데이터를 수정한 후 그 결과를 반영하기 위한 이벤트 프로시저를 작성하려 한다. 콤보상자의 이름이 'Cmb이벤트'일 때 사용할 수 있는 명령문은?
① Cmb이벤트.Requery
② Call Cmb이벤트
③ MsgBox "데이터 변경"
④ Cmb이벤트.RowSource

45. 다음 중 액세스에서 매크로에 대한 설명으

로 옳지 않은 것은?

① 하나의 매크로 그룹에 여러 개의 매크로를 만들 수 있다.

② 하나의 매크로에 여러 개의 매크로함수를 지정할 수 있다.

③ AutoExec이라는 특수한 매크로 이름을 사용하면 테이블이 열릴 때 마다 자동으로 실행된다.

④ 매크로 실행시에 필요한 정보, 즉 인수를 지정할 수 있다.

46. 다음은 레코드 삭제와 관련된 설명이다. 잘못 설명한 사람은?

은경 : 삭제할 레코드를 선택한 후 [레코드 삭제] 단추를 클릭하면 삭제할 수 있다.
은효 : 삭제 확인 대화상자가 나오는 경우 [예]를 클릭하면 삭제가 실행된다.
희윤 : 여러 개의 레코드를 선택한 후 한꺼번에 삭제할 수도 있다.
지연 : 삭제된 레코드를 되살릴 수 있다.

① 은경 ② 은효
③ 희윤 ④ 지연

47. 직원(사원번호, 부서명, 직급, 급여, 이름, 나이, 주소)의 테이블에서 직급별 급여 평균 금액과, 총합계가 다음과 같이 출력되기 위한 질의문으로 옳은 것은?

직급	급여평균	급여총계
계장	₩1,450,000	₩2,900,000
과장	₩1,840,000	₩3,680,000
사원	₩990,000	₩4,950,000

① select 직급, avg(급여)=급여평균, sum(급여)=급여총계 from 직원 order by 직급

② select 직급, avg(급여) as 급여평균, sum(급여) as 급여총계 from 직원 order by 직급

③ select 직급, avg(급여)=급여평균, sum(급여)=급여총계 from 직원 group by 직급

④ select 직급, avg(급여) as 급여평균, sum(급여) as 급여총계 from 직원 group by 직급

48. 다음 중 데이터베이스의 정규화에 관한 설명으로 가장 옳지 않은 것은?

① 정규화는 중복되는 값을 일정한 규칙에 의해 추출하여 보다 단순한 형태를 가지는 다수의 테이블로 데이터를 분리하는 작업이다.

② 이해하기 쉽고 확장하기 쉽도록 테이블을 구성하며, 무결성 제약조건의 구현을 용이하게 한다.

③ 테이블을 정규화하는 경우, 불필요한 필드의 제거로 데이터 공간의 낭비를 방지하여 검색 효율성을 높일 수 있다.

④ 정규화를 수행해도 데이터의 중복을 최소화 하는 것이지 완전히 제거할 수 있는 것은 아니다.

49. 다음 중 인덱스(Index)에 대한 설명으로 옳지 않은 것은?

① 일반적으로 검색을 자주 하는 필드에 대해 인덱스를 설정하는 것이 바람직하다.

② 인덱스를 설정하면 레코드의 조회는 물론 레코드의 갱신 속도가 빨라진다.

③ 설정하는 각 인덱스는 필드를 10개까지 사용할 수 있다.

④ 인덱스 속성은 아니오, 예(중복 불가능), 예(중복 가능) 중 한 개의 값을 갖는다.

50. 다음 질의를 수행 한 결과로 가장 옳은 것은?

단, [학생] 테이블의 내용은 다음과 같다.

단, [학생] 테이블의 내용은 다음과 같다.

엑셀

학번	이름	학년
12345671	김한글	1
12345672	박진수	1
12345673	김인수	2
12345674	조영자	1

①

학번	이름	학년
12345671	김한글	1
12345672	박진수	1
12345673	김인수	2
12345674	조영자	1

②

이름	학년
김한글	1
박진수	1
김인수	2
조영자	1

③

학년
1
2

④

학번	이름	학년
12345671	김한글	1
12345673	김인수	2

51. 성적(학번, 이름, 과목, 점수) 테이블에서 점수 필드에 0 이상 100 이하의 값이 입력되도록 범위를 지정하고자 할 때에 사용되는 필드 속성은 어느 것인가?

① 입력 마스크　② 기본값
③ 캡션　④ 유효성 검사 규칙

52. 다음 중 조인(join)에 대한 설명으로 옳지 못한 것은?

① 두 개 이상의 테이블로부터 원하는 데이터를 검색하는 방법이다.
② 조인에 사용되는 기준 필드는 동일하거나 호환되는 데이터 형식을 가져야 한다.
③ 조인되는 두 테이블의 필드 수가 동일할 필요는 없다.
④ 관계가 설정되지 않은 두 테이블은 조인을 수행할 수 없다.

53. 보고서에서 합계를 구하기 위해서 Sum 함수를 이용하여 표시하려고 한다. 다음 중 합계를 표시하기에 적절하지 않은 영역은?

① 보고서 바닥글　② 그룹 바닥글
③ 페이지 바닥글　④ 보고서 머리글

54. 텍스트 상자 컨트롤에 다음과 같은 식을 입력하였다. 다음 식에 대한 설명으로 옳은 것은?

= DLookup("[금액]", "[주문량]", "[교재]= '데이터베이스'")

① 금액 테이블에서 데이터베이스 교재의 주문량
② 금액 테이블에서 데이터베이스 교재의 주문량과 금액
③ 주문량 테이블에서 데이터베이스 교재의 주문량
④ 주문량 테이블에서 데이터베이스 교재의 금액

55. <수강> 테이블의 '수강학생' 필드는 <학생> 테이블의 '학번' 필드를 참조한다. 다음 중 참조 무결성 규칙을 위반한 작업은?

<학생> 테이블

학번	성명
123	홍길동
246	김갑동
357	박동식

<수강> 테이블

번호	수강학생	수강과목
1	123	영어회화
2	246	미적분학
3	123	일반화학
4	123	컴퓨터개론
5	246	전기회로

① <학생> 테이블에 '학번'과 '성명'에 각각 '468'과 '김해성'인 레코드를 추가했다.
② <수강> 테이블의 '수강학생' 필드에 '987', '수강과목' 필드에 '물리실험'을 추가했다.
③ <수강> 테이블에서 첫번째 레코드의 '수강학생' 필드값을 '123'에서 '357'로 변경했다.
④ <학생> 테이블의 '학번' 필드 '357'에 해당하는 레코드에서 '성명' 필드의 '박동식'을 '이황'으로 변경했다.

56. 다음 보기의 SQL문의 의미를 설명한 것이다. 바르게 설명한 것은?

```
SELECT 이름, 나이, 급여
FROM 사원
WHERE 부서='영업부' OR 부서='총무부'
ORDER BY 나이 ASC;
```

① ORDER BY 절의 ASC는 내림차순으로 정렬하라는 것으로 지정하지 않아도 동일한 결과를 초래한다.
② '사원' 테이블에서 부서가 영업부이거나 총무부인 사원의 이름, 나이, 급여를 검색한 후 나이를 기준으로 내림차순 정렬된 결과를 조회한다.
③ WHERE절은 WHERE 부서 IN ('영업부', '총무부')와 같이 지정해도 동일한 결과를 조회한다.
④ '사원' 테이블에서 영업부와 총무부를 제외한 사원의 이름, 나이, 급여를 검색한 후 나이를 기준으로 오름차순 정렬된 결과를 조회한다.

57. 다음 중 하위 폼에 관한 설명으로 가장 옳지 않은 것은?
① 기본 폼안에 여러 개의 하위 폼을 배치할 수 있다.
② 기본 폼은 단일 폼과 연속 폼으로 표시할 수 있으나, 하위 폼은 단일 폼으로만 표시할 수 있다.
③ 기본 폼과 하위 폼은 서로 연결이 되어 있는 경우, 하위 폼에는 기본 폼의 현재 레코드와 관련된 레코드만 저장된다.
④ 하위 폼을 사용하면 일대다 관계에 있는 테이블을 효과적으로 표시할 수 있다.

58. 다음 중 기본 폼과 하위 폼에 대한 설명으로 가장 옳지 않은 것은?
① 마침표(.)를 구분자로 이용하여 여러 필드를 기준으로 연결할 수 있다.
② 기본 필드와 하위 필드의 데이터 종류는 반드시 같거나 호환되어야 한다.
③ 하위 폼이 들어 있는 폼에서 새 레코드를 입력하는 경우 하위 폼에 데이터를 입력할 때는 현재 레코드가 기본 폼에 저장된다.
④ '하위 폼 필드 연결기' 창에서 한꺼번에 기본 폼과 하위 폼의 연결 필드를 지정할 수 있다.

59. 다음 중 폼의 컨트롤에 대한 설명으로 가장 적절치 않은 것은?
① 여러 컨트롤을 선택하여 한꺼번에 동일한 속성을 지정할 수 있다.
② 여러 컨트롤을 그룹화하여 사용할 수 있다.
③ [Ctrl] 키를 이용하여 여러 개의 컨트롤을 선택할 수 있다.
④ 여러 컨트롤을 선택하여 한꺼번에 위치를 이동할 수 있다.

60. 다음 중 테이블에 데이터가 입력되는 방식을 제어하는 방법으로 가장 옳지 않은 것은?
① 유효성 검사 규칙을 정의하여 필드에 입력되는 데이터를 제한할 수 있다.
② 입력 마스크를 이용하여 필드의 각 자리에 입력되는 값의 종류를 제한할 수 있다.
③ 색인(index)을 이용하여 해당 필드에 중복된 값이 입력되지 않도록 할 수 있다.
④ 기본 키(PK) 속성을 이용하여 레코드 추가시 입력되는 기본 값을 사용자 임의로 지정할 수 있다.

1	2	11	1	21	4	31	2	41	4	51	4
2	3	12	2	22	1	32	4	42	4	52	4
3	2,3	13	4	23	1	33	2	43	4	53	3
4	3	14	2	24	3	34	1	44	1	54	4
5	2	15	2	25	2	35	4	45	3	55	2
6	2	16	3	26	1	36	3	46	4	56	3
7	2	17	2	27	3	37	1	47	4	57	2
8	4	18	2	28	1	38	2	48	3	58	1
9	3	19	1	29	1	39	1	49	2	59	3
10	4	20	3	30	4	40	2	50	3	60	4

PART 3

파워포인트

Chapter 1

파워포인트 소개

1. Microsoft 파워포인트의 기능

■ 슬라이드

(1) 기본 슬라이드

파워포인트를 시행하면 프레젠테이션 파일에 기본적으로 열리는 슬라이드 형태를 말한다.

(2) 여러 슬라이드

기본적으로 프레젠테이션에서는 하나의 슬라이드만을 화면에 나타내는데 여러 슬라이드를 선택하면 한 번에 많은 슬라이드를 볼 수 있다.

(3) 디자인 서식

미리 설정된 애니메이션으로 구성된 여러 애니메이션 서식 등과 다양한 새 디자인을 슬라이드에 적용할 수 있다.

(4) 실행 설정 취소

[표준] 도구모음의 [실행 취소] 목록에서 취소할 내용을 정확히 선택할 수 있으며 [도구] 메뉴의 [옵션] 대화 상자의 [편집] 탭에서 실행을 취소할 횟수를 변경할 수 있다.

(5) 슬라이드 노트

연설자 노트를 슬라이드와 개요 보기에 추가할 수 있게 되어 노트, 텍스트 목차, 그림을 동시에 작업할 수 있다.

(6) 컬러/회색조

현재 슬라이드로 회색조 색깔의 여러 가지 상태로 설정할 수 있다.

■ 그리기와 그래픽

(1) 차트

향상된 기능
거품형 차트, 원형 차트 등 새로운 차트 유형과 원통형, 피라미드 형, 원뿔형 등 2차원, 3차원 차트 유형 제공
시간 단위 축을 사용하여 차트를 분석할 수 있다.
[애니메이션 차트]를 사용하여 막대, 데이터 요소, 차트 데이터를 애니메이션할 수 있다.

(2) 색 일치

파워포인트 프레젠테이션에서 사용하는 색을 다른 Microsoft Office 문서에서 사용하는 색과 맞출 수 있다.

(3) 그래픽 파일 서식

파워포인트에서 작업한 내용을 JPEG, WMF, EPS, PICT, GIF 등 여러 형식의 그래픽 파일로 저장할 수 있다.

(4) 애니메이션 효과

텍스트와 개체에 대한 애니메이션 효과를 정의하고 멀티미디어 기능을 통해서 소리나 음악을 집어넣을 수 있다. 막대, 데이터 요소, 차트 데이터를 애니메이션 할 수 있다.

■ Web 기능 지원

(1) 하이퍼링크

텍스트이나 그리기 개체에 하이퍼링크를 적용하여 프레젠테이션의 다른 슬라이드, 다른 프레젠테이션, Word 문서, 인터넷 주소로 이동할 수 있다.

(2) 실행 단추

앞으로, 뒤로, 도움말, 정보, 소리, 동화상 등의 작업에 대해 3차원 단추가 기본적으로 제공되고 슬라이드 쇼 중에 이 단추를 눌러 다른 프로그램을 실행하고 소리나 동화상을 재생하며 다른 슬라이드, 파일, Web 페이지 등에 연결할 수 있다.

(3) 실행 설정

실행 설정을 통해 슬라이드 쇼를 진행하는 동안 재생할 소리나 동화상, 슬라이드 진행 순서 등 각종 효과를 개체를 지정할 수 있다.

(4) HTML, 웹 페이지로 저장

프레젠테이션을 HTML 형식으로 파일에 저장하여 프레젠테이션을 Web 페이지로 전환할 수 있고, 파워포인트 애니메이션 파일로 저장하여 HTML 문서에 포함할 수 있다.

■ 프레젠테이션 실행 범위 확대

(1) 두 화면으로 보기

두 컴퓨터를 케이블로 직접 연결하여 사용자는 화면에서 노트와 무대 감독 도구를 보고, 청중은 다른 큰 화면에서 프레젠테이션 슬라이드 쇼를 볼 수 있다.

(2) 회의록

파워포인트에서는 회의록을 열어 두고 회의 중에 사용할 수 있으며 필요하면 참고 사항이나 수행 항목을 기록할 수도 있고 회의록의 수행 항목을 자동으로 Microsoft Outlook 작업 목록으로 보내 Microsoft Outlook에서 다음 회의 시간을 조정할 수 있다.

(3) 쇼 재구성

기존 프레젠테이션에 지정된 쇼 구성 내용을 손상시키지 않고 사용자가 임의로 자유롭게 슬라이드를 재배열하여 쇼를 구성할 수 있다.

(4) 프레젠테이션 회의

Windows NT 서버, Novell 네트워크, 기업 인트라넷, 인터넷 등에 프레젠테이션을 전송할 수 있고 프레젠테이션 회의 마법사를 사용하면 세계 어느 곳에 있는 청중과도 연결할 수 있다.

■ Visual Basic for Applications(VBA) 지원

파워포인트에서는 VB기능을 지원하여 사용자가 좀더 효과적인 슬라이들 쇼를 구성할 수 있도록 지원하고, VB 코드에 익숙하지 않은 사용자들을 위해 매크로 기록 기능을 지원하고 있다.

2. 파워포인트 시작과 종료

(1) 파워포인트 시작

- [시작] 메뉴로 시작 ① 작업표시줄의 [시작] 단추를 클릭한다.
  ② [프로그램]-[Microsoft 파워포인트]을 선택한다.
- 단축아이콘으로 시작 ① 바탕화면에 단축아이콘 ( )이 만들어 졌으면, 더블 클릭한다.
- 탐색기로 시작 ① Windows 탐색기를 더블 클릭한다.
  ② "C:\Program Files\Microsoft Office\Office" 폴더의 "Powerpnt.exe" 파일을 더블 클릭한다.

실습

① 작업표시줄의 [시작] → [프로그램] → [Microsoft Office PowerPoint 2003]를 차례로 선택한다

② 잠시 후에 파워포인트의 [시작] 대화상자 화면이 나온다. [시작] 대화상자 화면에서 [새 프레젠테이션]을 클릭한다. [새 프레젠테이션] 대화상자의 [새 프레젠테이션] 중에 원하는 슬라이드를 선택하고 '닫기' 버튼을 클릭한다.

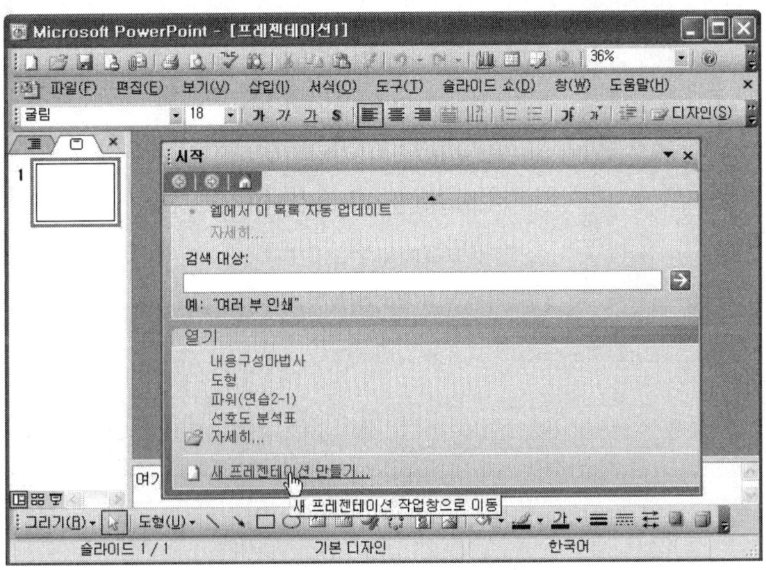

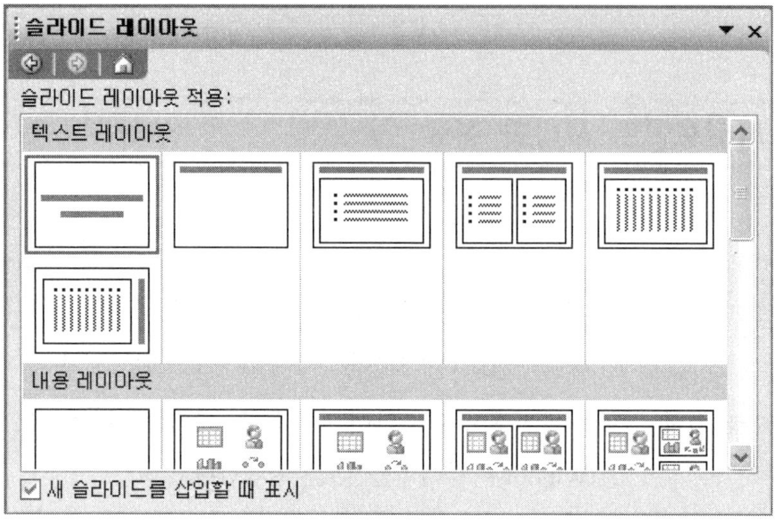

③ 여러 슬라이드 중에서 [제목 슬라이드]를 선택한다.

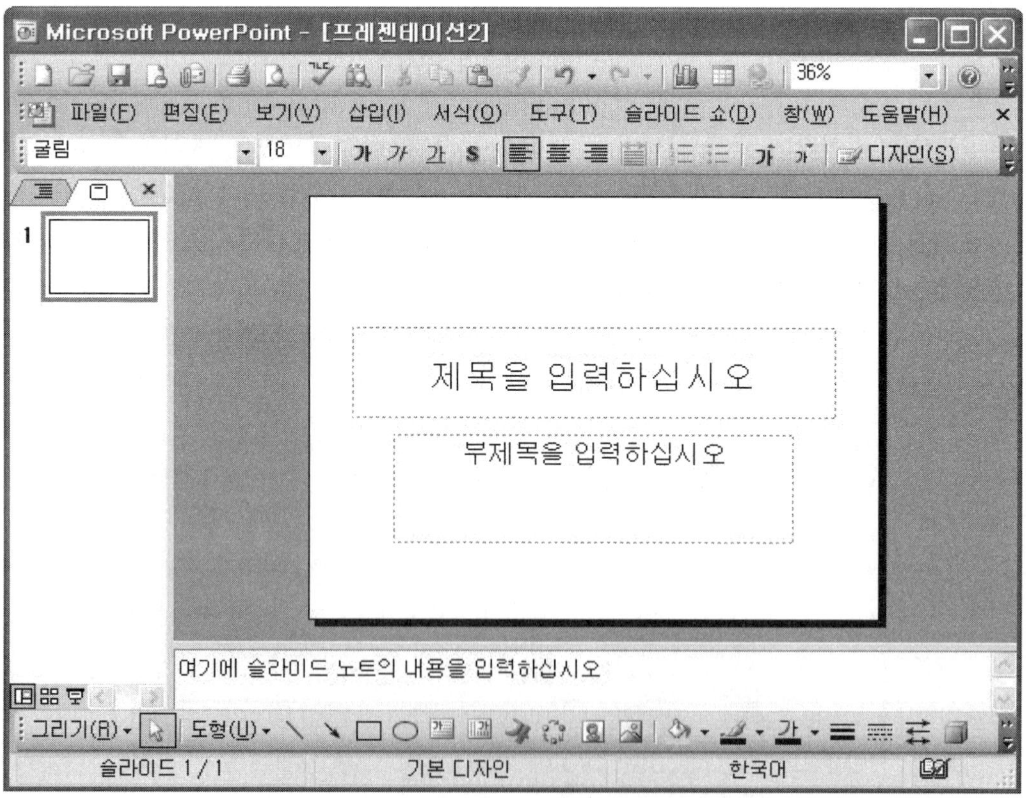

④ [제목을 입력하십시오]에 "파워포인트 2003"을 입력한다.

⑵ 파워포인트의 종료

- [파일] 메뉴로 종료 : [파일] → [끝내기] 메뉴를 클릭한다.
- [닫기] 단추로 종료 : 한글 파워포인트 프로그램 창 제목 표시줄의 [닫기] 단추(×)를 클릭한다.
- 단축키로 종료 : 단축키 Alt+F4를 누른다.
- 조절 메뉴로 종료 : 한글 파워포인트 실행 화면의 조절 메뉴 상자(▣)를 클릭하여 [닫기] 메뉴를 클릭한다.

실습

① [파일]메뉴로 종료 [파일] → [끝내기] 메뉴를 클릭한다.

② 다음과 같은 대화상자가 나타난다. 현재 파워포인트 파일을 저장하는 방법을 배우지 않았으므로 [아니오] 단추를 누르면 파워포인트 프로그램이 종료된다.

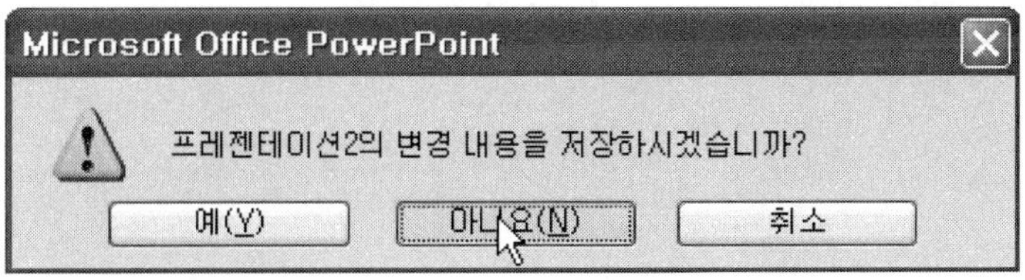

3. 슬라이드 기본화면

파워포인트의 기본 화면구성은 아래와 같다.

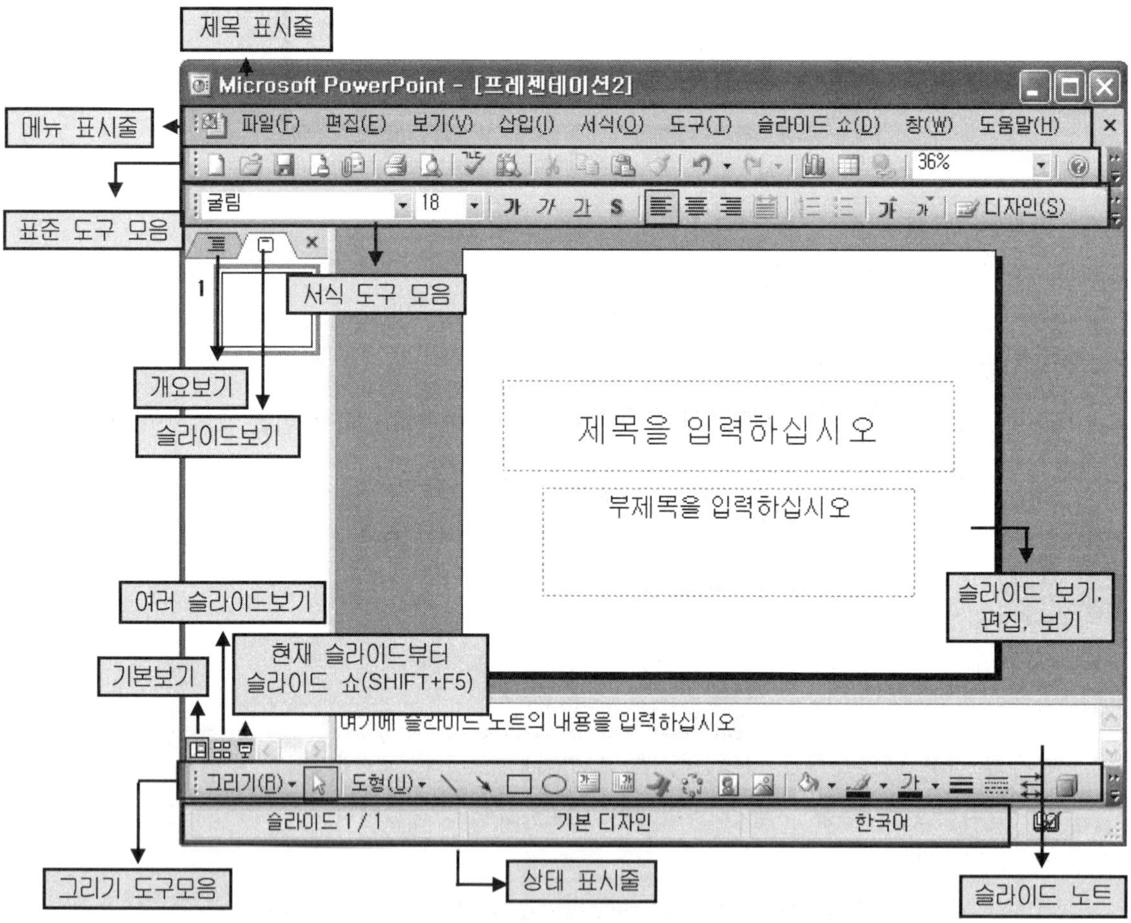

4. 새 슬라이드 삽입

실습

① 새로운 슬라이드를 삽입하기 위해서는 [삽입] → [새 슬라이드]를 선택한다.

② 슬라이드 구성 선택에서 [제목 슬라이드]를 선택하고 [확인]을 누른다.

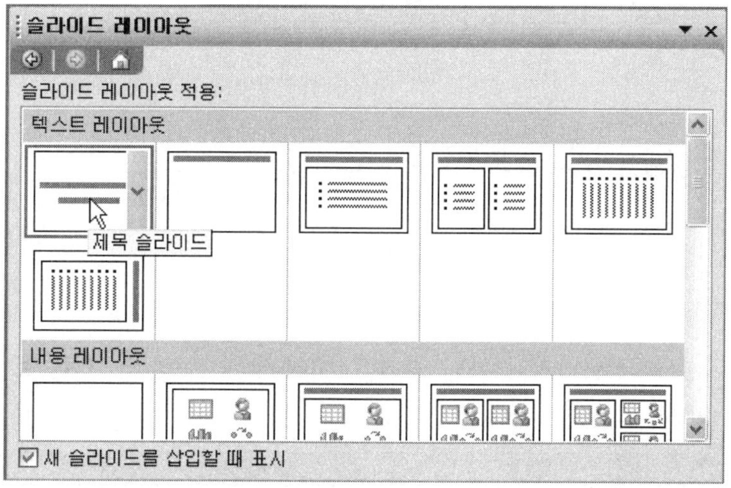

③ [제목 슬라이드]가 삽입된 것을 볼 수 있다.

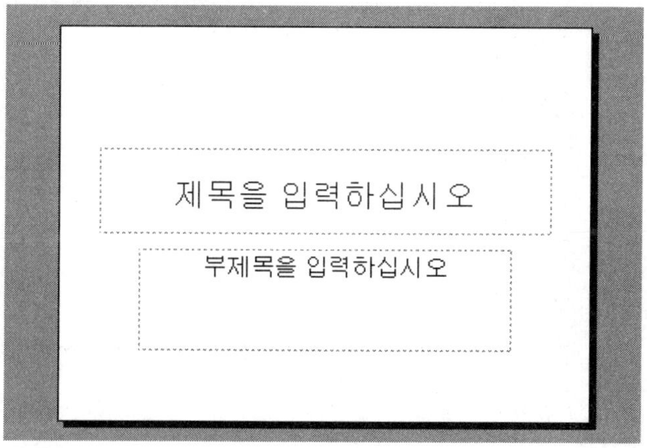

④ 작업을 하면서 다음 슬라이드를 만들기 위해서는 [삽입] → [새 슬라이드]를 반복하여 적용한다.

5. 보기 화면

슬라이드 보기 화면에는 [슬라이드 보기, 개요보기, 여러 슬라이드보기, 슬라이드 노트보기, 슬라이드쇼] 가 있는데 여기에서는 화면의 구성만을 보여준다.

■ 기본 보기

[기본 보기]로 한 번에 한 슬라이드씩 작업할 수 있다.

실습

① [보기] → [기본]을 선택하거나 화면 아래쪽의 [보기 아이콘] 중 [기본 보기] 단추를 누른다.
② [기본 보기] 화면은 다음과 같다.

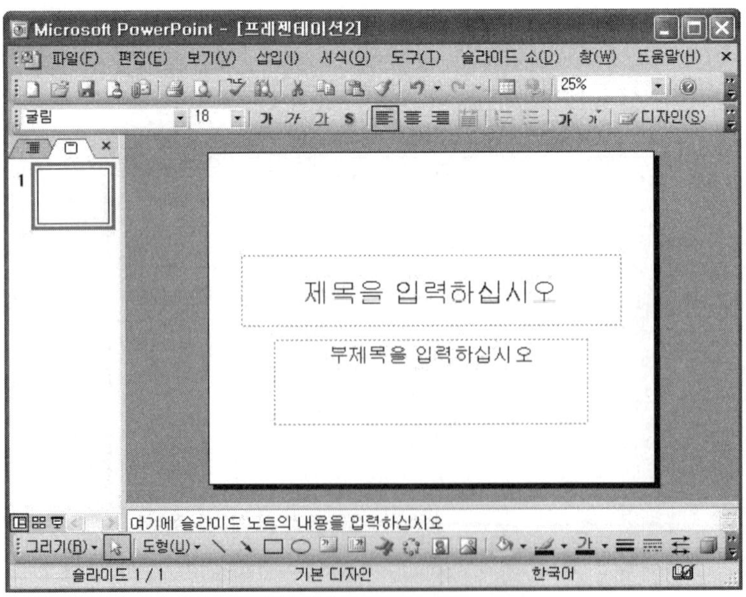

■ 개요 보기

개요 보기에서는 개요 양식으로 나타나는 파일의 구조를 확인하면서 파일의 내용을 구성하고 늘릴 때 개요 보기에서 작업합니다.

실습

① 화면 윗쪽의 [보기 아이콘] 중 [개요] 단추를 누른다.

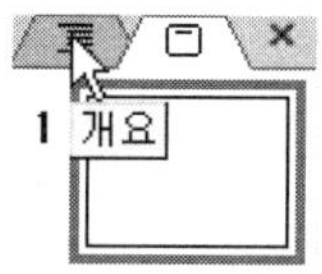

② [개요보기] 화면은 다음과 같다.

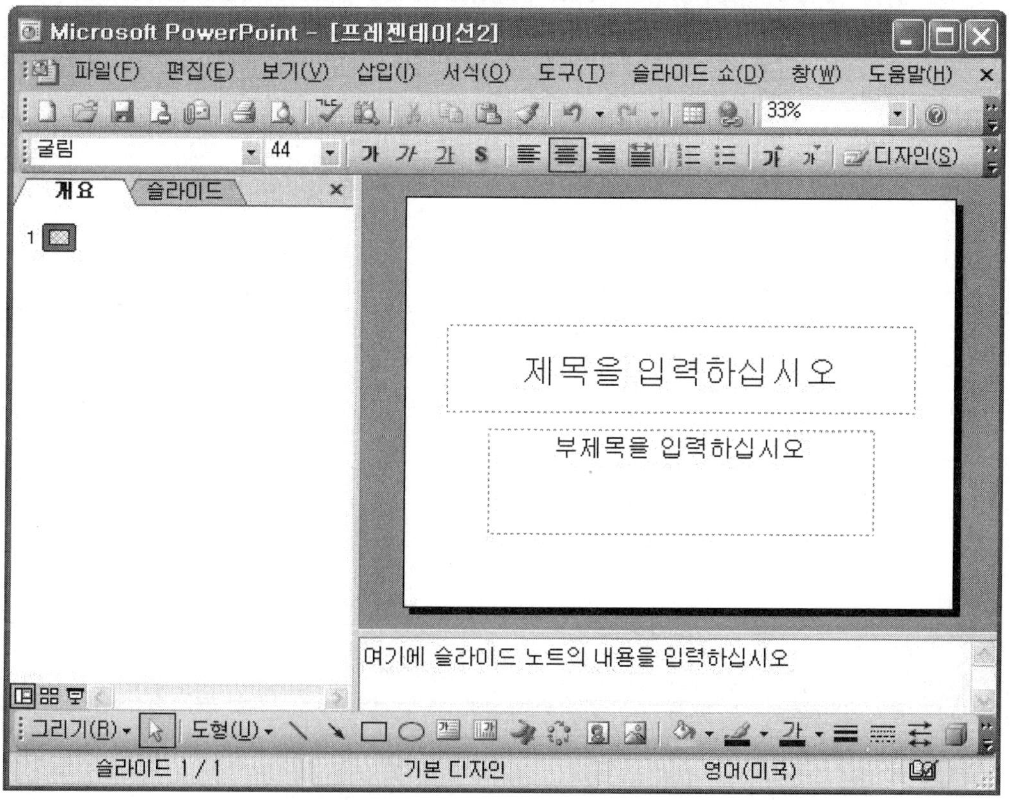

■ 여러 슬라이드 보기

여러 슬라이드 보기에서는 프레젠테이션에 있는 모든 슬라이드를 축소하여 보여주며 슬라이드의 순서를 바꾸거나 전환 및 애니메이션 효과를 추가하거나 또는 전자 슬라이드 쇼의 진행 시간 등을 설정할 수 있다.

실습

① [보기] → [여러 슬라이드]를 선택하거나 화면 아래쪽의 [보기 아이콘] 중 [여러 슬라이드 보기] 단추를 누른다.

② [여러 슬라이드 보기] 화면은 다음과 같다.

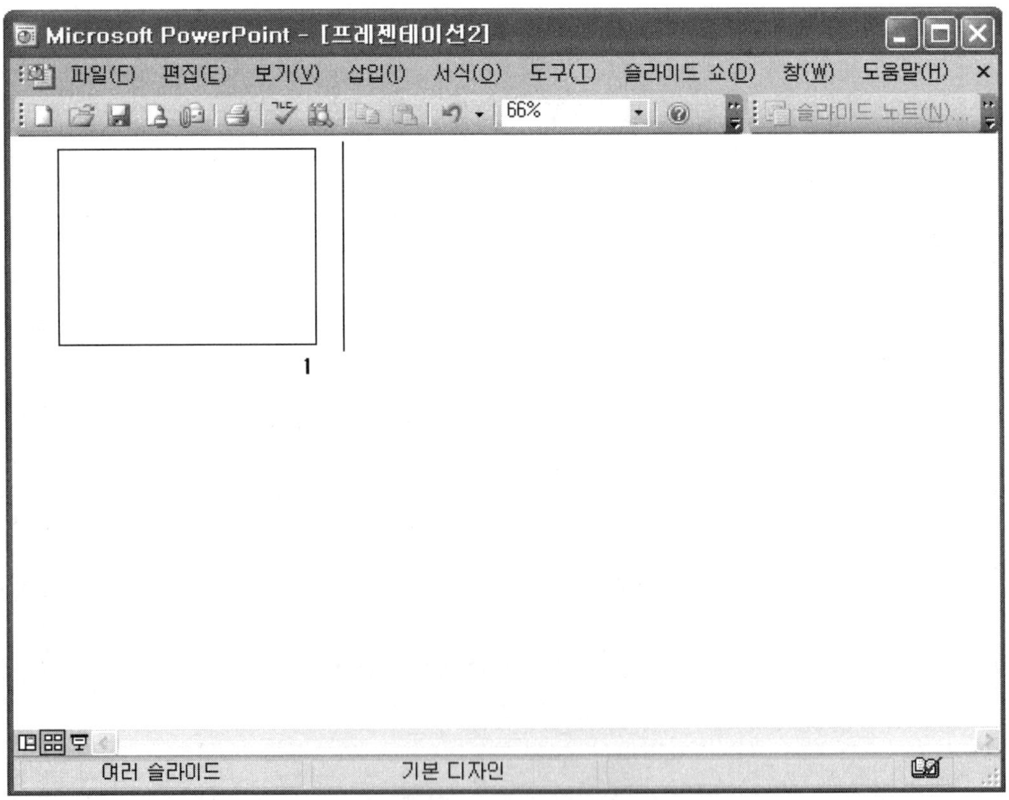

■ 슬라이드 노트 보기

슬라이드 노트보기에서는 선택한 슬라이드의 슬라이드 노트가 나타나고 슬라이드 별 연설자 노트를 작성할 수 있다.

실습

① [보기] → [슬라이드 노트]를 선택하거나 화면 아래쪽의 [보기 아이콘] 중 [슬라이드 노트보기] 단추를 누른다.

② [슬라이드 노트보기] 화면은 다음과 같다.

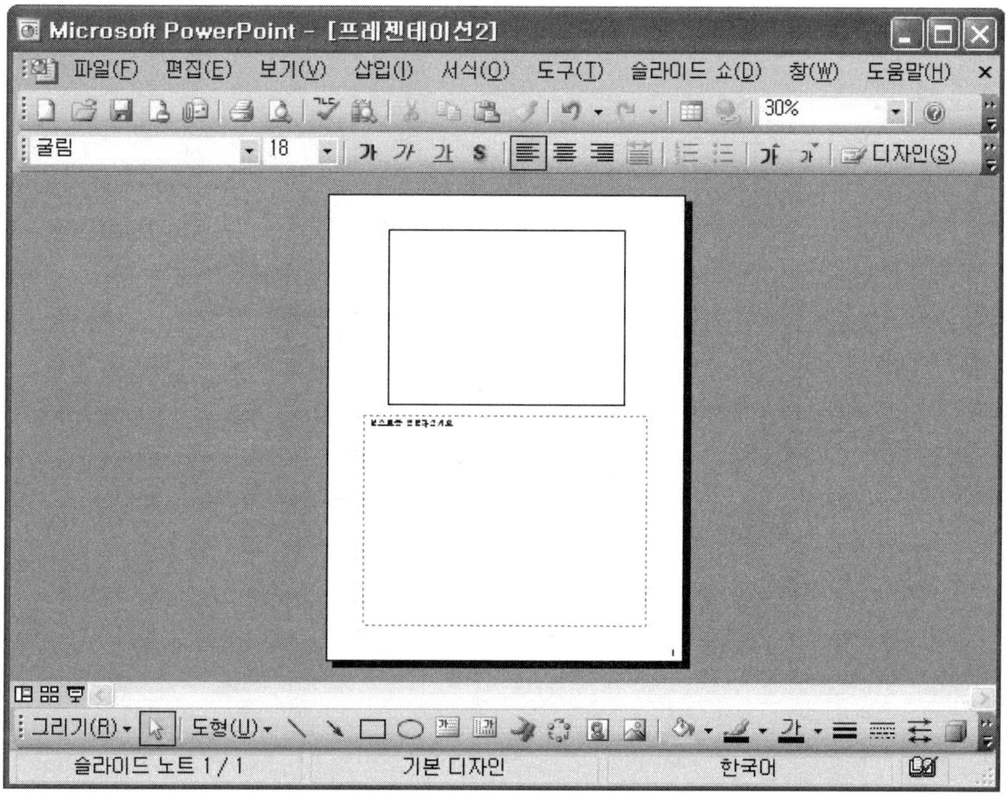

■ 슬라이드 쇼

[슬라이드 보기]에서는 슬라이드를 청중에게 큰 화면을 보여주기 위해 선택한 슬라이드로 슬라이드 쇼를 한다.

실습

① [슬라이드 쇼] → [쇼 보기]를 선택한다.
화면 아래쪽의 [보기 아이콘] 중 [슬라이드 쇼] 단추를 누른다.

② [슬라이드 쇼] 화면은 다음과 같다.

실습문제

1. 파워포인트의 시작과 종료 방법에 대해 설명해 보자.

2. 다음 파워포인트 화면 각 부분의 명칭과 기능을 설명해 보자.

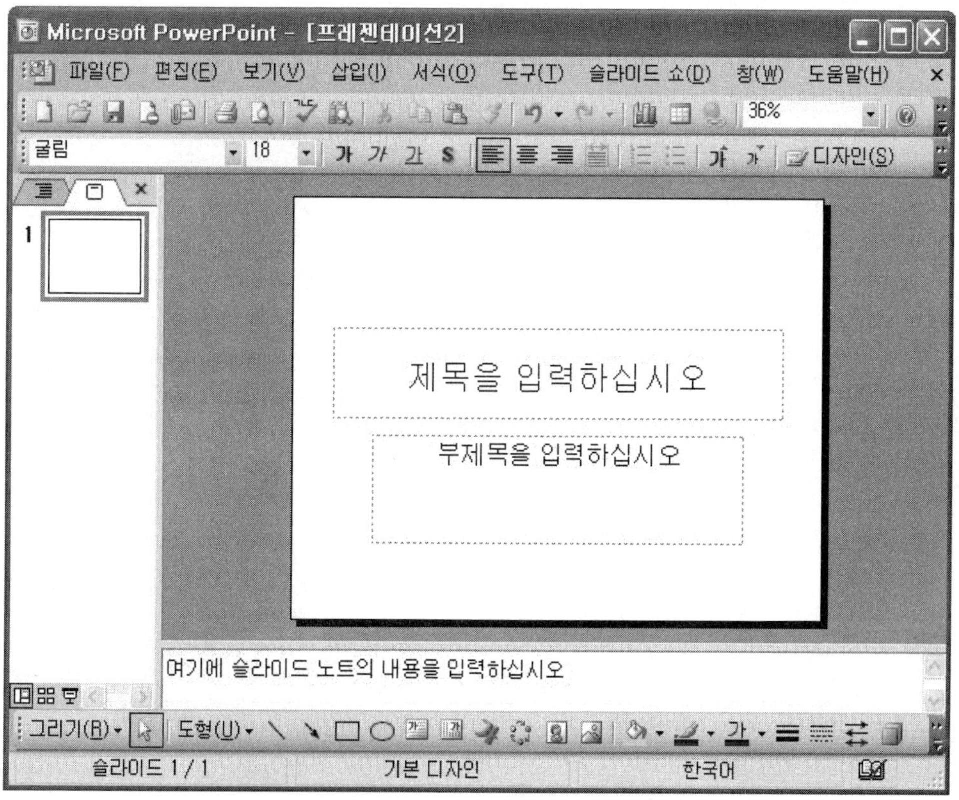

3. 다음 아이콘의 명칭은 무엇인가.

Chapter 2

파일 관리 및 인쇄

1. 새 파일 작성하기

새로운 프레젠테이션을 작성할 수 있도록 하기 위해 새 문서 창을 여는 것을 말한다.

- [파일] → [새로 만들기] 메뉴를 선택하면 [새 프레젠테이션] 대화상자를 표시해 준다.
- 단축키 Ctrl+N을 누르거나 아이콘을 눌러도 새로운 프레젠테이션을 시작할 수 있지만 [새 파일] 대화상자를 나타내지는 않는다.
- 새로운 프레젠테이션 창이 열리면 작업 중이던 문서 창은 뒤로 숨겨지게 된다.
- [창] 메뉴를 이용하여 프레젠테이션 사이를 이동하면서 동시에 작업할 수 있다.

실습

① [파일] → [새 프레젠테이션] 메뉴를 선택한다.

② [새 프레젠테이션] 대화상자의 [새로 만들기]의 새 프레젠테이션을 선택하면 [슬라이드 레이아웃] 대화상자가 나타난다.

③ [슬라이드 레이아웃] 대화상자에서 슬라이드를 선택한다.

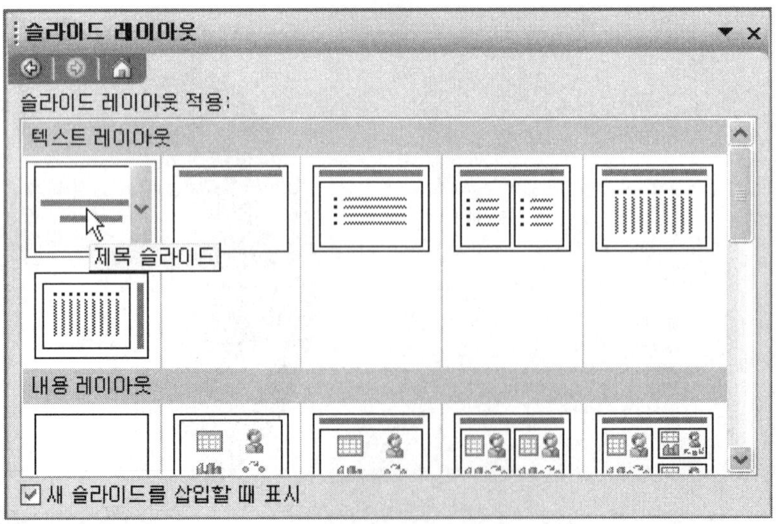

2. 파일 저장

■ 저장

현재 작업중인 프레젠테이션을 저장해 두어야 나중에 필요할 경우 다시 사용할 수 있다. 이때 데이터 및 창 구성, 화면 특성 등도 함께 저장된다.

- 파워포인트 문서를 저장하면 자동으로 확장자가 '.ppt'로 붙여진다.
- 특별히 저장 위치를 지정하지 않으면 'My Document'에 저장된다.
- [파일] → [저장] 메뉴를 선택하거나 아이콘, 단축키 Ctrl+S 로 저장을 실행한다.

실습

① [파일] → [저장] 메뉴를 선택한다.

② 대화상자에서 저장 위치와 파일 이름을 입력하고 [저장] 단추를 누른다.

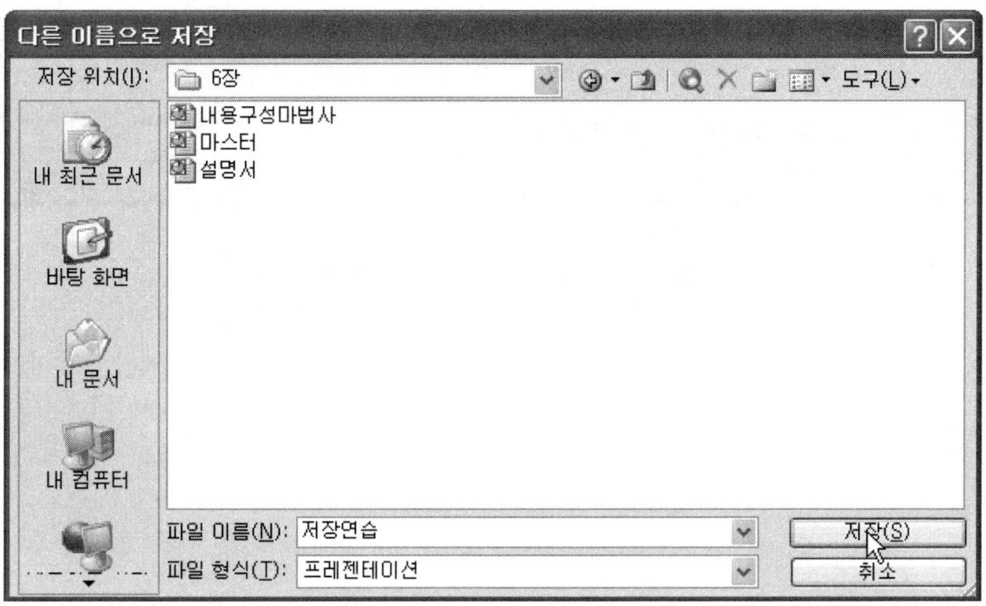

■ 다른 이름으로 저장

이미 이름이 지정된 프레젠테이션을 다른 이름으로 저장하고자 할 경우에 많이 사용한다. 또는 이미 저장한 파일의 저장 옵션을 변경하기 위해서도 사용할 수 있다. 다른 이름으로 변경하여 프레젠테이션을 다시 저장하더라도 변경하기 전 프레젠테이션은 그 이름 그대로 존재한다.

다른 버전으로 저장

① [파일] 메뉴에서 [다른 이름으로 저장]을 선택하면 [다른 이름으로 저장] 대화상자가 나타난다. [파일 형식] 목록에서 해당 버전을 선택하고 파일로 저장한다.

파일 메뉴 관련 도구와 단축키

파일 메뉴	도구 아이콘	단축키
새파일		Ctrl+N
저장		Ctrl+S
열기		Ctrl+O

3. 파일 열기와 닫기

■ 파일 열기

디스크에 저장되어 있는 프레젠테이션을 편집하기 위해 파워포인트 프로그램에 읽어들이고자 할 경우에 사용한다. [파일] → [열기] 메뉴를 선택하거나 도구모음의 열기 아이콘, 단축키 Ctrl+O 등을 사용한다.

실습

① [파일] → [열기] 메뉴를 선택한다.

② 대화상자에서 파일을 선택하고 [열기] 단추를 누른다.

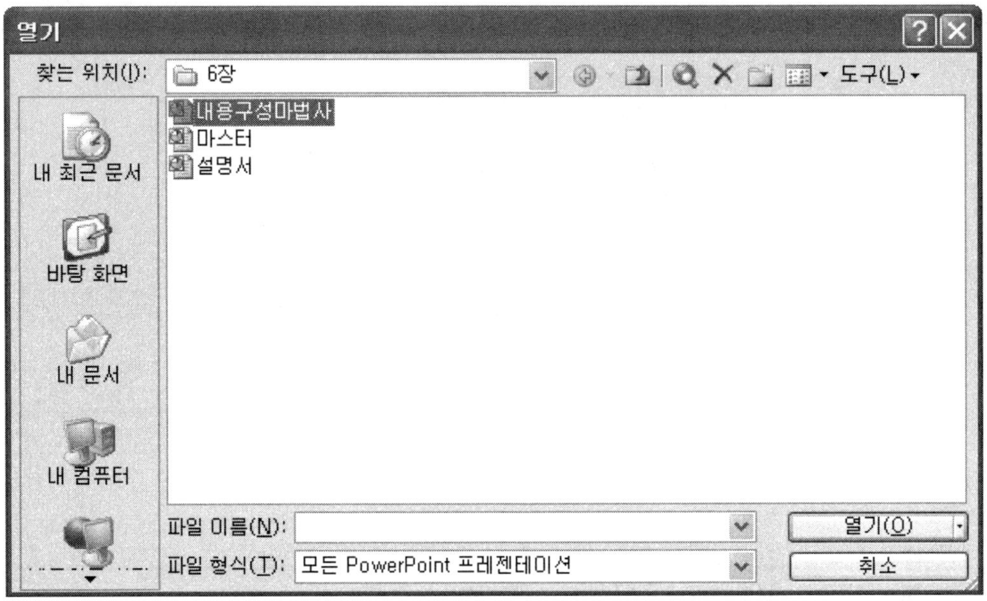

③ 여러 개의 파일을 동시에 열기 하려면 Ctrl을 누른 상태에서 원하는 파일을 모두 선택한 후 [열기] 단추를 누른다.

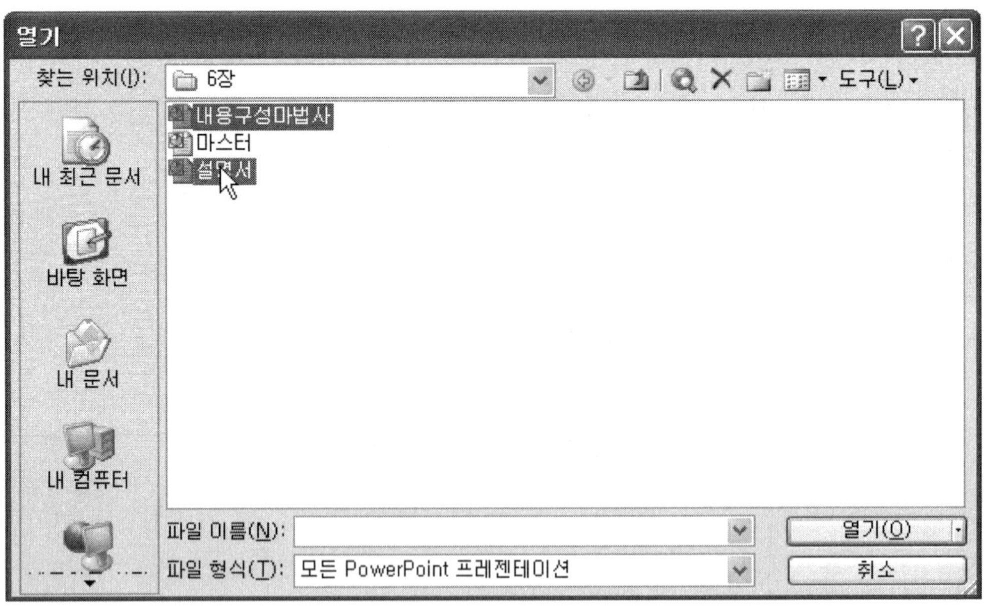

■ 최근 파일 목록으로 열기

• [파일] 메뉴 하단에 나타나는 최근 문서 목록을 선택하면 [열기] 대화상자를 통하지 않고 최근에 불러 사용했던 파일을 빠르게 열 수 있다.

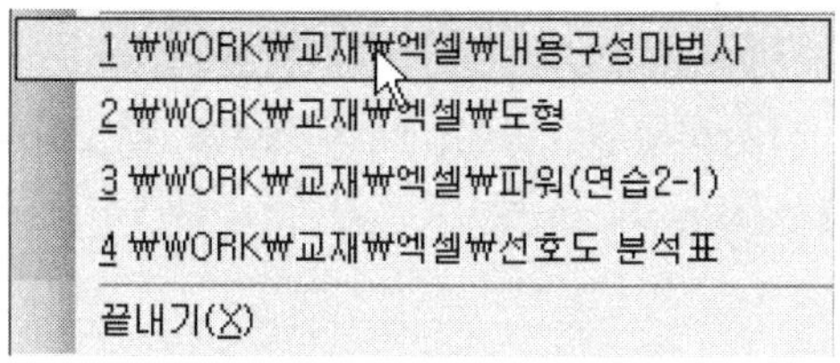

[참고사항] [열기] 대화상자에서 여러 개의 파일 열기

• 연속된 파일 선택 : 첫 번째 파일을 선택한 후 Shift와 함께 마지막 파일을 선택하여 열기 한다.
• 떨어진 파일 선택 : 각각의 파일을 Ctrl과 함께 선택하여 열기한다.

■ 파일 닫기

사용이 끝난 프레젠테이션을 닫고자 할 경우 사용한다. 닫으려는 문서가 변경된 후 저장되지 않았으면 저장 여부를 묻는 대화상자가 나타난다.

① [파일] → [닫기] 메뉴를 선택한다.

② 닫으려는 프레젠테이션이 변경되지 않았으면 그대로 닫기 명령이 실행되지만 변경하고 저장하지 않았다면, 다음과 같은 대화상자를 나타내 저장 여부를 묻는다.

③ 모든 프레젠테이션을 닫으면 파워포인트 프로그램의 종료는 [파일] → [끝내기] 메뉴를 선택하여 실행하거나 Alt+F4를 누르면 된다.

4. 파일 삭제

작성한 파워포인트 문서를 삭제하려면 [열기] 대화상자를 실행하여 해당 파일 선택 후 단축 메뉴의 [삭제]를 사용하거나 Delete를 누르면 된다.

실습

① [파일] → [열기] 메뉴를 선택하여 [열기] 대화상자를 실행한다.

② 삭제할 파일을 선택하고 Delete를 누르거나 마우스 오른쪽 단추를 눌러 나오는 단축 메뉴에서 [삭제]를 선택한다.

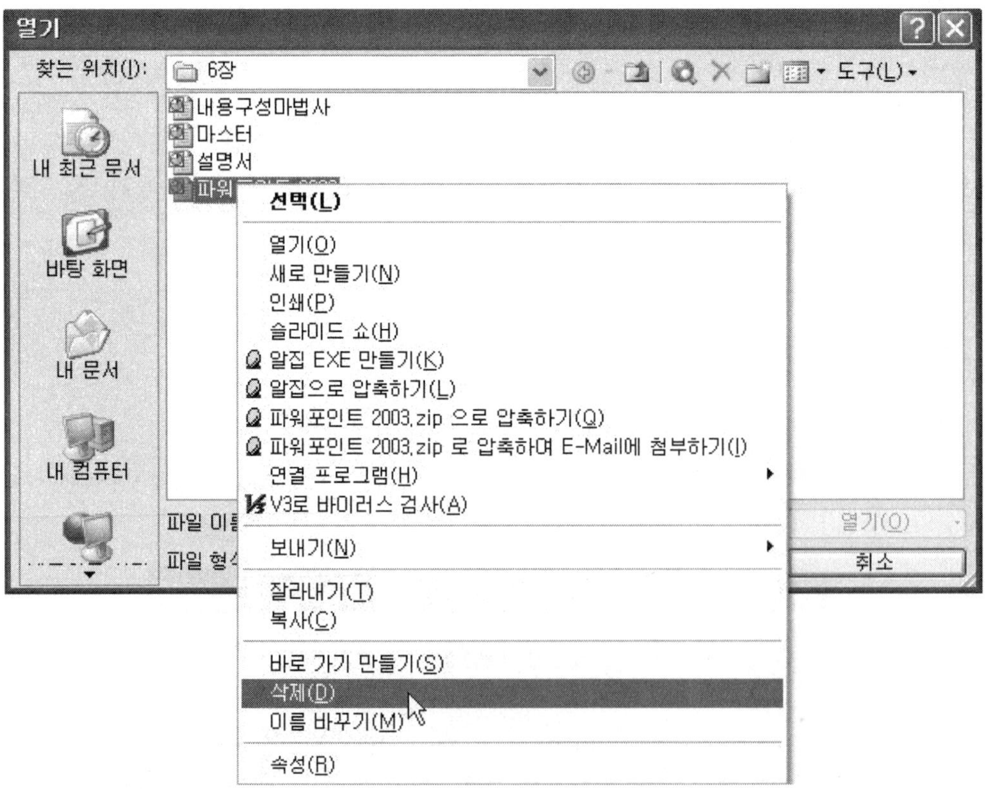

③ [파일 삭제 확인] 대화상자에서 [예(Y)] 단추를 누르면 선택한 파일이 삭제된다.

5. 인쇄

프로젠테이션에 포함된 각각의 슬라이드와 개요 등을 종이로 인쇄할 수 있다. 출력 양식을 어떤 것으로 설정하느냐에 따라 컬러 또는 흑백 등으로 만들 수 있다.작성한 파워

실습

① [파일] → [인쇄] 메뉴를 선택한다.

② [인쇄] 대화상자가 나타난다.

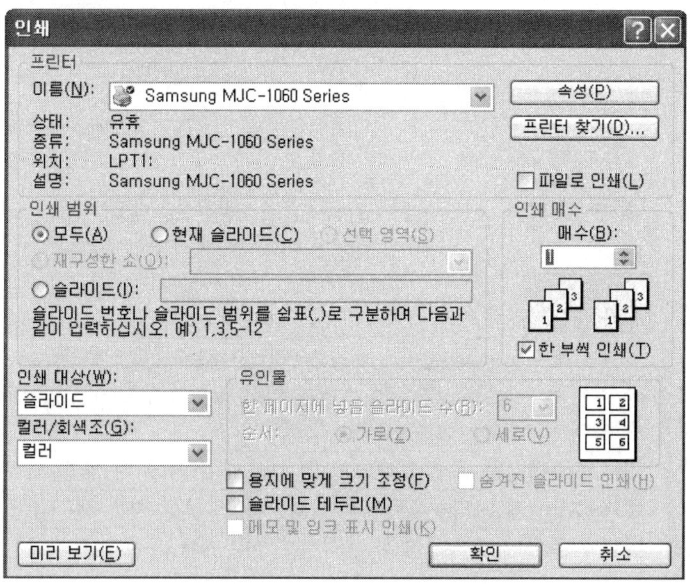

■ 프린터

인쇄에 사용할 프린터 설정한다.

이 름	현재 설정된 기본 프린터 이름이 나타난다. 만약 프린터가 설치되어 있지 않다면 먼저 프린터를 설치한 후 사용한다.
속 성	프린터 용지 설정 및 방향, 해상도를 조정하고자 할때 사용한다.
파일로 인쇄	프린터로 인쇄하지 않고 파일로 인쇄 내용을 저장하고자할 때 사용한다.

■ 인쇄 범위

인쇄할 슬라이드의 범위를 선택한다.

모두	현재 프리젠테이션 파일 내의 모든 슬라이드를 출력한다.
현재 슬라이드	현재 슬라이드만 출력한다.
슬라이드	슬라이드를 부분적으로 사용하고자 할 때 사용한다. (예) 2번과 4번 슬라이드 출력 : '2,4' 1번부터 4번까지 슬라이드 출력 : '1-4'

■ 인쇄 매수

출력할 인쇄 매수를 설정한다. '한 부씩 인쇄'를 선택하면 매수가 3매일 경우 한 부 전체를 인쇄하고 다시 전체를 인쇄한다.

■ 인쇄 대상

프리젠테이션에서 인쇄할 대상을 선택한다. 슬라이드, 유인물, 슬라이드 노트, 개요의 4가지 형태를 선택한다.

슬라이드	슬라이드 편집화면 하나하나를 인쇄한다.
유인물	유인물 형식으로 슬라이드 편집화면을 인쇄한다. 유인물을 선택하면, 인쇄창의 유인물 창이 활성화되고, 한 페이지에 들어갈 슬라이드 수 및 슬라이드 배치 형태를 정할 수 있다.
회색조	컬러 슬라이드를 흑백 프린터로 인쇄할 때 가장 보기 좋게 설정한다.
흑백	흑백으로 전체 프리젠테이션을 인쇄한다. 회색을 흰색이나 검정으로 바꾼다.
용지에 맞게 크기 조정	인쇄할 용지의 크기에 맞춰 슬라이드 이미지를 줄이거나 늘여 인쇄한다.
슬라이드 테두리	슬라이드, 유인물 및 슬라이드 노트를 인쇄할 때 테두리에 가는 틀을 둘러 인쇄한다.

실습문제

1. 도구모음

실습 - 도구모음 삽입

① [보기] → [도구모음] → [사용자 지정]을 선택한다.

② [사용자 지정] 대화상자가 나타나면 [도구모음] 탭을 선택한다.

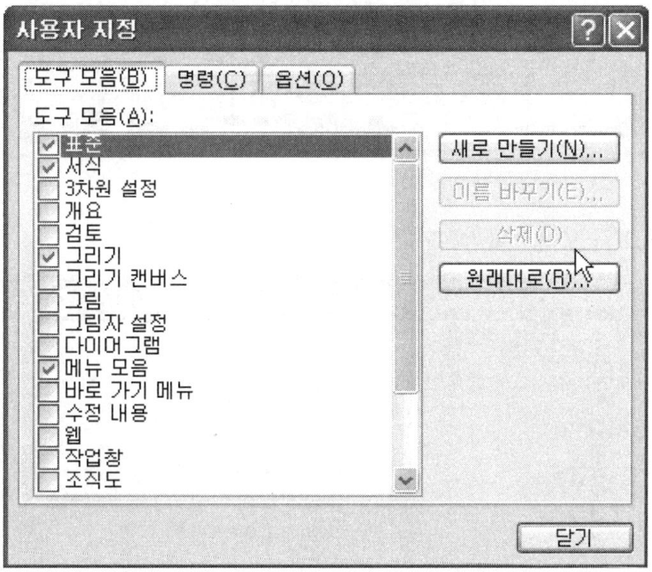

③ [새로 만들기]를 클릭하면 [새 도구 모음] 대화상자가 나타나면 여러분의 도구모음 이름을 만든다.

④ [사용자 지정] 대화상자의 [명령] 탭을 선택한다.

⑤ '범주' 란에서 도구모음에 추가할 명령어 포함된 메뉴를 선택한다. '명령' 란에서 추가할 명령에 마우스 포인터를 맞추고 '민진의 도구모음'으로 드래그 하여 명령을 이동한다.

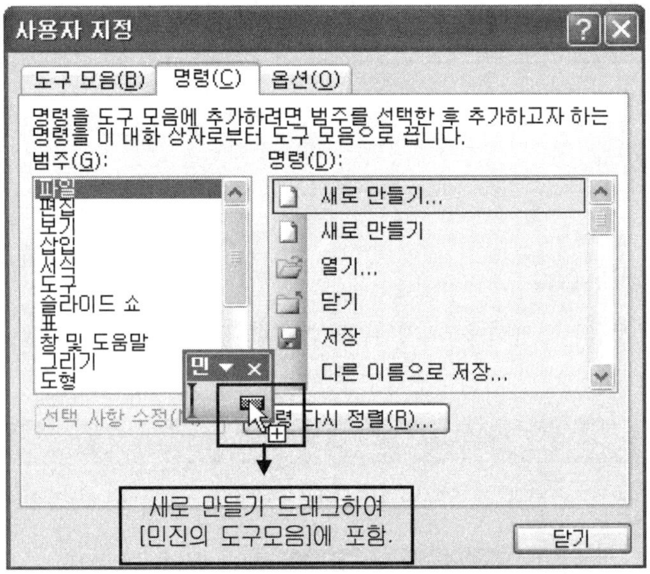

⑥ 완성된 [민진의 도구모음] 이다.

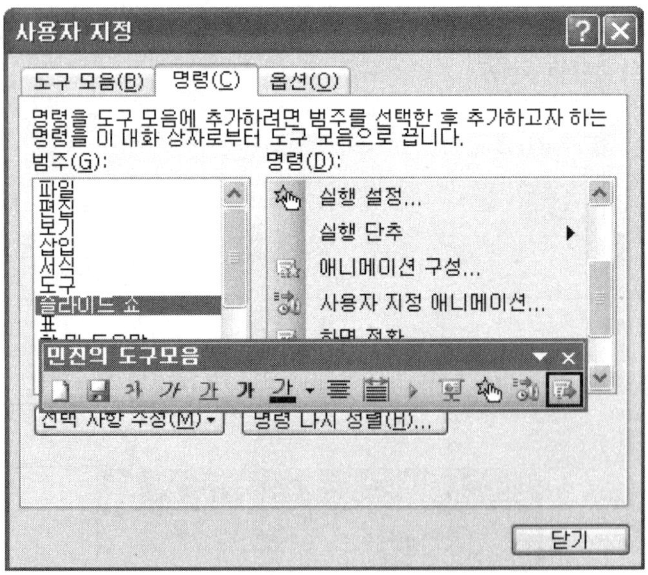

⑦ [민진의 도구모음]이 완성되면 [닫기] 버튼을 클릭한다.

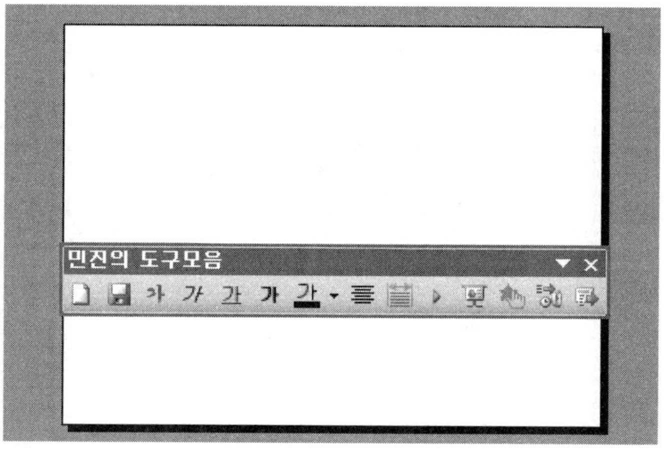

실습 – 도구모음 삭제

① 도구모음에서 필요없는 명령은 삭제할 수 있다. [보기] → [도구모음] → [사용자 지정]을 클릭한다.

② [민진의 도구모음]에서 삭제할 명령을 마우스 포인터에 맞추고 도구모음 밖으로 드래그 한다.

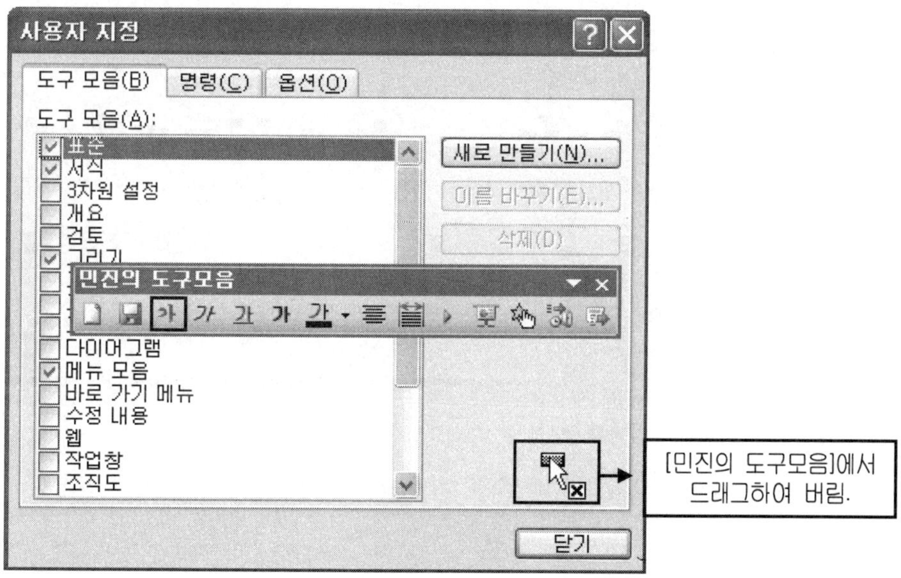

③ 필요없는 명령을 제거한 [민진의 도구모음] 이다.

2. 다음 프레젠테이션을 만들어 회색조로 인쇄해 한다.

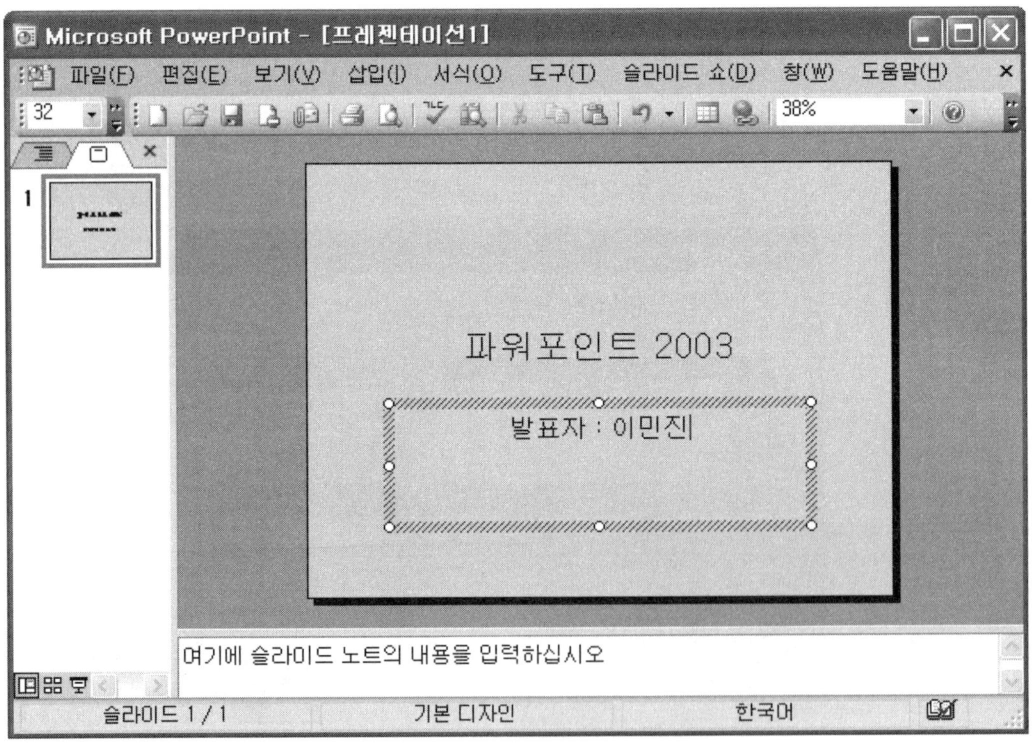

Chapter 3

파워포인트의 기본

기본적으로 하나의 슬라이드를 만들기 위해서는 텍스트 상자, 도형, 그림, 애니메이션 효과 등 많은 요소들이 필요하다. 텍스트 상자는 가장 많이 쓰이는 기능 중의 하나이다.

1. 텍스트 서식

■ 텍스트 입력

실습

① 빈 슬라이드를 삽입하고, [삽입] → [텍스트 상자] → [가로]를 선택하거나 그리기 도구모음에서 텍스트 상자를 선택하여 슬라이드 편집화면에서 드래그 한다.

② 텍스트 상자의 테두리 부분을 클릭하면 8개의 조절점이 생긴다.

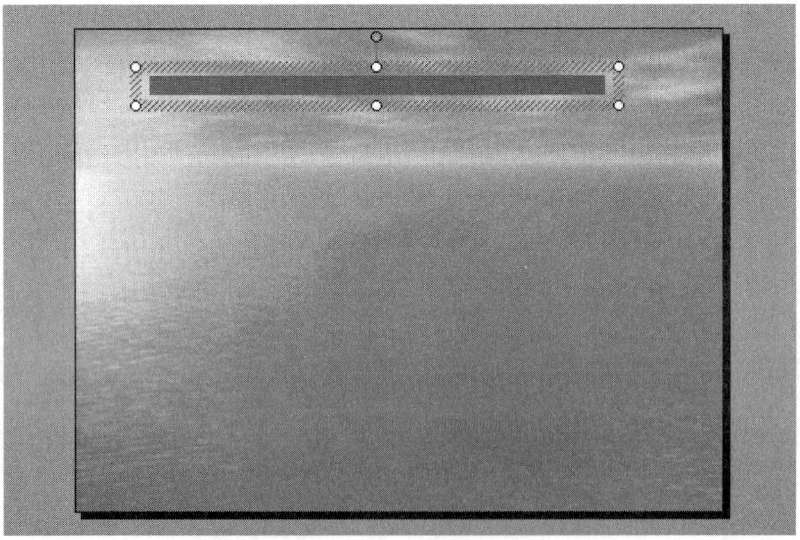

③ 6개의 조절점으로 텍스트 상자의 크기를 임의로 조절한다.

④ 텍스트 상자 테두리에 마우스 포인터를 맞추고 드래그하면 이동된다.

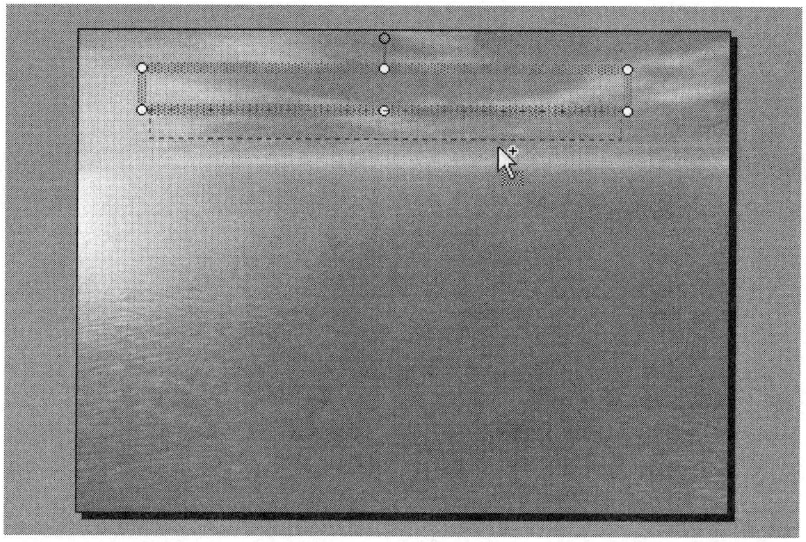

⑤ 입력란에 커서가 나타나는 곳에서 제목을 입력한다.

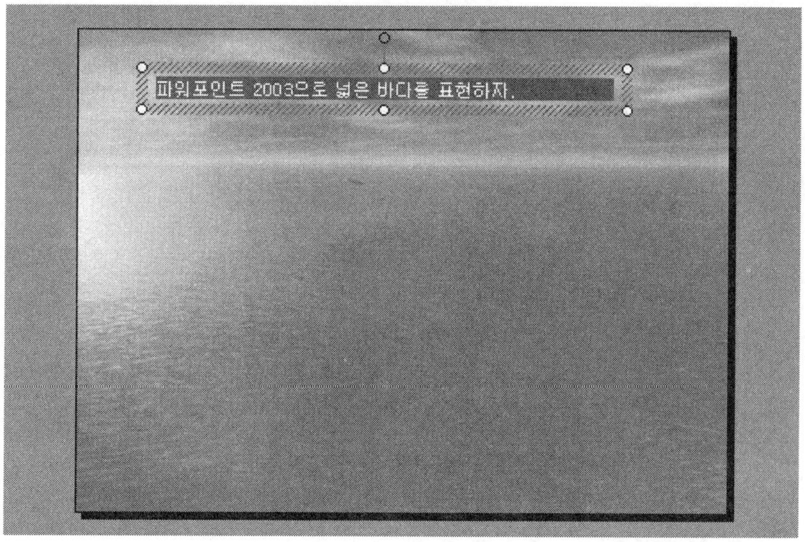

⑥ 텍스트를 입력한 후 [서식] 도구모음을 이용하여 글꼴, 문자열, 애니메이션등을 편집할 수 있다.

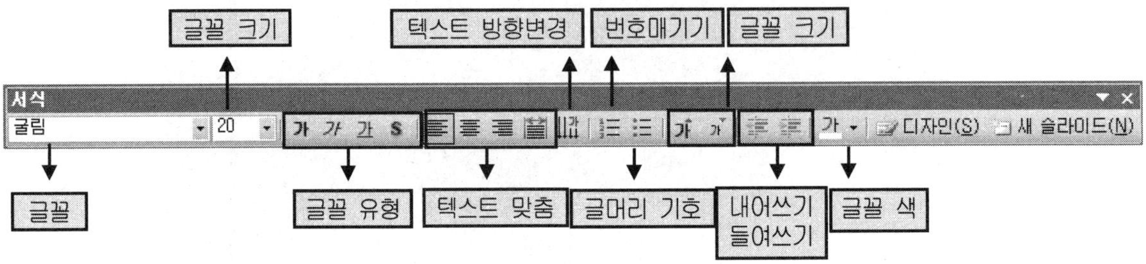

■ 글머리 기호

실습

① 텍스트 상자에 입력한 문단의 맨 앞쪽에 기호나 번호를 삽입하고 수정 및 삭제할 수 있고, [서식] → [글머리 기호 및 번호 매기기]를 선택한다.

② [글머리 기호 및 번호 매기기] 대화상자에서 여러 가지 옵션을 선택한다.

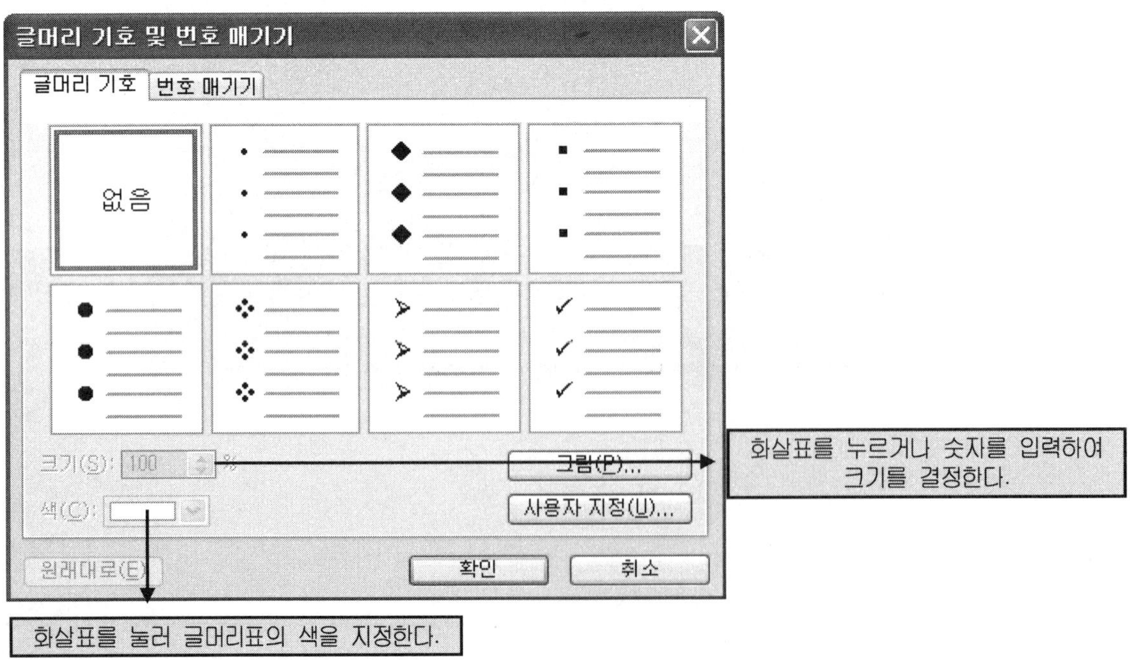

③ 원하는 글머리 기호가 없을 때는 [그림]이나 [사용자 지정]을 선택하면 그림 글머리 기호나 여러 가지 특수문자를 선택할 수 있다.

④ 아래의 그림과 같이 글머리 기호가 바뀐 것을 볼 수 있다.

2. 애니메이션 효과

슬라이드 쇼에서 텍스트 또는 도형과 개체에 시각효과나 소리효과를 함께 주면 의미 전달 효과를 더욱 높일 수 있다.

실습

① 애니메이션 구성

애니메이션 효과들을 몇 가지 주제로 한데 묶어 미리 만들어 놓은 것이다. [슬라이드 쇼] → [애니메이션 구성]을 클릭하면 손쉽게 애니메이션 효과를 적용할 수 있다.

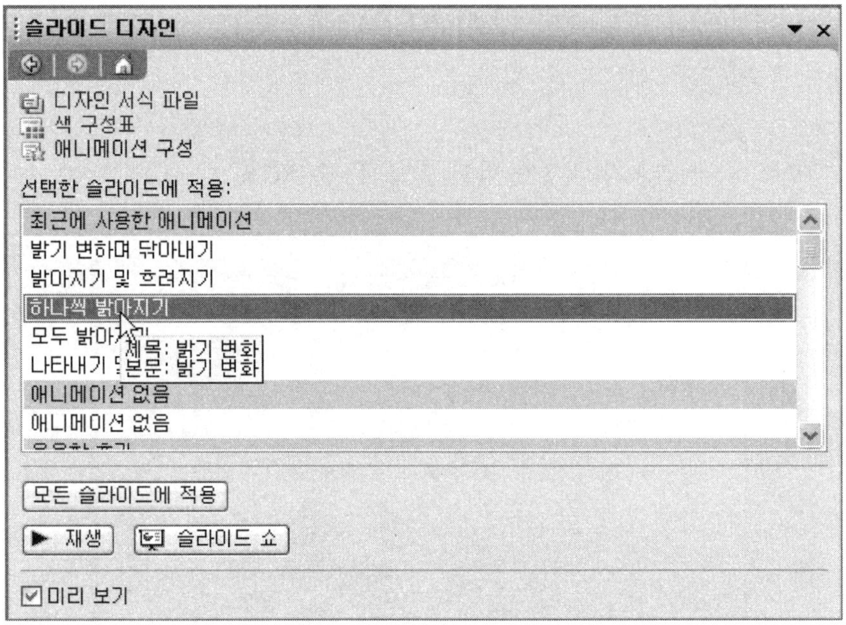

② 사용자 지정 애니메이션

[슬라이드쇼] → [사용자 지정 애니메이션]을 클릭하면 [사용자 지정 애니메이션] 대화상자가 나타난다. 효과에는 나타나기, 강조, 끝내기, 이동경로 등이 있다.

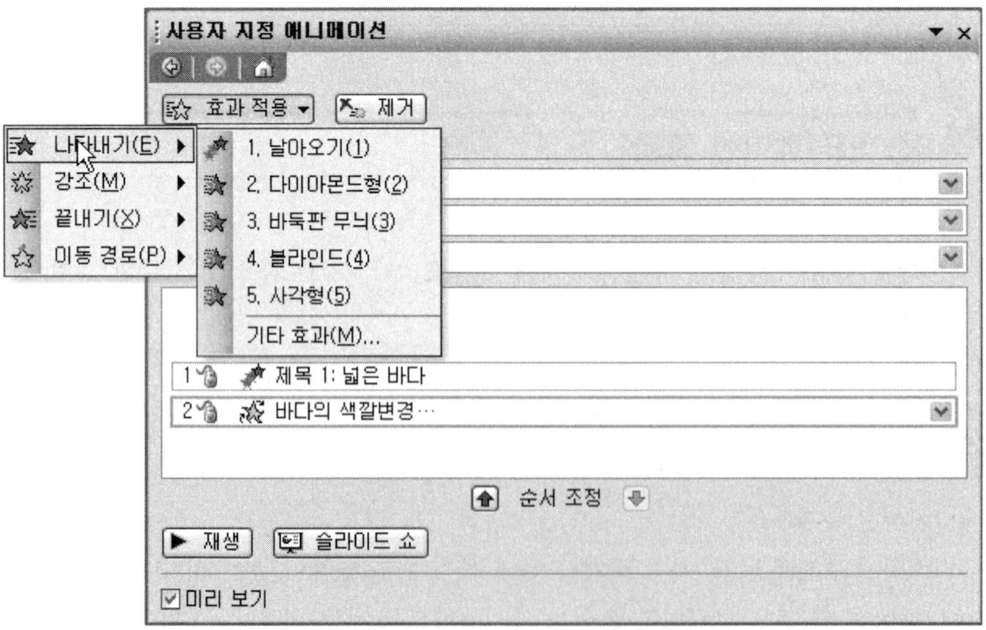

[주의사항]

사용자 지정 애니메이션시 각 슬라이드의 개체를 선택하고 '순서조정'을 해야지 순서에 맞는 에니메이션이 지정된다.

③ 화면전환

슬라이드 쇼에서 각 슬라이드를 펼치는 특수효과를 추가하거나 변경한다. [슬라이드 쇼] → [화면전환]을 클릭하면 [화면전환] 대화상자가 나타난다.

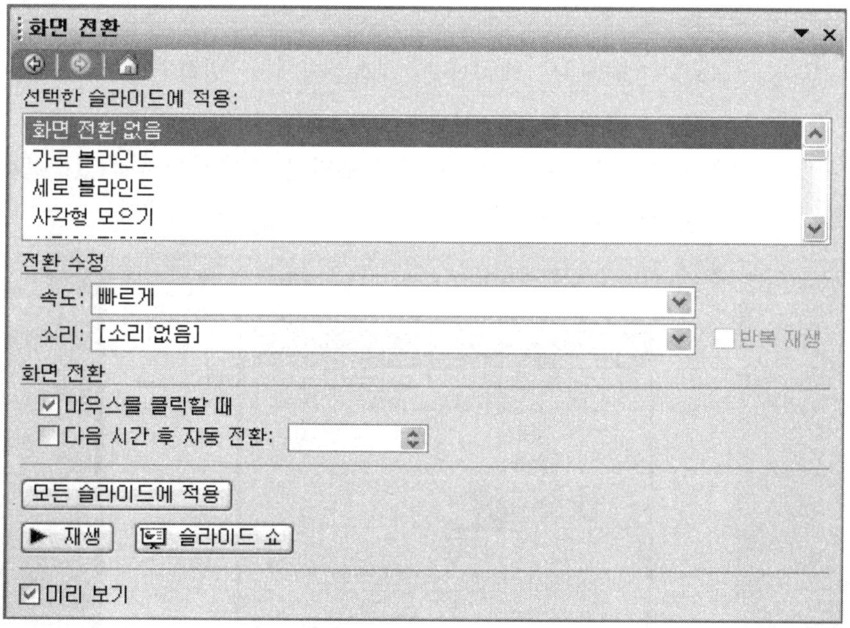

실습문제

1. 단순 텍스트로 홍보물 제작

실습 – 단순 텍스트 홍보물

① 파워포인트를 실행하고 [슬라이드 레이아웃] 대화상자에서 '빈화면' 슬라이드를 선택한다.

② [서식] → [배경]을 선택하면 [배경] 대화상자가 나타난다. 대화상자에 있는 펼침 단추를 누르고 '채우기 효과'를 선택합니다.

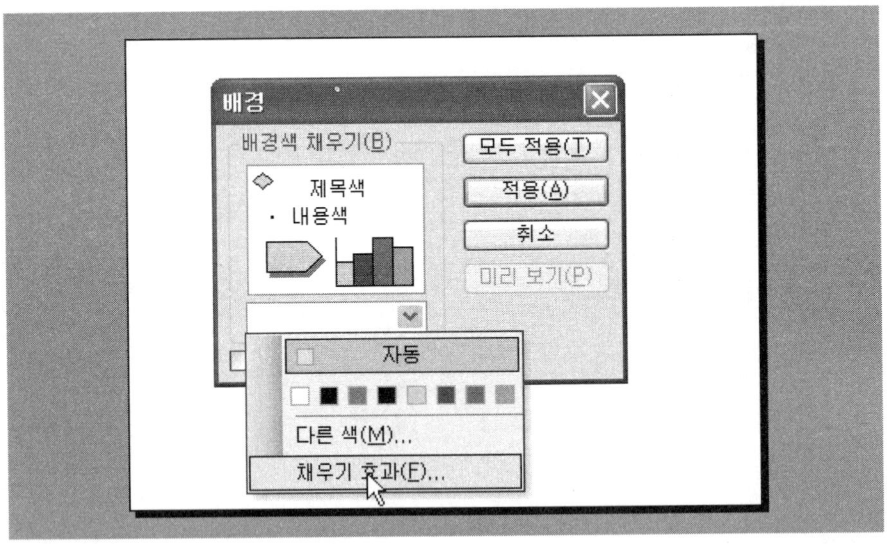

③ [질감] 탭에서 '신문용지'를 선택한 후 [확인]을 클릭한다. [배경] 대화상자에 있는 [모두 적용]을 클릭한다.

④ '가로 텍스트 상자'를 그린다음 '눈꽃대학교 축제'라고 입력한다.

⑤ 텍스트 상자 맨 앞쪽에 커서를 만든 다음 [삽입] → [기호]를 클릭한다.

⑥ [기호] 대화상자에 있는 수직 이동줄에 마우스 표인터를 맞추고 드래그하면 기호를 볼 수 있다. 삽입하고 싶은 기호를 선택한 후 [삽입]을 클릭한다.

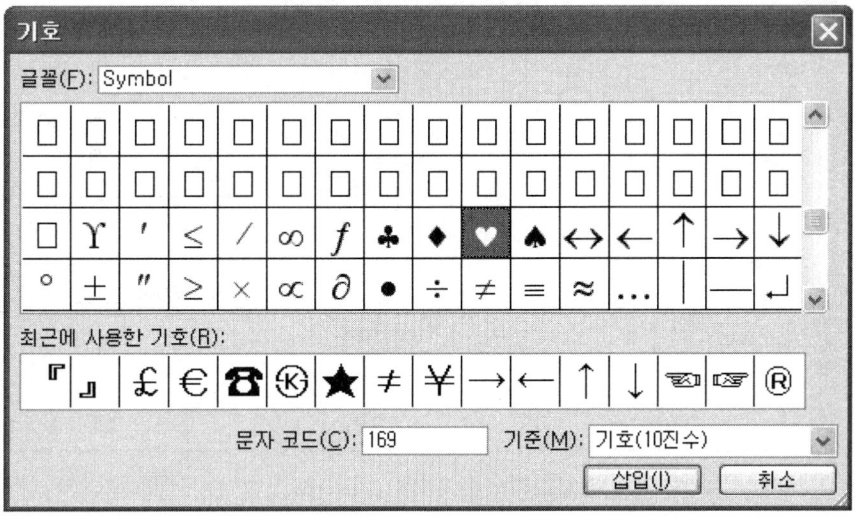

⑦ [기호] 대화상자에 있는 닫기 버튼을 누르면 기호가 삽입된 것을 확인할 수 있다.

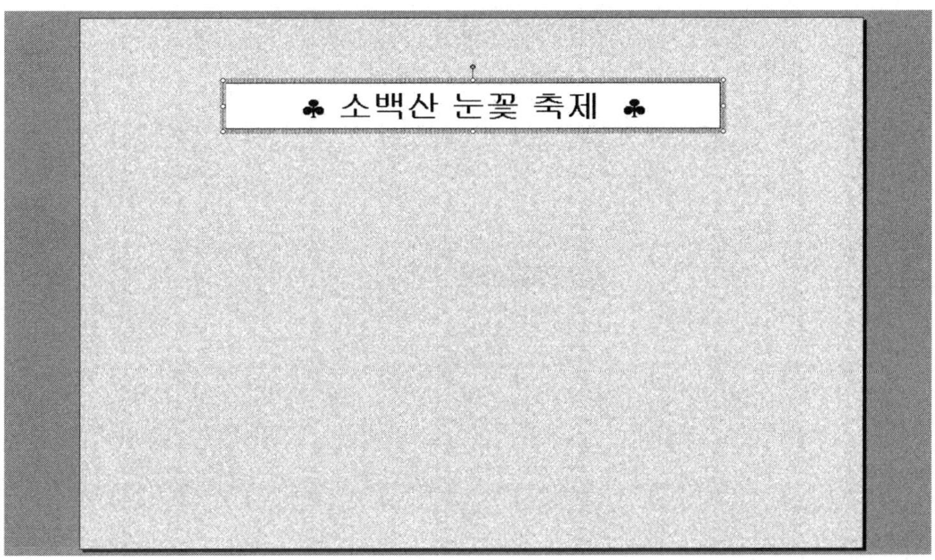

⑧ 텍스트 상자를 선택합니다. [서식] → [글꼴]을 선택하고 글자 속성을 '돋움, 굵게, 32, 가운데 맞춤' 바꿔 보자.

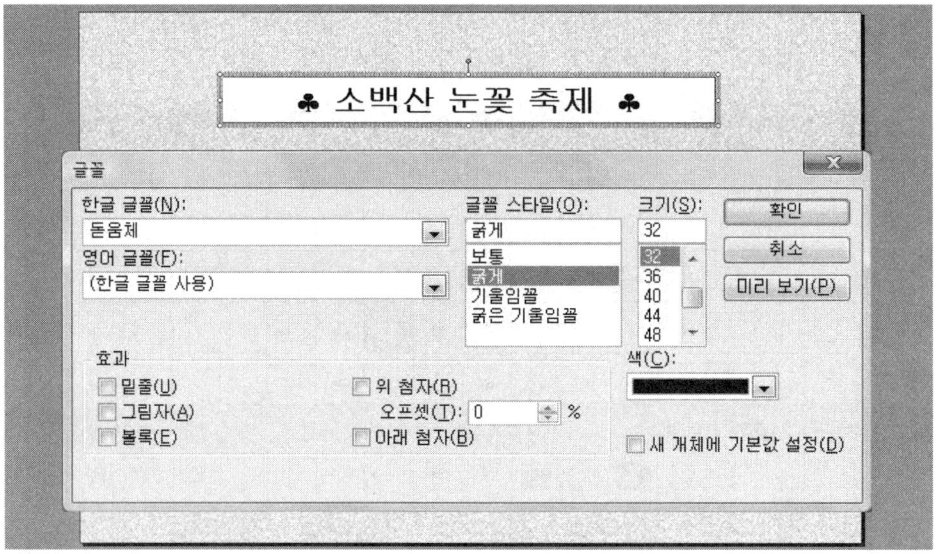

⑨ 텍스트 상자를 적당한 위치로 옮긴 다음 [서식] → [텍스트 상자]를 클릭하고, [색 및 선] 탭을 선택하고 '채우기' 란에 있는 펼침 단추를 눌러 '바탕색'으로 지정한다. '선' 란에 있는 펼침 단추를 누르고 선의 색과 두께를 지정한 후 [확인]을 누릅니다.

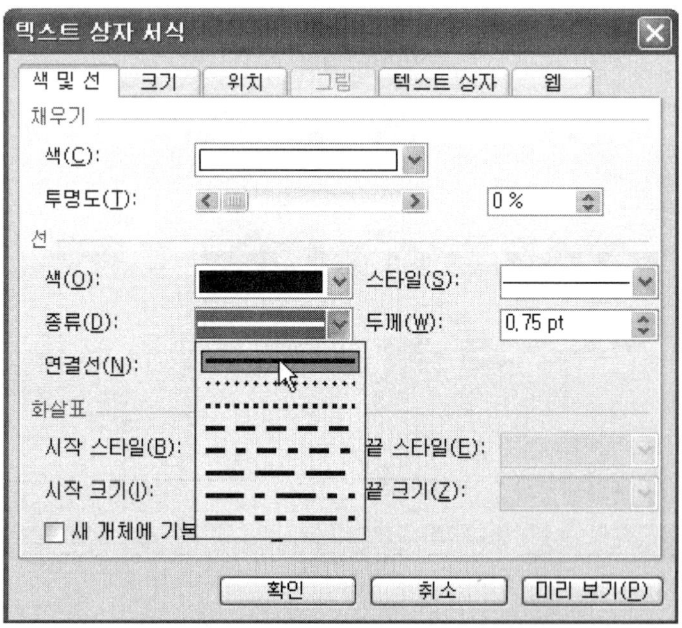

⑩ 같은 방법으로 아래의 텍스트 상자를 만들어 보자.

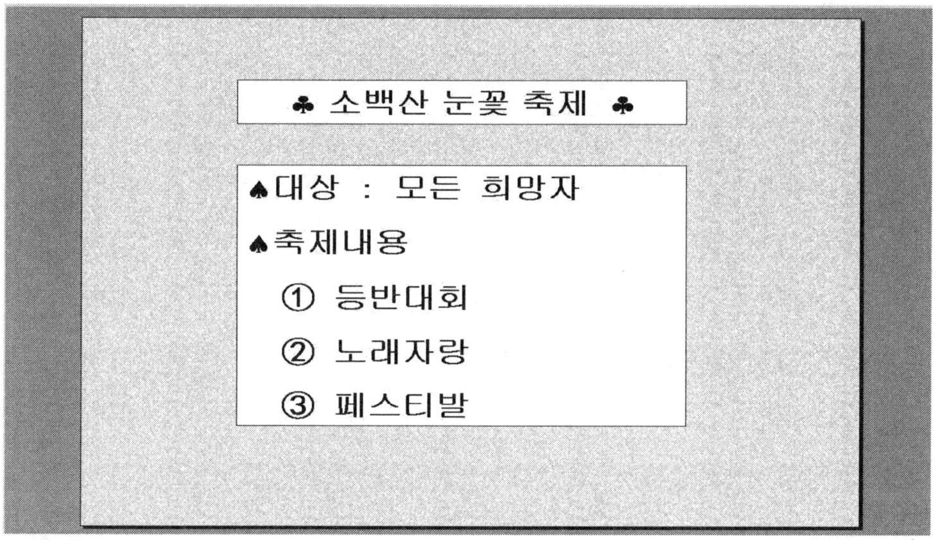

⑪ 세로 텍스트 상자로 다음과 같이 완성한다.

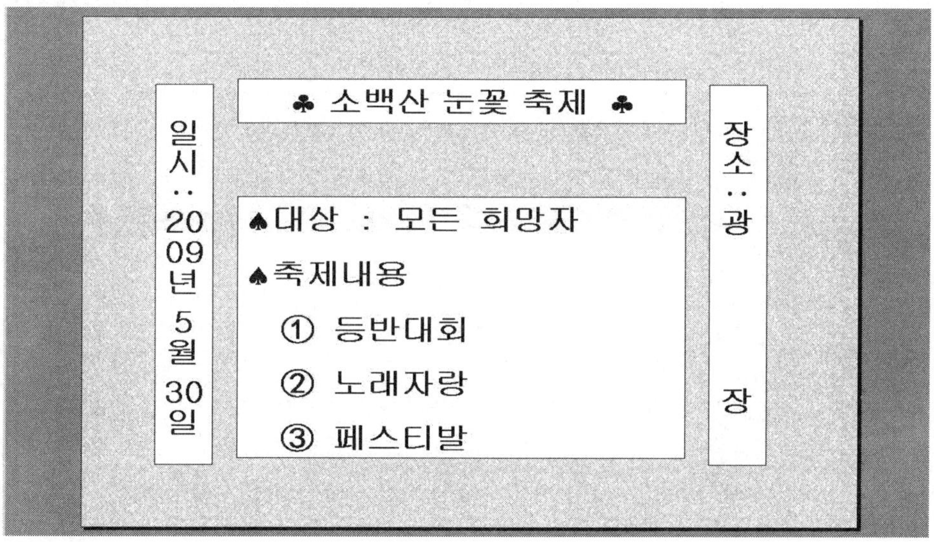

실습 –효과

① [슬라이드 쇼] → [사용자 지정 애니메이션]을 클릭하고 애니메이션 효과를 지정한다.

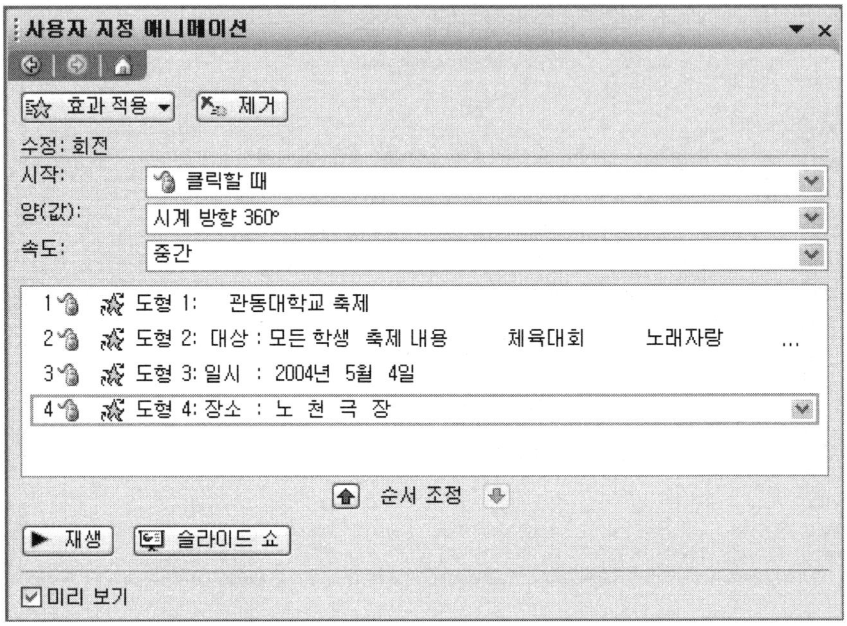

② [슬라이드 쇼] → [화면전환]을 선택하고 [자동 전환] 대화상자에서 자동전환 '1'로 지정한 후 [확인]을 누른다.

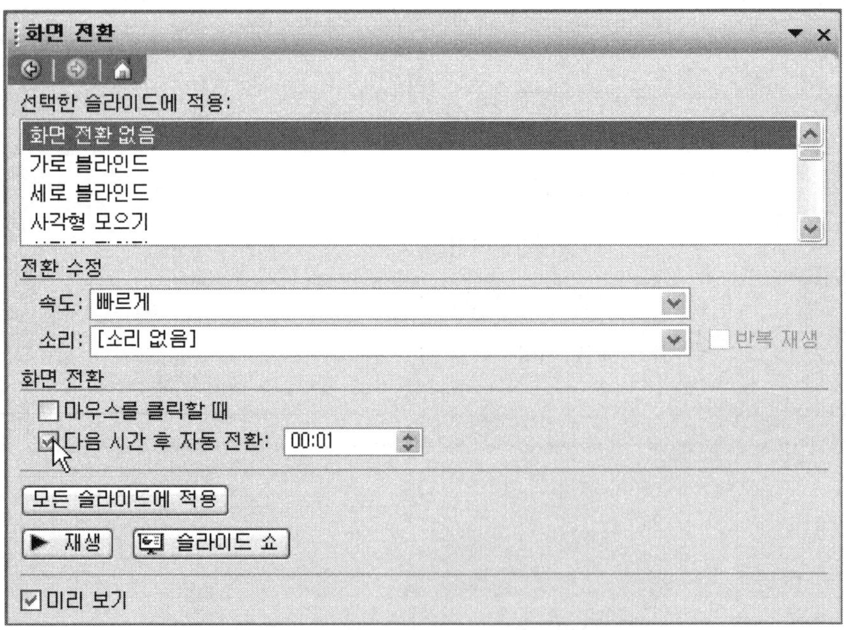

③ [슬라이드 쇼] → [쇼 보기]를 선택하고 슬라이드 쇼를 진행한다.

Chapter 4

그래픽

PowerPoint에서는 텍스트만 사용한 프레젠테이션은 너무 단조로운 느낌을 준다. 따라서 다양한 도형, 예쁜 글씨를 만드는 워드 아트, 그림, 동영상, 소리 등을 삽입하여 효과적이고 생동감 있게 프레젠테이션을 표현할 수 있다.

1. 도형

파워포인트의 주요 구성 요소인 도형은 여러 가지 도구모음을 이용해 슬라이드를 장식하고 선, 그래프, 도형 등을 삽입하여 슬라이드를 장식해 주는 작업이다. 화면의 그리기 도구모음 아이콘을 이용하여 다양한 도형을 그려보자.

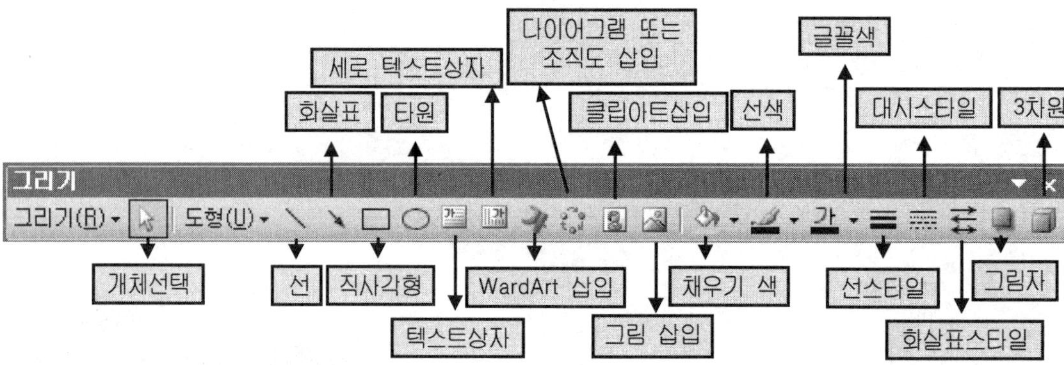

■ 도형 그리기

실습

① [그리기] 도구모음이 화면상에 나타나지 않으면 [보기] → [도구모음] → [그리기 도구모음]을 선택한다.

② [그리기]도구모음의 [도형] → [기본도형] → [정육면체]을 선택한다.

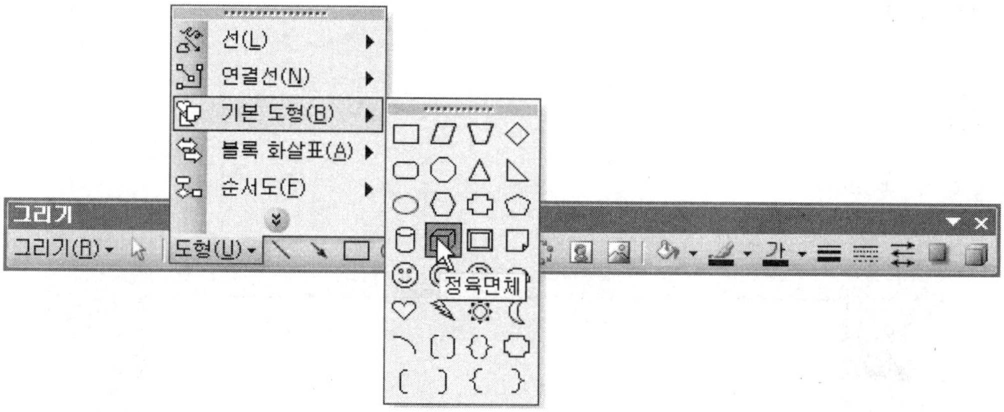

③ 마우스로 눌러 삽입하고자 하는 위치에 마우스를 놓고 원하는 크기만큼 드래그한다.

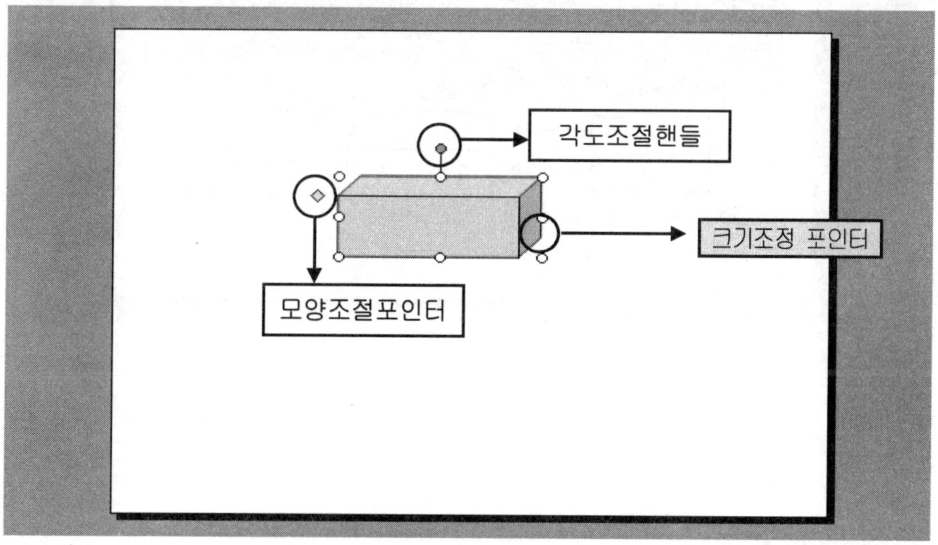

[참고사항] **도형 크기 조정**

마우스로 크기 조정기를 끌 경우 'Ctrl + 끌기' 하면 좌우가 동시에 늘어나고 'Shift + 끌기'를 하면 일정비율로 그려지며 'Alt + 끌기'를 하면 미세조정이 가능하다.

■ 도형 서식

실습

① 도형의 색 변경

: 채우기 색, 선 색 변경

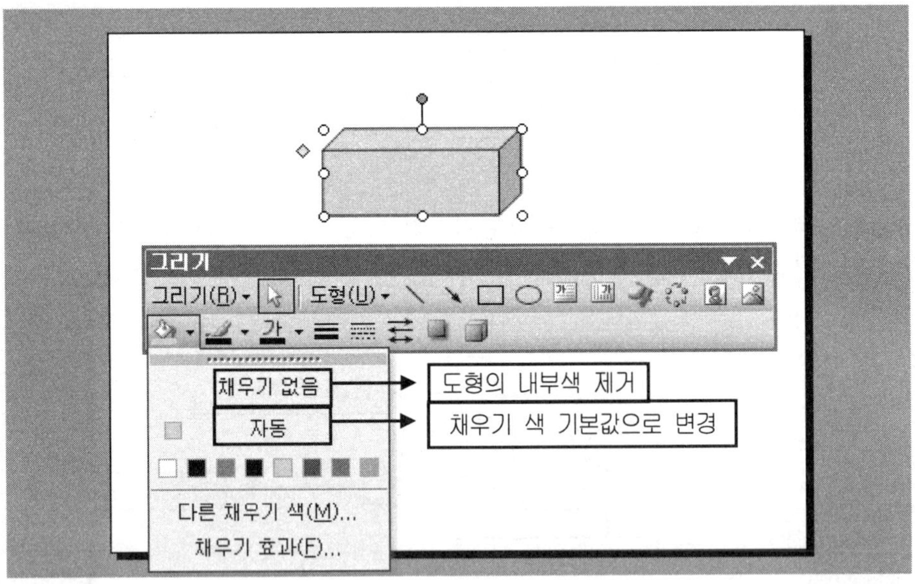

② 선·대시·화살표 스타일 변경

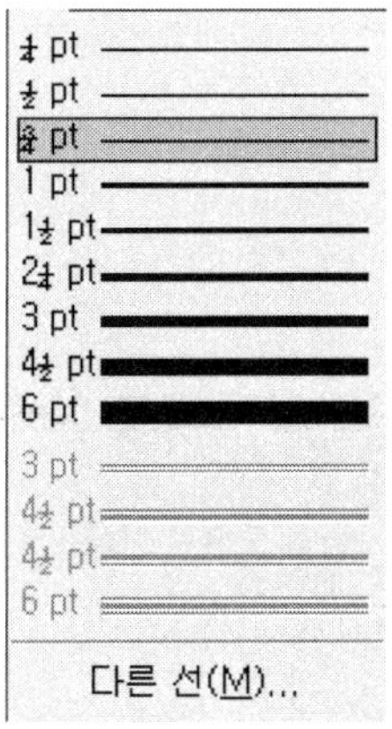

선 스타일

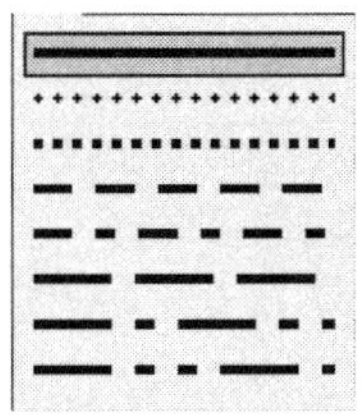

대시 스타일

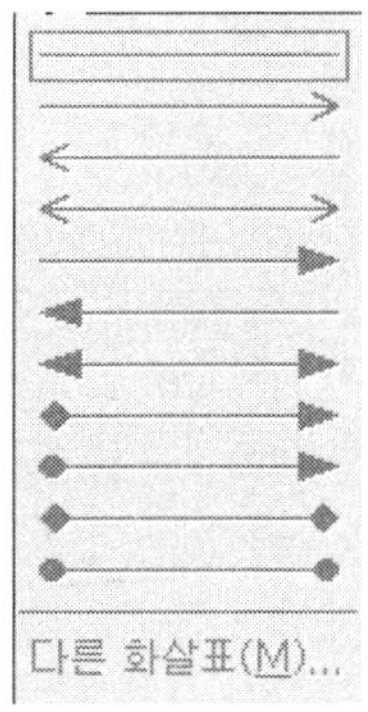

화살표 스타일

③ 도형의 이동 및 크기 변경

도형의 이동은 도형을 선택하고, 드래그 한다. 크기 변경은 크기 조정 포인터를 드래그 한다.

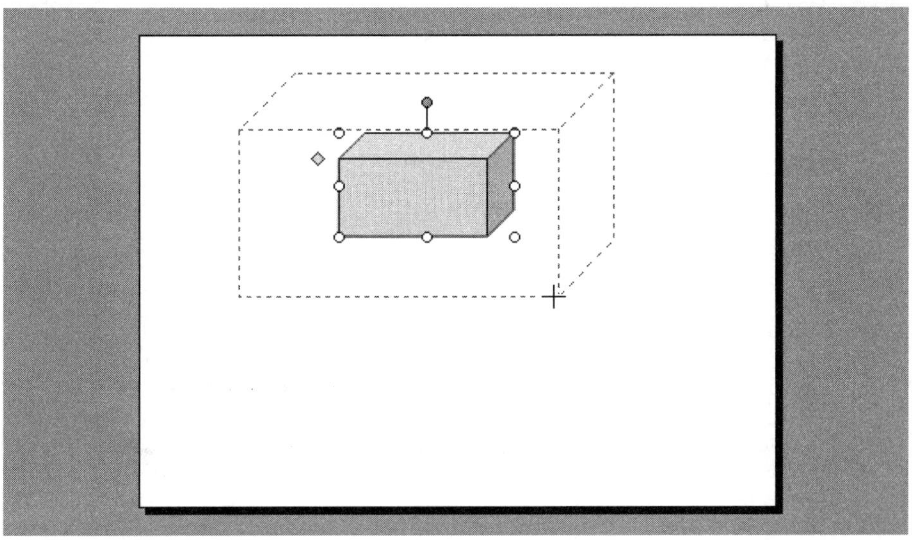

④ 도형의 모양 변경

이미 만들어진 도형을 다른 도형으로 변경할 때 [그리기] → [도형 변경]을 선택한다. 단 선이나 연결선은 다른 도형으로 변경할 수 없다.

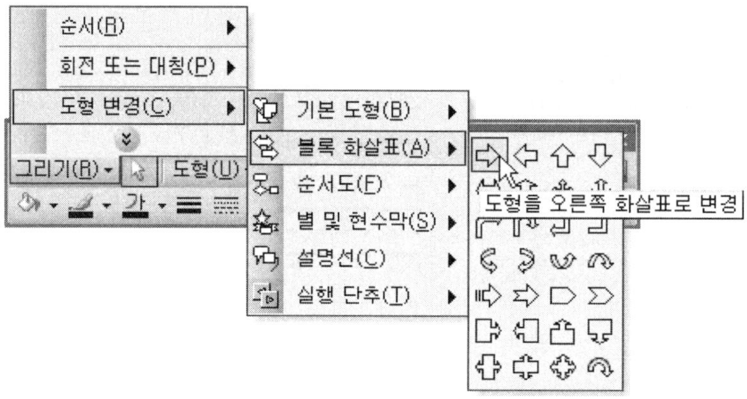

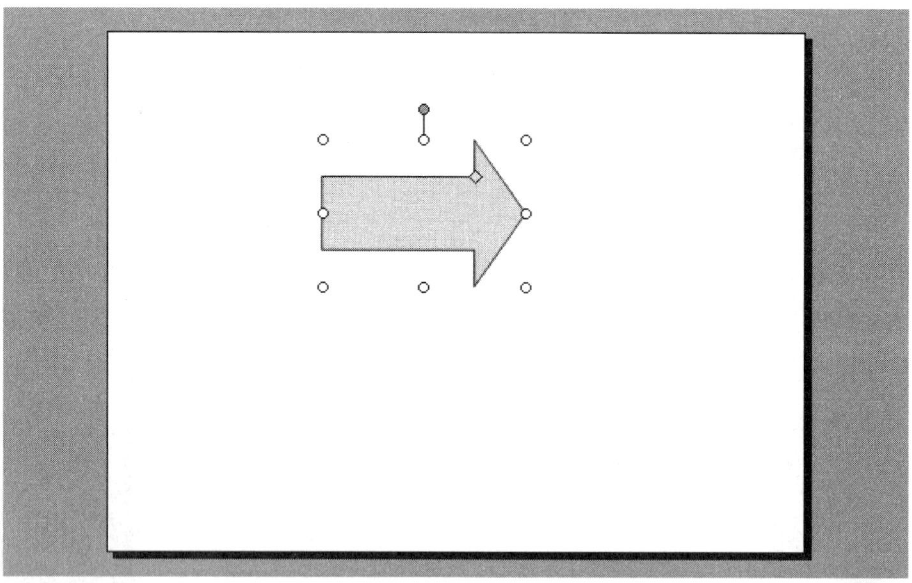

⑤ 도형의 순서

도형 위에 또 다른 도형을 그리면 그린순서대로 겹쳐진다. [그리기] → [순서]를 선택하면 도형의 순서를 변경할 수 있다.

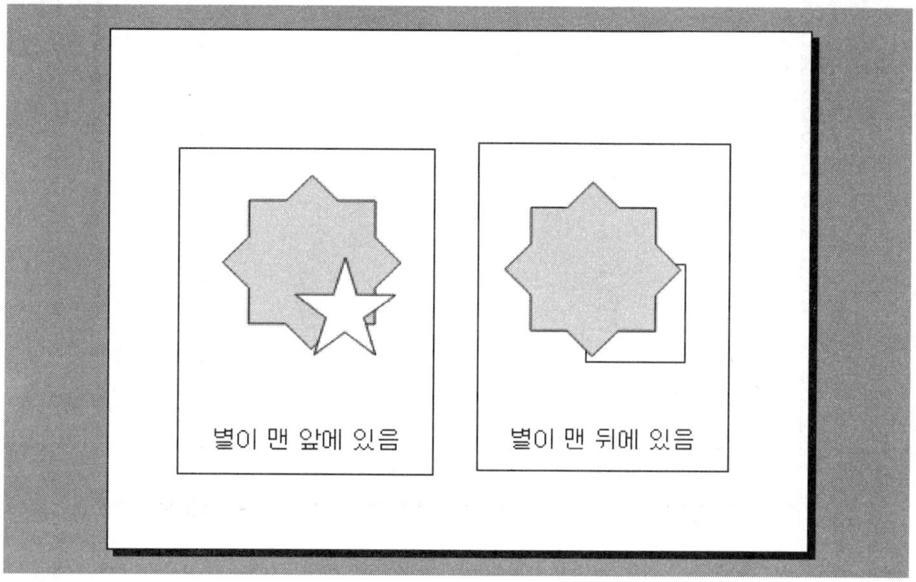

⑥ 도형의 맞춤/배분

[그리기] → [맞춤/배분]을 선택하면 도형을 일정한 간격으로 배열하여 사용할 수 있다.

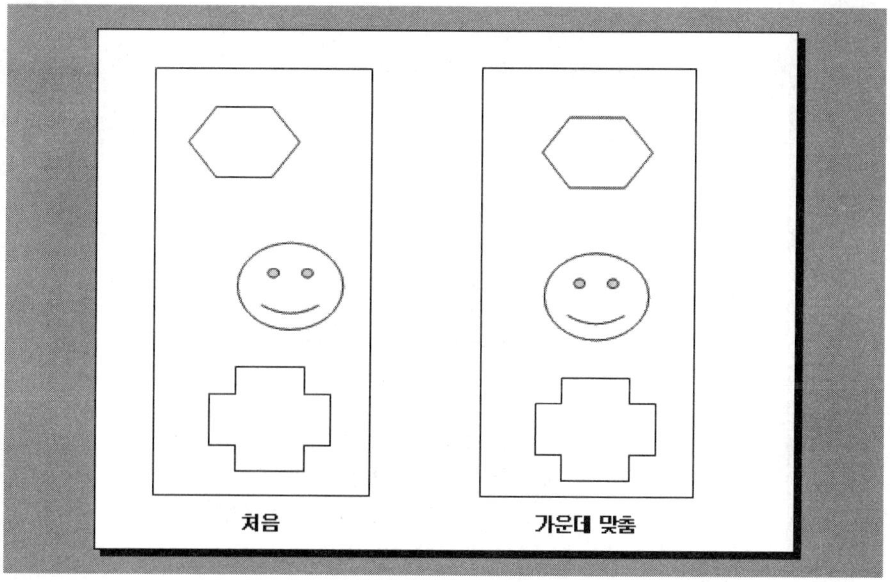

⑦ 그룹 설정 및 해제

[그리기] → [그룹]을 선택하면 여러 도형을 하나인 것처럼 작업할 수 있다.

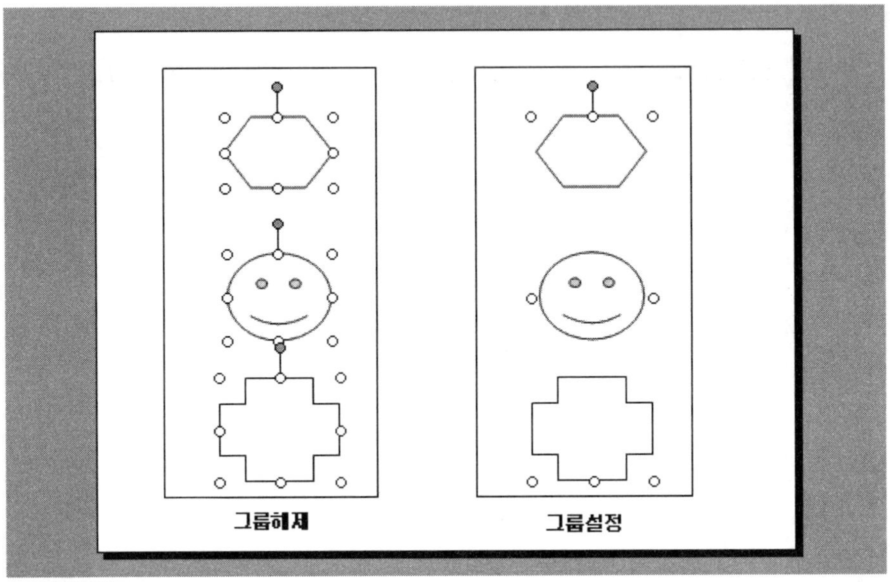

⑧ 도형에 텍스트 추가

[삽입] → [텍스트 상자] → [가로, 세로]를 선택하거나 도형 위에서 오른쪽 단추를 누르고 '텍스트 추가'를 선택한다.

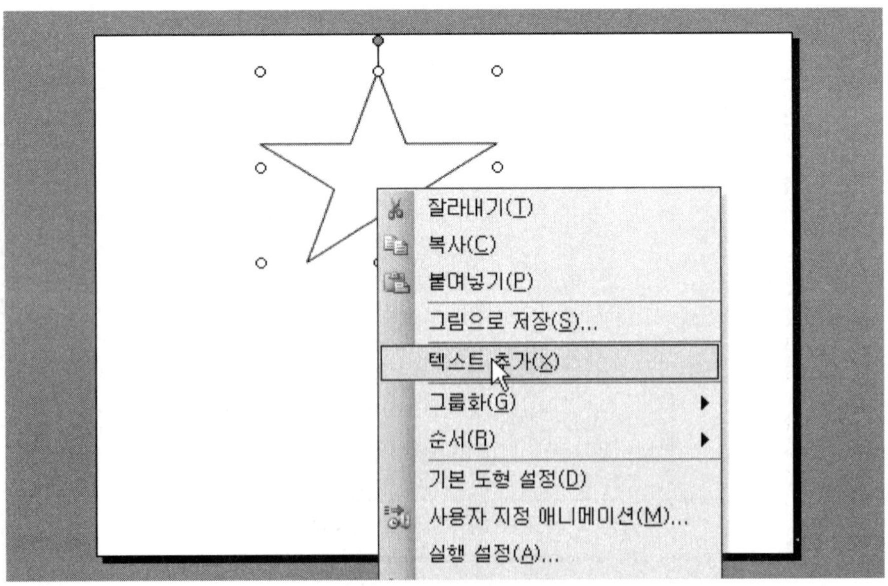

[참고사항] 연결선 사용

[실습]

① 연결할 두 개의 개체를 그린다음, [그리기 도구모음]에서 [도형] → [연결선] → [꺾은 연결선]을 선택한다.

② 첫 번째 개체의 연결 위치에 마우스 포인터를 맞춘다. 마우스 포인터 모양이 바뀌면 클릭한다.

③ 두 번째 개체의 연결 위치에 마우스 포인터를 맞추고 클릭하면 연결선이 만들어진다. 슬라이드 편집화면 빈공간에 마우스 포인터를 맞추고 클릭하면 연결선이 완성된다.

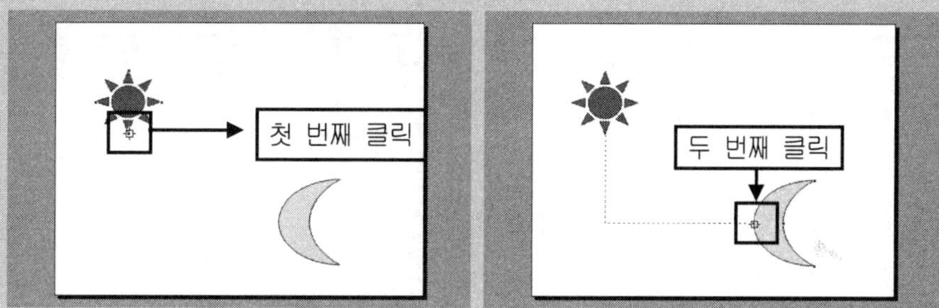

2. 워드 아트

텍스트에 특수한 효과를 내어 프레젠테이션을 만들고자 할 때 워드 아트를 사용한다. 워드 아트를 사용하면 다양한 형태의 텍스트와 더불어 3차원효과, 질감 채우기 효과 등을 낼 수 있다.

실습

① 워드 아트 삽입

[삽입] → [그림] → [WordArt]를 클릭하거나 [그리기 도구모음]에서 'WordArt 삽입'을 클릭하면 [WordArt 갤러리] 대화상자가 나타난다. 원하는 스타일을 선택하고 [확인] 버튼을 클릭하면 [WordArt 텍스트 편집] 대화상자가 나타난다.

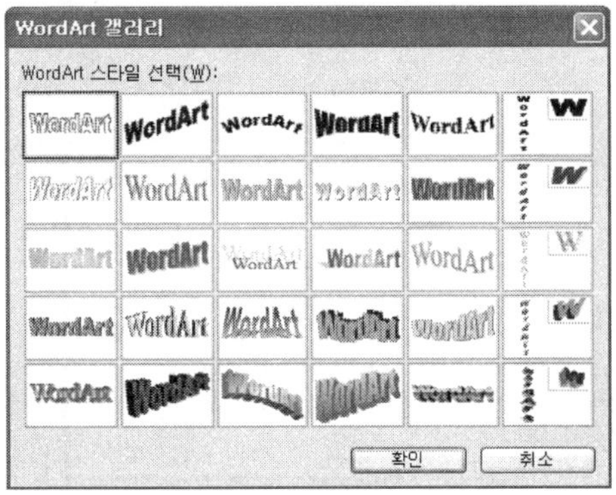

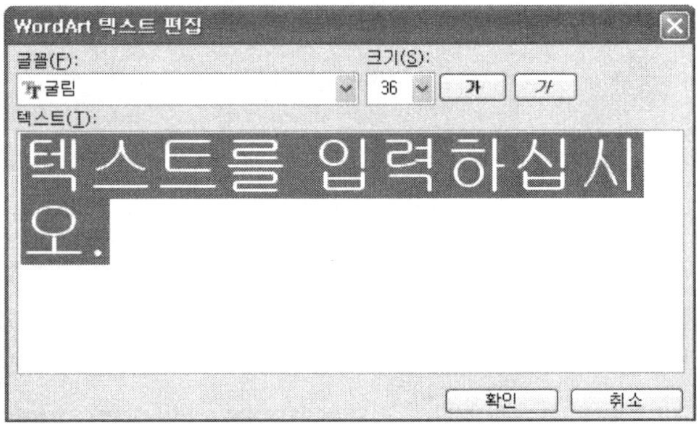

② 워드 아트 편집

워드 아트에 입력된 텍스트를 변경하려면 수정할 워드 아트를 더블클릭하여 수정한다. 슬라이드 편집화면에 만들어 놓은 워드 아트를 클릭하면 WordArt 도구모음이 나타나 워드아트 편집을 도와준다.

③ 워드아트 회전

마우스로 각도 조절 핸들을 조정한다.

④ 3차원 효과

3차원 스타일로 지정한다.

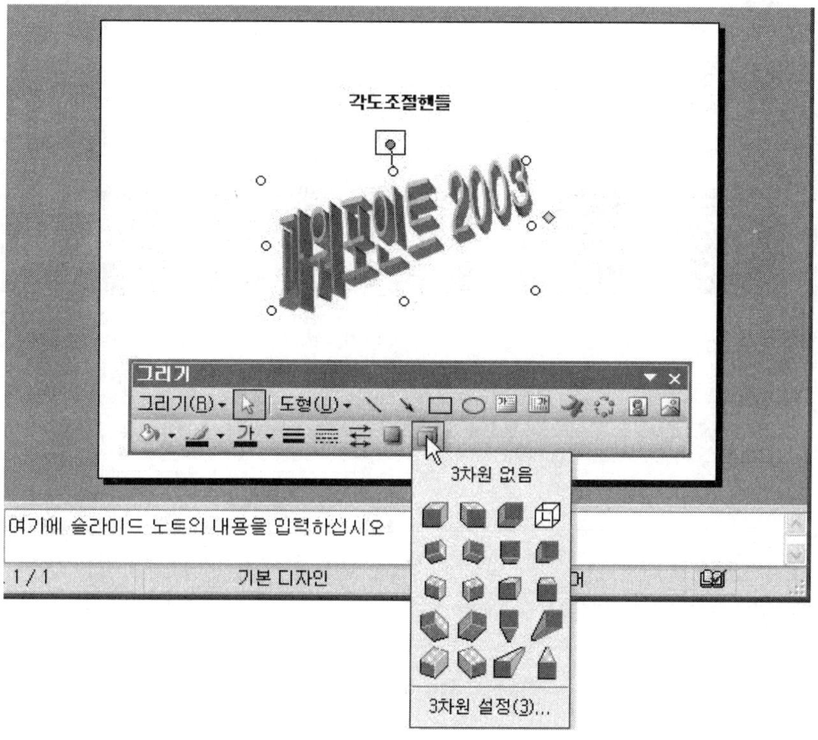

3. 그림

하나의 그림은 여러 줄의 텍스트보다도 효과적으로 의미를 전달할 수 있다.

실습

① 그림 삽입

- [삽입] → [그림] → [클립아트]의 클립 아트 모음집을 이용하여 그림 삽입

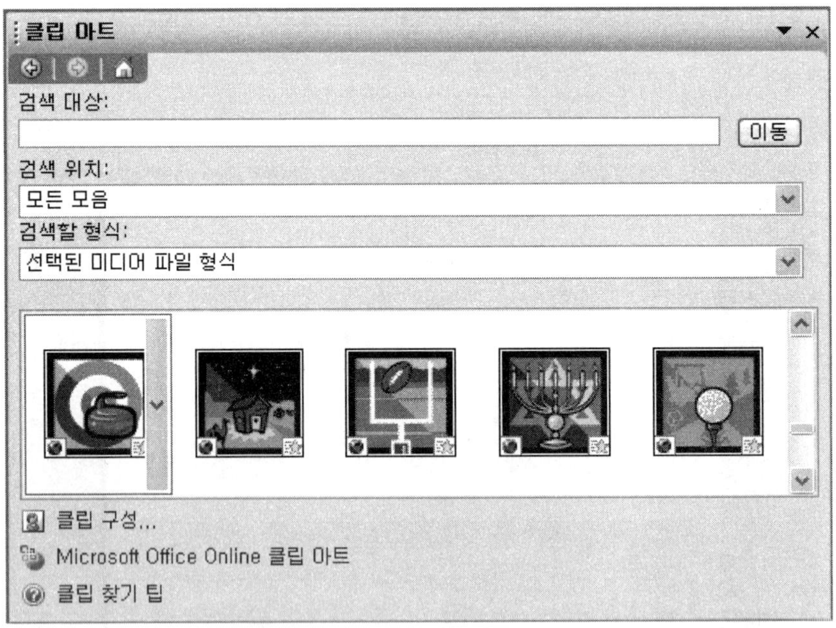

• [삽입] → [그림] → [그림 파일]의 그림을 직접 찾아 삽입

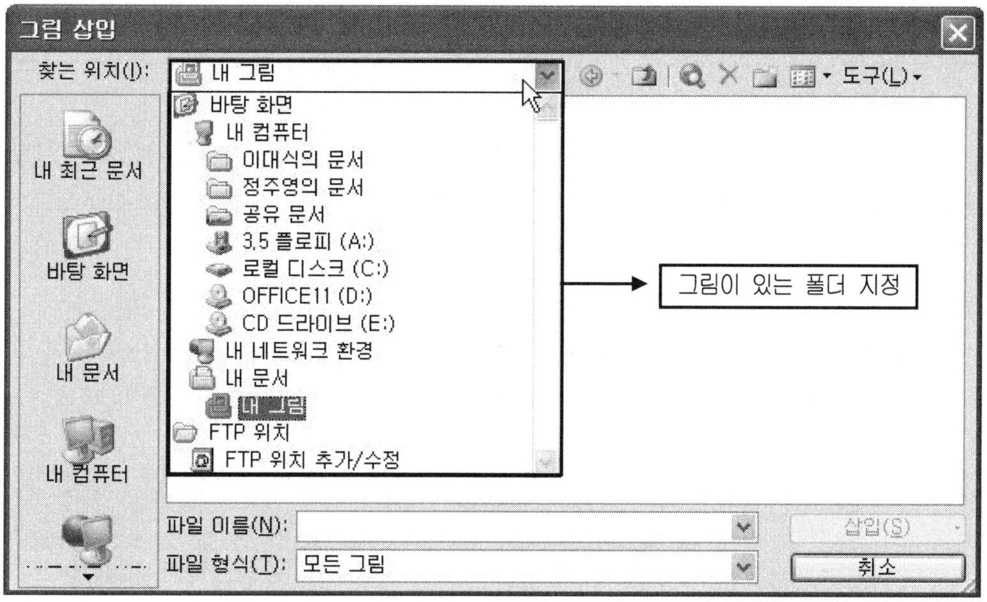

② 그림 편집

클립 아트나 그림 파일을 삽입하고 선택하면 [그림 도구모음]으로 그림을 변경할 수 있다.

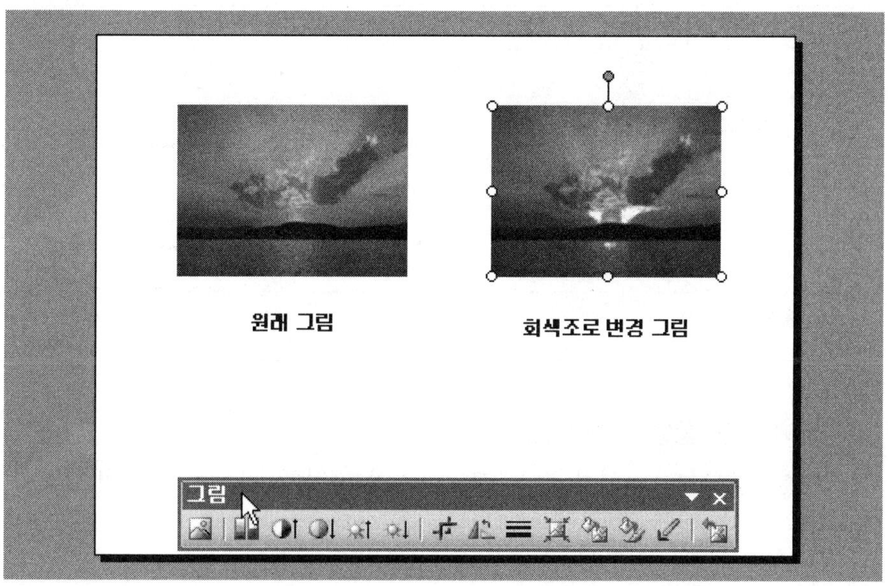

4. 동영상/소리

슬라이드 쇼에 동영상이나 소리를 삽입할 수 있다. 슬라이드 쇼가 진행되는 동안 동영상이 자동으로 재생되도록 하거나 슬라이드 쇼 동영상을 클릭할 때만 재생하도록 할 수 있다.

① 클립 모음집을 이용하여 동영상/소리 삽입

[삽입] → [동영상/소리] → [Clip Organizer 동영상] 또는 [Clip Organizer 소리]를 클릭하여 클립 모음집에 있는 동영상/소리를 슬라이드에 삽입한다. 클립아트 모음집에서 찾기 힘들면 '검색 대상'에서 찾는다.

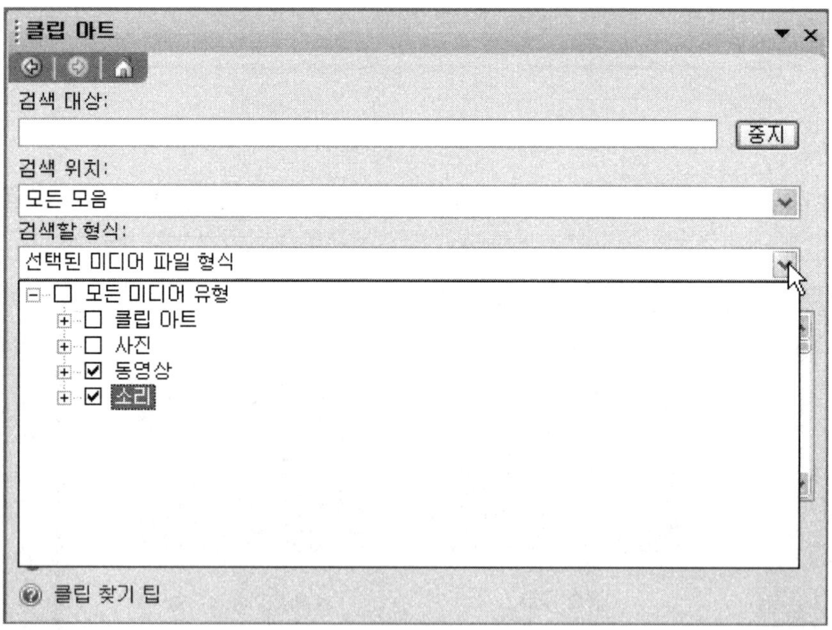

② 클립 모음집에 없는 동영상/소리 삽입

[삽입] → [동영상/소리] → [동영상 파일] 또는 [소리 파일]을 클릭하여 동영상/소리 슬라이드에 삽입한다.

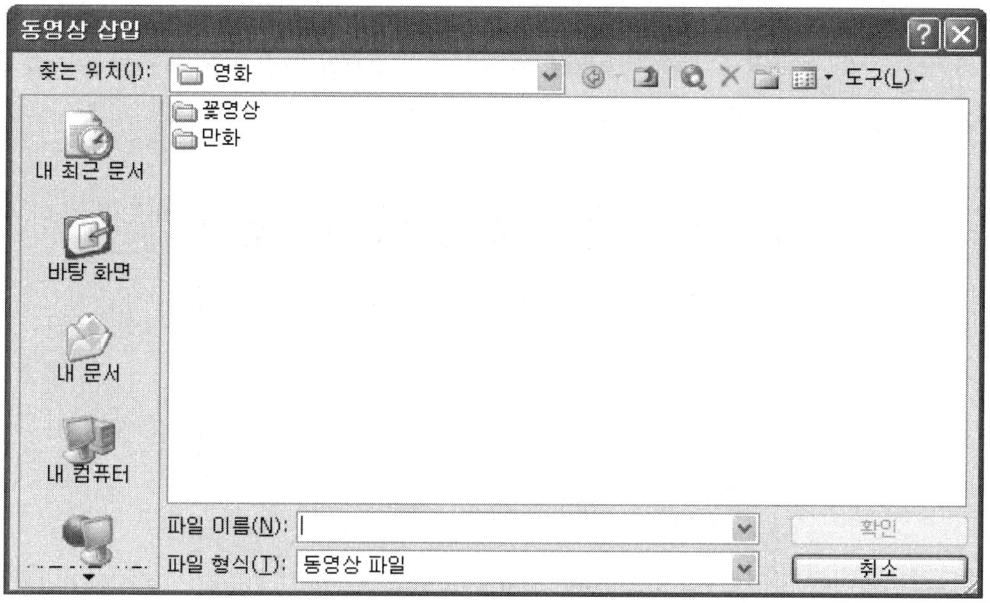

③ 녹음하여 소리 삽입

[삽입] → [동영상/소리] → [소리 녹음]을 클릭하면 [소리녹음] 대화상자가 나타난다. 소리 이름을 입력한 후 기록을 클릭하고 녹음한다.

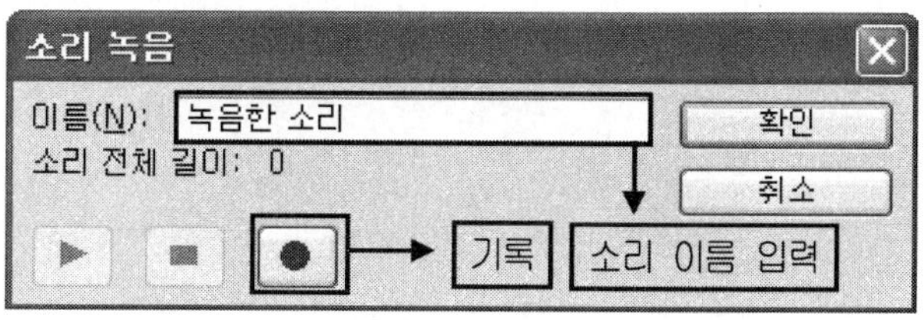

④ [삽입] → [동영상/소리] → [CD 오디오 재생]을 클릭한다. 원하는 트랙과 시간을 선택한 후 [확인]을 하면 슬라이드 쇼에서 소리를 자동으로 재생시킬 것인지, 마우스로 클릭할 때 재생할 것인지 묻는 대화상자가 나타난다. [예]를 클릭하면 '가 나타난다.

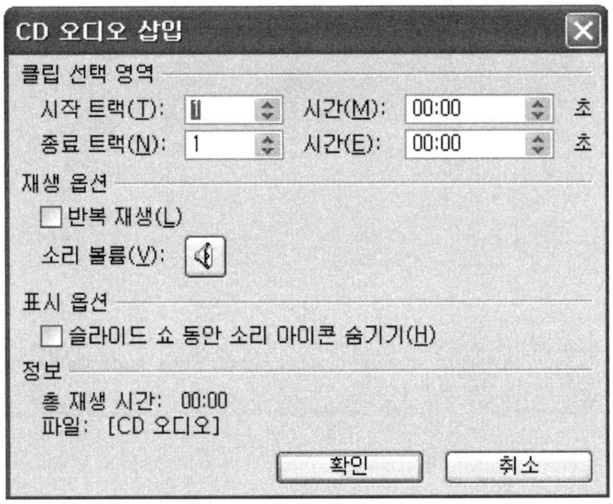

실습문제

1. 사다리 게임

실습 – 게임판 만들기

① 파워포인트를 실행하고 '빈 화면' 슬라이드를 선택한다.

② [서식] → [배경]을 선택하고 펼침 단추를 눌러 '채우기 효과'를 클립 한다. [질감]탭에서 '재생지'를 선택하여 배경무늬를 지정한다.

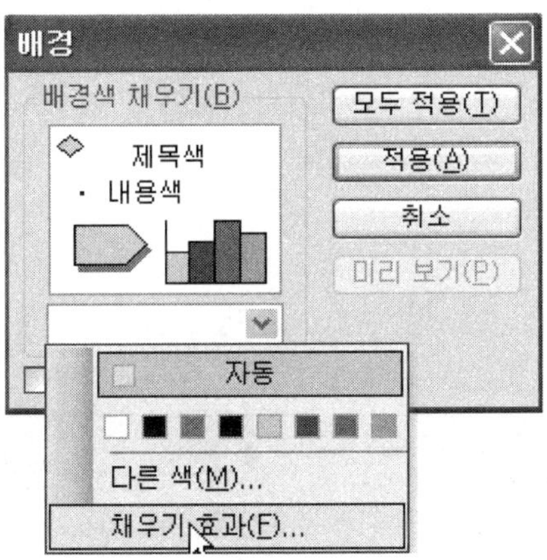

③ 제목을 만들기 위해 [삽입] → [그림] → [WordArt]를 클릭한다.

④ [WordArt] 대화상자가 나타나면 배경화면과 어울리는 글자형태를 선택하고 [확인]을 누른다.

⑤ [WordArt 텍스트 편집] 대화상자가 나타나면 '사다리 타기'라고 입력한 후 [확인]을 누른다.

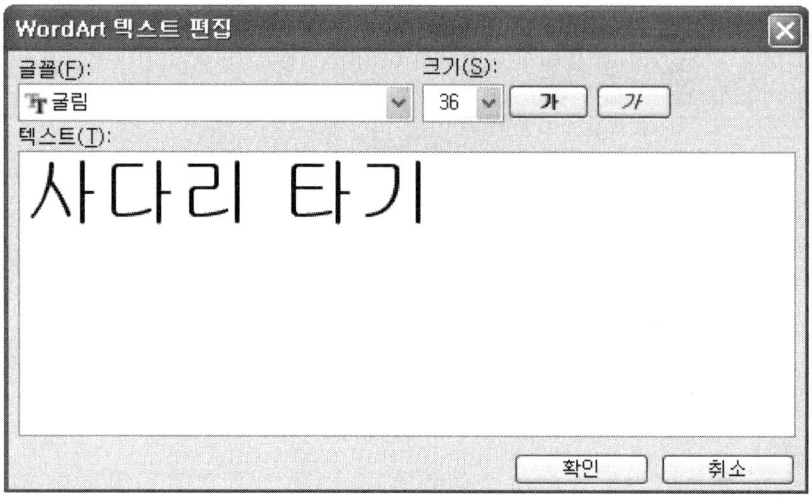

⑥ 제목이 삽입되면 조절점을 마우스 포인터를 맞추고 드래그 하여 크기를 조절합니다.

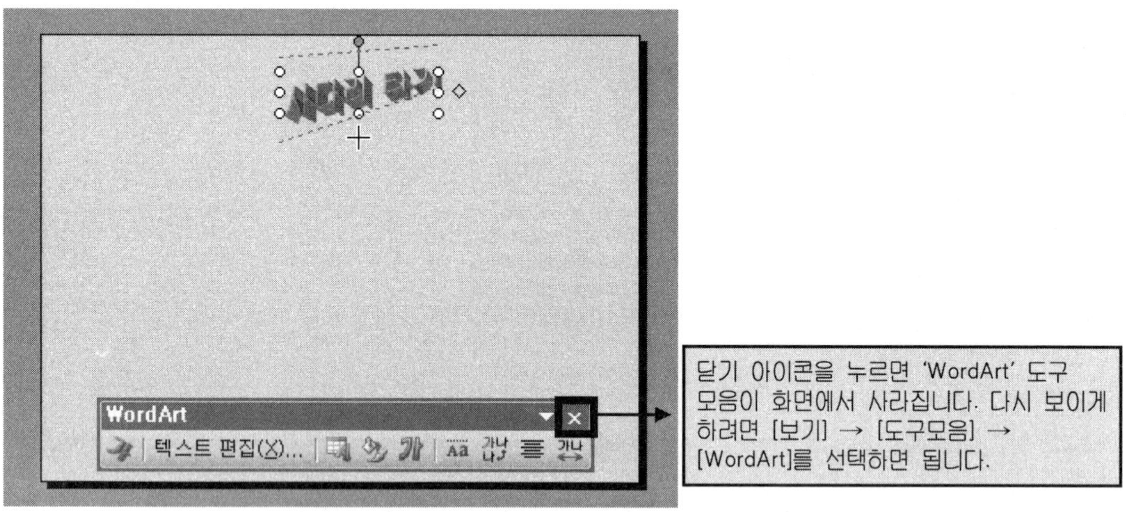

⑦ 제목을 마우스로 드래그하여 적당한 위치로 이동한 후 [도형] → [선 종류] → [선]을 선택합니다.

⑧ 마우스 포인터 모양이 +로 바뀌면 [Shift]를 누른 채 드래그하여 수직선을 그린다.

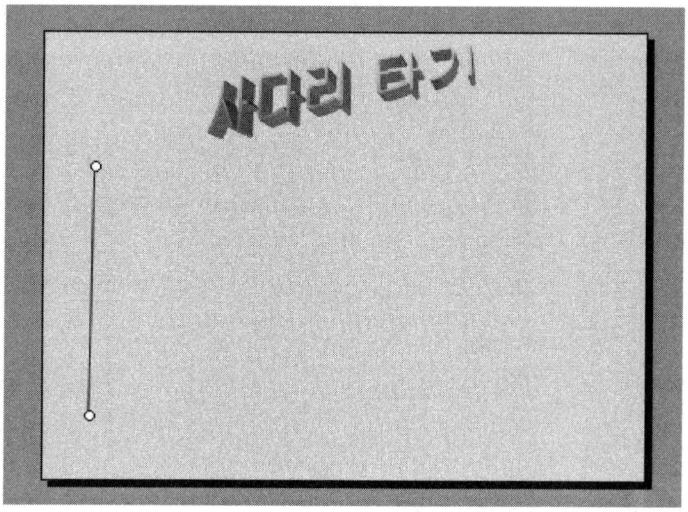

⑨ 수직선을 선택하여 조절점을 만들고, 그리기 도구모음에 [선 스타일]을 클릭하여 선 스타일을 지정한다.

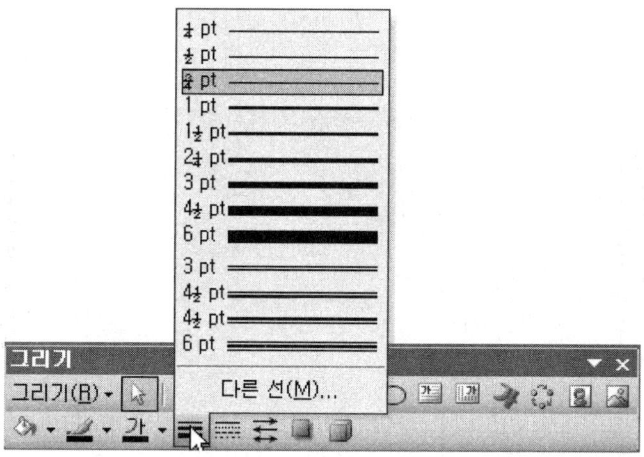

⑩ 수직선이 선택된 상태에서 Ctrl를 누른 채 드래그하여 게임에 참가하는 인원수만큼 복사한다.

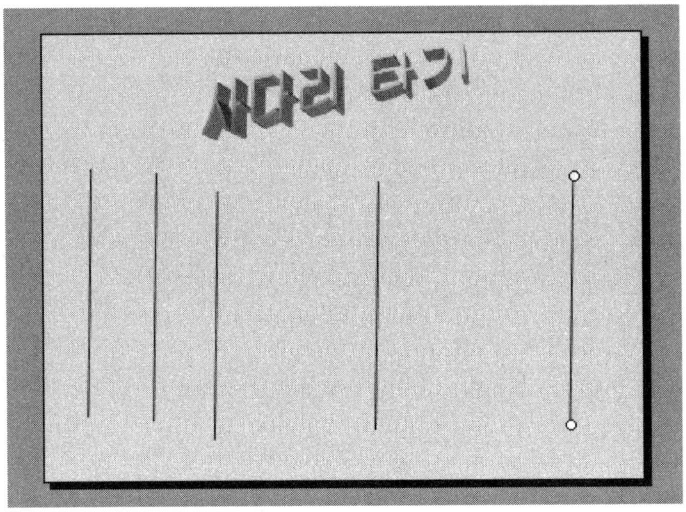

⑪ 복사한 수직선을 모두 선택(Shift+마우스 왼쪽버튼)한 후 [그리기] → [맞춤/배분] → [가로 간격을 동일하게]를 선택한다.

⑫ 수직선이 선택된 상태에서 [그리기] → [맞춤/배분] → [위쪽 맞춤]을 선택한다.

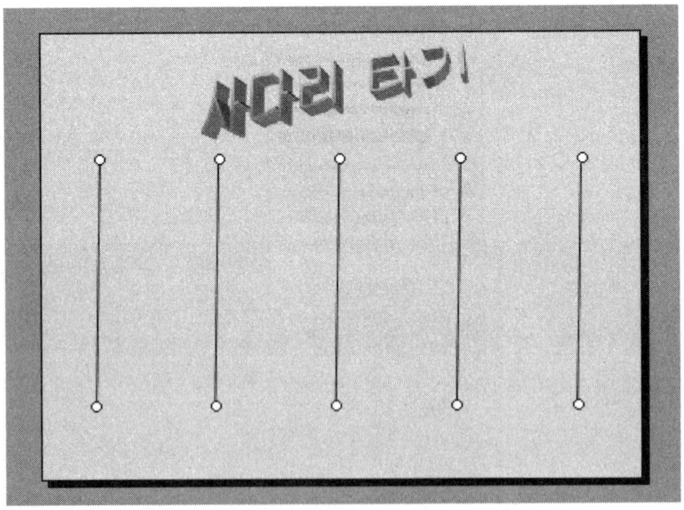

⑬ 같은 방법으로 가로선을 그린 다음 선 스타일을 지정한다.

⑭ 가로선을 선택하고 Ctrl를 누른채 드래그하여 복사한다.

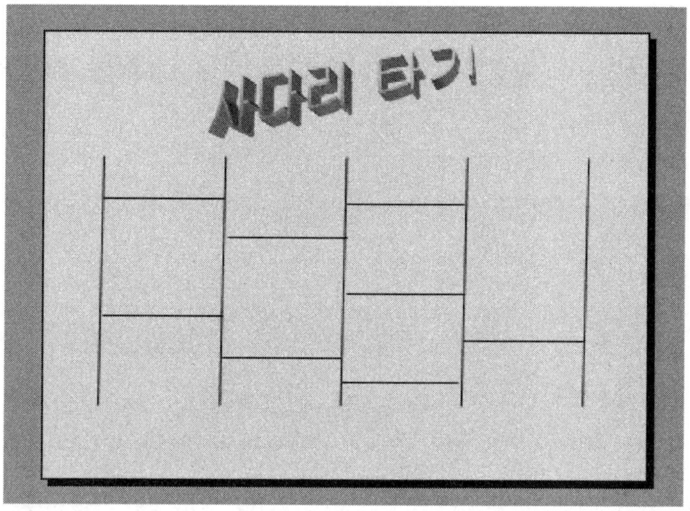

⑮ 가로 텍스트 상자를 이용하여 사다리 하단에 이름을 입력한다.

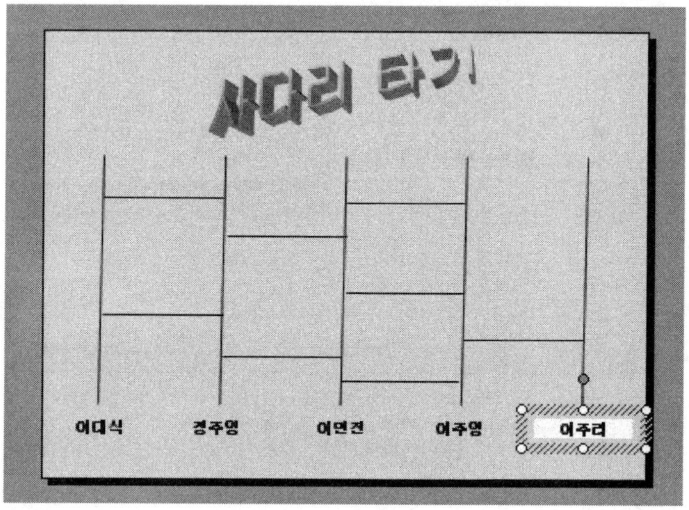

실습 – 당첨자 만들기

에니메이션 효과를 이용하여 당첨자에게 사다리를 타고 내려가는 효과를 지정해 본다.
(당첨자 : 이주리)

① [도형] → [선 종류] → [선]을 선택하고 수직선을 그린다. 선의 스타일과 색을 "4 $\frac{1}{2}$pt, 배경색)으로 바꾼다.

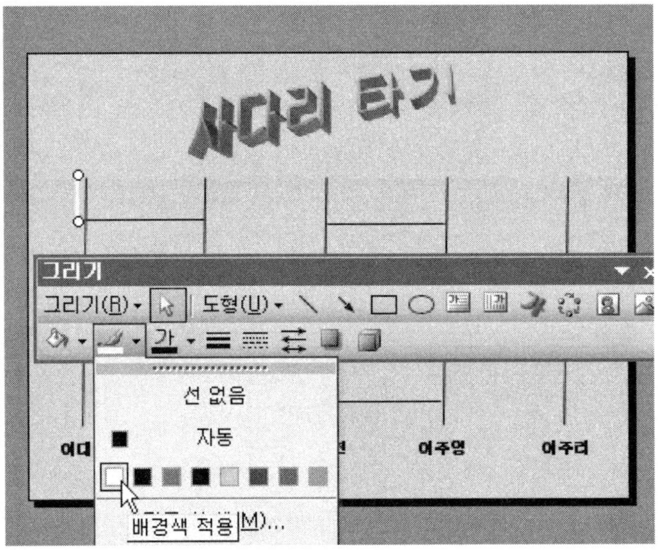

② 수직선을 마우스로 드래그하여 적당한 위치로 이동을 시킨 후 크기를 조절한다.

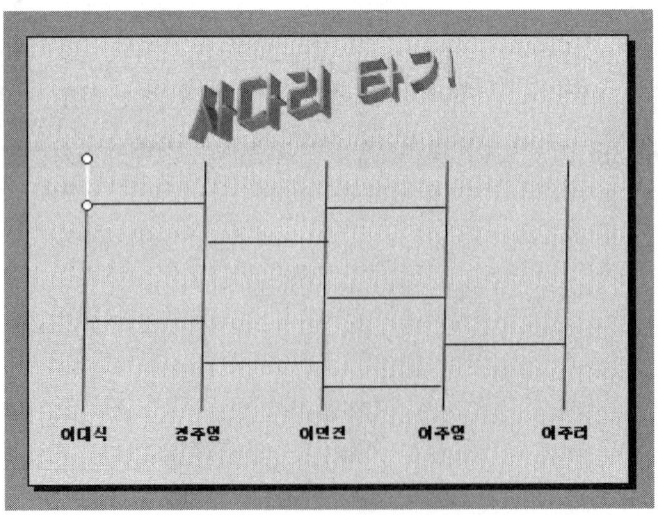

③ 같은 방법으로 수직선과 수평선을 그리고 선 스타일과 색을 변경한다. 수직선을 적당한 곳에 이동시킨 후 크기를 조절한다.

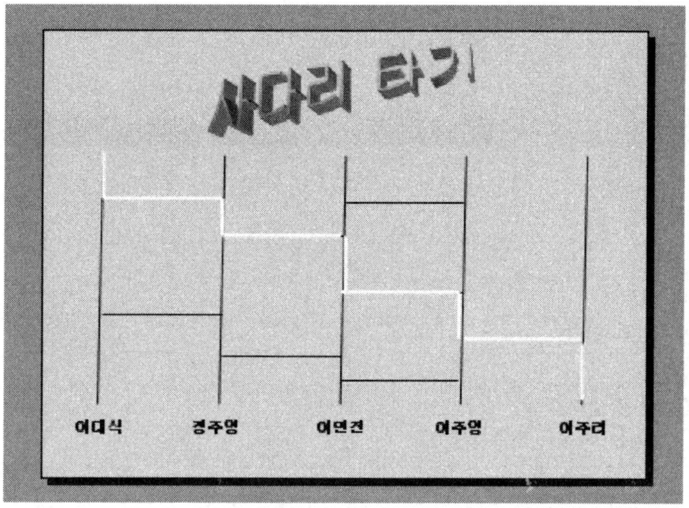

④ [슬라이드 쇼] → [사용자 지정 애니메이션]을 누르고, 시작선을 선택하고 효과를 지정한다(나타나기, 날아오기). 순서가 잘못되었으면 순서를 반드시 조정한다.

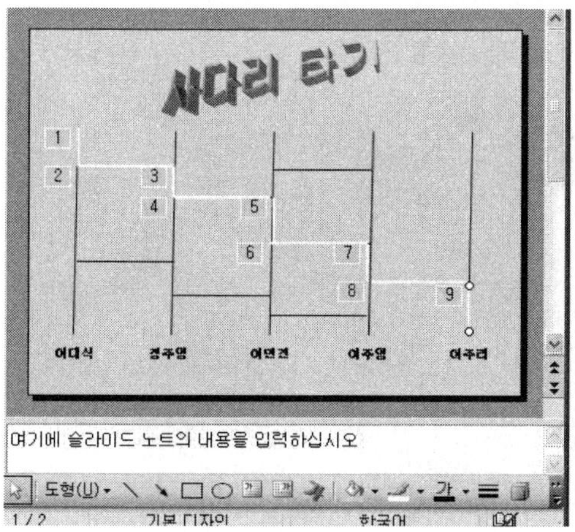

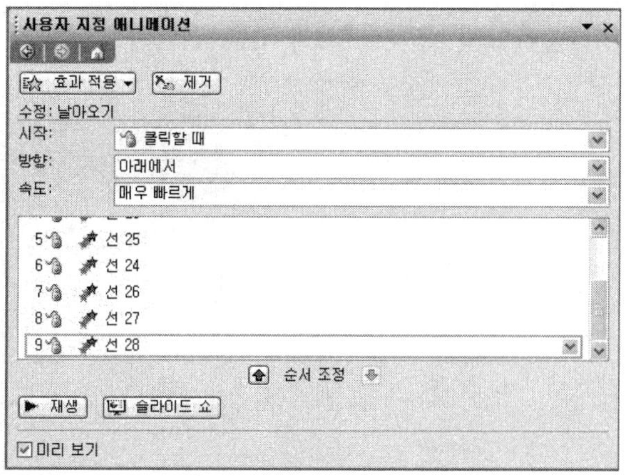

⑤ [슬라이드 쇼] → [화면전환]을 선택하면 [화면전환] 대화상자가 나타난다. '자동전환'을 선택하고 시간을 입력한 후 [확인]을 누른다.

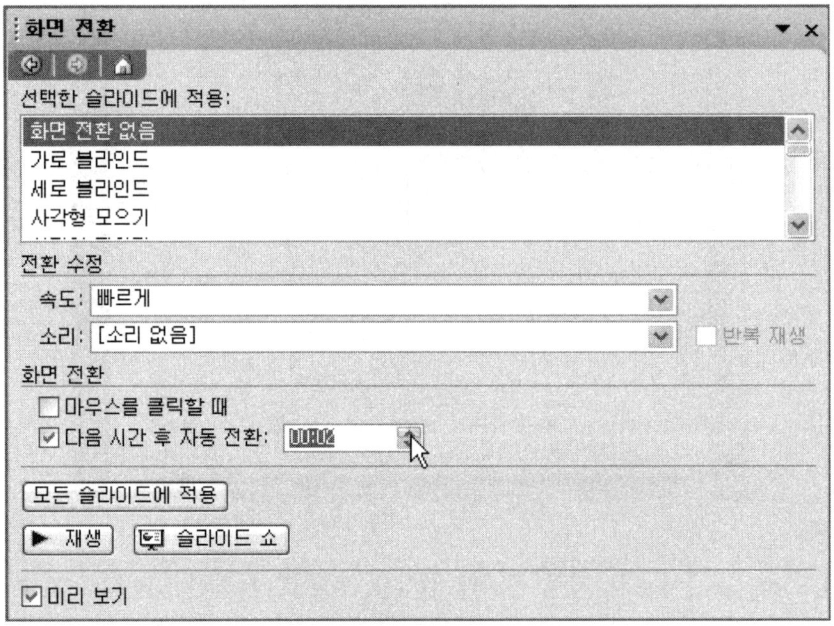

⑥ [슬라이드 쇼] → [쇼보기]를 선택하고 슬라이드 쇼를 실행한다.

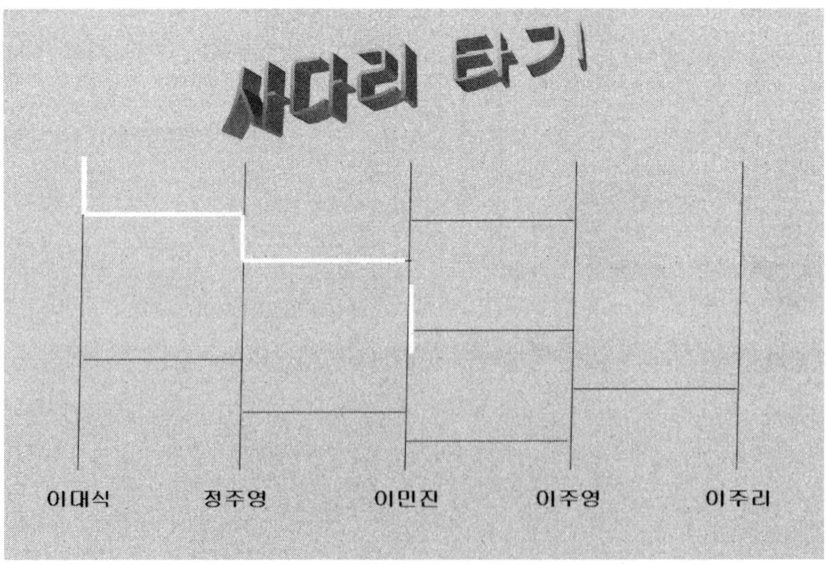

2. 길 안내도 제작

실습

① '빈 화면' 슬라이드를 삽입한다. [서식] → [배경]을 선택하고 배경색을 지정한다.(색 1 : 배경색, 색 2 : 강조색)

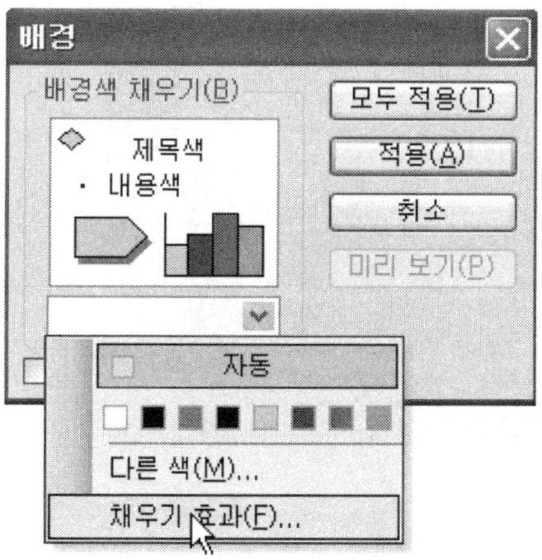

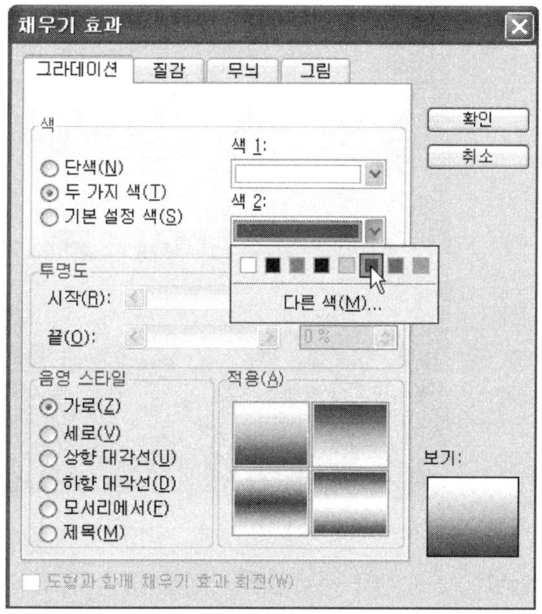

② [그리기] 도구모음에서 '텍스트 상자'를 사용하여 '눈꽃대학교 안내도'를 입력한다.(돋움체. 굵게, 그림자, 48, 가운데 정렬)

③ [그리기] 도구모음에서 '선'을 사용하여 도로를 그린다.

④ 도로의 표현을 위해 선을 마우스로 드래그하여 모두 선택하여 선 스타일을 4.5pt로 지정한다.

⑤ [삽입] → [그림] → [클립아트]를 클릭하고 그림을 삽입한다. 그림을 찾기 힘들면 '검색 대상'에서 찾는다.

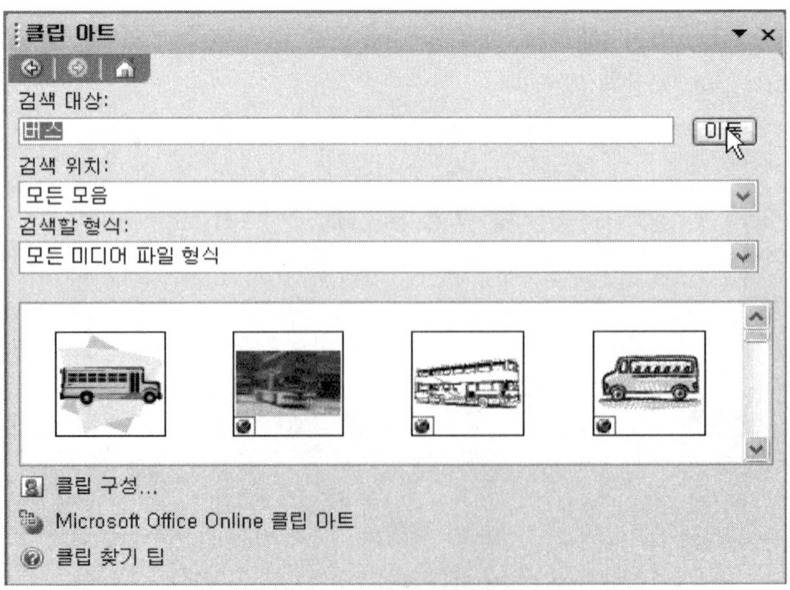

⑥ 클립아트 삽입을 마쳤으면 [클립아트] 대화상자를 종료한다.

⑦ 주요 건물을 가로 텍스트 상자로 텍스트를 입력한다.

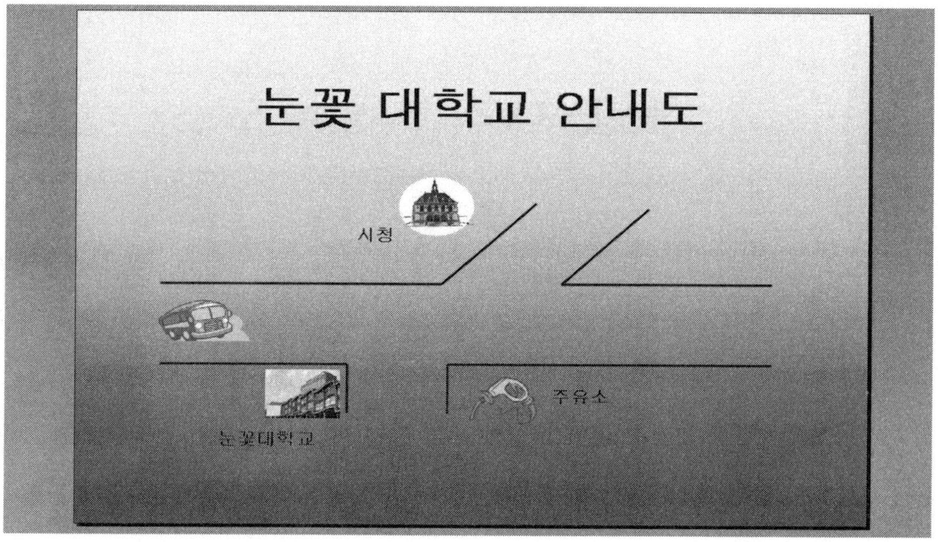

⑧ [그리기] 도구모음의 화살표 를 클릭하여 고속버스로 오는 과정을 그린다.

⑨ 화살표를 눈에 띄게하기 위해 선택하여 선색을 변경한다.

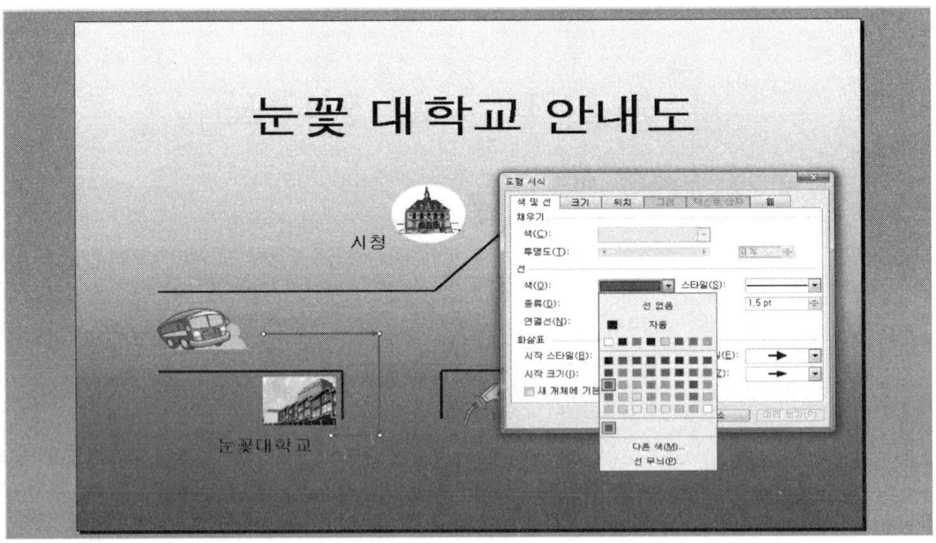

⑩ [슬라이드 쇼] → [쇼 보기]를 클릭한다.

Chapter 5

표 · 차트 · 조직도

표, 차트, 조직도는 상대방에게 전달하고자 하는 내용을 일목요연하게 보여줄 수 있다. 표, 차트, 조직도를 이용하여 내용을 한 눈에 알아볼 수 있게 한다면 많은 글과 많은 말이 필요없을 것이다.

1. 표

표는 많은 내용을 간단하게 정리하여 발표하고자 할 때 효과적이다.

■ 표 안에 텍스트 서식

실습

① [삽입] → [표]를 선택한다.

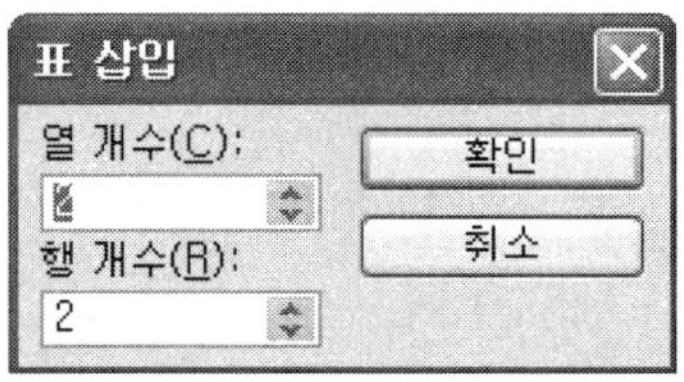

② [표 삽입] 대화상자에서 [확인] 버튼을 클릭하면 선택한 줄과 칸이 생성되고, [표 테두리 도구 모음]이 나타난다.

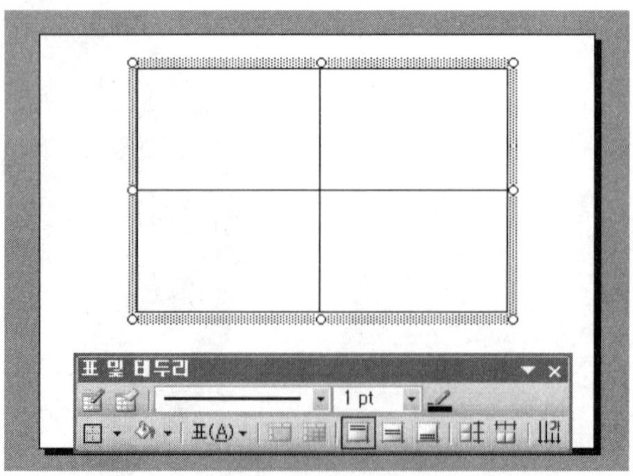

③ 슬라이드 편집화면에 표가 삽입되면 [Tab]나 방향키, 마우스로 셀을 이동하여 내용을 삽입한다.

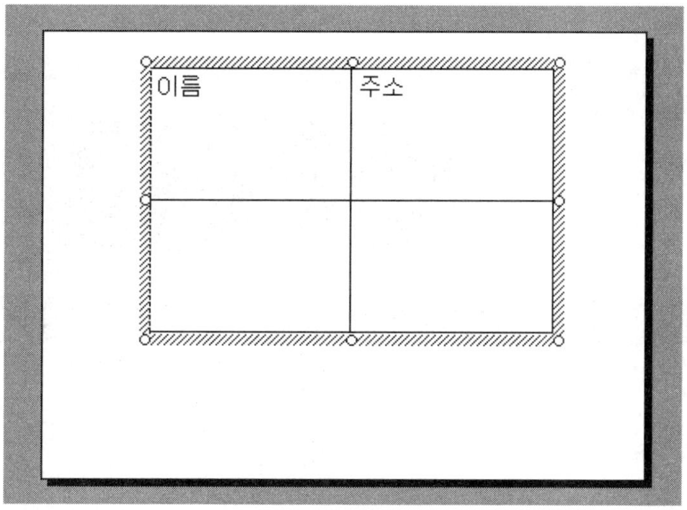

[참고사항] 표 내용 삽입시

[Enter↵]를 누르면 다른 셀로 이동하는 것이 아니라 셀의 크기가 커지게 된다.

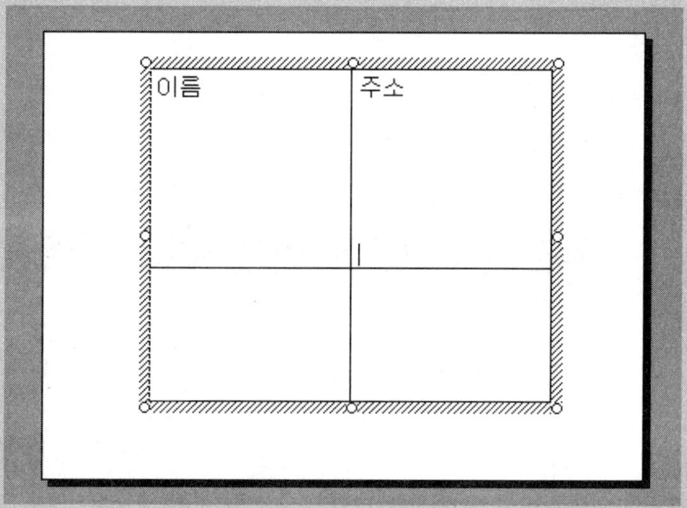

④ 글꼴 서식을 고치기 위해 셀을 블록으로 설정하고 [서식] → [글꼴]을 클릭하면 [글꼴] 대화상자가 나타난다.

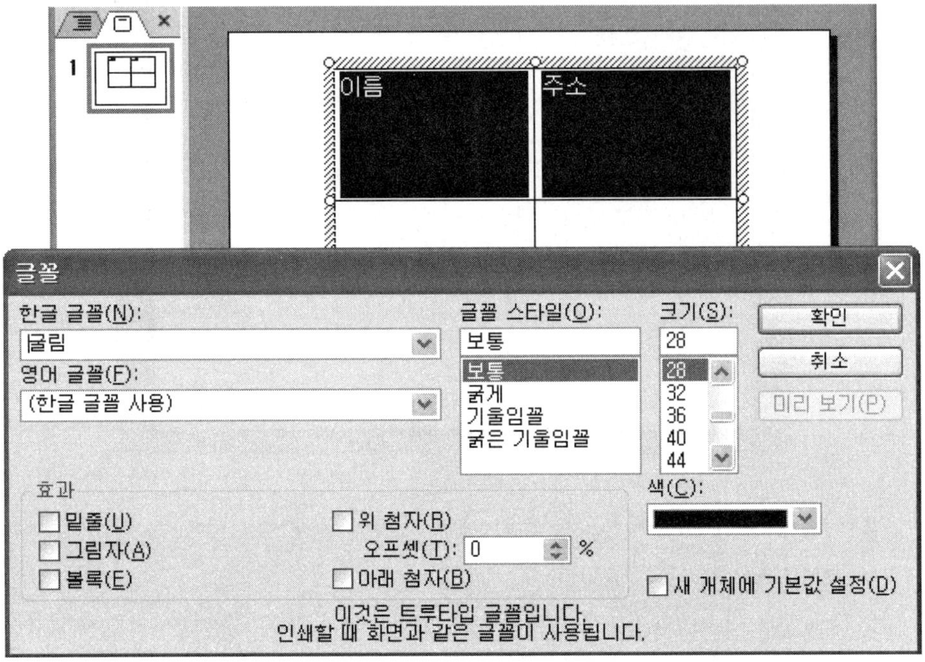

⑤ 표 서식의 테두리 탭

[서식] → [표]를 선택하거나 표의 테두리 선을 더블클릭하면 [표 서식] 대화상자가 나타난다. [표 서식] 대화상자에서는 표의 테두리 선을 변경하거나 색을 넣을 때 사용한다.

⑥ 표 서식의 채우기 탭

도형의 채우기 기능과 같이 표의 일부 또는 전체에 색을 넣거나 채우기 효과를 부여할 수 있다. '채우기 색' 란의 펼침 단추를 누르면 다른색, 채우기 효과, 배경으로 표 안을 채울 수 있다.

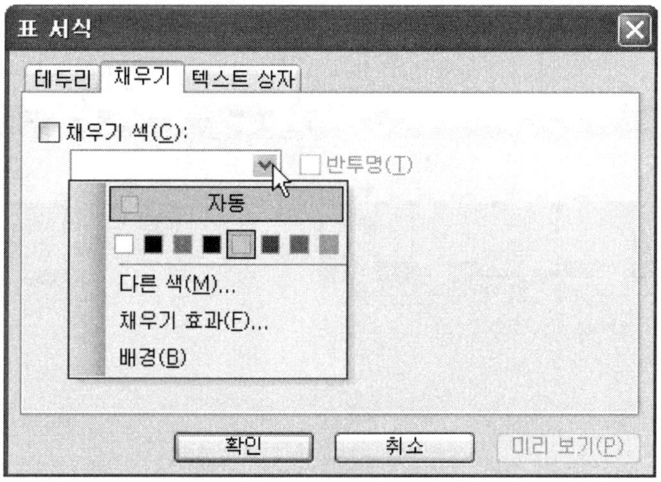

⑦ 표 서식의 텍스트 상자 탭

표 안의 글자 위치, 표와 글자와의 간격 조절, 글자 위치를 변경할 수 있다.

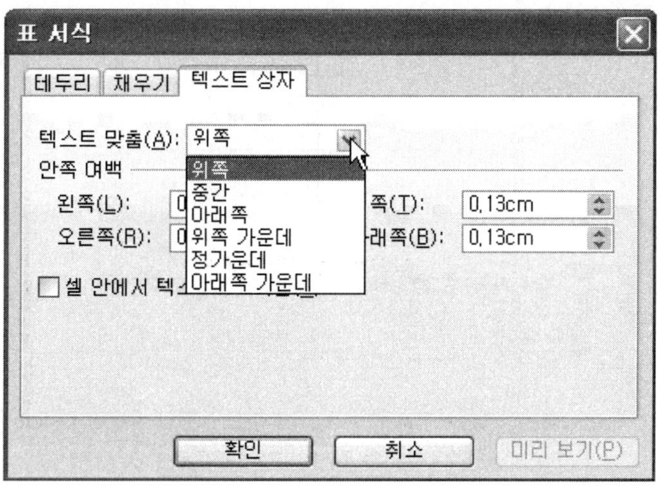

■ 표 및 테두리 도구모음

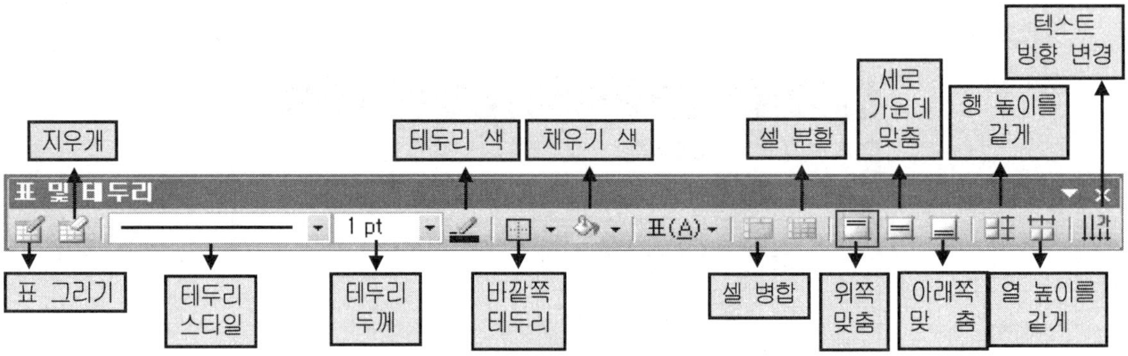

실습

① 표 그리기

[표 테두리 도구모음]에서 표 그리기를 선택한 다음 슬라이드 편집화면으로 이동하면 연필 모양으로 드래그하면 표가 만들어진다.

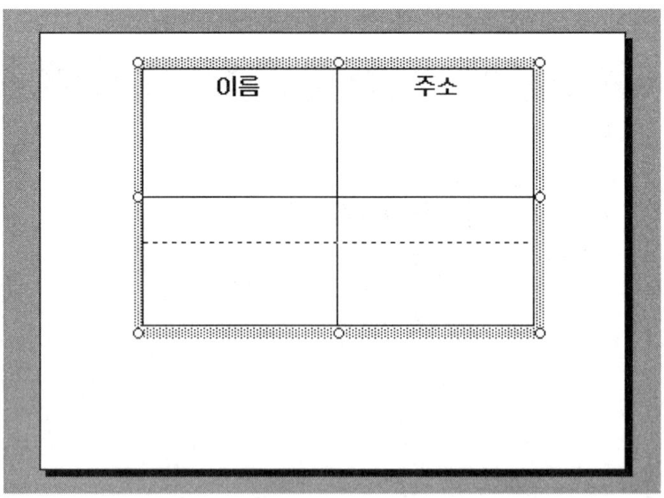

② 지우개(선 지우기)

지우기를 선택한 다음 슬라이드 편집화면으로 이동하면 지우개 모양으로 선을 클릭하면 선이 지워진다.

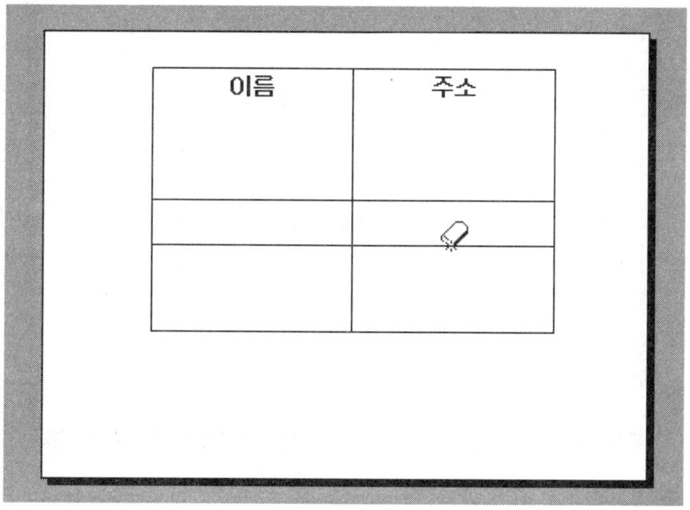

③ 테두리 스타일·두께·색 변경

테두리 스타일·두께·색을 지정하고 슬라이드 편집화면에 있는 표에서 바꾸고 싶은 선을 클릭한다.

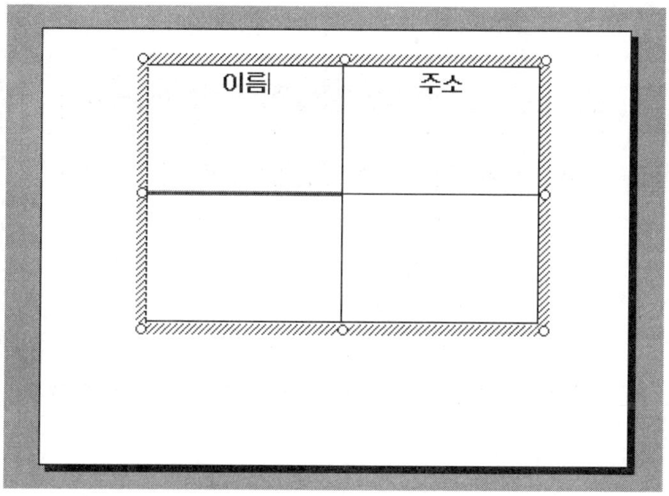

④ 바깥쪽 테두리 타일

커서의 위치에 따라 테두리 선을 삽입하거나 삭제할 수 있다.

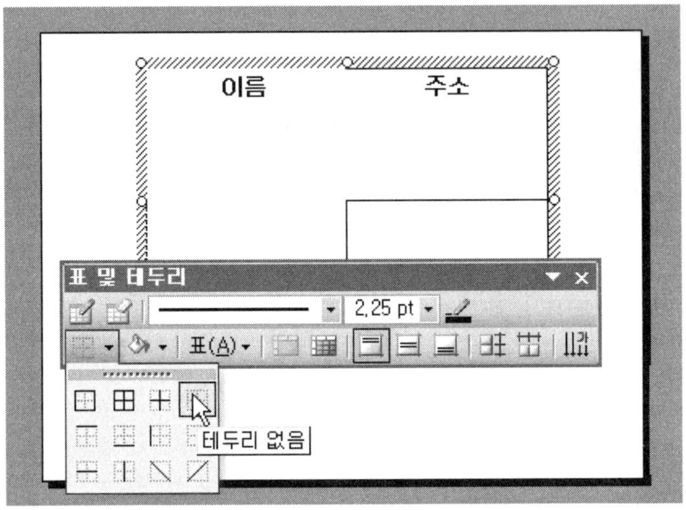

⑤ 채우기 색

셀의 내부를 칠하기 위해 셀을 선택하고 색을 지정하면 됩니다.

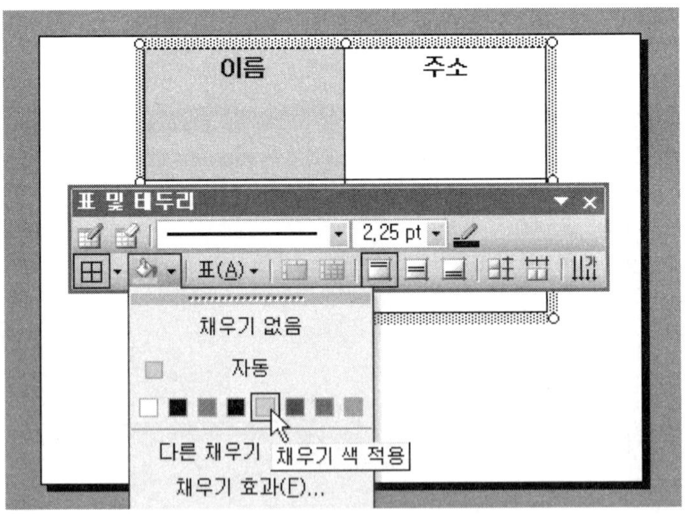

⑥ 셀 병합 / 셀 분할

셀 병합 할려면 마우스 드래그하여 셀을 선택하고 셀 병합을 클릭하고, 반대로 분할 할려면 분할시킬 셀에 커서를 놓고 셀 분할을 클릭한다.

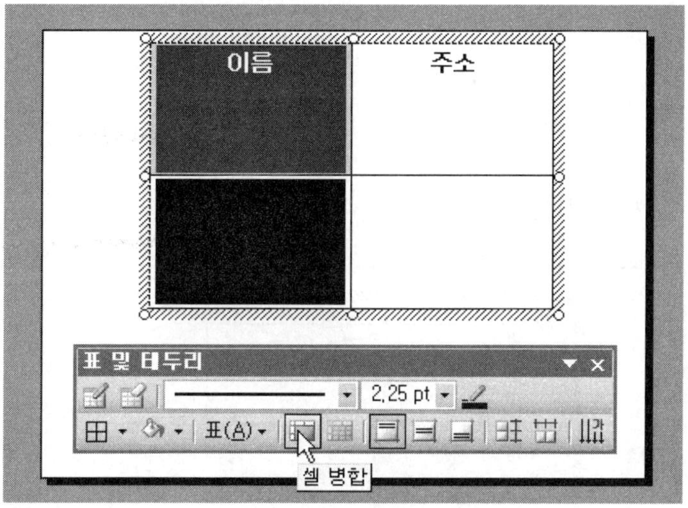

2. 차트

실습

① [삽입] → [차트]를 클릭한다

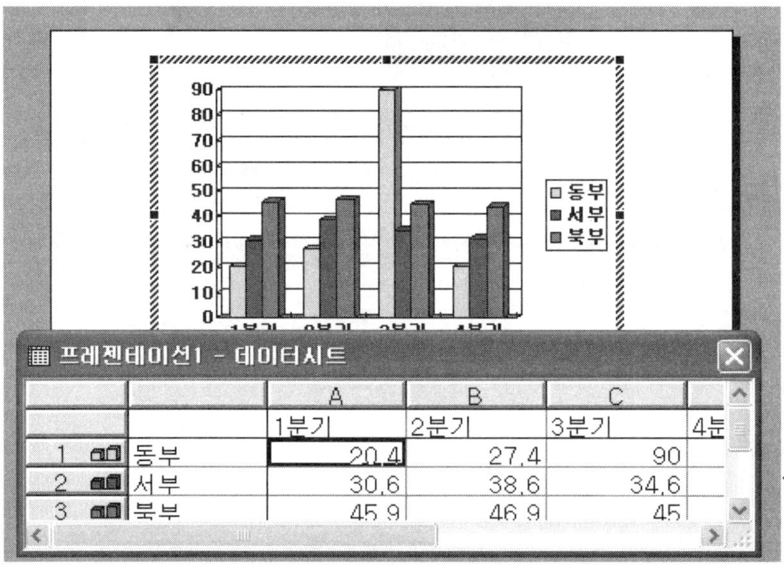

② 데이터 시트

셀을 마우스로 클릭한 다음 내용을 입력하고 Enter를 누르면 입력이 끝난다.

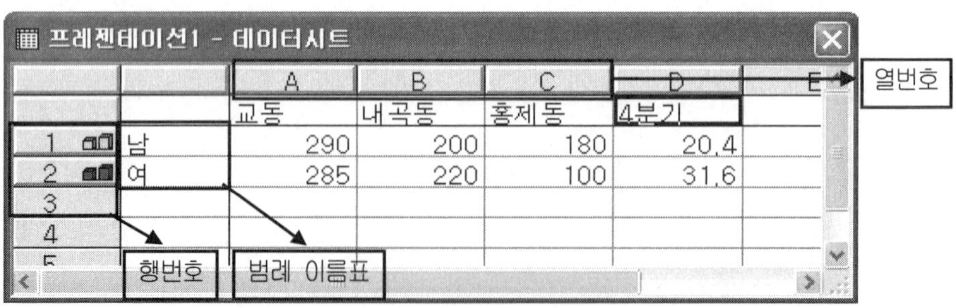

③ 데이터 시트 행과 열 삽입과 삭제

행과 열을 삽입과 삽입 하려면 먼저 삽입할 행 번호와 열 번호를 선택하고, [삽입] → [셀]을 선택한다. 삭제 하려면 먼저 삽입할 행과 열을 선택하고, [편집] → [삭제]을 선택한다.

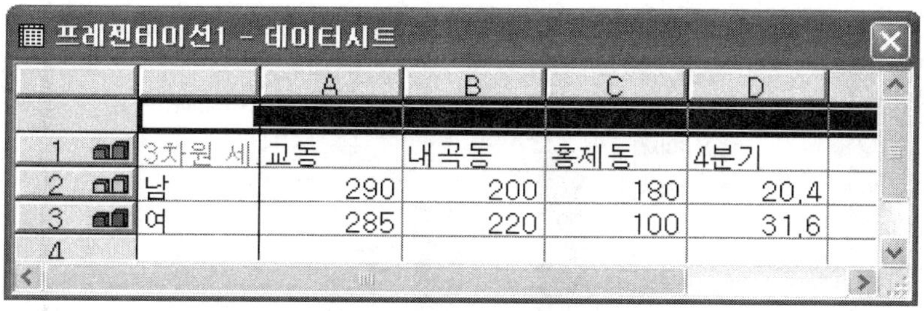

[삽입] → [셀]

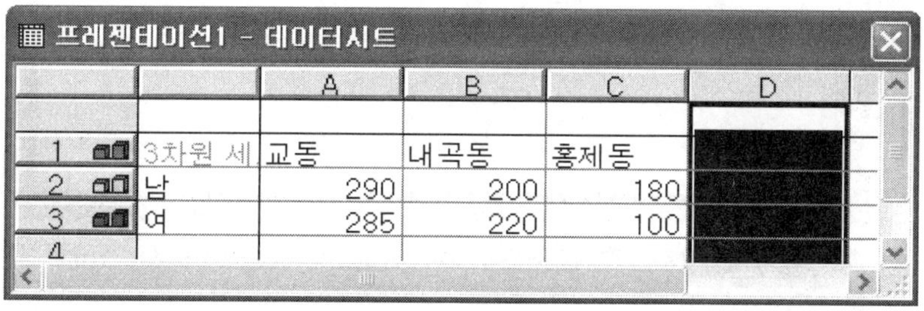

[편집] → [삭제]

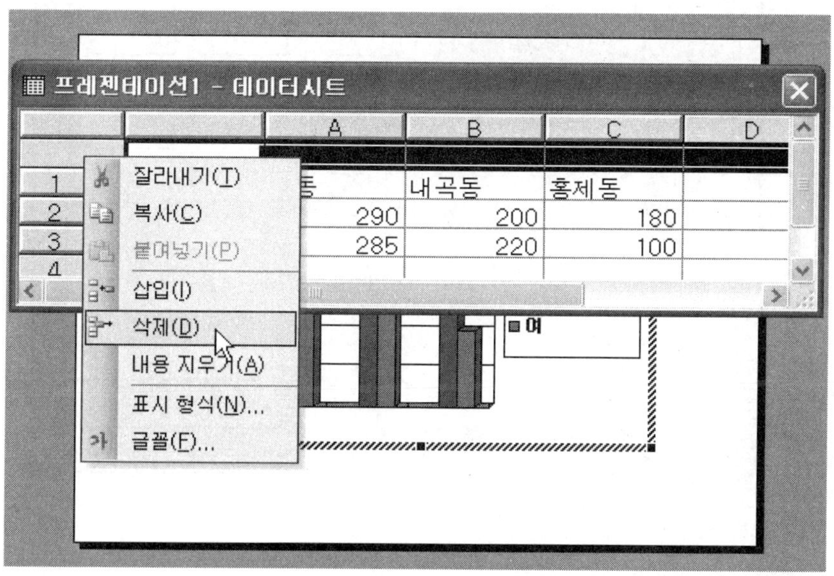

[마우스 오른쪽 버튼 클릭시 삽입과 삭제]

④ 차트 종류 바꾸기

[차트] → [차트 종류]를 선택하면 [차트 종류] 대화상자가 나타난다. 원하는 차트의 종류를 선택하고 [확인] 버튼을 클릭한다.

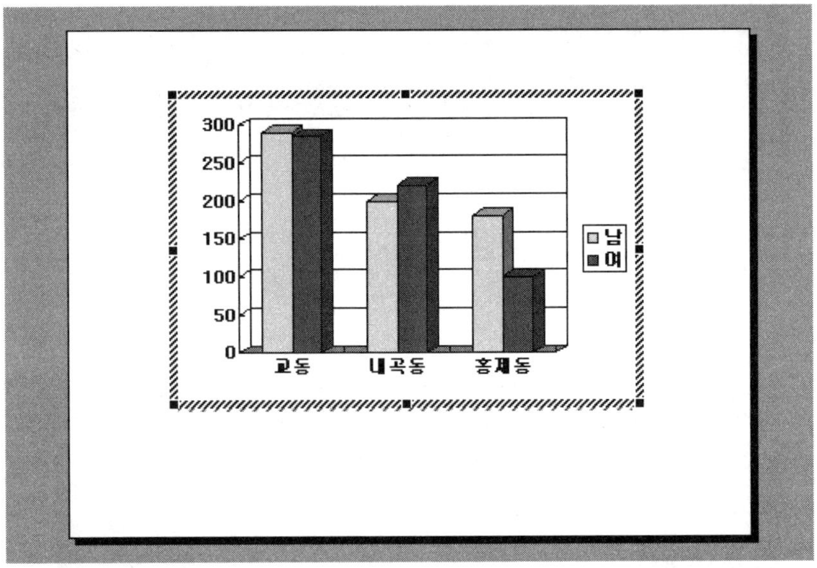

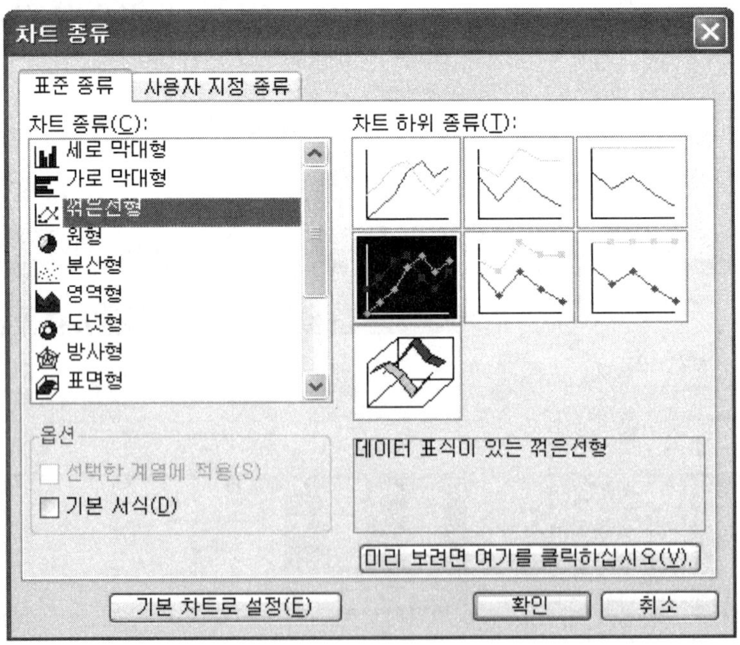

[참고사항] 차트 메뉴

메뉴에 [차트] 메뉴가 없으면 차트를 더블클릭하면 [차트] 메뉴가 생긴다.

⑤ 차트 옵션의 제목탭

[차트] → [차트 옵션]을 선택한다.

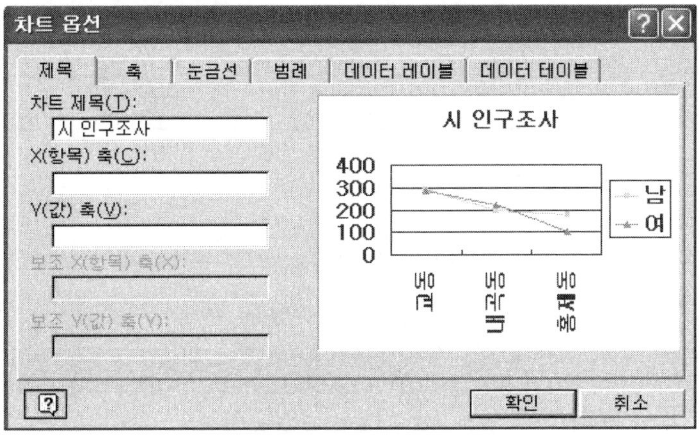

⑥ 차트 옵션의 범례탭

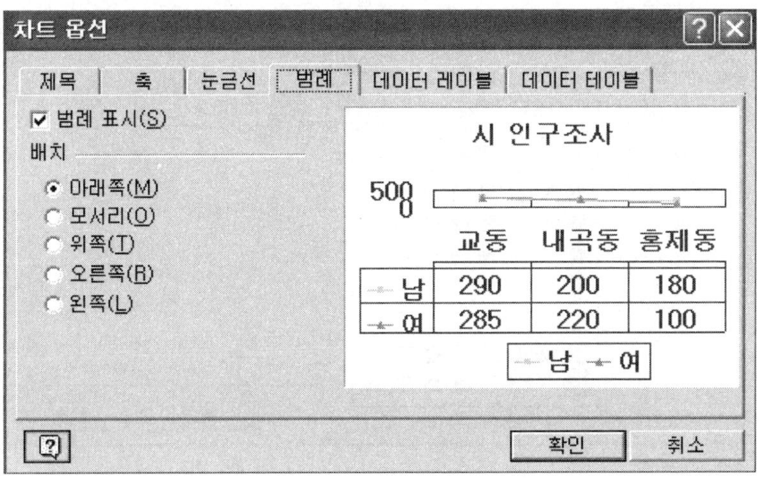

⑦ 차트 옵션의 데이터 테이블 탭

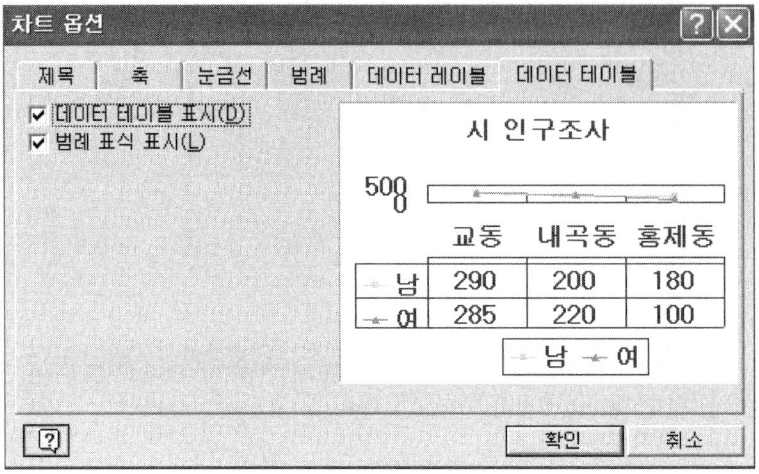

⑧ 차트 색 변경

'차트 영역'에서 변경할 부분에 마우스 포인터로 더블클릭하면 '데이터 계열 서식' 대화상자가 나타난다. [무늬] 탭의 '영역'에서 원하는 색상을 선택한 후 [확인] 한다.

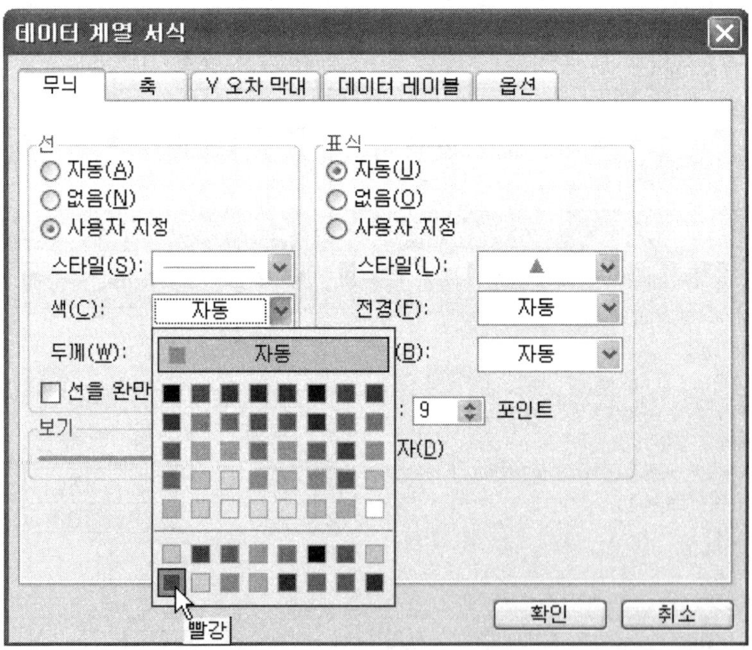

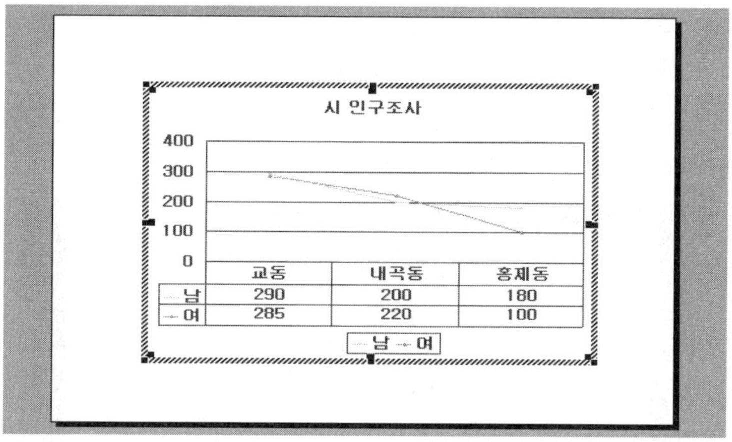

3. 조직도

조직 구성원들의 관계를 그림으로 나타낸 것을 조직도라고 한다. 상사, 동료 또는 상사와 그의 상사가 맺고 있는 관계들을 표현한다.

실습

① 조직도 삽입

[삽입] → [그림] → [조직도]를 클릭한다.

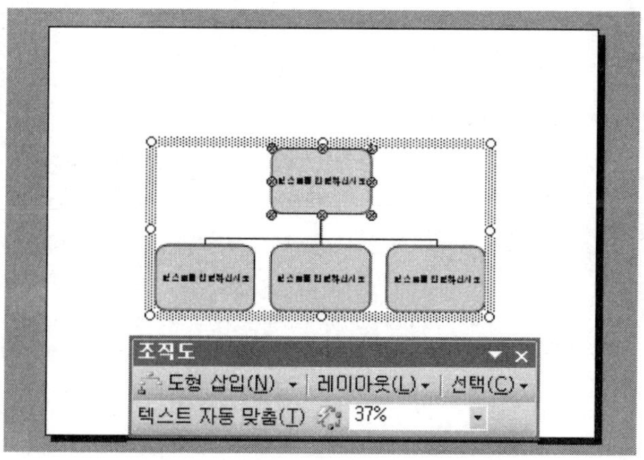

② 상자에 텍스트 입력

'텍스트를 입력하십시오' 란에 텍스트를 입력한다. Enter나 방향키를 누르면 다음 줄로 이동하고, Ctrl를 누른 채 방향키를 눌러 다른 조직도 상자로 이동할 수 있다. 조직도 상자에 입력한 텍스트의 서식은 [글꼴] 대화상자에서 변경한다.

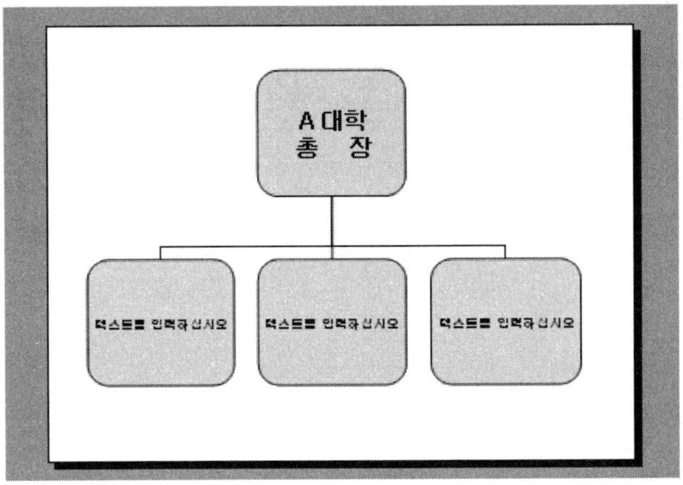

③ 레이아웃 유형 변경

조직도를 만들 때는 조직도 유형을 미리 변경하고 작업하는 것이 편리하다. 조직도 그룹의 유형을 변경하려면 먼저 그룹 중의 상자 하나을 선택하고 마우스 오른쪽 버튼으로 클릭하여 레이아웃 중 원하는 레이아웃으로 변경한다.

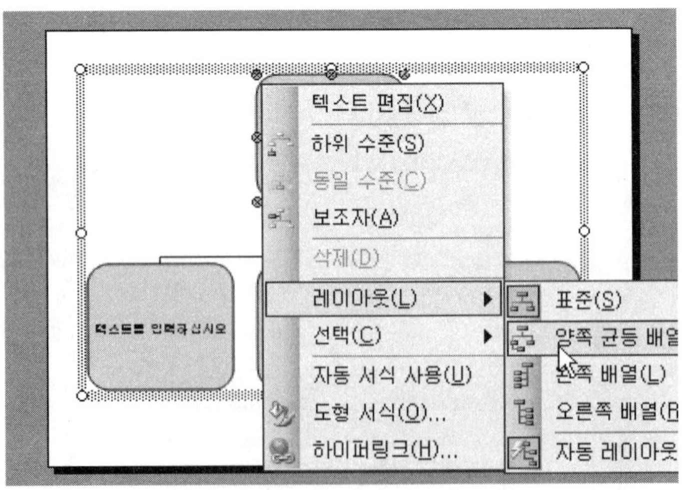

④ 상자 추가 / 삭제

그룹 중의 상자 하나을 선택하고 마우스 오른쪽 버튼으로 클릭하여 '하위수준' 또는 '동일수준'을 선택하면 상자가 추가된다. 상자를 삭제할 때는 상자를 선택하고 Delete를 누른다.

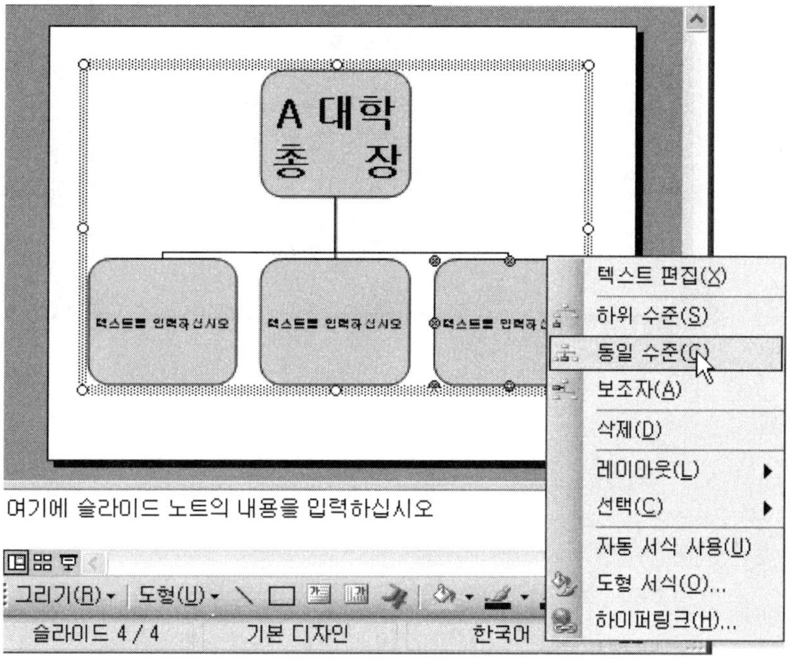

⑤ 상자 및 선서식

그룹 중의 상자 하나을 선택하고 마우스 오른쪽 버튼으로 선택하여 '도형 서식'을 클릭한다. [도형 서식] 대화 상자에서 선과 색 채우기 등을 변경한다.

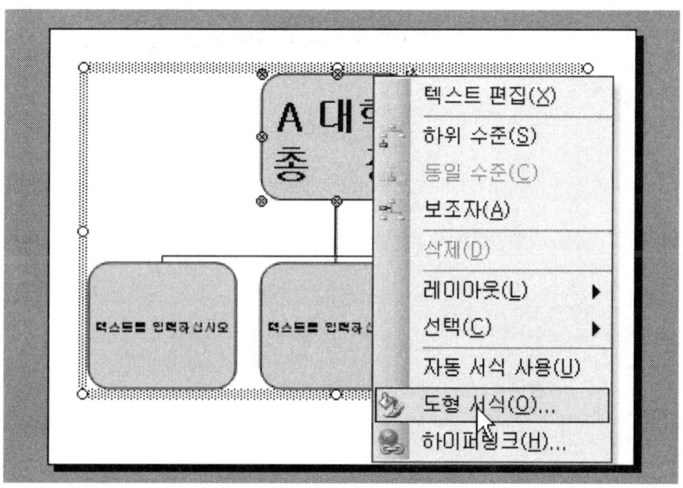

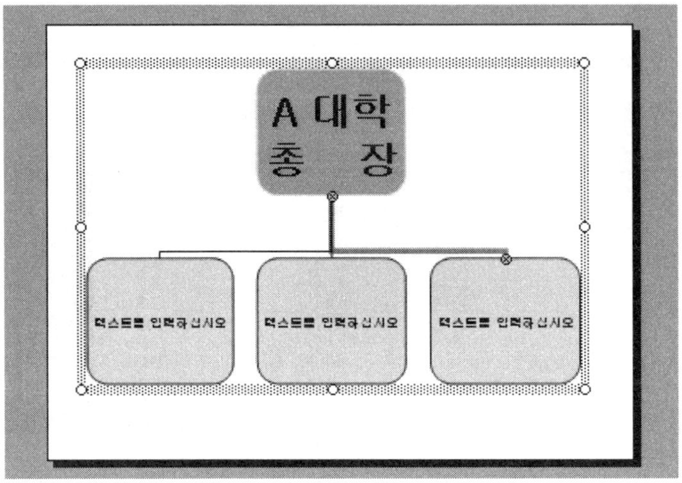
A 대학
종 장
텍스트를 입력하십시오
텍스트를 입력하십시오
텍스트를 입력하십시오

실습문제

1. UNIT 게임기

실습 – 몬스터의 종류와 특징 입력

① '빈 화면' 슬라이드를 삽입한 후 표준 도구 모음에서 표 삽입(4줄×4칸)을 클릭한다.

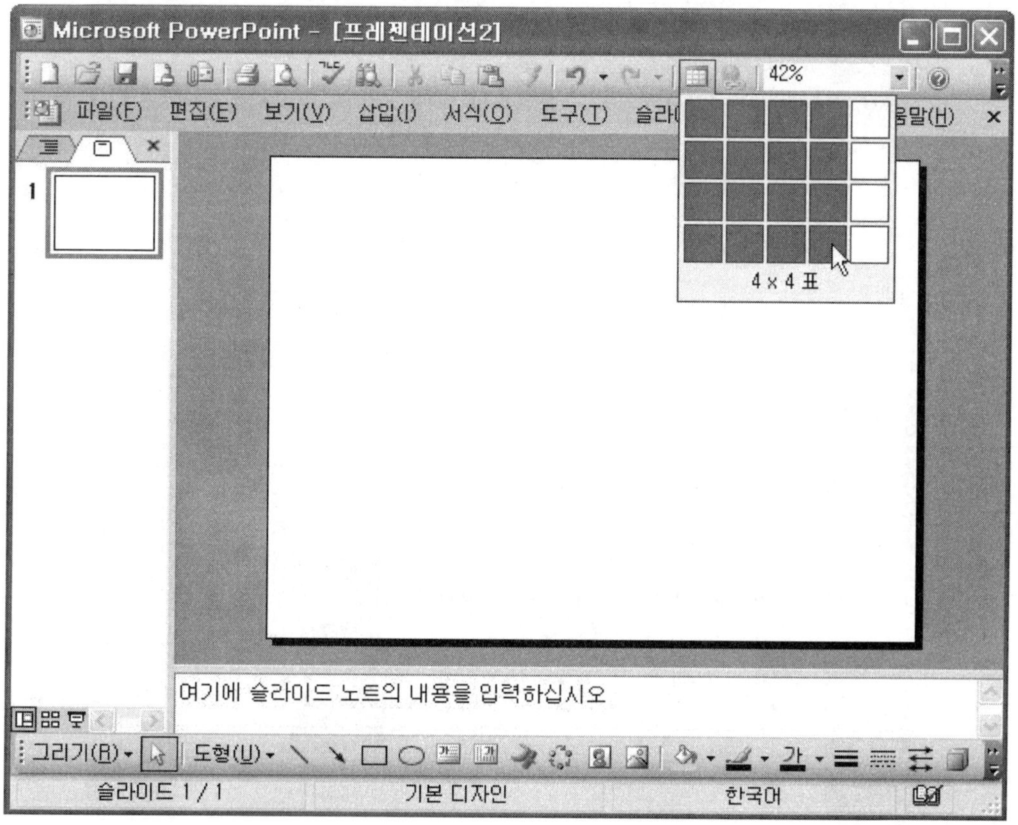

② 표가 삽입되면, 각각의 셀에 종류와 특징을 입력한다.

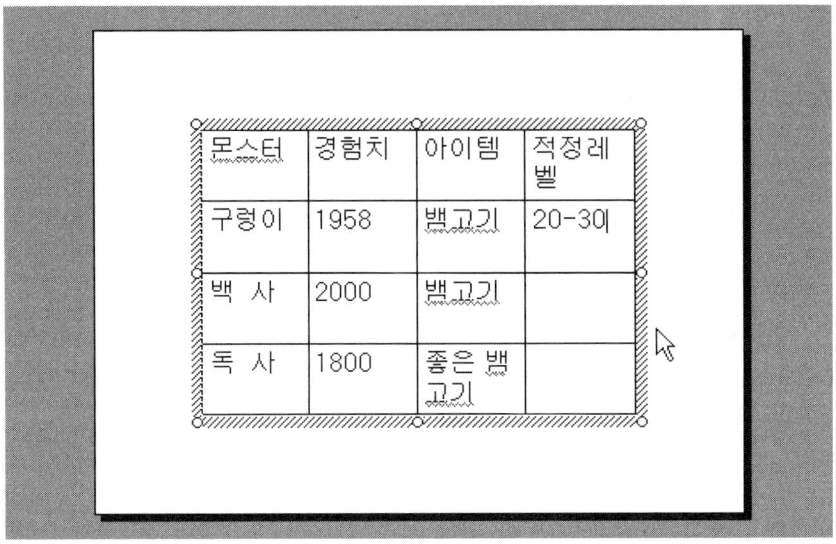

실습 – 슬라이드 장식

① 병합하고자 하는 셀을 블록으로 설정하고 표 및 테두리 도구 모음의 셀 병합을 클릭한다.

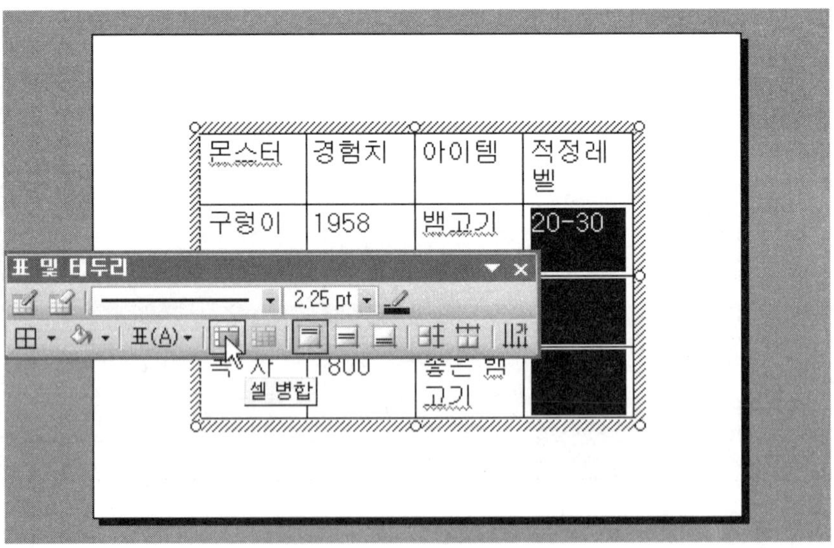

② 셀 경계선에 마우스 포인터를 맞춘다. 마우스 포인터의 모양이 바뀌면 드래그하여 셀 크기를 조절한다.

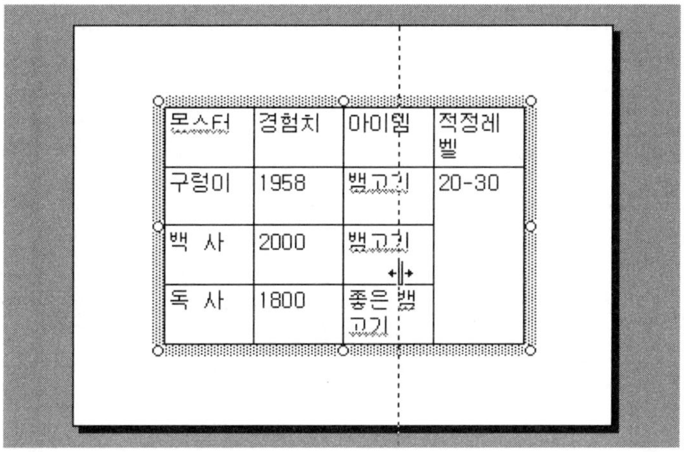

③ 마우스로 드래그하여 셀을 블록 지정한 후 텍스트를 정렬한다. (가운데 맞춤, 세로 가운데 맞춤)

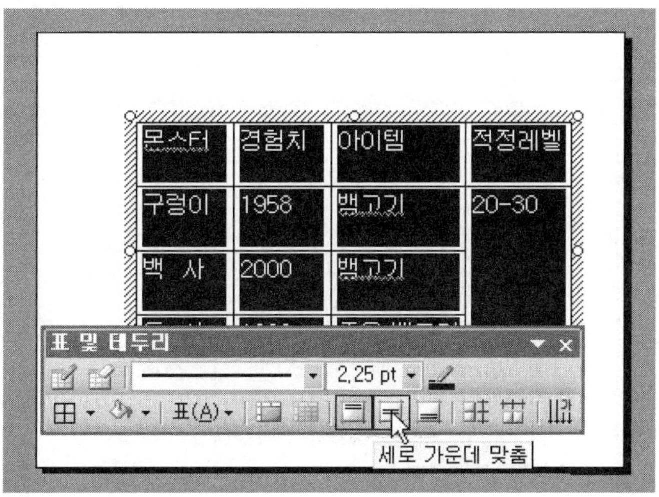

파워포인트

④ 표 안에 입력한 텍스트의 글자 속성을 변경한다.
(제목 : 돋움, 32)

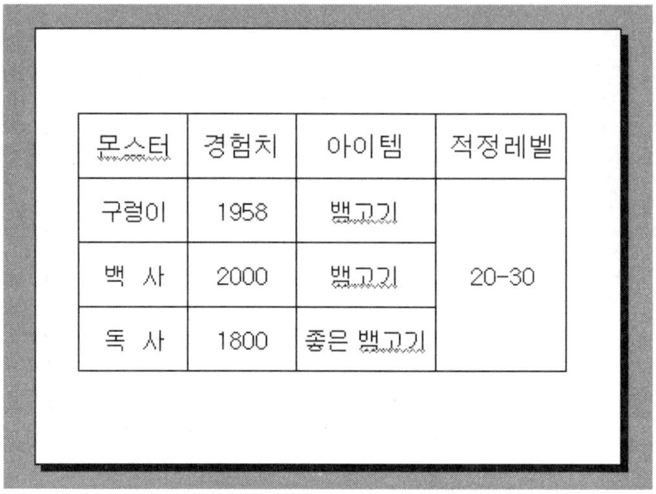

몬스터	경험치	아이템	적정레벨
구렁이	1958	뱀고기	20-30
백 사	2000	뱀고기	
독 사	1800	좋은 뱀고기	

⑤ 제목이 입력된 셀에 마우스 포인터를 맞추고 드래그하여 블록을 지정한다. [표 및 테두리 도구 모음]에 있는 '채우기 색'를 클릭하고 원하는 색을 선택한다. 같은 방법으로 다른 셀에도 색을 지정한다.

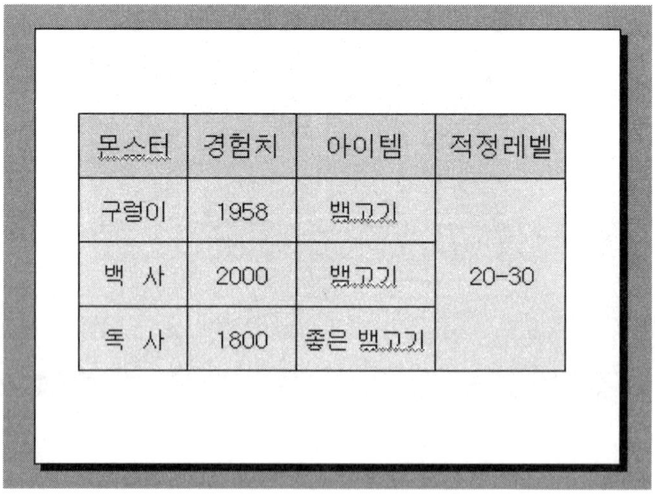

몬스터	경험치	아이템	적정레벨
구렁이	1958	뱀고기	20-30
백 사	2000	뱀고기	
독 사	1800	좋은 뱀고기	

⑥ 가로 텍스트 상자를 사용하여 제목을 만든 다음 슬라이드 쇼를 실행시켜 보세요.

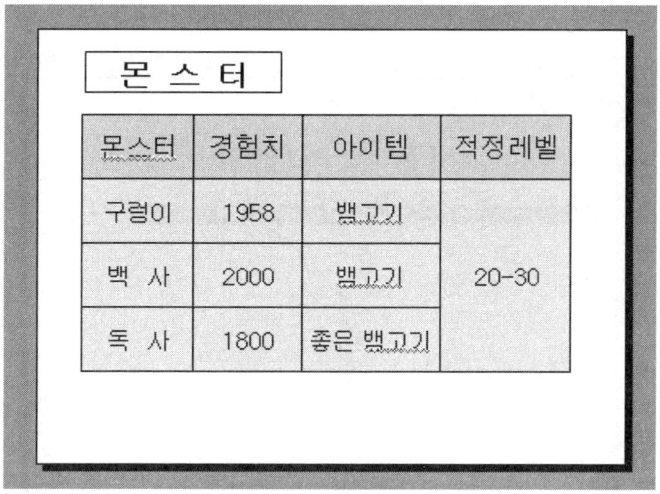

2. 선호도 조사

실습 – 선호도 분석표

① 파워포인트를 실행하고 '빈 화면' 슬라이드를 삽입하고 원하는 서식파일을 선택한다.

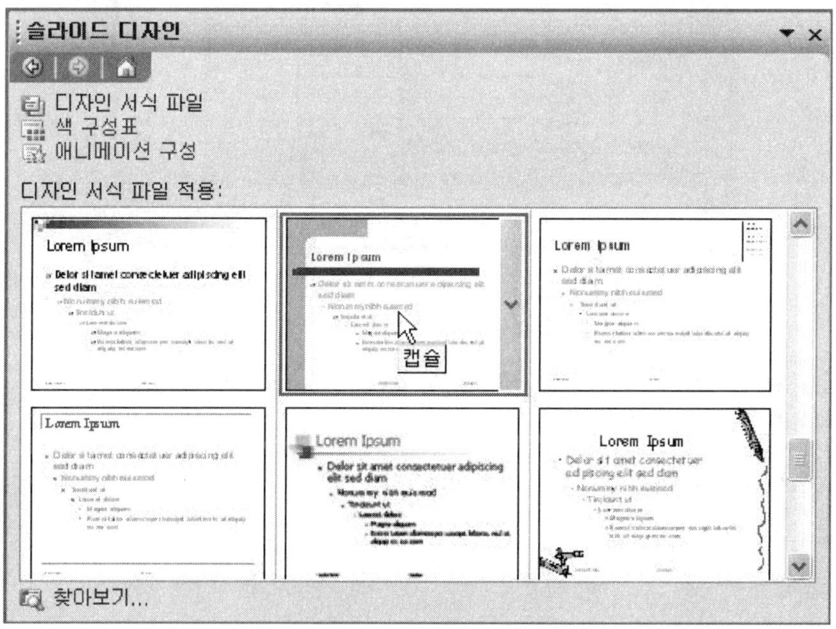

② 가로 텍스트 상자를 사용하여 '선호도 분석표'라고 입력한 후 글자 속성을 변경한다. (돋음체, 굵게, 48)

③ [삽입] → [차트]를 클릭하면 [데이터시트] 대화상자가 나타난다

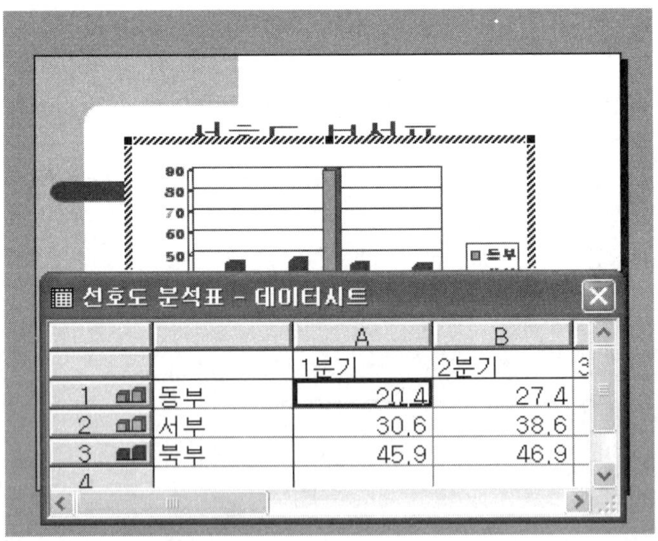

④ [데이터시트] 대화상자에 조사 결과를 입력한다.

⑤ 삭제하고자 하는 행 또는 열 번호를 클릭한 다음 Delete를 눌러 삭제한다.

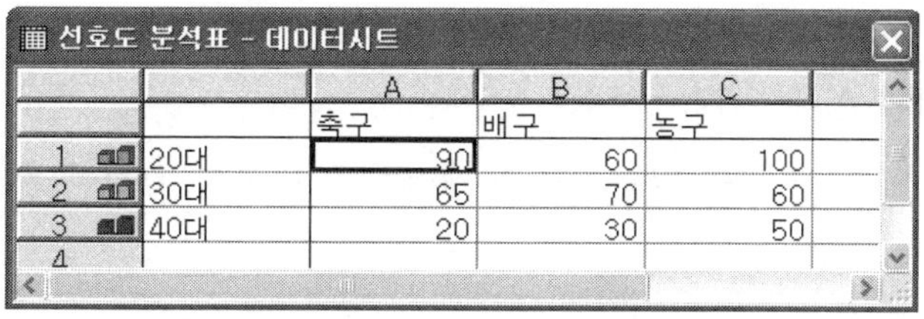

선호도 분석표 - 데이터시트

		A	B	C
		축구	배구	농구
1	20대	90	60	100
2	30대	65	70	60
3	40대	20	30	50
4				

⑥ [차트] → [차트 종류]를 클릭하면 [차트 종류] 대화상자가 나타난다. 원하는 차트의 종류를 선택한다.

⑦ [차트 종류] 대화상자에 있는 [확인]을 누르면 차트의 종류가 변경된다.

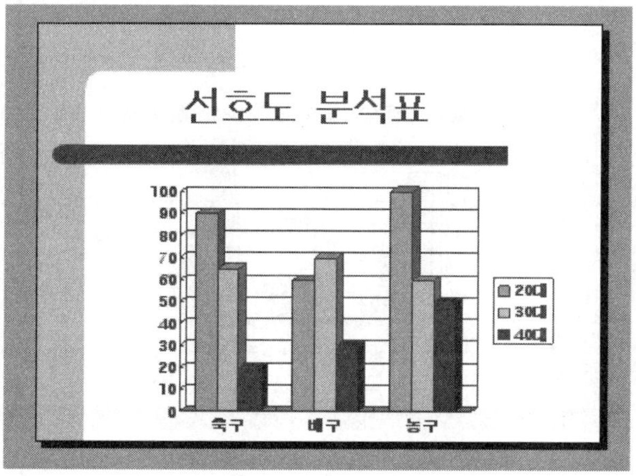

⑧ [차트] → [차트 옵션]을 클릭한다. [범례] 탭에서 '오른쪽'을 선택한 후 [확인]을 누른다.

⑨ [데이터 레이블] 탭에서 '레이블 내용' 중 '값'을 선택한 후 [확인]을 누른다.

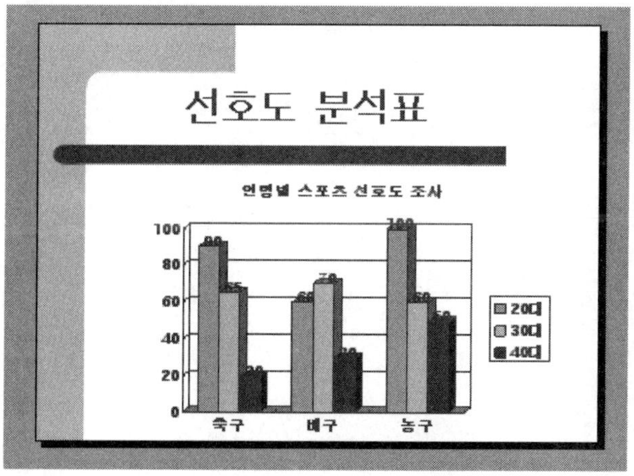

실습 – 데이터 시트 삽입

① 데이터시트에 입력된 내용을 마우스로 드래그하여 범위를 지정한 후 [편집] → [복사]를 선택한다.

② '슬라이드 편집화면' 빈 곳에 마우스 포인터를 맞추고 클릭하여 [편집] → [붙여넣기]를 선택하면 복사한 데이터시트의 내용이 슬라이드 편집화면에 삽입된다. 크기를 조절한 후 차트의 아래쪽으로 이동한다.

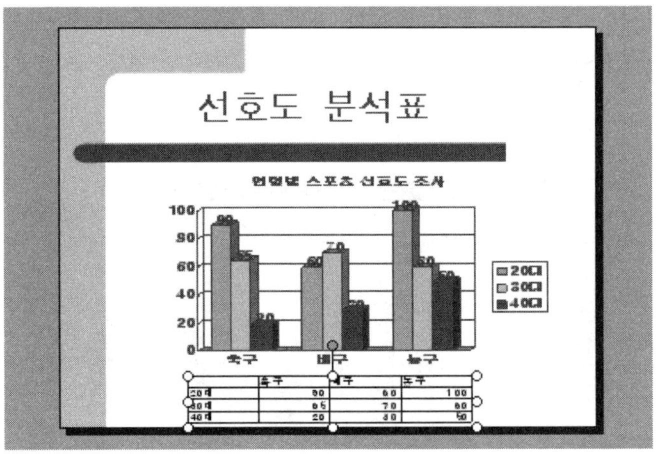

실습 – 애니메이션 삽입

① [슬라이드 쇼] → [사용자 지정 애니메이션]을 선택하고 제목 텍스트를 '강조의 크게/작게' 효과로 지정한다.

② 차트와 표를 '강조의 회전' 효과로 지정한다.

③ [슬라이드 쇼] → [쇼 보기]를 실행한다.

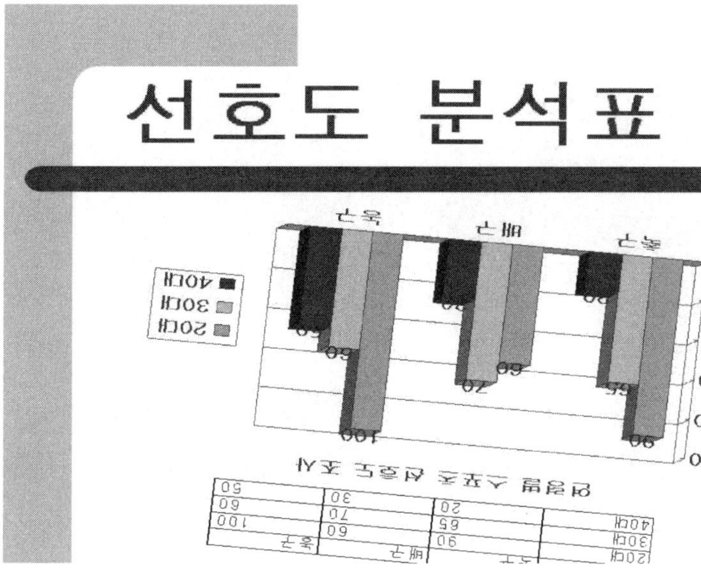

3. 학교 조직도

실습 – 상자 추가

① 파워포인트를 실행하고 '빈 화면' 슬라이드를 삽입하고 원하는 서식파일을 선택한다.

② [삽입] → [그림] → [조직도]를 클릭한다.

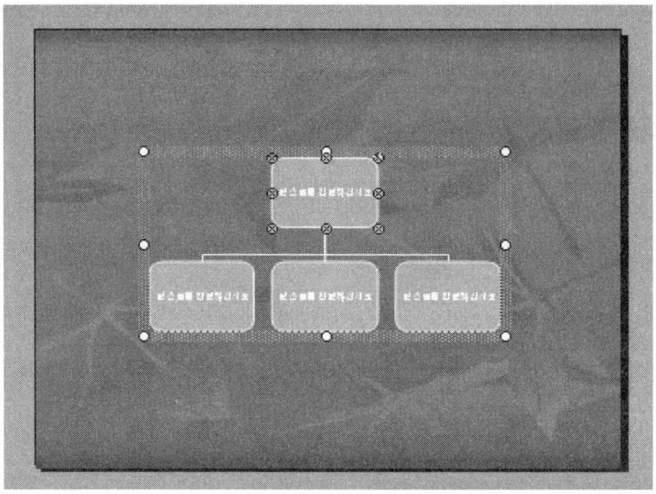

③ 아래의 두 개 상자를 클릭하여 선택한 후 [편집] → [지우기]를 눌러 삭제한다.

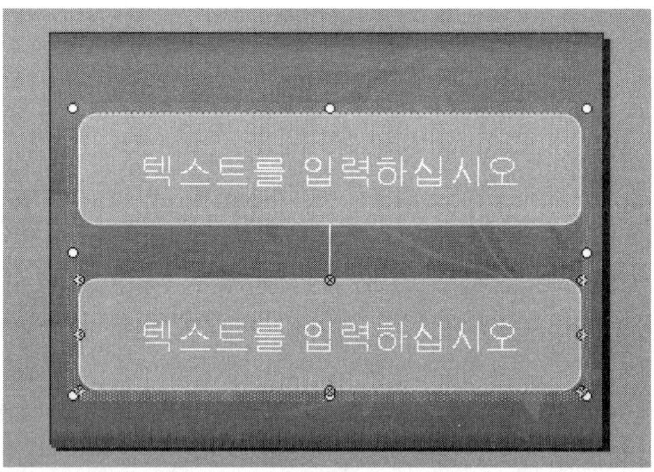

④ 아래 상자를 클릭하여 하위수준 상자 4개를 만든다.

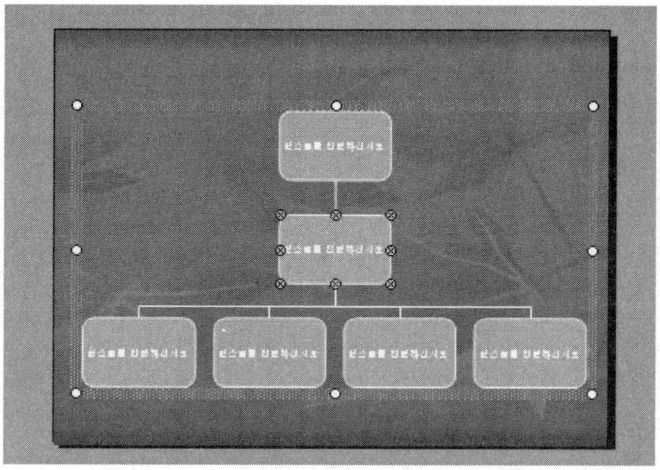

실습 – 텍스트 추가

① 상자를 클릭하고 다음과 같이 입력한다.

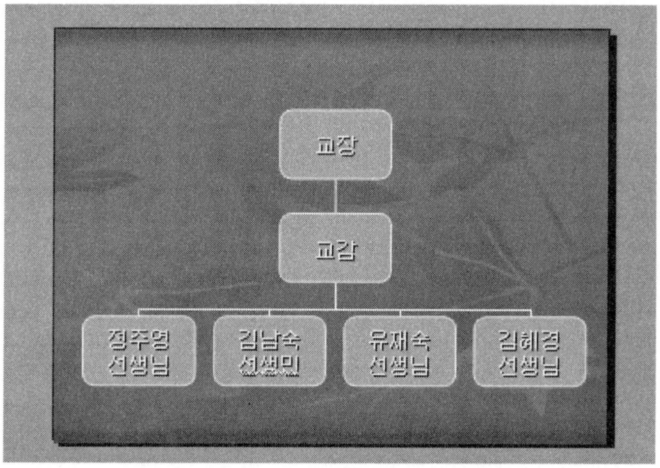

② [슬라이드 쇼] → [사용자 지정 애니메이션]을 선택하고 전체 조직도에 '나타나기의 다이아몬드형' 효과로 지정한다.

③ [슬라이드 쇼] → [쇼 보기]를 실행한다.

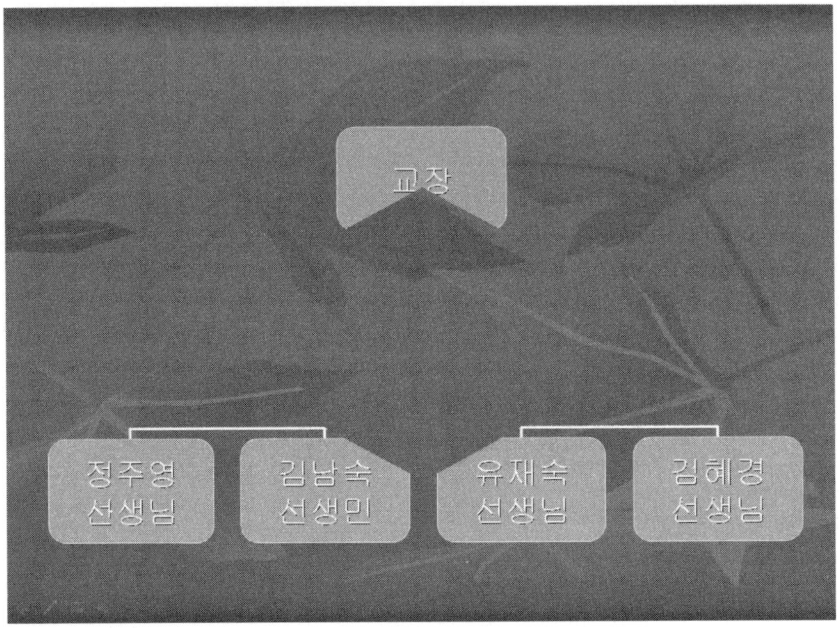

Chapter 6

프레젠테이션 쉽게 작성

PowerPoint에서는 슬라이드 프레젠테이션을 일관성 있고 쉽게 만드는 내용 구성 마법사, 슬라이드 구성, 마스터등의 도구를 제공하고 있다.

1. 내용 구성 마법사

'빈 화면'에 텍스트, 그림, 도형, 미디어 클립을 삽입하고 수정하려면 사용자가 많은 시간과 노력을 들여야 한다. 내용 구성 마법사는 주제에 맞는 적절한 내용, 목적, 구성, 유인물, 인쇄 모양을 설정하여 제공함으로써 사용자가 간단한 수정만으로 프레젠테이션을 완성할 수 있다.

실습

① [파일] → [새로 만들기]를 선택한다.

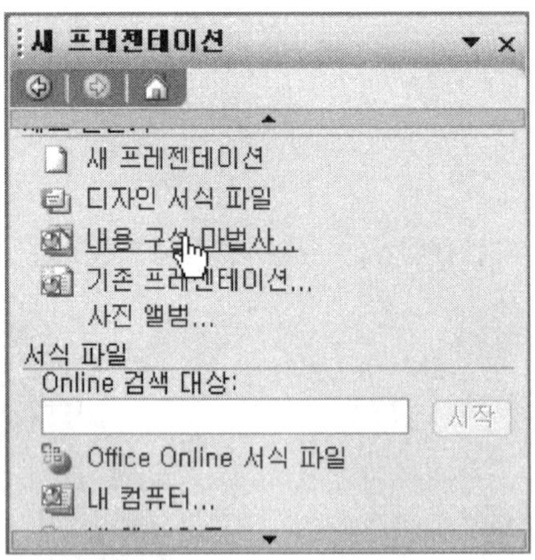

② [내용 구성 마법사] 대화상자가 나타나면 [다음]을 클릭한다.

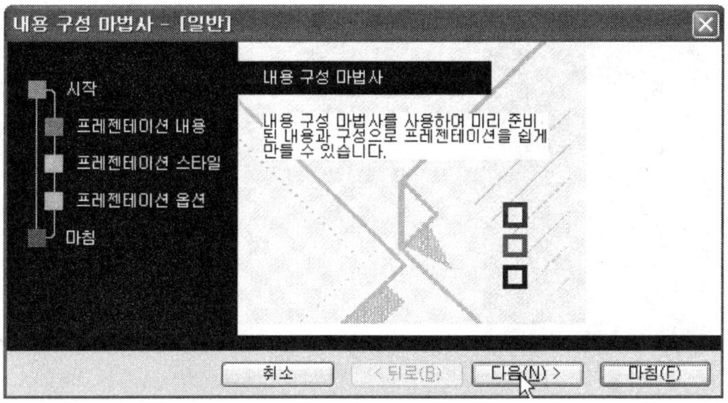

③ [프레젠테이션 형식]에서 [일반] → [교육]을 선택하고 [다음]을 누른다.

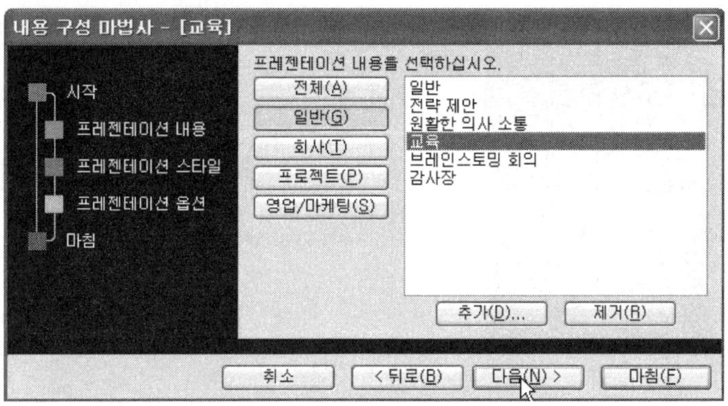

④ [프레젠테이션 스타일]에서 [화면 프레젠테이션]을 선택한 후 [다음]을 누른다.

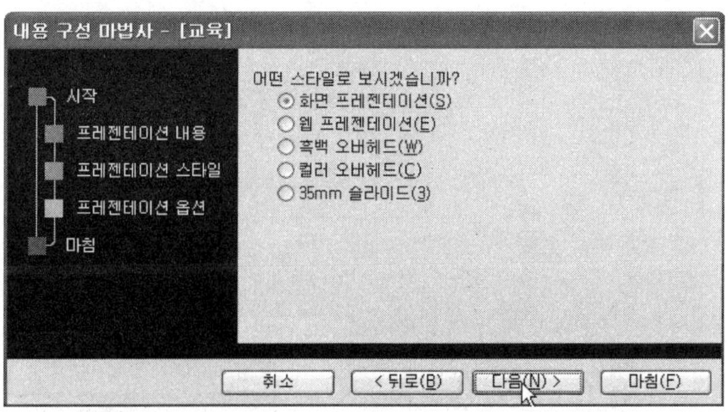

⑤ [프레젠테이션 옵션]에서 [프레젠테이션 제목] 과 [바닥글]을 입력한 후 [다음]을 누른다.

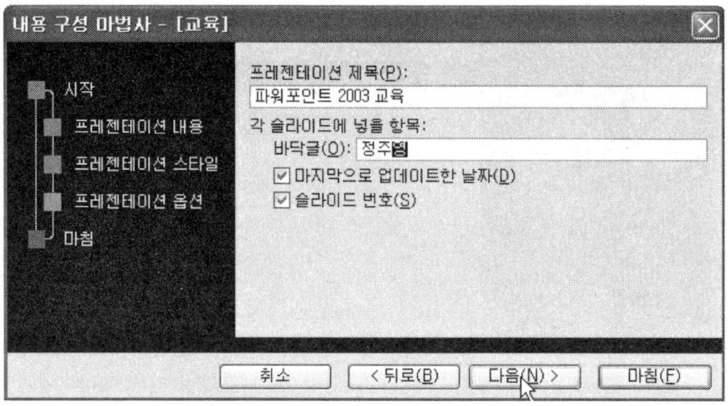

⑥ [마침]을 누른다.

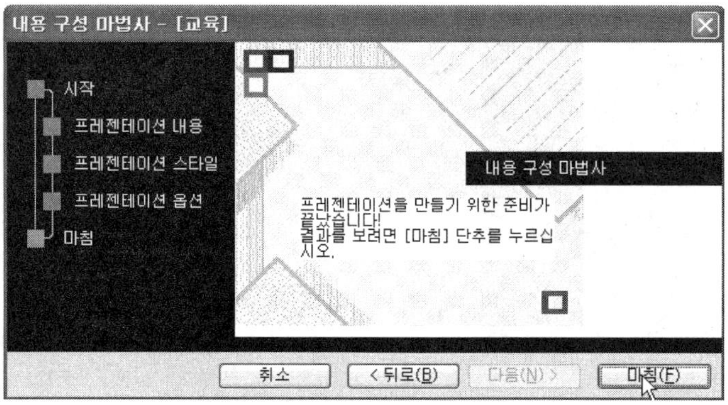

⑦ [내용 구성 마법사] 대화상자에서 선택한 옵션대로 텍스트가 삽입된 것을 볼 수 있다.

⑧ 다음 슬라이드(Page Down)로 이동하여 소개, 의제, 개요 등의 내용을 입력한다. 단 슬라이드의 제목과 내용은 변경할 수 있다.

2. 디자인 서식 파일 적용

디자인 서식 파일에는 특정 모양을 만들도록 디자인된 서식과 특정한 글꼴 등을 제공하는 슬라이드 마스터 및 제목 마스터와 색 구성표가 있다. 프레젠테이션에 디자인 서식 파일을 적용하면 기존의 슬라이드 마스터, 제목 마스터 및 색 구성표가 새 서식 파일에 맞춰 바뀌게 되므로 모든 슬라이드는 같은 모양을 가진다.

실습

① [도구 모음]에서 [디자인] 아이콘을 선택하거나, 메뉴 표시줄의 [서식] → [슬라이드 디자인]을 선택한다.

② [슬라이드 디자인] 대화상자가 나타나면 삽입 하고자 하는 디자인을 선택한다.

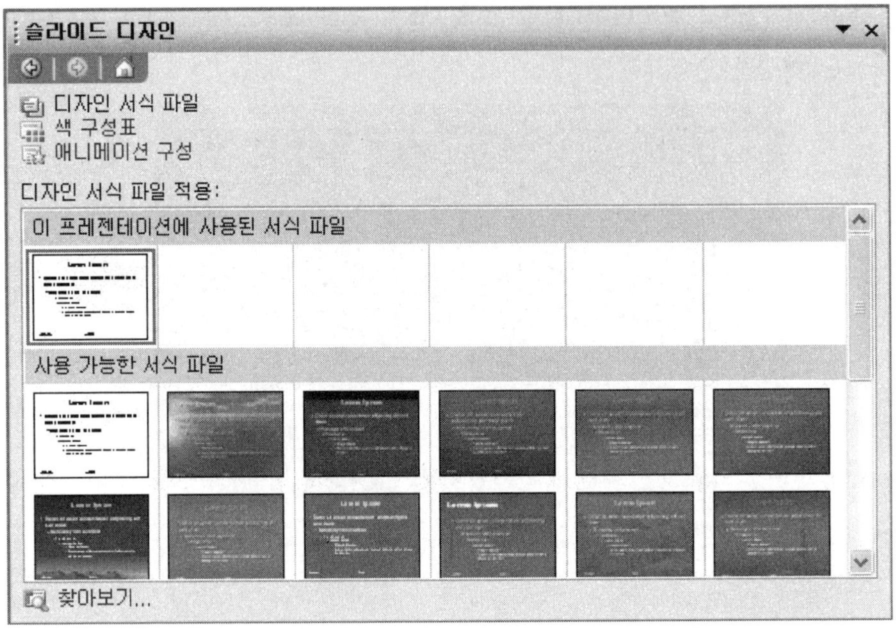

③ 선택한 디자인이 화면에 나타난 것을 볼 수 있다.

④ 디자인을 원하는 색과 원하는 애니메이션을 적용할 수 있다.

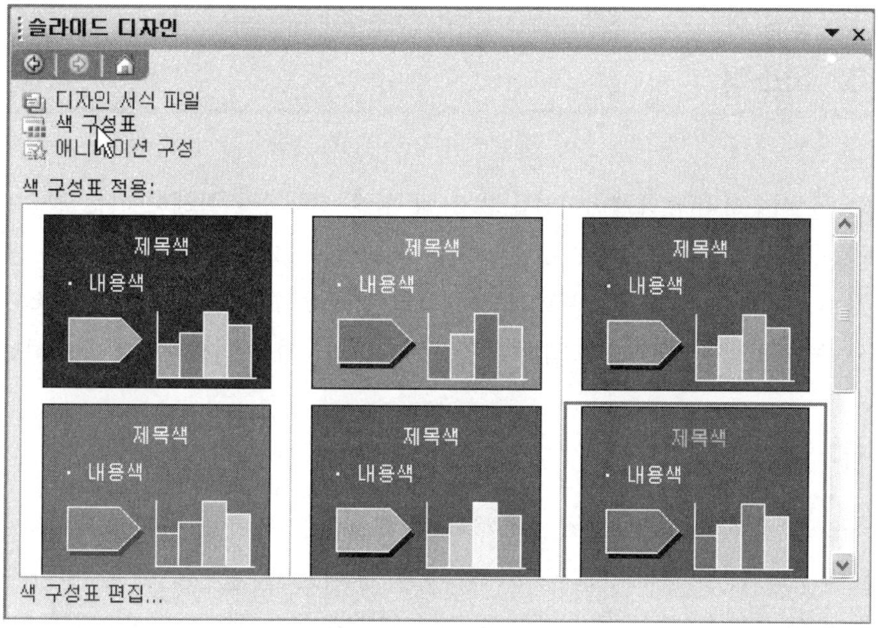

⑤ 색 구성표와 애니메이션으로 변경된 디자인이 화면에 나타난 것을 볼 수 있다.

3. 마스터

파워 포인트를 이용하여 프레젠테이션을 만들 때 같은 작업을 반복해서 하는 경우가 종종 있다. 마스터는 여러장의 슬라이드에 공통으로 적용되는 배경이나 그림, 텍스트의 서식을 만들어 적용할 때 사용한다. 마스터로 만든 내용물은 슬라이드 작업 창에서 수정할 수 없으며 마스터에서만 수정이 가능하다. 즉, 마스터란 사용자가 임의로 만드는 디자인 서식 파일이라고 생각하면 된다.

3.1 슬라이드 마스터

슬라이드 마스터에서는 제목과 텍스트의 서식, 위치 등을 관리하고, 그림을 추가하고, 배경을 변경하고, 개체 틀 크기를 조정하고, 글꼴 스타일과 크기, 색 등을 변경할 수 있다. 슬라이드 마스터를 변경하면 기존 슬라이드를 자동으로 고쳐 주며 새롭게 추가되는 슬라이드에도 적용된다.

실습

① [보기] → [마스터] → [슬라이드 마스터] 선택한다.

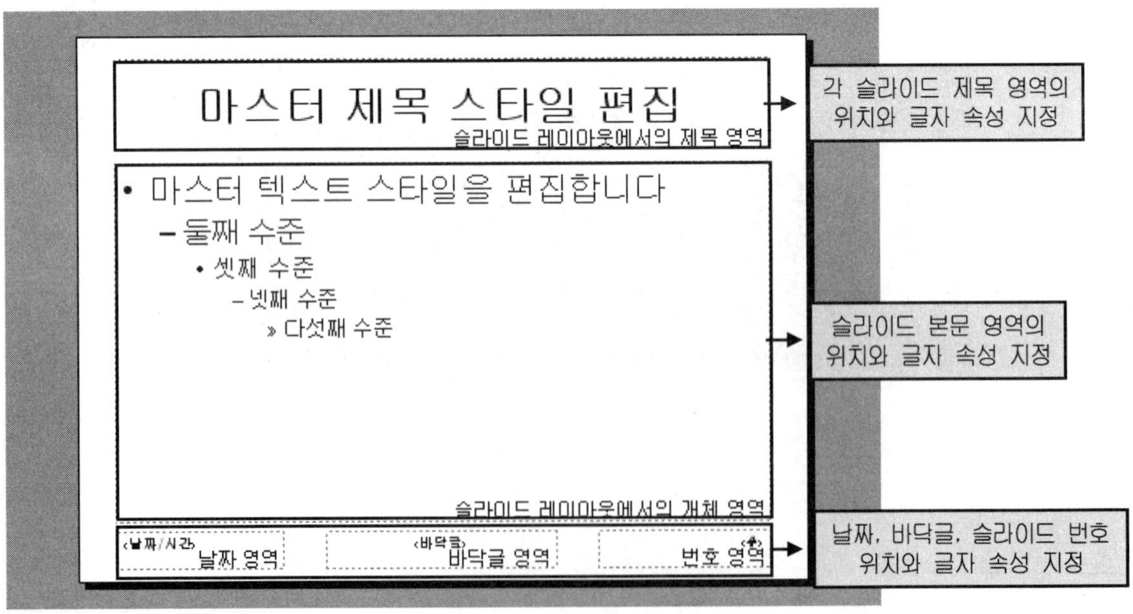

참고사항

개체 틀을 선택하여 이동하거나 크기를 조절하면 슬라이드 편집화면에 변경된 내용이 적용된다. 슬라이드 마스터 편집화면에서 입력한 그림, 텍스트, 도형 등은 모든 슬라이드에 나타나며, 슬라이드 편집화면에서는 삭제, 이동 등을 편집할 수 있다.

② 마스터 제목 스타일 편집 틀을 선택한 후 [서식] → [글꼴]을 선택한다. [글꼴] 대화상자에서 글꼴과 크기 등을 지정한다. [슬라이드 마스터 보기] 도구모음에서 '마스터 보기 닫기'를 클릭하고, [삽입] → [새 슬라이드]의 '제목 및 텍스트'를 선택하면 슬라이드 편집화면에 슬라이드 마스터가 적용된다.

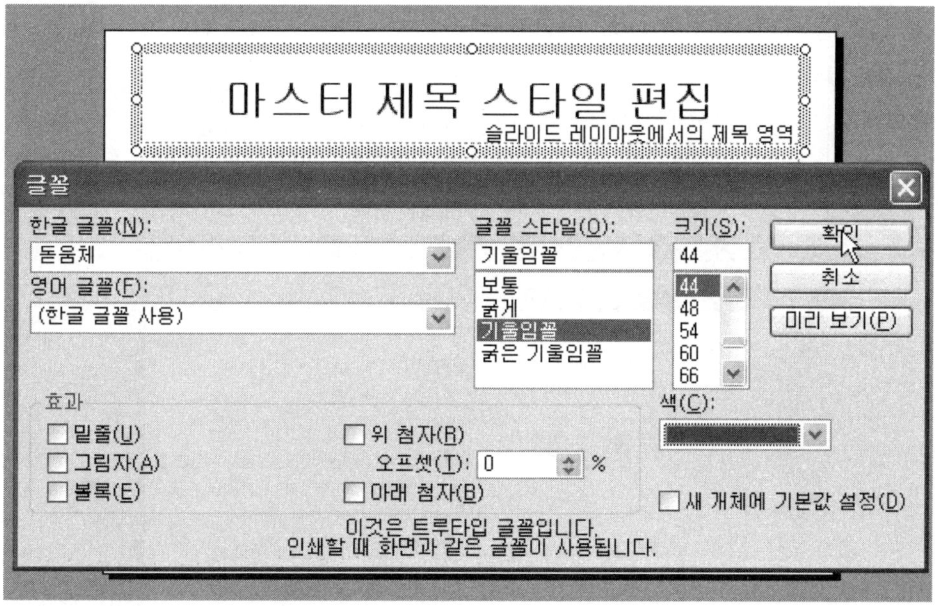

③ [슬라이드 마스터 보기] 상태에서 [그리기] 도구모음에 있는 '클립아트 삽입'을 사용하여 그림을 삽입한다. 클립아트를 크기와 위치를 조정하고, [슬라이드 마스터 보기] 도구모음에서 '마스터 보기 닫기'를 클릭하면 슬라이드 편집화면에 슬라이드 마스터가 적용된다.

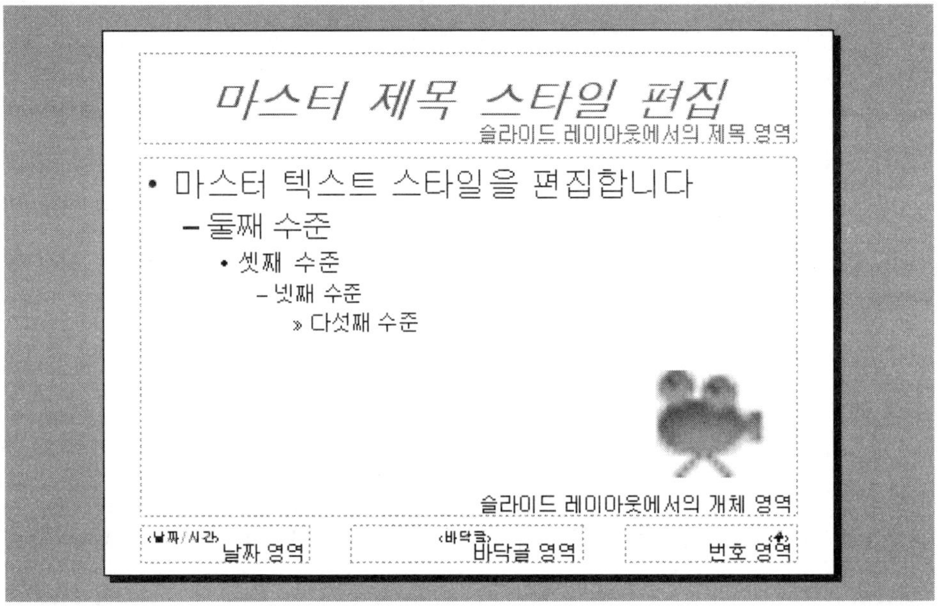

⑤ [파일] → [다른 이름으로 저장]을 선택한다. [다른 이름으로 저장] 대화상자에서 저장위치는 'C:\Program Files\Microsoft Office\Templates\디자인', 파일 이름은 '마스터디자인', 파일 형식은 '디자인 서식 파일'을 선택하고 저장한다.

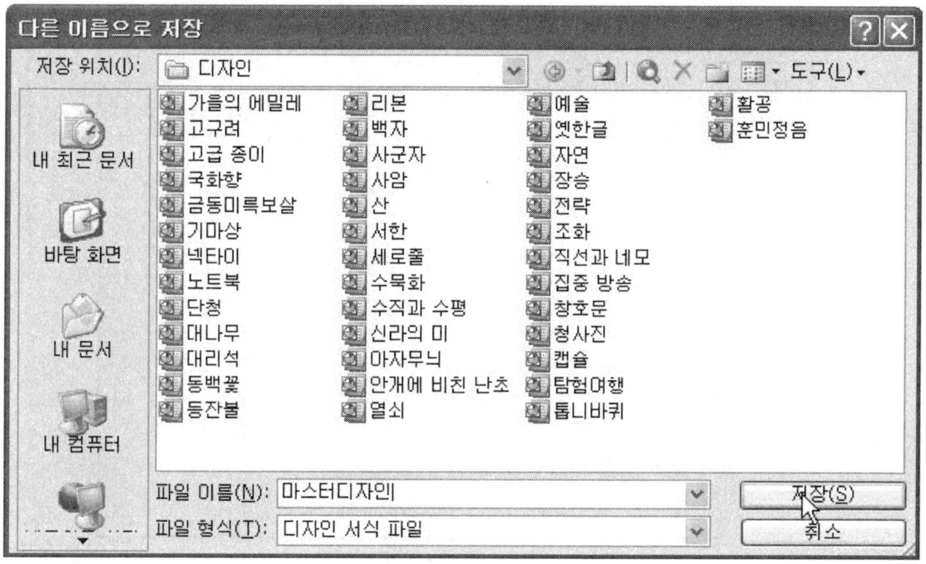

⑥ 새로운 프레젠테이션에서 [파일] → [새로 만들기] → [디자인 서식 파일]을 선택한다. 하단의 '찾아보기'를 선택하면 [디자인 서식 파일 적용] 대화상자가 나타난다. '마스터디자인'을 선택하고 [적용] 한다.

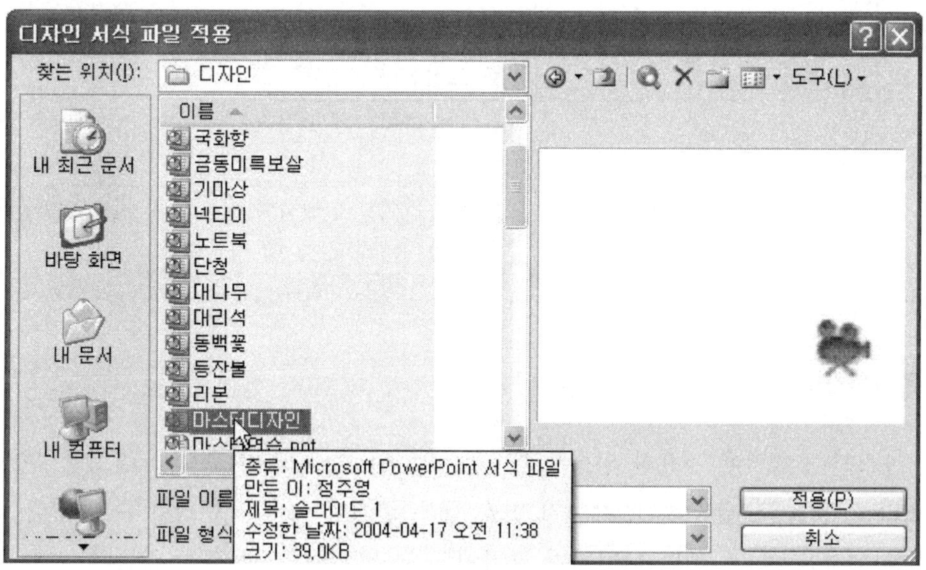

⑦ [보기] → [머리글/바닥글]을 선택하면 [머리글/바닥글] 대화상자가 나타난다. [슬라이드] 탭에서 선택 사항에 체크한 후 [모두 적용]을 누르면 모든 슬라이드에 머리글과 바닥글이 추가된다.

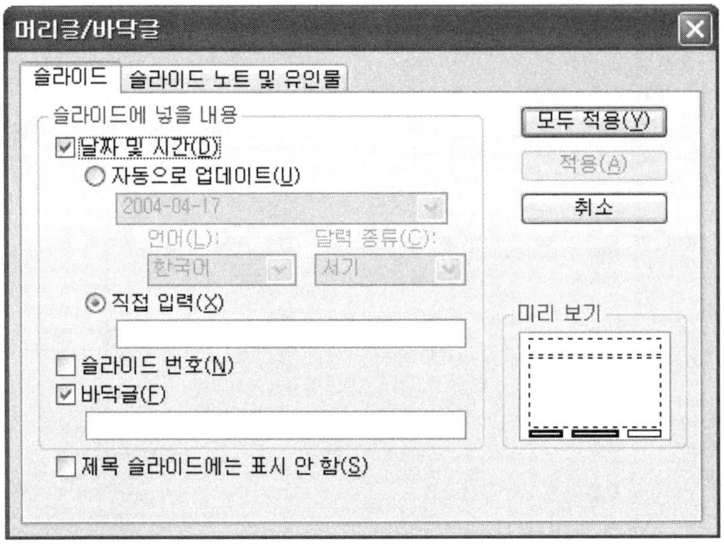

참고사항

자동으로 업데이트	날짜 형식을 지정하여 항상 현재 날짜로 나타난다.
직접입력	날짜를 입력하여 항상 입력된 날짜로 나타난다.
슬라이드 번호	슬라이드 추가삭제에 따라 자동으로 슬라이드 번호를 표시한다.
바닥글	모든 슬라이드에 고정적으로 나타난 문자열을 입력한다.
제목 슬라이드에는 표시 안 함	제목 슬라이드에 날짜와 시간, 슬라이드 번호, 바닥글 등을 표시하지 않을 때 사용한다.

3.2 제목 마스터

유인물 마스터는 출력에 필요한 양식으로 한 장에 출력할 슬라이드 수를 결정할 수 있고 그림, 텍스트, 머리글, 바닥글, 날짜시간, 페이지 번호 등을 넣거나 속성을 변경할 수도 있다. 이때 추가 또는 변경한 내용은 유인물에만 나타나며 슬라이드 마스터에는 적용되지 않는다.

실습

① [보기] → [마스터] → [유인물 마스터] 또는 [슬라이드 노트 마스터] 선택한다.

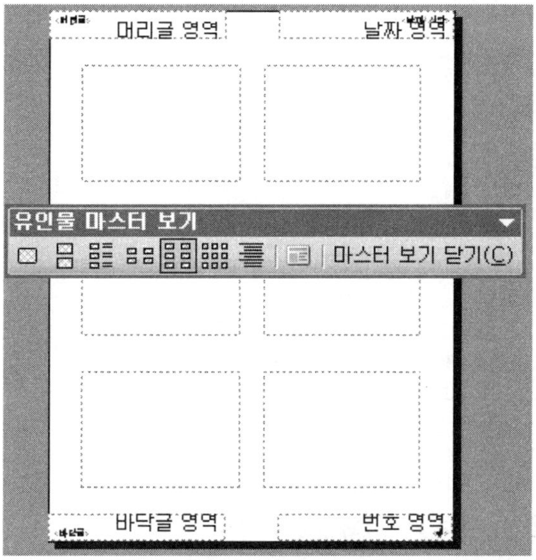

(유인물 마스터)

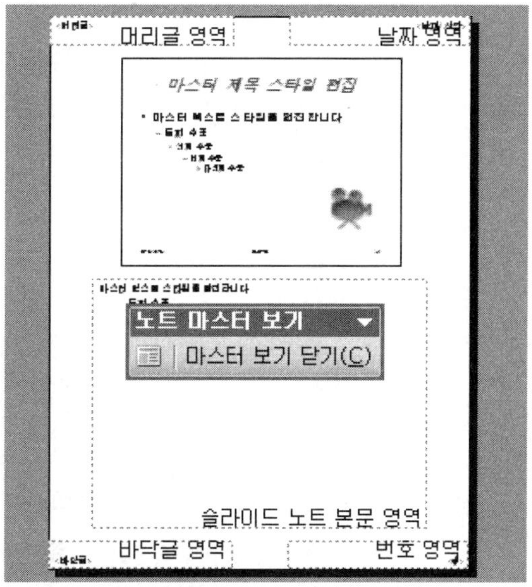

(슬라이드 노트 마스터)

[참고사항]

텍스트 상자에 입력한 한글을 한글을 한자로 변환하는 방법이 있다. 한자로 변환하는 방법은 키보드의 한자키를 사용하거나, [도구] → [한글/한자 변환]을 사용하는 방법이 있다.

■ 한글/한자 변환

실습

① 텍스트 상자에 한자로 변환할 글자를 입력하고 커서를 맨 앞 글자에 둔다.

② 텍스트 상자 안에 커서가 있는 상태에서 [도구] → [한글/한자 변환]을 선택하면 [한글/한자 변환] 대화상자가 나타난다.

③ 바꿀 내용이 단어일 때 알맞지 않은 단어가 나올 때 '한글자씩'을 선택한다.

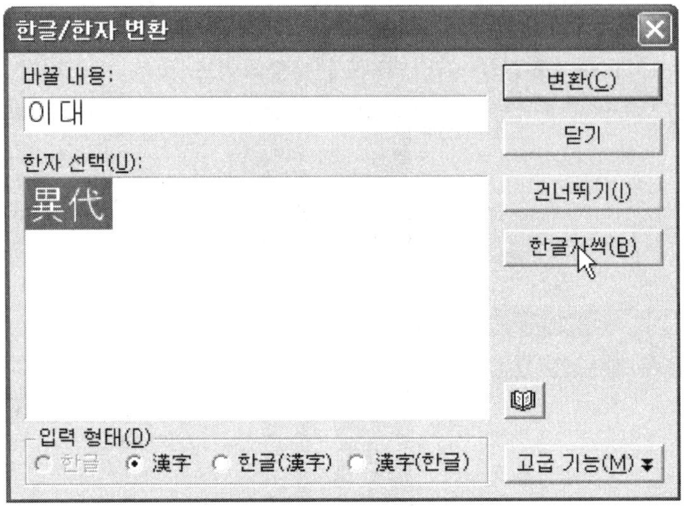

④ '변환'을 선택하면 한 글자씩 변환된다.

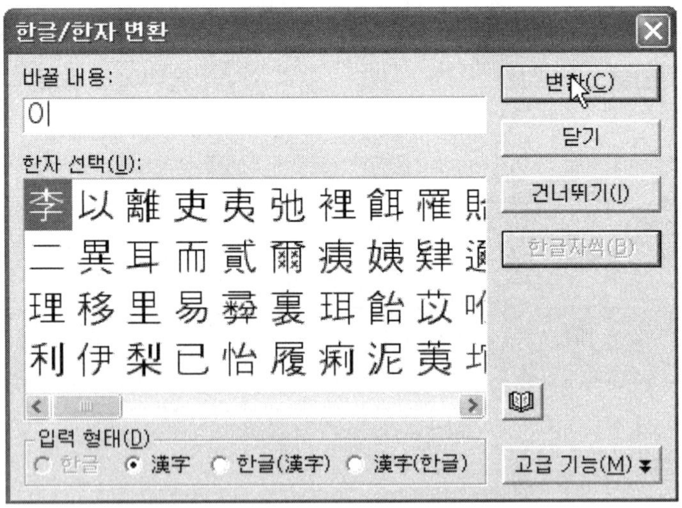

■ 한자 단어 등록

한글을 한자로 변환하기 전에 [한글/한자 변환] 대화상자에서 '새 단어 등록'을 클릭하여 단어를 변환후 '목록에 추가'를 클릭한다.

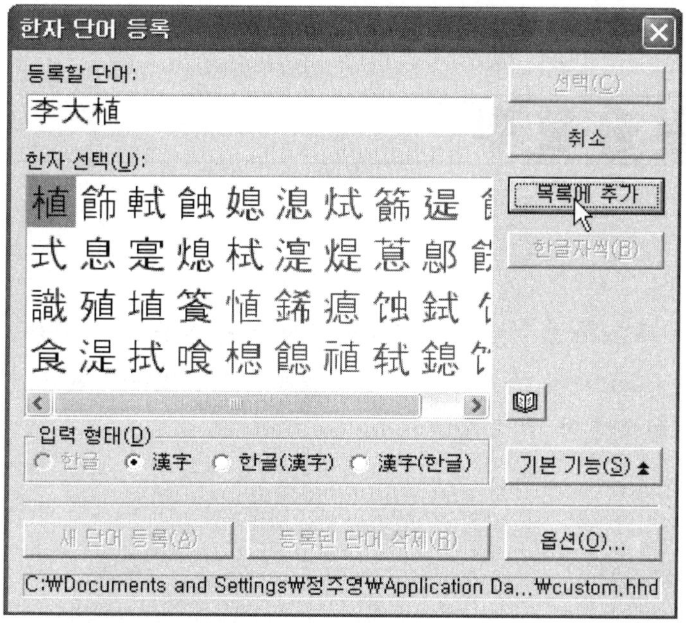
한자 단어 등록
등록할 단어:
李大植
한자 선택(U):
선택(C)
취소
목록에 추가
한글자씩(B)
입력 형태(D)
한글
漢字
한글(漢字)
漢字(한글)
기본 기능(S)
새 단어 등록(A)
등록된 단어 삭제(R)
옵션(O)...
C:₩Documents and Settings₩정주영₩Application Da...₩custom.hhd

실습문제

1. 설명서 제작

캡처란 화면 전체 또는 특정 영역을 선택하여 복사한 후 컴퓨터에 파일로 저장하는 것을 말한다. 캡처를 하려면 'Snagit'과 같은 전문적인 캡처 프로그램이 있어야 한다. 하지만 간단하게 키보드에서 [Print Screen]을 사용하여 캡처할 수 있다.

실습 – 화면 캡처

① [도구] → [프로그램] → [보조 프로그램] → [그림판]을 선택한다.

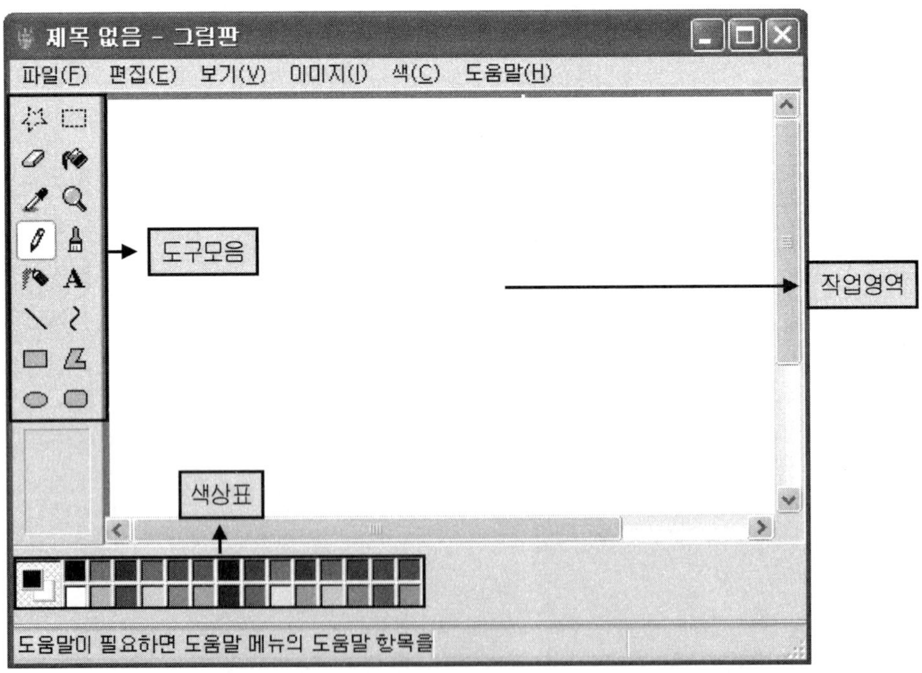

② [시작] → [프로그램]을 선택한다. 메뉴에서 'Microsoft Office'의 'Microsoft Office PowerPoint 2003'을 마우스 포인터에 맞추고 Print Screen을 누른다.

③ 그림판의 [편집] → [붙여놓기]를 선택하면 비트맵을 확대할 것인지를 묻는 대화상자가 나타나면 [예]를 클릭하고 아니면 캡처한 그림이 삽입된다.

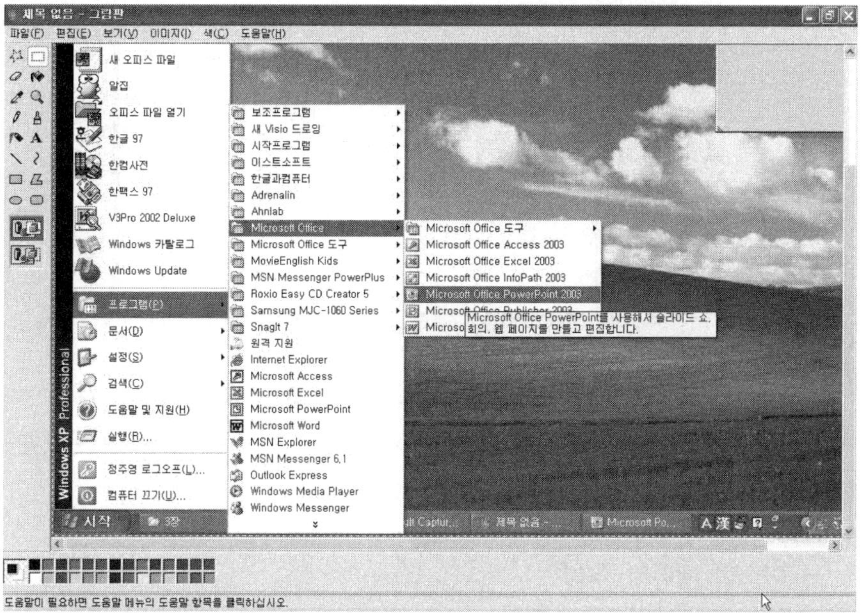

④ 그림이 삽입되면 [파일] → [저장]을 선택한다. [다른 이름으로 저장] 대화상자가 나타나면 파일이름을 입력한 후 저장한다.

파워포인트

⑤ 같은 방법으로 파워포인트 초기 화면을 캡처한다.

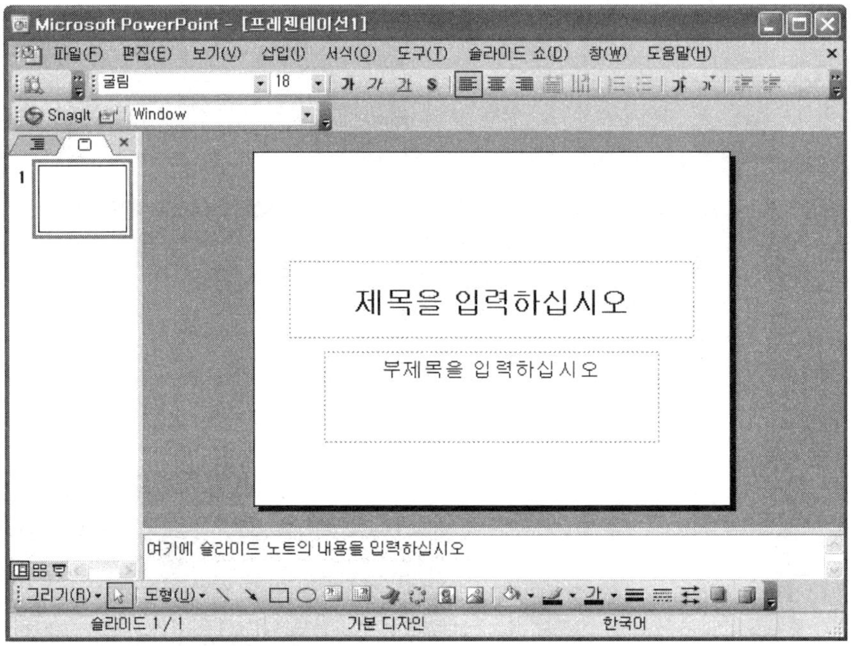

실습 – 마스터 페이지 작성

① 파워포인트를 실행하고 '빈 화면' 슬라이드를 클릭한다.

② [서식] → [슬라이드 디자인]의 [디자인 서식 파일]로 '단청' 또는 여러분이 원하는 서식파일 넣는다.

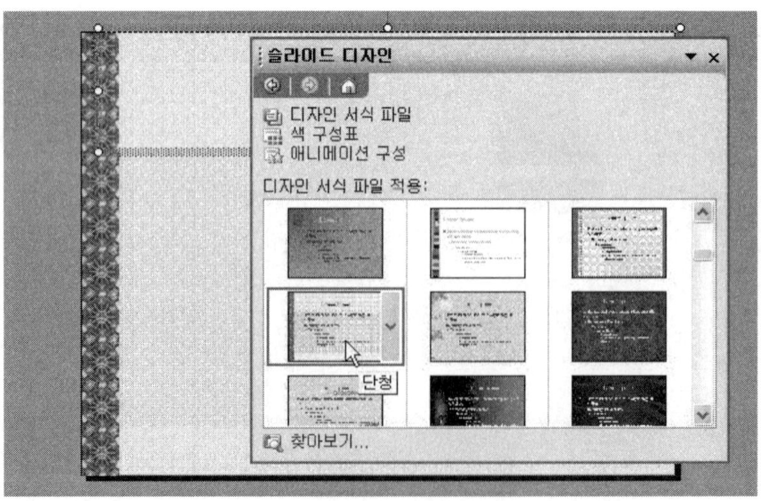

③ [보기] → [마스터] → [슬라이드 마스터]를 선택한다.

④ 드래그 또는 (Shift + 클릭)하여 슬라이드 마스터에 있는 모든 개체를 선택하고 Delete로 지운다.

⑤ 가로 텍스트 상자를 이용하여 '파워포인 2003 시작'이라고 제목을 입력한다. (돋움체, 굵게, 48)

⑥ [마스터] 도구모음에서 '마스터 보기 닫기'를 누르고 슬라이드 마스터를 닫는다.

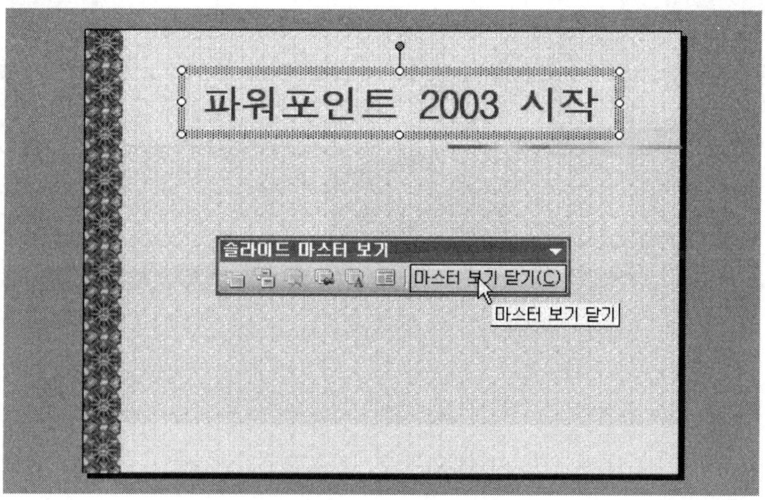

파워포인트

실습 – 설명서 작성

① 가로 텍스트 상자를 이용하여 발표자와 발표일 입력한다.(돋움체, 굵게, 26)

② '빈 화면' 삽입 후 [그림] → [그림] → [그림파일]을 선택한다.

③ 삽입할 그림을 찾아 삽입하고, 그림 크기를 조정한 후 슬라이드 편집화면 왼쪽으로 이동한다.

④ 그림을 선택하고 [그리기] 도구모음의 '선 스타일'을 지정한다(6pt).

⑤ [삽입] → [표]를 선택하고 4행 1열을 만든다.

⑥ 표에 있는 조절점에 포인터를 맞추고 드래그하여 크기를 조절한다.

⑦ 표안의 내용을 입력한다.(돋움체, 20, 가운데 맞춤)

⑧ 슬라이드에 사용자 지정 애니메이션을 여러분이 기호에 따라 설정한다.

Chapter 7

웹 기능

PowerPoint에서는 슬라이드를 슬라이드로 연결하거나 슬라이드를 다른 사람이 볼 수 있도록 하는 하이퍼링크, 실행설정, 파워포인트로 홈페이지 만드는 기능을 제공 합니다.

1. 하이퍼링크

하이퍼 링크 기능이 많이 활용되는 곳 중의 하나가 인터넷이다. 하이퍼링크란 텍스트나 그림 또는 도형 등과 같은 개체를 다른 개체나 문서에 연결시켜 주는 기능을 말한다. 텍스트, 그림, 도형, 그래프, 표 등은 하이퍼링크에 사용되는 개체이다.

실습

① [삽입] → [하이퍼링크]를 선택한다. [기존 파일/웹 페이지]

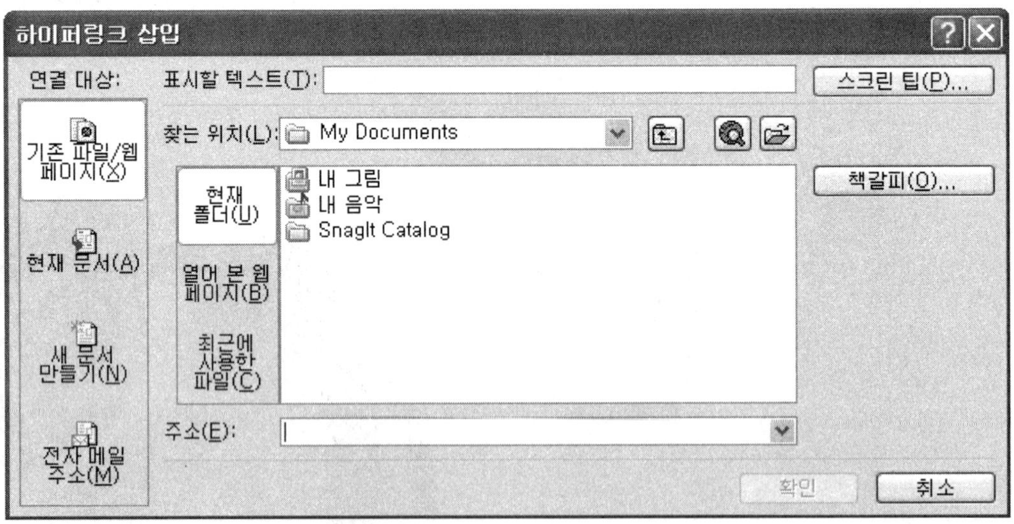

- 연결 대상 : [기존 파일/웹 페이지]를 클릭
- 스크립 틴 : [스크립 틴]을 클릭하고 텍스트를 입력한다. 텍스트를 입력하면 슬라이드 쇼에서 마우스 포인터가 개체 위에 놓여졌을 때 입력한 텍스트가 풍선 도움말로 나타난다.

• 찾는 위치 : C 드라이브 에 링크할 이름의 위치 찾는다.

• 주소 : 웹 페이지의 주소를 입력한다.

현재 폴더	찾는 위치의 포더들이 나타난다.
열어본 웹 페이지	최근에 보았던 웹 페이지 목록이 나타난다.
최근에 사용한 파일	최근에 사용했던 파일들의 목록이 나타난다. 오피스 제품의 프로그램에서 사용된 파일을 등록한다.

• 책갈피 : 다른 문서의 특정 슬라이드를 링크하고자 할 때 사용한다.

[참고사항]

하이퍼링크 연결을 삭제하고 싶으면 마우스의 오른쪽 단추를 누르면 빠른 메뉴에서 [하이퍼링크] → [하이퍼링크 삭제]를 클릭한다.

② [현재문서]

현재 작업중인 프레젠테이션 내부에 슬라이드를 링크하고자할 때 사용한다.

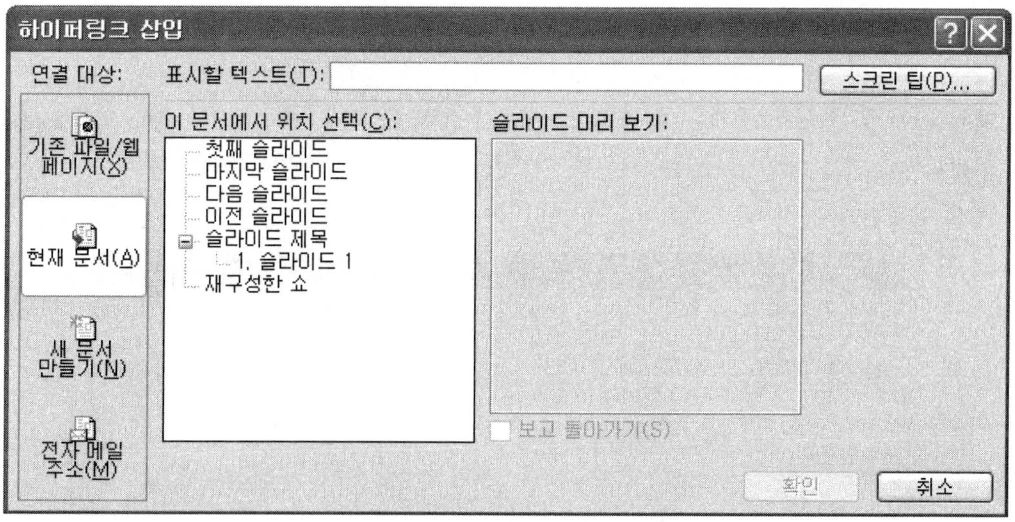

• 이 문서에서 위치 선택 : 링크할 문서의 위치를 선택한다.

• 슬라이드 미리보기 : 선택한 슬라이드를 미리 보여준다.

③ [새 문서 만들기]

작성할 문서의 이름을 입력하고 파일의 저장 위치를 설정한 후 [확인]을 클릭한다.

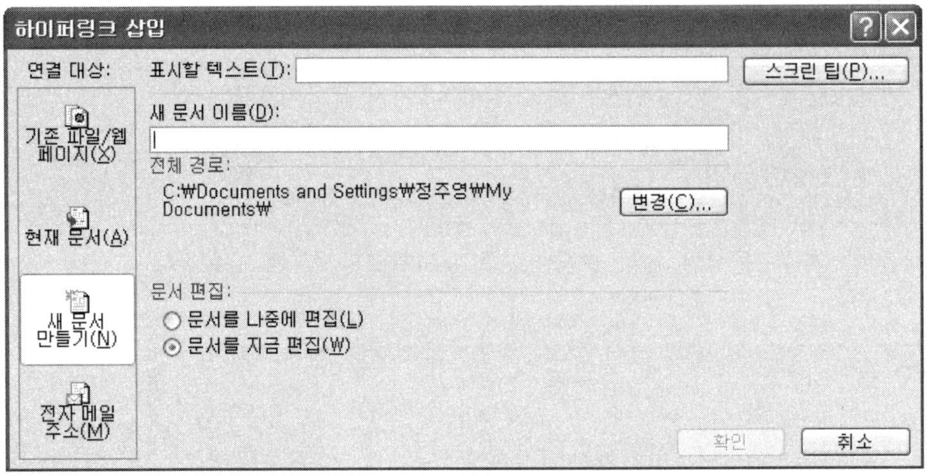

- 변경 : 저장 위치를 변경한다.
- 문서 편집 : 문서 편집시기를 결정한다. '문서를 나중에 편집'을 선택하면 링크할 문서를 지금 열지 않고 사용자가 원하는 때에 열어 편집할 수 있으며, '문서를 지금 편집'을 선택하면 링크할 문서를 지금 편집할 수 있도록 열어 준다.

④ [전자 메일 주소]

메일을 보낼 주소와 주제를 입력한다. 주소를 입력할 경우 주소 앞에 자동으로'mailto'라고 입력되며, '전자 메일 주소'는 아웃룩 익스프레스의 '받는 사람' 란에, '주제'는 '제목' 란에 각각 입력된다.

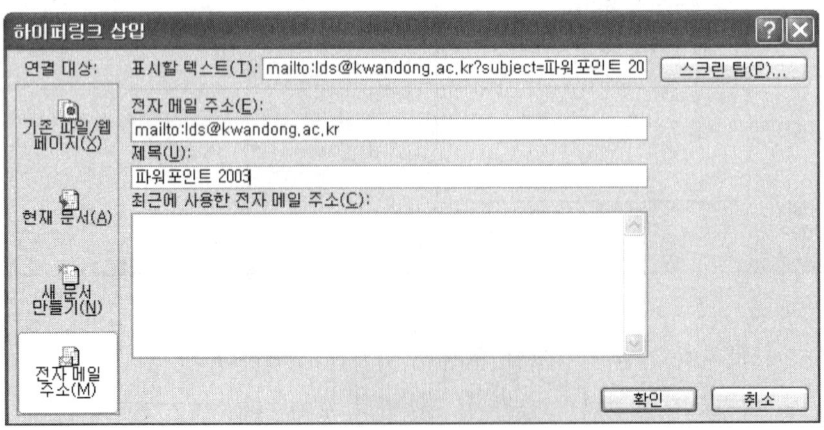

2. 실행 설정

마우스가 개체 위에 있거나 개체를 클릭했을 때, 특정한 이벤트가 일어나도록 설정할 수 있다. 하이퍼 링크는 단순히 다른 문서나 웹 페이지로 연결시켜 주지만 '실행설정'은 하이퍼 링크는 물론 다른 프로그램을 실행하거나 소리를 재생하도록 설정할 수 있다.

실습

① [슬라이드 쇼] → [실행 설정]을 선택한다.

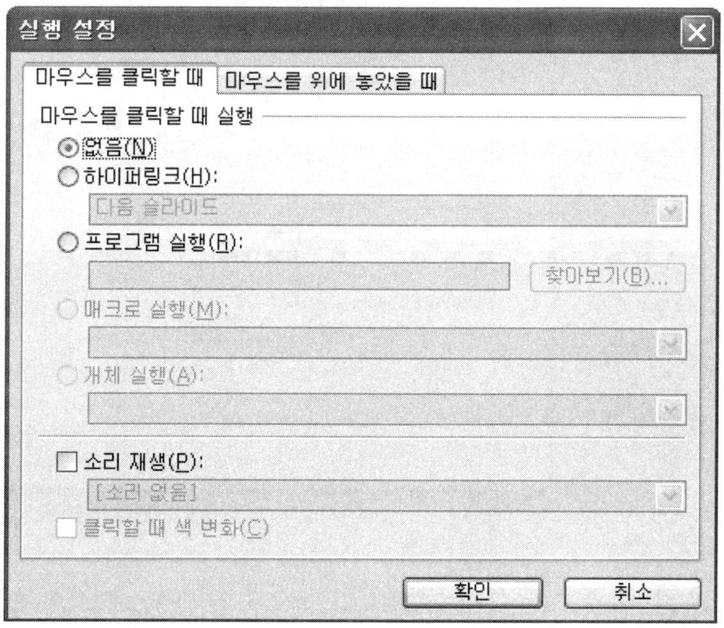

- 없음 : 실행 설정 취소한다.
- 하이퍼링크 : 원하는 슬라이드 화면이나 파일 또는 웹 페이지로 하이퍼링크 성정한다.
- 프로그램 실행 : 슬라이드 쇼화면에 외부 프로그램을 불러들여 사용하고자할 때 사용한다.
- 매크로 실행 : [도구] → [매크로] → [매크로]에서 설정된 매크로를 실행한다.
- 개체실행 : 미디어 클립이나 조직도와 같은 개체를 슬라이드 쇼에서 열거나 편집할 수 있

도록 설정한다.

- 소리 재생 : 실행 설정시 소리효과를 재생한다.
- 마우스를 누를 때 재생 : 개체를 마우스로 클릭하거나 개체 위로 마우스를 가져갔을 때 개체가 깜빡이는 것을 확인할 수 있다. 단, 일부 텍스트 실행 설정시 이 기능을 사용할 수 없다.

② 실행 설정 단추

슬라이드 쇼 도중에 특정 슬라이드나 프레젠테이션으로 쉽게 이동할 수 있도록 하이퍼링크가 설정된 단추를 말한다. [그리기] 도구모음에서 [슬라이드 쇼] → [실행단추]를 클릭하면 12개의 실행단추가 나타난다. 원하는 실행단추를 선택한 후 슬라이드 편집화면에서 클릭하거나 드래그하면 실행단추가 만들어지고 '실행설정' 대화상자가 나타난다.

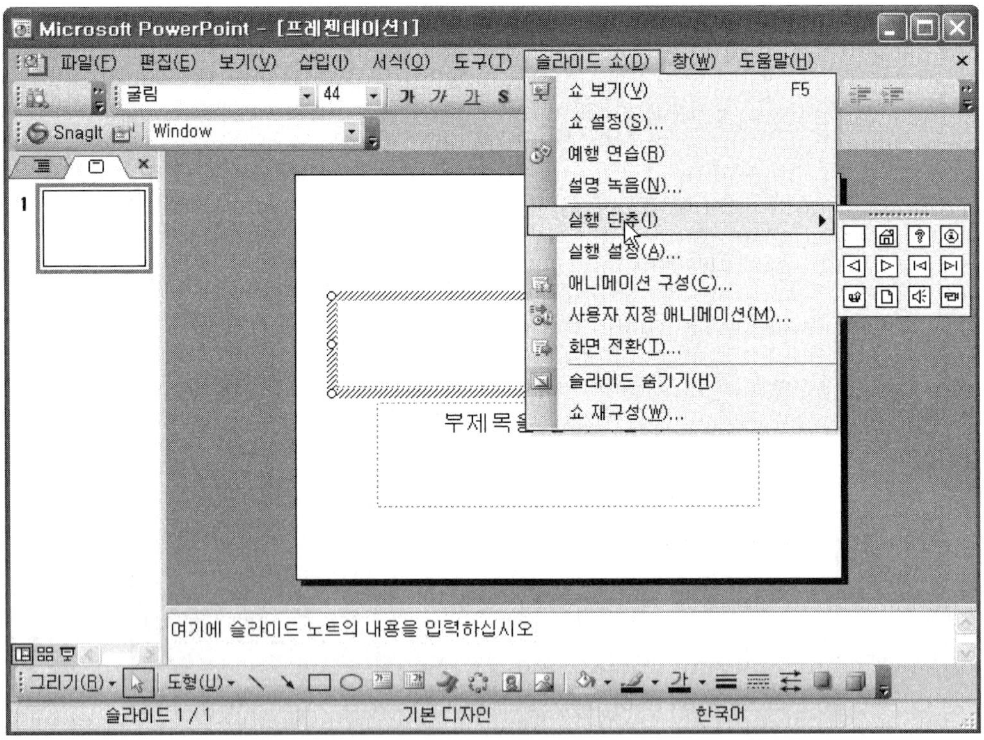

3. 웹 페이지

인터넷에 관심이 있는 사람이면 누구나 자신의 홈페이지를 갖고 싶어한다. 파워포인트는 손쉽게 홈페이지를 만들고 인터넷 상에서 슬라이드 쇼를 진행할 수 있다.

실습

① 웹페이지로 저장

홈페이지를 슬라이드 편집화면에 구성한 다음 [파일] → [웹 페이지로 저장]을 선택한다.

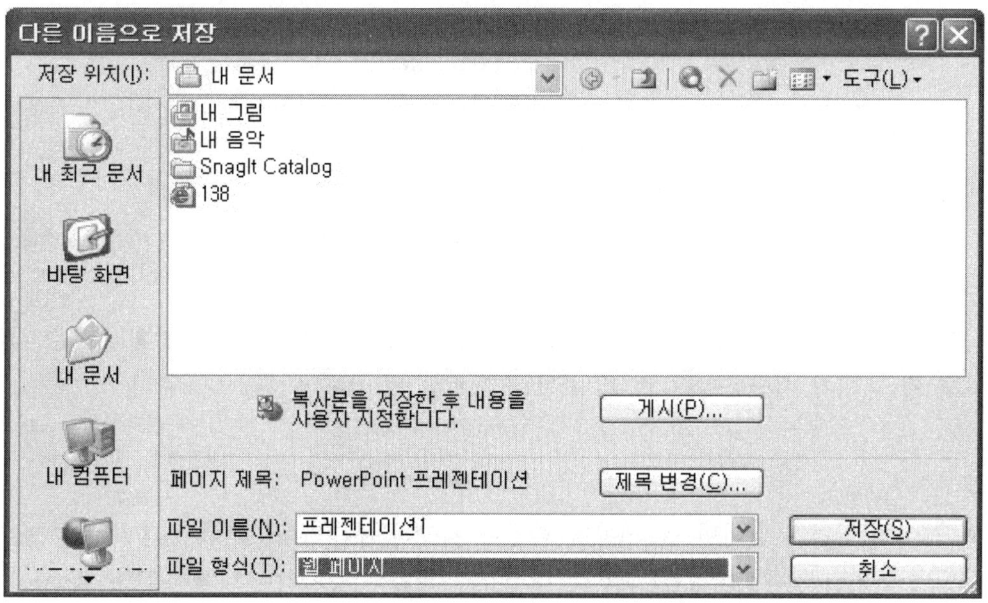

- 게시 : 웹 페이지로 저장될 슬라이드의 세부적 설정을 지정한다.
- 제목 변경 : [페이지 제목 설정] 대화상자에서 제목을 변경한다.

② [게시]를 클릭하면 [웹 페이지로 게시] 대화상자가 나타나며 만들고자하는 웹 페이지의 여러 가지 사항을 설정할 수 있다.

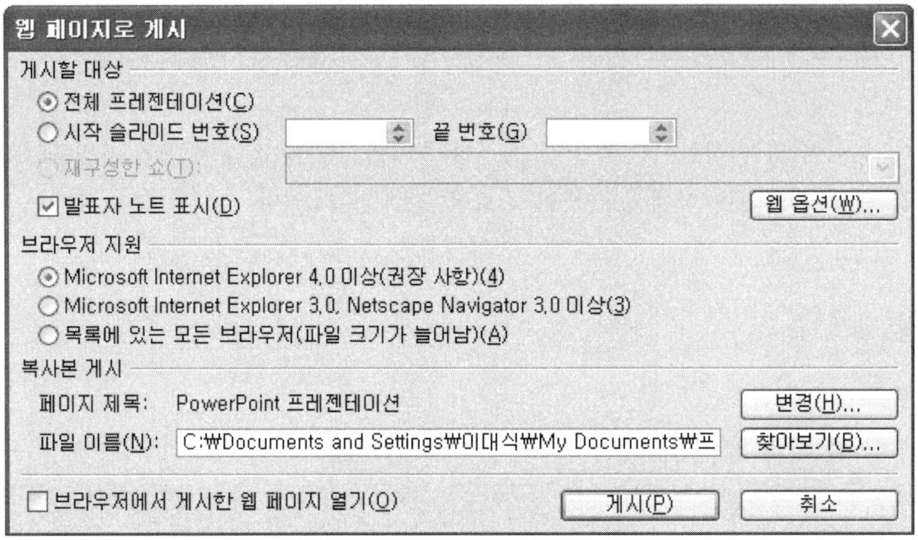

- 게시할 대상 : 웹 페이지로 게시할 프레젠테이션의 범위를 지정한다.
- 브라우저 지원 : 웹 페이지를 볼 수 있는 브라우저의 종류를 설정한다.
- 복사본 게시 : 페이지 제목과 웹 페이지로 저장될 위치를 보여준다. 또한 제목이나 저장 위치를 변경할 수 있다.
- 브라우저에 게시한 웹 페이지 열기 : 이 기능은 웹 페이지로 저장하는데 영향을 미치지 않고 웹 페이지 저장이 완결된 후 저장된 결과를 웹 브라우저로 보여준다.

③ 홈페이지 보기

웹 페이지 저장이 끝나면 웹 페이지 파일이 저장된 폴더의 웹 페이지 파일을 더블클릭하면 웹 브라우저가 실행되면서 웹 페이지 형식으로 저장된 슬라이드를 보여준다. 웹 페이지 파일이 저장된 폴더에는 그림, 소리 파일 등 웹 페이지 저장과 관련된 여러 가지 파일이 있다.

실습문제

1. 퀴즈 만들기

실습 – 퀴즈 만들기

하이퍼링크와 실행 설정 기능을 이용하여 간단한 퀴즈 문제를 만든다.

① 파워포인트를 실행하고 ‘빈 화면’ 슬라이드를 삽입한다.

② [서식] → [슬라이드 디자인] → [디자인 서식 파일]을 선택하고 ‘이자무늬’를 적용한다.

③ 가로 텍스트 상자를 사용하여 ‘퀴즈 대회’라고 제목을 입력한 후 글자 속성을 바꾼다.(굴림, 굵게, 48, 가운데맞춤, 그림자)

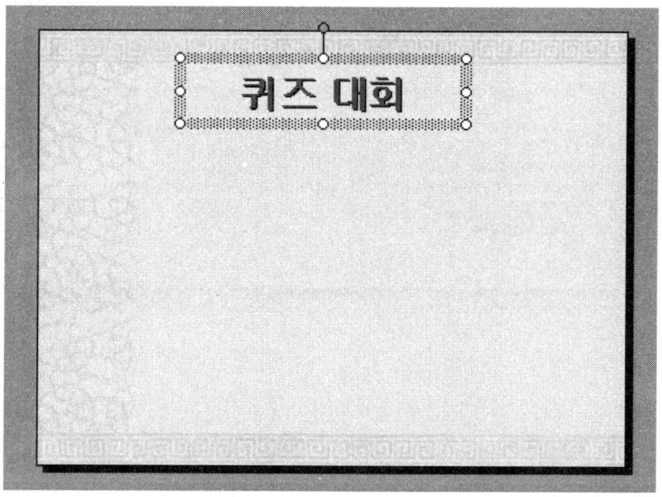

④ [그리기 도구 모음]에 있는 ‘선 색’과 ‘색 채우기’, ‘선 스타일’을 사용하여 텍스트 상자를 바꾼다.

⑤ 가로 텍스트 상자를 사용하여 문제와 보기를 입력한 후 글자속성을 바꾼다.

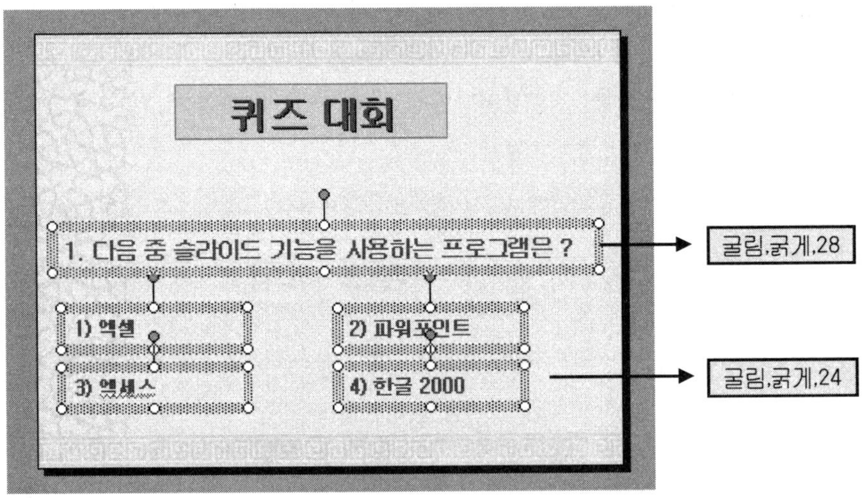

⑥ '빈 화면' 슬라이드를 삽입한 후[서식] → [배경]을 선택하고 '채우기 효과'를 클릭한다.

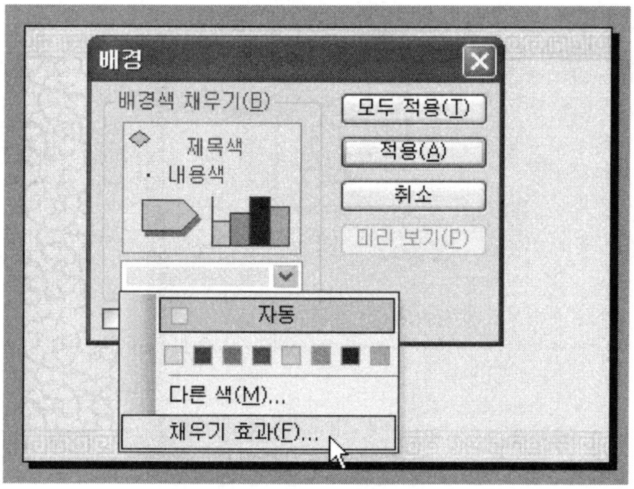

[참고사항]

같은 프레젠테이션파일에서는 여러 개의 디자인 서식을 적용하여 사용할 수 없습니다. 다른 디자인 서식을 적용하면 처음 적용되었던 디자인 서식 파일 또한 변경되어 나타나게 됩니다. 만일 다른 배경을 사용하고 싶다면 [서식] → [배경]을 선택하고 '채우기 효과'를 사용하여 변경해야 합니다.

⑦ [그라데이션]탭에서 색을 지정한 후 [확인]을 클릭한다.(색 : 두가지 색, 색1 : 배경색, 색2 : 채우기색, 음영 스타일 : 가로)

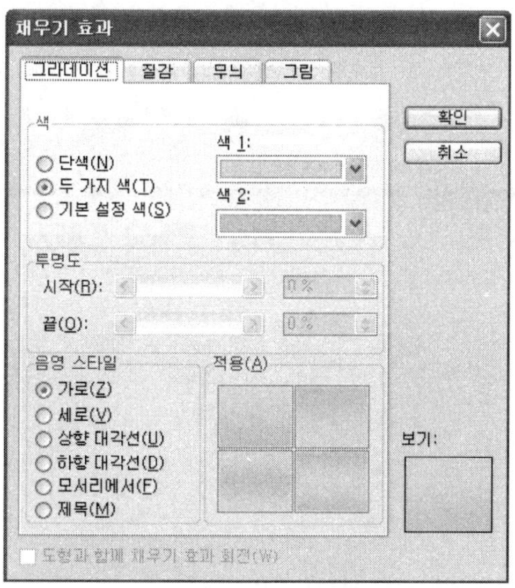

⑧ '배경' 대화상자가 나타나면 '마스터에서 배경그림 생략'에 체크한 후 [적용]을 클릭한다.

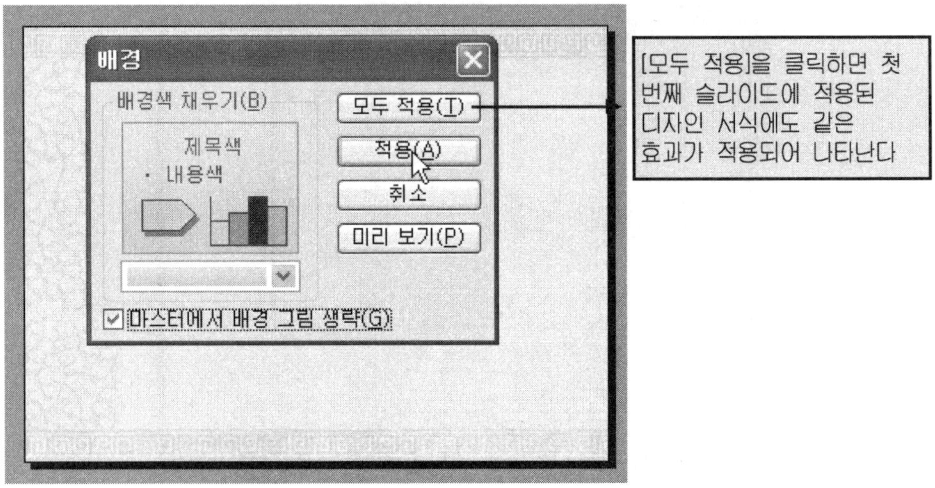

⑨ 가로 텍스트 상자를 사용하여 '정답입니다.'라고 입력한 후 글자 속성을 바꾼다.(굴림, 굵게, 54, 밑줄)

⑩ 같은 방법으로 오답 화면을 만든 다음 [도형] → [실행단추] → [홈]을 선택하여 그린다.

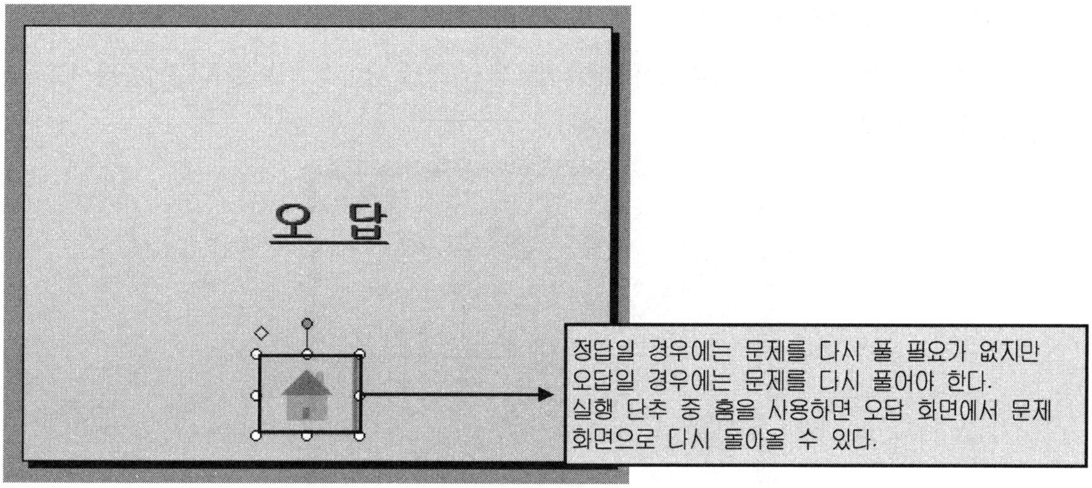

⑪ '실행설정' 대화상자가 나타나면 '하이퍼링크'란 에 '첫째 슬라이드'가 선택되어 있는지 확인 한 후 [확인]을 클릭한다.

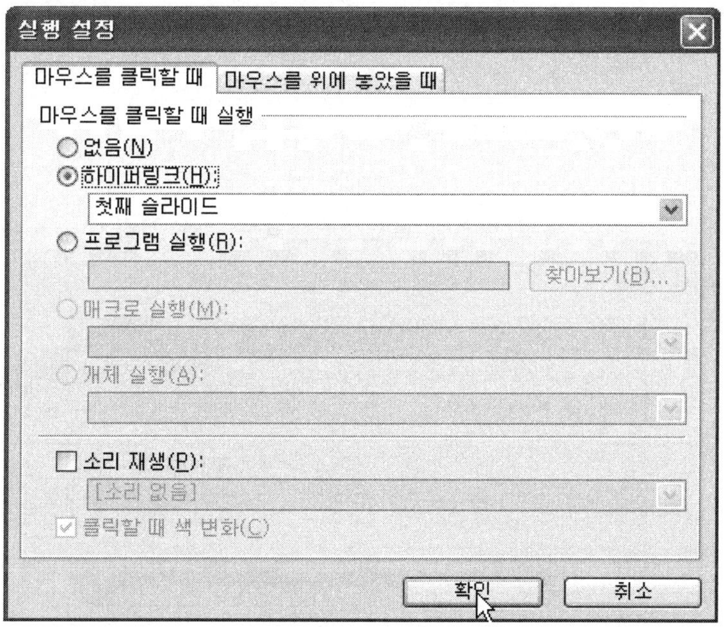

실습 – 실행 설정

① 첫 번째 슬라이드에서 '2) 파워포인트'가 입력된 텍스트 상자를 선택한 다음 [슬라이드 쇼]→[실행설정]을 클릭한다.

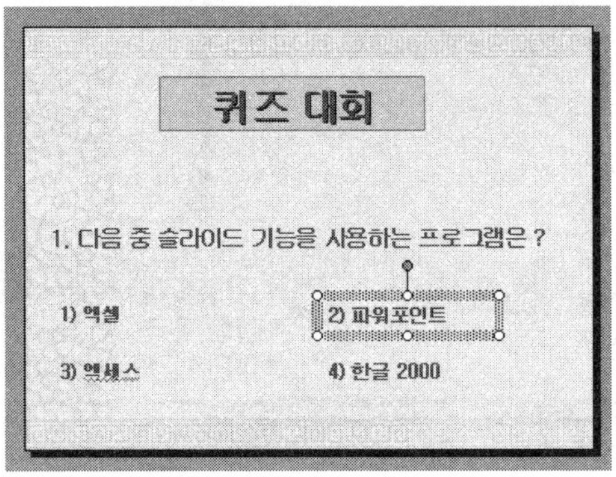

[주의사항]

실행설정 실행시 위의 그림과 같이 개체가 선택되어야지 안의 텍스트가 선택되면 안된다.

② '실행 설정' 대화상자가 나타나면 '하이퍼링크'를 선택한다.

③ '하이퍼링크'란 에 있는 펼침 단추를 누르고 '슬라이드'를 선택하면 '슬라이드 하이퍼링크' 대화상자가 나타난다.

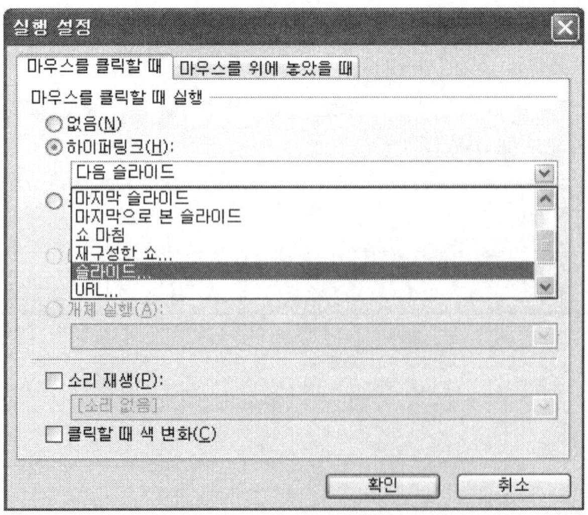

④ '정답입니다' 슬라이드를 선택한 후 [확인]을 클릭한다. '실행설정' 대화상자에 있는 [확인]도 클릭한다.

⑤ 다른 보기를 선택하고 같은 방법으로 실행 설정을 한다. 정답이 아닌 경우이므로 '오답입니다.' 슬라이드로 실행 설정을 한다.

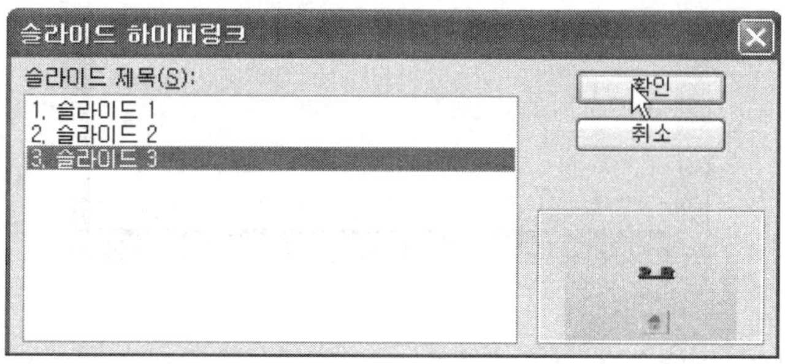

⑥ [슬라이드 쇼] → [애니메이션 사용자 정의]를 선택하고 효과를 지정한다. 효과지정을 마치면 슬라이드 쇼를 실행시킨다.

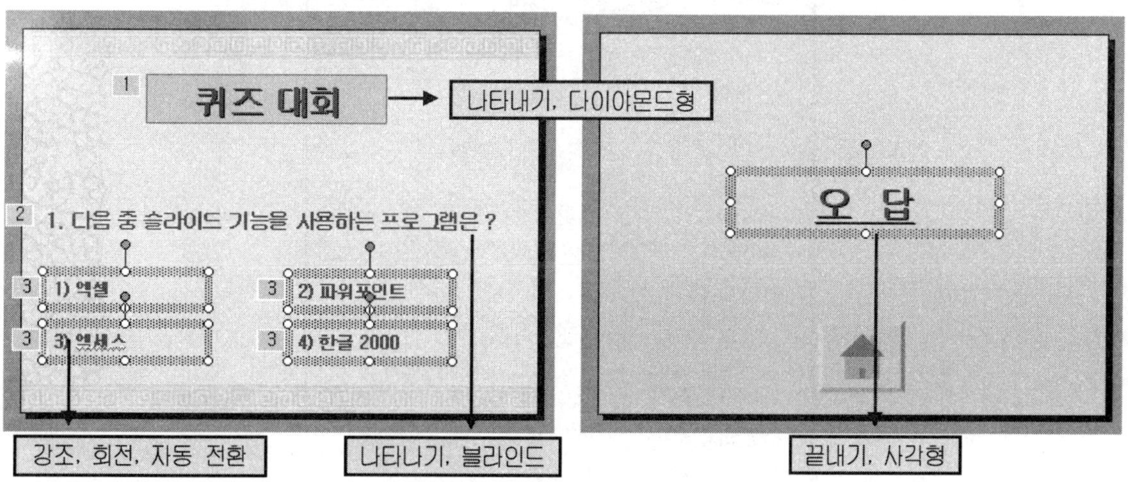

2. 민진 홈페이지 제작

실습 – 홈페이지 제작

홈페이지를 처음 만드는 경우, 자기 소개, 취미 활동, 가족 소개 등을 넣어 꾸며 보자.

① '빈 화면' 슬라이드를 삽입한 다음 [보기→ [마스터] → [슬라이드 마스터]를 선택한다.

② 날짜 영역, 바닥글 영역, 번호 영역을 제외한 나머지 부분을 선택한 후 Delete를 눌러 삭제한다.

③ [서식] → [배경]을 선택하고 그라데이션 효과를 지정한다.(색1 : 강조/열어본 하이퍼링크 색, 색2 : 채우기 색)

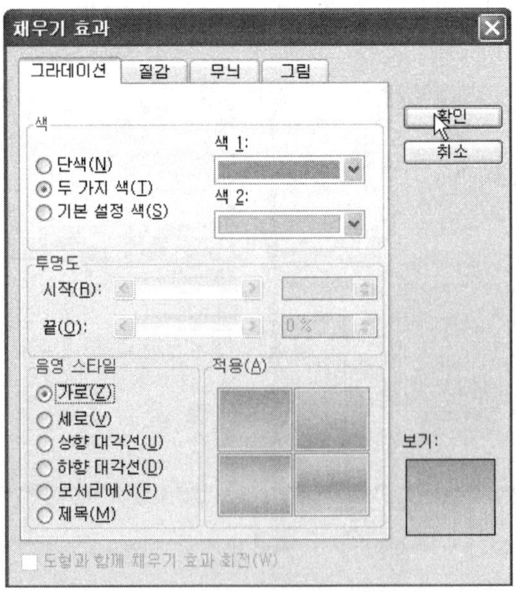

④ 직사각형에 텍스트 상자를 추가한 후 제목을 입력한다.(궁서체, 굵게, 글자색 : 흰색, 32, 그림자)

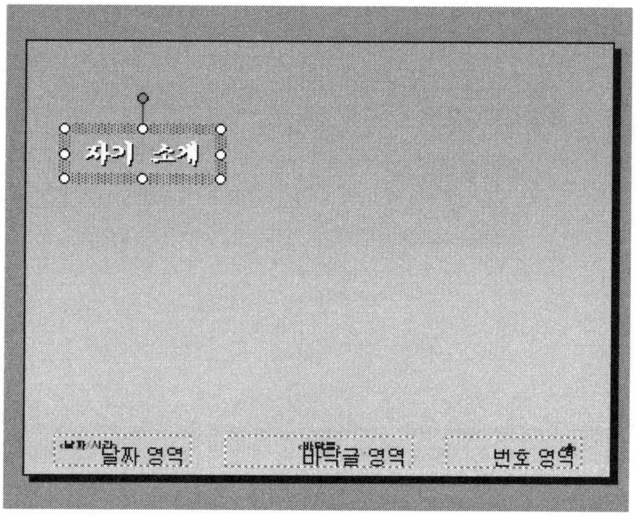

⑤ 텍스트 상자를 선택하고 [서식] → [텍스트 상자]를 클릭하고, 채우기의 색과 선의 색을 지정한다.

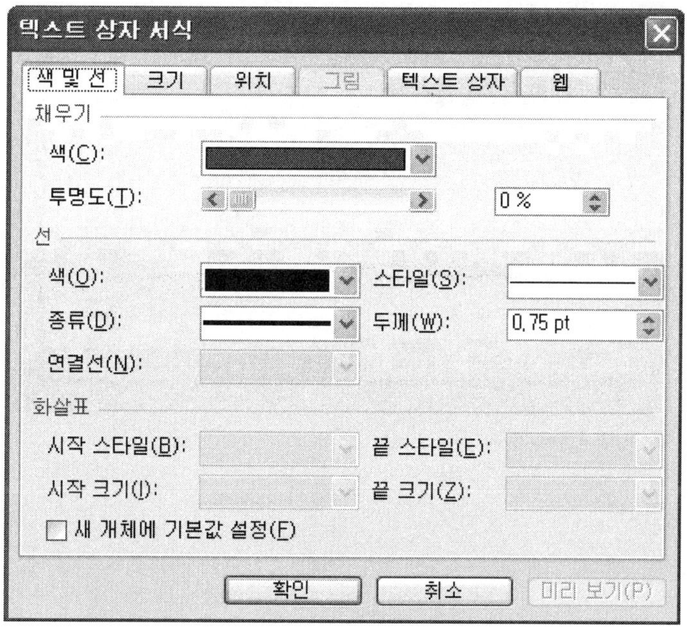

⑥ 다 만들어진 '자기 소개' 텍스트 상자 2개를 복사한다.

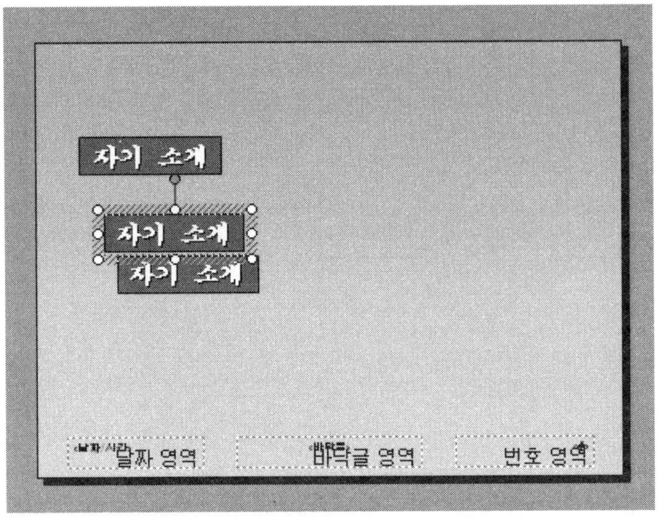

⑦ 복사한 2개의 텍스트 상자 이름을 '취미 활동'과 '가족 소개'로 정하고, 위치를 정한다.

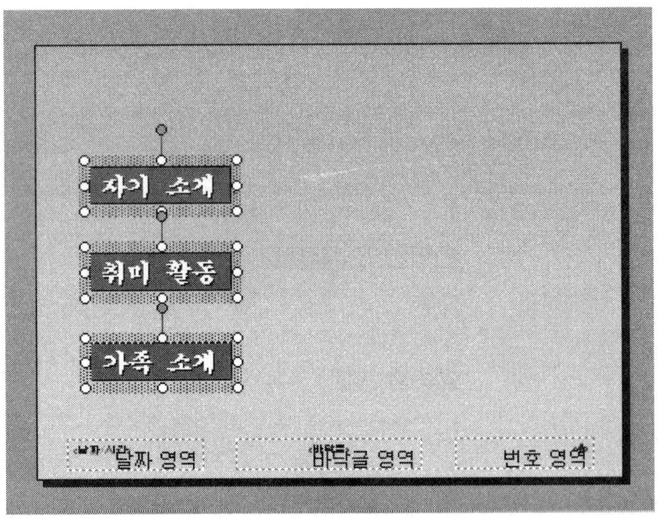

⑧ [그리기] 도구모음에서 선과 직사각형을 그린 후 선 스타일과 색을 바꾼다.(4.5pt, 녹색)

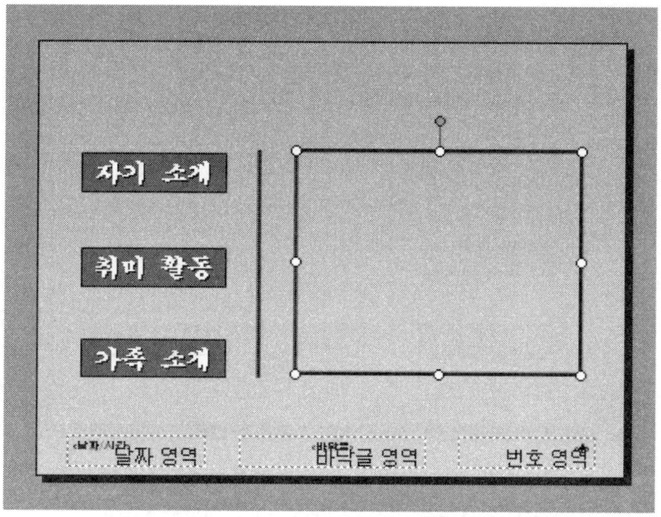

⑨ 워드 아트를 사용하여 제목을 만들고 [슬라이드 마스터 보기 대화상자]에서 '마스터 닫기'를 클릭한다.

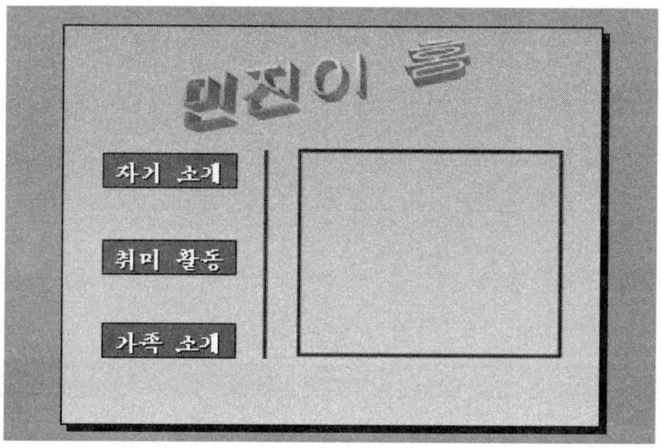

⑩ 가로 텍스트 상자로 환영인사를 입력한다.(굴림, 22, 그림자)

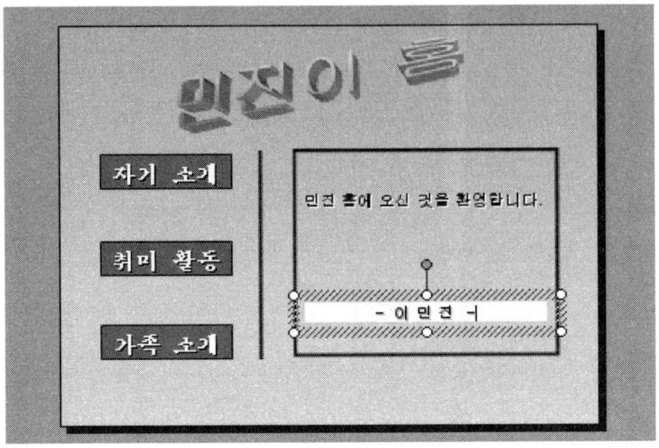

⑪ '빈 화면' 슬라이드 3장을 삽입하여 같은 방법으로 슬라이드를 제작한다.

슬라이드 2 : 자기 소개

슬라이드 3 : 취미 활동

슬라이드 4 : 가족 소개

2.2 하이퍼링크 연결

실습

① 첫 번째 슬라이드로 이동한 후 [보기] → [마스터] → [슬라이드 마스터]를 선택한다. '자기 소개' 텍스트 상자에 [삽입] → [하이퍼 링크]를 선택한다.

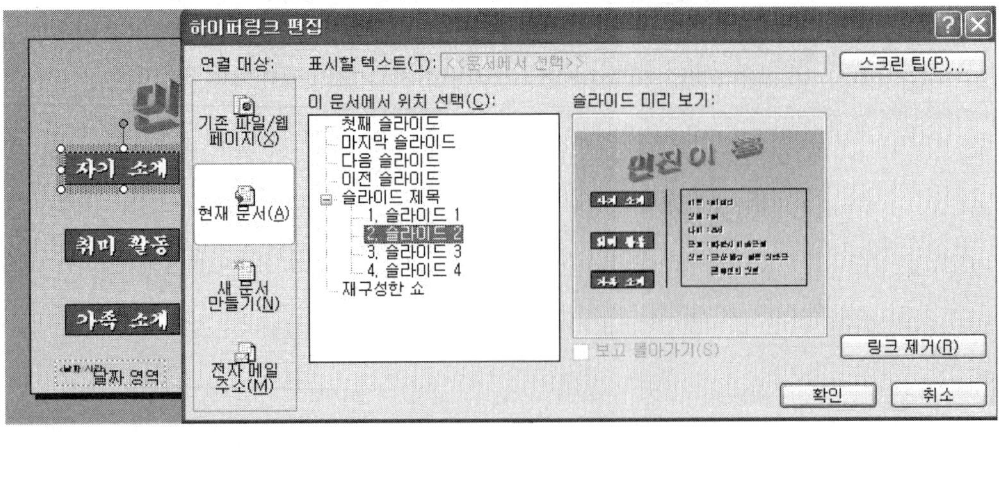

② 같은 방법으로 '취미 활동'과 '가족 소개'를 하이퍼링크 한다.

③ 하이퍼링크를 설정을 마치면 [슬라이드 마스터 보기 대화상자]에서 '마스터 닫기'를 클릭하고 슬라이드 쇼에서 맞게 연결되었는지 확인한다.

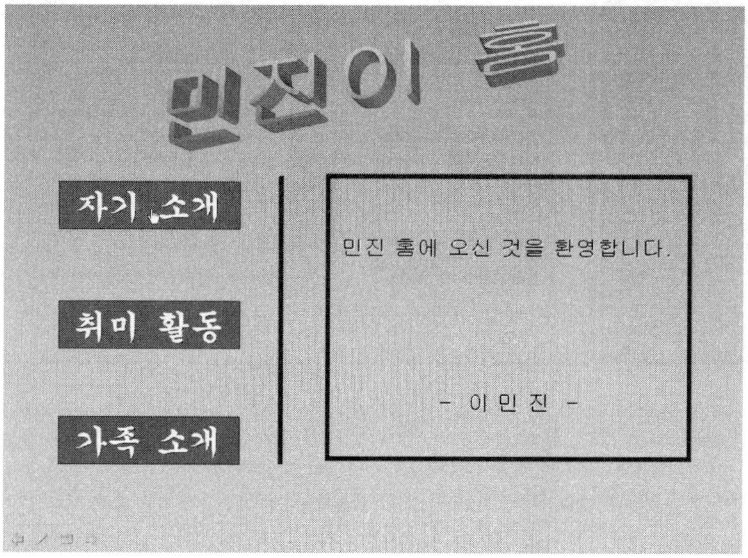

실습 – 웹 페이지 저장

① [파일] → [웹 페이지로 저장]을 클릭한다. '파일이름'은 'index', '파일형식'은 '웹 페이지'라고 입력하고 [저장]을 클릭한다. 항상 모든 홈페이지의 초기 화면은 'index' 이다.

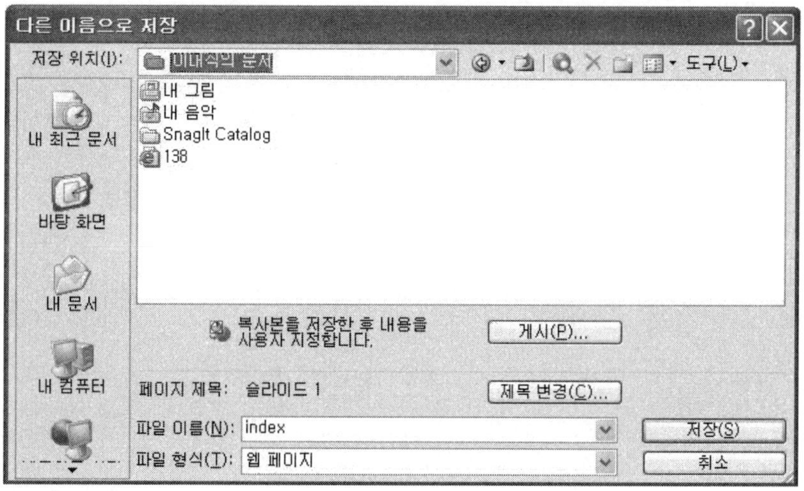

② 탐색기에서 'index.htm'을 찾아 실행한다.

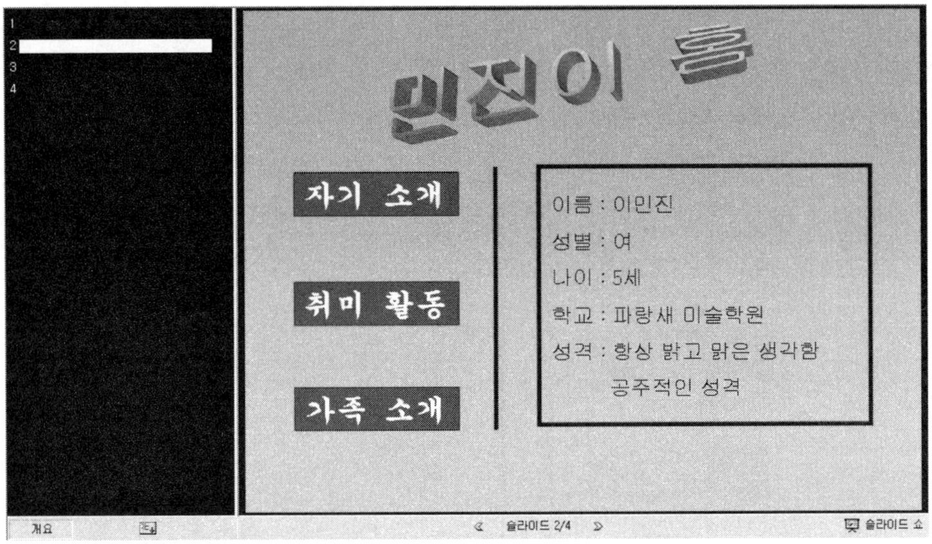

ITQ 기출문제

정보기술자격(ITQ) 시험

과 목	코드	문제유형	시험시간	수험번호	성 명
한글파워포인트	1142	A	60분		

수험자 유의사항

- 파일명은 본인의 "수험번호-성명"으로 입력하여 답안폴더(내문서₩ITQ₩)에 하나의 파일로 저장해야 하며, 답안문서 파일명이 "수험번호-성명"과 일치하지 않거나, 답안 파일을 전송하지 않아 미제출로 처리될 경우 실격입니다(예 : 내문서₩ITQ₩12345678-홍길동.ppt).
- 답안 작성을 마치면 파일을 저장(크기:1.44Mb 이내)하고, '답안 전송' 버튼을 선택하여 감독위원 PC로 답안을 전송하십시오.
  만약, 수험생 정보와 저장한 파일명이 다를 경우 전송되지 않으므로 주의하시기 바랍니다.
- 답안 작성 중에도 주기적으로 저장하고, '답안 전송'을 이용하여 감독위원 PC로 답안을 전송하셔야 문제발생을 줄일 수 있습니다.
- 답안문서는 지정된 경로 외의 다른 보조기억장치에 저장하거나 기타 통신수단(이메일, 메신저, 네트워크 등)을 이용하여 외부 반출 시 부정 또는 실격 처리합니다.
- 시험 중 부주의 또는 고의로 시스템을 파손한 경우는 수험자가 변상해야 합니다.
- 시험을 완료한 수험자는 답안파일이 전송되었는지 확인한 후 감독위원의 지시에 따라 문제지를 제출한 후 퇴실합니다.
- 문제의 조건은 MS-Office 2000버전으로 설정되어 있고 【 2003버전 】이 표기되어 있으니 유의하시기 바랍니다.

답안 작성요령

- 온라인 답안 작성 절차
  수험자 등록 → 시험 시작 → 답안파일 저장 → 답안 전송 → 시험 종료
- 슬라이드의 크기는 A4 Paper로 설정하여 작성합니다.
- 슬라이드의 총 개수는 6개로 구성되어 있으며 슬라이드 1부터 순서대로 작업하고 반드시 문제와 세부조건대로 합니다.
- 배점은 전체구성 점수 60점과 각 슬라이드 점수의 합계로 이루어집니다.
- 글꼴, 색깔 및 기타 사항에 대해 별도의 지시사항이 없는 경우에는 슬라이드 크기와 전체적인 균형을 고려하여 출력형태와 같이 작성합니다.
- 슬라이드 번호와 바닥글을 작성합니다(슬라이드 1에는 생략).
- 2~6번 슬라이드 제목 도형은 슬라이드 마스터를 이용하여 작성하십시오(슬라이드 1에는 생략).
- 문제와 세부조건, 세부조건 번호 ◯ (점선원)는 입력하지 않습니다.
- 각 개체의 위치는 오른쪽의 슬라이드와 동일하게 구성합니다.
- 그림 삽입 문제의 경우 반드시 「내문서₩ITQ₩Picture」 폴더에서 정확한 파일을 선택하여 삽입하십시오.
- 각 슬라이드를 각각의 파일로 작업해서 저장할 경우 실격 처리됩니다.

한국생산성본부
KOREA PRODUCTIVITY CENTER

[슬라이드 1] 《제목 슬라이드》 **(40점)**

(1) 제목 : 도형(그림자 스타일 1) + 텍스트(글꼴-바탕, 40pt, 굵게, 파랑), 채우기 효과(질감-분홍 박엽지)
(2) 부제목 : 워드아트로 작성(글꼴 : 궁서, 54pt, 굵게)
(3) 도형 : 도형의 배경을 「내문서₩ITQ₩Picture₩그림2.bmp」로 채우기 하시오.

세부조건

① 도형안에 그림 삽입
그림자 스타일 4

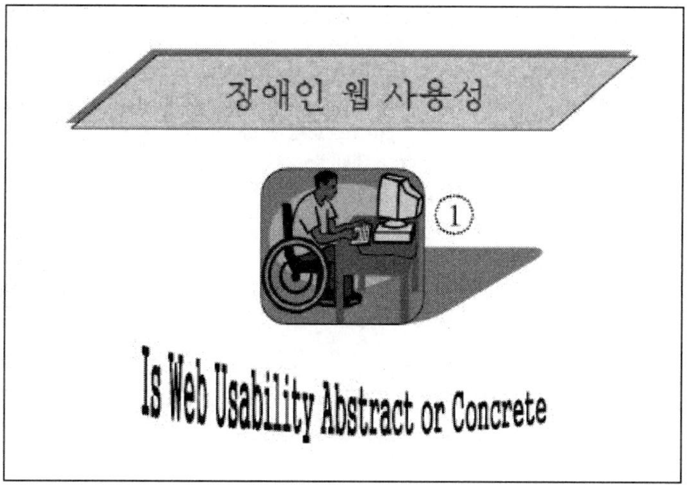

[슬라이드 2] 《목차 슬라이드》 **(60점)**

(1) 슬라이드 2~6 제목은 슬라이드 마스터를 이용하여 작성, 글꼴(굴림, 40pt, 굵게, 빨강), 채우기 효과(질감-꽃다발)
(2) 슬라이드와 같이 도형(그림자 스타일 1)을 이용하여 목차를 작성한다(글꼴 : 굴림, 24pt, 굵게).

세부조건

① 텍스트에 하이퍼링크 적용
-> '슬라이드 6'

② 실행단추 -> 다음 슬라이드

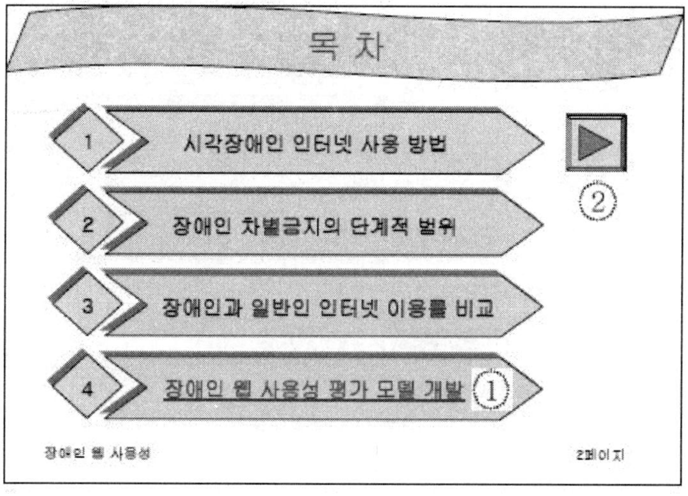

파워포인트

[슬라이드 3] ≪텍스트 슬라이드≫ **(60점)**

(1) 텍스트 작성 : 글머리기호 사용 (✓, ▪)

✓문단(궁서, 24pt, 굵게, 줄간격 : 1.7선【1.7줄】), ▪문단(궁서, 20pt, 줄간격 : 1.3선【1.3줄】)

세부조건

① 그림삽입 :
「내문서\ITQ\Picture\그림3.gif」
(워터마크 효과【희미하게】)

시각장애인 인터넷 사용 방법

✓ **Sense Reader?**

- Sense Reader Power Edition is a screen reading program for Microsoft Windows including 98/ME/2000/XP
- Sense Reader provides a full access to Windows' applications such as Microsoft Office, Internet Explorer, Acrobat Reader and other popular softwares

✓ **가상 커서의 이해**

- 인터넷 익스플로러는 웹 페이지 내용을 화면 단위로 표시한다. 이렇게 표시되는 웹 페이지의 내용을 시각장애인이 손쉽게 읽고 필요한 작업을 수행할 수 있도록 하기 위해 가상 커서라는 별도의 사용자 인터페이스를 제공

장애인 웹 사용성 ① 3페이지

[슬라이드 4] ≪표 슬라이드≫ **(80점)**

(1) 도형과 표 작성 기능을 이용하여 슬라이드를 작성한다(글꼴 : 굴림, 18pt).

세부조건

① 상단도형 : 그라데이션 효과(임의의 색 지정, 하향 대각선), 그림자 스타일 1, 글꼴(굵게)

② 좌측도형 : 2개 도형의 조합으로 작성, 글꼴(굵게)

③ 표 색 채우기(노란색 계열)

장애인 차별금지의 단계적 범위

② ①

	교육기관	의료기관	복지시설	민간사업장 노동조합
1년 이내 2009년도	국, 공, 사립특수학교 장애전담 보육시설	종합병원	사회복지시설 장애인복지시설	근로자 300인 이상
3년 이내 2011년도	국, 공 유치원 초, 중, 고 대학교 보육시설	일반병원, 치과 한방병원	-	근로자 100~300인
5년 이내 2013년도	사립유치원 평생교육시설 연수기관 직업훈련기관	그 외 병원	-	근로자 30~100인

장애인 웹 사용성 ③ 4페이지

[슬라이드 5] ≪차트 슬라이드≫ **(100점)**

(1) 차트 작성 기능을 이용하여 슬라이드를 작성하시오.
(2) 차트 : 유형(묶은 세로 막대형), 글꼴(궁서, 16pt), 그림자

세부조건

※ 차트설명
- 차트제목 : 굴림, 18pt, 굵게, 그림자
- 그림영역 : 그라데이션 (흰색, 밝은 녹색, 모서리에서)
- 데이터 계열 서식 : 넓은 상향 대각선 무늬(2005년 계열만)
- 값 표시 : 2005년의 시각 요소만
- 데이터 테이블 표시

① 도형을 이용하여 '전년대비 차이 없음' 표시(파랑색 적용, 외곽선 없음, 반투명【투명도(50%)】, 굴림, 20pt, 굵게)

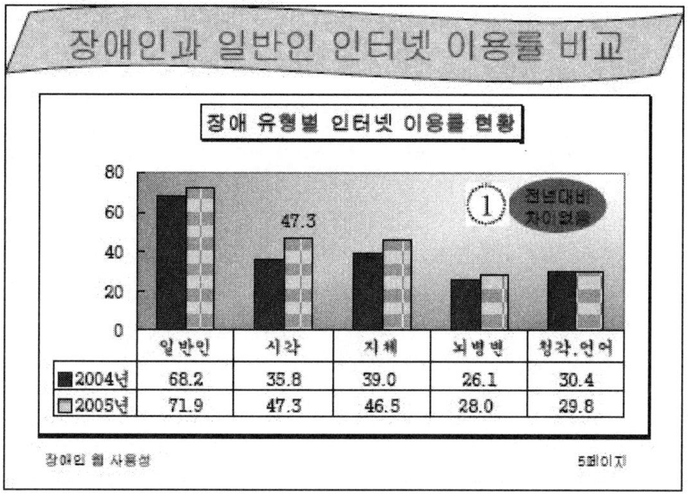

[슬라이드 6] ≪도형 슬라이드≫ **(100점)**

(1) 슬라이드와 같이 도형을 배치한다(글꼴 : 궁서, 18pt).
(2) 애니메이션 순서 : ① → ②

세부조건

① 그룹화 후 애니메이션 효과 : 날아오기(왼쪽에서)

② 그룹화 후 애니메이션 효과 : 블라인드(세로)

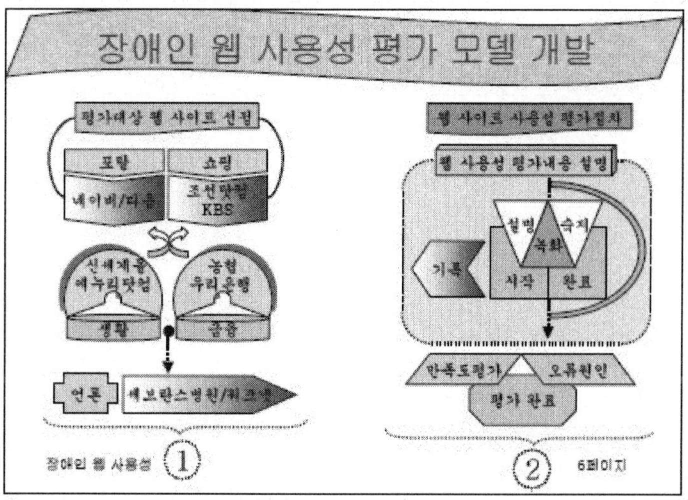

찾아보기

part 1. 한글 2005

part 2. 엑셀

part 3. 파워포인트

컴퓨터활용과실무

정보화자격증완벽대비

2010년 2월 3일 인쇄
2010년 2월 7일 발행
저 자 신윤권 저
펴낸이 오성걸
펴낸곳 오성미디어
주 소 132-916 서울시 도봉구 창 3동 491-1
전 화 02) 997-0136
FAX 02) 997-0137
등 록 2000. 5. 12 제 7-212 호

ISBN 978-89-92583-78-7 값 19,000원

컴퓨터 활용과 실무

정 보 화 자 격 증 완 벽 대 비

한글2005 / 엑셀 / 파워포인트

93560

9 788992 583787

ISBN 978-89-92583-78-7